检察教育"十三五"规划教材

中国法制史

ZHONGGUO FAZHISHI

主　编／王　琦　李岭梅
副主编／史玉琴　乔琪勤
　　　　张凤仙　余有志
　　　　时瑞燕

中国检察出版社

图书在版编目（CIP）数据

中国法制史/王琦，李岭梅主编. —北京：中国检察出版社，2016.1
ISBN 978 – 7 – 5102 – 1591 – 9

Ⅰ.①中… Ⅱ.①王… ②李… Ⅲ.①法制史 – 中国 Ⅳ.①D929

中国版本图书馆 CIP 数据核字（2016）第 009598 号

中国法制史

王　琦　李岭梅　主编

出版发行：	中国检察出版社
社　　址：	北京市石景山区香山南路 111 号（100144）
网　　址：	中国检察出版社（www.zgjccbs.com）
编辑电话：	（010）88960622
发行电话：	（010）68650015　68650016　68650029
经　　销：	新华书店
印　　刷：	保定市中画美凯印刷有限公司
开　　本：	720mm×960mm　16 开
印　　张：	26.25 印张
字　　数：	480 千字
版　　次：	2016 年 1 月第一版　2016 年 1 月第一次印刷
书　　号：	ISBN 978 – 7 – 5102 – 1591 – 9
定　　价：	52.00 元

检察版图书，版权所有，侵权必究
如遇图书印装质量问题本社负责调换

《检察教育"十三五"规划教材》
编审委员会

主　任　田　凯

副主任　刘秋香

委　员　韩锦霞　史玉琴　陶　峰　郭　剑
　　　　　李文霞　焦子国　张鹏升　杨亚丽

作一套彰显时代、
检察和高职特色的好教材

田 凯[*]

　　法学教育是高等教育的重要组成部分，是建设社会主义法治国家的重要基础。近年来，我国的法学教育事业取得了辉煌的成就，但也面临着诸多挑战。随着我国全面深化改革和依法治国方略的大力推进，如何培养出治理国家、管理社会和发展经济的高素质法律人才，成为当前法学教育的一项重要任务。完成法学教育的使命，探索、建设适应这种需要的教材体系，是其中一个关键环节。因为法学教材是实现法学教育功能的重要工具和媒介，它不仅是法学知识传承的载体，也是规范教学内容、提高教学质量的关键，对法学教育有着不可估量的重要作用。

　　作为全国检察机关唯一一所面向社会招生的全日制高等院校，河南检察职业学院始终高度重视教材建设，着重开发适合检察特色高职教育的系列教材。2006年，承蒙中国检察出版社的大力支持，我院组织编写了《刑法教程》、《公诉教程》等高等检察教育系列教材。这些教材的出版对我院培养大批优秀法学人才起到了重要作用。随着形势的变化，法学理论在不断更新，我院专业建设在不断深入，经过认真思考，学院决定组织编写检察教育"十三五"规划教材，旨在适应我院高职高专法律教育的最新发展需要。这套教材的参编人员主要是来自学院教学科研第一线、具有深厚专业功底和丰富教学经验的老师，并邀请相关领域的专家审稿，以保证教材的质量。该规划教材首批出版5本，今后将分期分批陆续出版其他规划教材。

---

[*] 作者系河南检察职业学院院长、教授、博士后、硕士生导师，享受国务院特殊津贴专家。

作一套彰显时代、检察和高职特色的好教材

总体来看，这套教材具有以下三个突出特点：

前瞻性强。本套教材着重吸收改革开放以来中国法学研究的最新成果和近年来颁布的法律法规，特别是吸收国家"十三五"规划的最新精神、全面依法治国和全面深化改革等最新的改革动态，力争使教材内容能够站在21世纪初的法治发展最前沿。在总体上既注重创新，又注重知识传承。

实用性强。在本套教材的开发上，既强调适应我院高职教育教学的现实需要，又突出检察教育特色；既重视法学基础理论，又注重吸收近年来检察教育理论研究的优秀成果，兼顾了法学通识教育和检察职业教育的要求。另外，本套教材针对高职生的特点，力求将深奥的法学专业术语及原理，通过生动的案例作简明的阐述，突出易学性和可读性，方便高职层次学生学习。

针对性强。本套教材的使用对象是我院法律专业的高职生，高职法律教育是高等法学教育不可或缺的重要组成部分，培养目标是社会需要的应用型、辅助型法律人才。高职法律教育不同于高等院校法律本科教育。前者在办学理念、办学模式、专业设置和课程设置方面与后者有较大差别。但从目前看，不少高职高专院校包括我院在内，在教材的选用上大多借用本科教材，教材建设滞后于高职法律教育的发展需要。为此，我们编写并出版这套适合高职教育需求的专门教材，结合高职学生的特点，注意在内容上有详有略，语言上简明流畅，能照顾到我院高职的教学层次，以便更好满足学院高职教育教学的需要。

"长风破浪会有时，直挂云帆济沧海"，早在十年前，中国检察出版社就出版了学院高等检察教育系列教材，并在教材的设计、编写和出版方面做了大量的开创性工作。十年后的今天，再次承蒙中国检察出版社的厚爱，学院得以出版检察教育"十三五"规划教材。我们期望并相信，经过组织者、编写者和出版者的共同努力，这套教材能够满足检院莘莘学子的求知渴望，为我国的法学教育和法治建设奉献微薄之力。

是为序。

2016 年 1 月 19 日

编写说明

本书经检察教育"十三五"规划教材编审委员会组织，由参编教师在长期教学、科研的基础上吸收有关学术论著、教材的新成果编写而成，主要面向检察高等教育教学使用。教材编写体例适中，内容精干，既避免面面俱到的冗繁，又突出历代法制的重点特色内容；采纳以历史时期为序，注重厘清中国几千年来法制发展的基本线索，在理顺历代法制沿革主线的基础上横向阐述各时期法制的内容，凸显出法律史学的历史感和层次感；注重实用性，以培养能力为主旨，突出培养学生处理法律事务、理解法治国情的能力，同时适当引入司法考试内容，帮助学生有针对性地学习。

本书可以作为高职高专法学相关专业的教科书，同时也可供其他专业选用和社会读者阅读。本书由王琦、李岭梅担任主编，作者（以章节顺序排列）分工如下：

李岭梅：导论、第一章、第二章、第三章；

时瑞燕：第四章、第五章、第十一章第三节；

王琦：第六章、第七章；

史玉琴：第八章第一、二节；

张凤仙：第九章；

乔琪勤：第十章，第十一章第一、二节；

余有志：第八章第三、四节，第十二章，第十三章。

编　者

2016 年 1 月

目 录

导 论 ……………………………………………………………（ 1 ）
  一、"中国法制史"的内涵及研究对象 ……………………（ 1 ）
  二、中国古代法制发展概述 …………………………………（ 2 ）
  三、学习中国法制史的意义和应当注意的问题 ……………（ 2 ）
  四、学习中国法制史的方法 …………………………………（ 4 ）
第一章　夏、商时期的法律制度 …………………………………（ 6 ）
  第一节　中国法律的起源 ……………………………………（ 7 ）
    一、关于法的起源的一般理论 ……………………………（ 7 ）
    二、中国古代氏族社会的解体与法制文明的曙光 ………（ 7 ）
    三、中国法律起源的途径和特征 …………………………（ 8 ）
    四、"刑"、"法"、"律"字的演变及其含义 ……………（ 12 ）
  第二节　夏朝时期的法律制度 ………………………………（ 14 ）
    一、"奉天罚罪"的神权法思想 …………………………（ 14 ）
    二、立法概况 ………………………………………………（ 15 ）
    三、主要法律制度 …………………………………………（ 15 ）
  第三节　商朝时期的法律制度 ………………………………（ 19 ）
    一、商代的立法思想 ………………………………………（ 19 ）
    二、立法概况 ………………………………………………（ 20 ）
    三、商奴隶制关系的发展 …………………………………（ 21 ）
    四、行政管理体制 …………………………………………（ 22 ）
    五、刑事法律内容 …………………………………………（ 23 ）
    六、民事法律制度 …………………………………………（ 26 ）
    七、经济法律制度 …………………………………………（ 27 ）
    八、司法审判制度 …………………………………………（ 28 ）
第二章　西周时期的法律制度 ……………………………………（ 30 ）
  第一节　西周时期的立法概况 ………………………………（ 31 ）

目　录

　　一、"以德配天，明德慎罚"的法制指导思想……………（31）
　　二、立法活动……………………………………………（31）
　　三、法律形式与礼刑关系………………………………（34）
　第二节　西周时期的法律内容……………………………（36）
　　一、行政法律规范………………………………………（36）
　　二、刑事法律规范………………………………………（39）
　　三、民事法律规范………………………………………（45）
　　四、经济法律规范………………………………………（49）
　第三节　西周时期的司法制度……………………………（50）
　　一、司法机关……………………………………………（50）
　　二、主要司法制度………………………………………（51）
　第四节　西周法制的地位与特点…………………………（53）
　　一、依礼制法，礼刑互补………………………………（54）
　　二、国家与宗（家）法具有一致性……………………（54）
　　三、"刑不可知，则威不可测"…………………………（55）
　　四、重公权轻私权，突出刑的作用……………………（55）
第三章　春秋战国时期的法律制度…………………………（57）
　第一节　春秋战国时期的法律思想………………………（57）
　　一、儒家的法律思想……………………………………（58）
　　二、道家的法律思想……………………………………（60）
　　三、墨家的法律思想……………………………………（62）
　　四、法家的法律思想……………………………………（63）
　第二节　春秋末期成文法的公布…………………………（65）
　　一、春秋时期社会大变动与各国改革…………………（65）
　　二、春秋诸侯国的立法活动……………………………（66）
　　三、春秋末期的铸刑鼎事件……………………………（67）
　　四、春秋末期铸刑鼎事件的历史意义…………………（68）
　第三节　战国时期的法律制度……………………………（69）
　　一、《法经》的主要内容及其历史地位…………………（69）
　　二、商鞅变法与《秦律》的制定…………………………（71）
　　三、战国时期各国封建政府的建立……………………（75）
　　四、战国时期官僚制度的形成…………………………（76）
　　五、战国时期的司法改革………………………………（77）

第四章　秦朝时期的法律制度 （79）
第一节　秦代的立法活动 （79）
一、立法指导思想 （79）
二、主要法律形式 （80）
三、秦朝法制的特点与历史地位 （81）
第二节　秦代的行政法规 （85）
一、行政机构与职官设置 （85）
二、官吏制度 （86）
第三节　秦代的刑事法律 （88）
一、主要罪名 （88）
二、主要刑名 （89）
三、刑法原则 （90）
第四节　秦代的民事、经济法规 （92）
一、主要民事制度 （92）
二、主要经济制度 （93）
第五节　秦代的司法制度 （94）
一、司法机关 （94）
二、诉讼制度 （94）
三、审判制度 （95）

第五章　汉朝时期的法律制度 （103）
第一节　汉代法律指导思想的变化 （104）
一、汉初的立法思想 （104）
二、西汉中期立法思想的儒家化 （105）
第二节　两汉的主要立法及法律形式 （106）
一、主要立法活动 （106）
二、主要法律形式 （108）
第三节　汉代的刑法制度及刑罚改革 （110）
一、西汉初期的刑罚改革 （110）
二、主要罪名 （112）
三、刑罚原则的发展 （117）
四、主要刑名 （118）
第四节　汉代的行政、民事、经济制度 （119）
一、行政制度 （119）

目　录

　　二、民事制度 …………………………………………… (121)
　　三、经济制度 …………………………………………… (122)
　第五节　汉代的司法制度 ………………………………… (123)
　　一、司法机关 …………………………………………… (123)
　　二、诉讼制度 …………………………………………… (123)
　　三、春秋决狱 …………………………………………… (125)
　　四、秋冬行刑 …………………………………………… (126)
　　五、录囚制度 …………………………………………… (126)

第六章　三国两晋南北朝时期的法律制度 ………………… (130)
　第一节　三国两晋南北朝时期的立法概况 ……………… (131)
　　一、主要立法活动 ……………………………………… (131)
　　二、法律形式的发展 …………………………………… (136)
　第二节　法典编撰技术的成熟完善与律学的发展 ……… (137)
　　一、法典编纂技术的成熟完善 ………………………… (137)
　　二、律学的发展 ………………………………………… (138)
　第三节　法律内容的重大变化 …………………………… (139)
　　一、刑罚制度的发展变化 ……………………………… (139)
　　二、引礼入律的新阶段 ………………………………… (142)
　第四节　三国两晋南北朝时期的司法制度 ……………… (147)
　　一、司法机关 …………………………………………… (147)
　　二、司法审判制度 ……………………………………… (147)

第七章　隋唐时期的法律制度 ……………………………… (151)
　第一节　隋朝法制概况 …………………………………… (152)
　　一、立法概况 …………………………………………… (152)
　　二、法律内容的发展变化 ……………………………… (153)
　　三、隋朝法制的经验教训 ……………………………… (156)
　第二节　唐朝立法概况 …………………………………… (157)
　　一、主要立法思想 ……………………………………… (157)
　　二、主要立法活动与法律形式 ………………………… (159)
　第三节　唐律的主要内容 ………………………………… (160)
　　一、基本结构 …………………………………………… (160)
　　二、刑事法律内容 ……………………………………… (161)
　　三、民事法律内容 ……………………………………… (173)

四、经济法律内容 ……………………………………………… (179)
　　五、行政法律内容 ……………………………………………… (181)
　第四节　唐律的特点、历史地位与影响 ………………………… (184)
　　一、唐律的特点 ………………………………………………… (184)
　　二、唐律的地位与影响 ………………………………………… (186)
　第五节　隋唐时期的司法制度 …………………………………… (188)
　　一、司法机关体系 ……………………………………………… (188)
　　二、诉讼审判制度 ……………………………………………… (189)
　　三、监狱制度 …………………………………………………… (192)
第八章　宋元时期的法律制度 ……………………………………… (194)
　第一节　宋代的立法思想与立法活动 …………………………… (195)
　　一、中央集权的强化与两宋主要法律思想 …………………… (195)
　　二、主要立法活动和法律形式 ………………………………… (198)
　第二节　宋代的法律内容及其特点 ……………………………… (200)
　　一、行政法律 …………………………………………………… (200)
　　二、民事法律 …………………………………………………… (205)
　　三、经济法律 …………………………………………………… (208)
　　四、刑事法律 …………………………………………………… (212)
　第三节　宋代的司法制度 ………………………………………… (216)
　　一、司法机关体系 ……………………………………………… (216)
　　二、诉讼审判制度 ……………………………………………… (217)
　第四节　元代的法律制度 ………………………………………… (222)
　　一、立法概况 …………………………………………………… (222)
　　二、法律内容的主要特点 ……………………………………… (224)
　　三、司法制度 …………………………………………………… (226)
第九章　明朝时期的法律制度 ……………………………………… (230)
　第一节　明代的立法概况 ………………………………………… (231)
　　一、立法思想 …………………………………………………… (231)
　　二、立法活动 …………………………………………………… (234)
　　三、法律形式 …………………………………………………… (237)
　第二节　明代的行政法律 ………………………………………… (239)
　　一、行政管理体制的变化与发展 ……………………………… (240)
　　二、职官管理制度 ……………………………………………… (242)

目 录

　　三、监察制度 …………………………………………… (244)
　第三节　明代的民事法律 ………………………………… (246)
　　一、民事主体与民事客体 ………………………………… (246)
　　二、物权与债权 …………………………………………… (251)
　　三、婚姻、家庭与继承制度 ……………………………… (257)
　第四节　明代的商事、经济法律 ………………………… (260)
　　一、商业管理 ……………………………………………… (260)
　　二、专卖法制 ……………………………………………… (262)
　　三、对外贸易法制 ………………………………………… (264)
　　四、货币法制 ……………………………………………… (265)
　　五、赋税立法 ……………………………………………… (267)
　第五节　明代的刑事法律 ………………………………… (269)
　　一、刑事政策 ……………………………………………… (269)
　　二、刑法原则 ……………………………………………… (270)
　　三、主要罪名 ……………………………………………… (273)
　　四、刑罚体系 ……………………………………………… (279)
　第六节　明代司法制度的发展变化 ……………………… (281)
　　一、司法机构 ……………………………………………… (281)
　　二、诉讼制度 ……………………………………………… (283)
　　三、审判制度 ……………………………………………… (285)

第十章　清朝时期的法律制度 ………………………………… (289)
　第一节　清代立法概况 …………………………………… (289)
　　一、立法思想 ……………………………………………… (289)
　　二、主要立法活动 ………………………………………… (290)
　　三、清代法制的基本特点和历史地位 …………………… (293)
　第二节　清律的主要发展变化 …………………………… (294)
　　一、行政立法 ……………………………………………… (294)
　　二、刑事立法 ……………………………………………… (297)
　　三、民事经济立法 ………………………………………… (301)
　第三节　清代司法制度 …………………………………… (308)
　　一、清入关前司法审判特点 ……………………………… (308)
　　二、清代司法机关 ………………………………………… (308)
　　三、刑事诉讼和审判制度 ………………………………… (311)

四、会审制度的发展 ………………………………………… (311)
　　五、民事审判与调处 ………………………………………… (313)
　　六、少数民族聚居区的案件管辖 …………………………… (315)
　　七、幕友、胥吏干预司法 …………………………………… (315)
第十一章　清末时期的变法改革 …………………………………… (319)
　第一节　清末变法的指导思想 …………………………………… (320)
　　一、社会国情的变化与传统法制的危机 …………………… (320)
　　二、清末变法修律的指导思想 ……………………………… (321)
　　三、清末变法修律的主要特点与影响 ……………………… (322)
　第二节　清末变法的基本内容及主要特点 ……………………… (324)
　　一、宪法性立法 ……………………………………………… (324)
　　二、行政法律 ………………………………………………… (327)
　　三、刑事法律 ………………………………………………… (330)
　　四、民商法律 ………………………………………………… (334)
　第三节　清代的司法制度 ………………………………………… (342)
　　一、《大清刑事诉讼律草案》 ………………………………… (344)
　　二、《大清民事诉讼律草案》 ………………………………… (345)
　　三、清末审判制度的变化 …………………………………… (349)
第十二章　中华民国临时政府时期的法律制度 …………………… (359)
　第一节　南京临时政府法制建设的成就 ………………………… (360)
　　一、孙中山的主要立法思想 ………………………………… (360)
　　二、南京临时政府主要立法活动及内容 …………………… (363)
　　三、司法制度 ………………………………………………… (369)
　第二节　中华民国北京政府的法律制度 ………………………… (370)
　　一、立法活动与主要宪法文件 ……………………………… (370)
　　二、司法制度 ………………………………………………… (373)
　第三节　中华民国南京国民政府的法律制度 …………………… (374)
　　一、法律体系与《六法全书》 ……………………………… (374)
　　二、主要法律内容 …………………………………………… (375)
　　三、司法制度 ………………………………………………… (381)
第十三章　新民主主义时期人民民主政权的法律制度 …………… (383)
　第一节　新民主主义时期人民民主政权法制概况 ……………… (383)
　　一、人民民主法制的发展阶段 ……………………………… (384)

目 录

　　二、人民民主法制的性质与地位 …………………………（385）
　　三、人民民主法制的基本特征 ……………………………（385）
　第二节　工农民主政权的法律制度 ……………………………（386）
　　一、立法活动 ………………………………………………（386）
　　二、司法制度 ………………………………………………（389）
　第三节　抗日民主政权的法律制度 ……………………………（390）
　　一、主要立法活动 …………………………………………（390）
　　二、司法制度 ………………………………………………（394）
　第四节　中华民国解放区人民民主政权的法律制度 …………（397）
　　一、主要立法活动 …………………………………………（397）
　　二、司法制度 ………………………………………………（400）

导　　论

一、"中国法制史"的内涵及研究对象

中国法制史是研究中国法律的起源，各种法律制度的创制、内容、特点与发展演变的过程和规律，并为现代法制建设提供借鉴的法学分支学科。中国法制史不仅是法学的一门基础学科，还是史学的一门专史，作为高等学校法学教育体系中的主干课程，它着重培养学生的历史观、国家观、法律观，并为他们学习法学理论和部门法提供相关的历史知识，加深他们对我国现行法律的理解。

中国法制史课程内容博大精深，内容丰富，研究范围非常广泛。从时间上看，随着中国历史上第一个奴隶制国家夏朝的建立，中国法制的雏形就相应出现，自此薪火相传四千余年，法制发展过程脉络清晰，且从未中断，从原始粗略的夏商法制，再到恢宏大气、义理精深的隋唐法制，又到近现代中华民国及革命根据地之法制。从内容上看，中国法制史的研究对象应该包括以下五个方面：

中国各个历史时期的立法成果，包括立法体制、立法活动及其社会背景、立法根据、立法技术以及由立法而产生的各种形式的法律规范。一些非经国家机关正式制定、而在司法实践中起规范与调节作用的习惯、判例，以及调节家族内部关系、乡里关系的所谓"家法族规"、"乡规民约"等特殊形式的社会规范，也应为中国法制史的研究所关注。

中国各个历史时期的司法状况，包括各种类型政权的司法机关、司法体制、诉讼制度、诉讼原则、狱政管理、具体的司法活动，以及与司法密切相关的司法设施等。

中国各个时期内各种类型政权的宏观法制状况，包括宏观立法情况、立法与司法的联系、法律的执行情况、法制的整体社会效益等。

各个时期对法律制度产生过重要影响的哲学思想、政治法律思想和学说。在制度史的研究中，无法脱离思想因素，特别是一些与具体法律制度的形成、发展、演变密切相关的思想因素，也应是中国法制史着重研究探讨的问题。

中国各个历史时期内社会各个阶层的价值观念、风俗习惯以及宗教文化等

传统。这些内容是全面、深入地研究和了解历史上法律制度所不能回避的问题。

二、中国古代法制发展概述

中国传统的法律制度，是中国传统文化的一个重要组成部分。经过几千年的发展和积累，形成了严谨的体系、广博的内容，与其他文化圈中的法律制度迥然有别，在世界法制史上独树一帜。中国法制历史上下几千年，朝代不断更替，政权也屡经更迭。以不同的发展阶段及风格特色等为标准，中国法制的历史大致可以分为早期法制、春秋以后的古代法制和近现代法制三大部分。

（一）中国早期法制

中国早期法制，一般是指夏、商、西周时期的法制，在时间上包括自公元前21世纪到公元前771年这一历史阶段。中国早期法制的突出特点，是以习惯法为基本形态，法律是不公开的、不成文的。

（二）春秋以后的古代法制

春秋以后的古代法制，一般是指春秋时期以后至鸦片战争以前中国各主要王朝的法律制度，在时间上包括自公元前770年至公元1840年这两千余年的法制历史。从春秋以后，中国开始有了向全社会公布成文法的做法，从此，中国的法律由原来的不公开、不成文法的状态，逐渐过渡到以成文法为主并且予以公开的状态。从春秋时期到清朝后期这两千余年中，无论是法律理论、立法技术、法制规模，还是法律内容、司法体制等各个方面，都有了巨大的发展进步。我们通常说的"传统法律文化"、"传统法律制度"，其主体就是在这一时期形成、发展和成熟的。

（三）近现代法制

近现代法制，指的是公元1840年至新民主主义革命时期的法律制度。从公元1840年鸦片战争以后，中国社会开始遭受西方列强的长期侵略和欺凌。在内忧外患之际，中国社会开始进行艰难的转型。从法律上看，这种转变的突出特征是，存在了数千年的中国传统法律体制、法律观念开始瓦解，而近现代意义上的法律制度开始在中国土地上艰难地生长。

三、学习中国法制史的意义和应当注意的问题

（一）学习中国法制史的意义

《大学》有云："物有本末，事有始终。"只有了解中国法制史，才能全面地认识当今的中国法制，并积极地为现行的中国法制建设服务，即所谓"温故而知新"、"鉴往以知来"、"古为今用"，因此学习中国法制史的意义十分

重大。

1. 认清中国法制发展的大势

中国法制经历了漫长而又复杂的发展历程。通过学习中国法制史，我们可以了解中国法制从萌芽到形成、从简单到完备、从残酷到文明、从专制到民主的发展历程，从而认清中国法制发展的大势。

2. 总结、借鉴中国法制的历史经验

中华民族在长期的法制实践中，形成了许多优秀的法律传统，总结了大量可资借鉴的法制经验，无论是立法、司法、法制宣传以及法律思想等诸方面，都需要我们进行分析和总结。继承优秀的法制遗产，批判其中的落后因素，无疑对当代的法制建设大有作用。

3. 加深对中国当代法学的理解

历史上的中国法制是现实中国法制的背景，现实中国的法制是对历史上中国法制的改造和发展，现实和历史不能截然分开。了解历史上的中国法制，不仅有助于了解现实中国的法制，而且可以加深对当代法学的理解。将中国法制史中具体的法律事例，应用到对当代法学基础理论的研究，可以更生动地印证其中的学理。将中国历代刑事、民事等法律同当代相应的法律详加比较，可以认清这些法律发展的脉络和趋势。

4. 有助于理解法学基础理论

学习中国法制史，能进一步扩大知识面，提高法学基本素养，不但可以为部门法的学习打下坚实的基础，而且还可以为部门法的发展开拓更广阔的空间和视野。法理学是从法学的基本原理出发阐述法律的普遍规律，而普遍规律又是对各种特殊规律的抽象、概括和总结，它的形成正是在对古今中外各种类型的法律制度和法学进行广泛研究的基础上抽象、总结出来的。因此，学习中国法制史也有助于对法学基础理论的理解。

（二）应当注意的三个问题

法律制度是一定社会文化条件下的产物，正因如此，在具体的法律规范、法律条文背后，有着深刻的社会思想因素。中国历史上的法律制度，是在中国几千年文化背景下形成和发展的，所以无疑明显带有时代的和民族的烙印。在学习和研究中国法制史的过程中，要注意以下三个问题：

1. 应当加强对中国传统法律文化的伦理特性的认识

重家族、重血缘、重伦理，这是中国文化的固有特征。这种特征在中国古代法律中，有着极为明显的表现。中国几千年的农耕社会，塑造了中国传统法律"依伦理而轻重其刑"的性格特征，在中国古代，确定罪的有无，决定刑的轻重，主要是依据伦理关系。在中国传统社会中，君臣、父子、兄弟、夫

妇、长幼、尊卑、贵贱、上下，存在巨大的社会差别。在法律上，同样一种行为，由不同主体实施，或是施加于不同的对象，其法律后果是截然不同的。比如说，在唐律中，常人相殴，各笞四十。但若是发生在亲属之间，就要复杂得多了。差别最大的是父母子孙之间。按唐律的规定，子孙殴打父母或者祖父母，属于"十恶"大罪中的"恶逆"，不问已伤未伤，一律处以最高刑——斩刑；相反，父母、祖父母殴打子孙，一般是不用负法律责任的。此类被称为"伦理法"的法律制度，在中国古代法中比比皆是。所以在学习过程中，应该予以充分的注意。

2. 要注意儒家学说对中国古代法律的影响

儒家学派曾是春秋战国时期诸子百家中影响较大的一个学派。在汉代中期"罢黜百家，独尊儒术"以后，儒家学说被奉为官方的、唯一能够传播的思想，逐渐演变为中国古代社会的主流思想。自从独霸中国思想舞台以后，儒家学说就像血液一样存在于中国传统社会的肌体内，儒家的观念、主张就极深地渗透到社会生活的各个层面，对整个中国社会发挥着极大的影响作用。从法律上看，除了战国时代和秦朝曾经由法家思想主导法制建设外，其他各朝的法律制度，大到立法的基本原则、宏观的法律政策，小到某一项具体的规定，都可能是受儒家理论和价值观的影响。通常所说的中国古代法的伦理特征，所谓"礼法结合"，都是与儒家学说密切相关的。所以说，儒家学说和理论是研究和学习中国法制史的一条不可忽视的重要线索。

3. 应当注意探索法律制度与社会土壤的关系

法律作为社会上层建筑的重要组成部分，是由当时所处的社会物质生活条件所决定的，是一定的现实社会关系的反映。法律制度的产生、发展、特色的形成，都与当时的政治、经济、文化、风俗、传统等社会条件密切相关。所以说，不同的文明文化造就了不同的法律制度。在中国古代社会中，农耕生产方式，一家一户、自给自足的小农经济，中央集权的政治制度，独特的自然和地理条件，共同构成了中国传统法律文化的独特土壤。这些社会因素是形成中国传统法律制度基本特色的真正原因。所以，了解中国古代社会的政治、经济、文化的发展和演变，是更好地了解中国传统法律制度的基础。同时，系统地分析研究法律制度与其他文化现象之间的关系，总结历史的经验，进而完善今天的法律和社会，正是研究和学习中国法制史学的终极目的。

四、学习中国法制史的方法

中国法制史因其历时久长、内容广博、资料繁多、文字艰深，而成为法学中难度较大的学科之一。要想学好中国法制史，应当做到以下三点：

(一) 坚持辩证唯物主义和历史唯物主义的观点

以辩证唯物主义和历史唯物主义的观点来研究中国法制史，就是要实事求是地认识和评价中国古代的法律制度，正确分析中国法制史的具体史实，认清中国法制发展的一般规律，区分中国法制史的精华和糟粕，从而总结中国法制史的经验和教训。

(二) 用历史的方法探讨各种类型法律制度的沿袭和变化

学习中国法制史必须注意从历史发展的整体上去把握法制的沿革及其内在联系，厘清历史发展的线索、思路，抓住中国法制发展的脉络，探讨各种类型法律制度的沿袭和变化，特别是变化。历史告诉我们，某种类型的法律制度在产生以后，并不是一成不变的，而是在沿袭中有发展，在发展中有变化。当变化达到一定程度时，较低类型的法律制度便转化成较高类型的法律制度。

(三) 树立勤奋、严谨、求实、创新的治学精神

中国法制史这门课程的内容丰富、材料浩繁，学习存在一定的难度。这就要求学生除了掌握一定的现代法学理论知识和古汉语知识外，还需要树立勤奋、严谨、求实、创新的治学精神，以勤奋的态度，严谨的作风，求实的决心，创新的勇气，认真学好中国法制史。

第一章　夏、商时期的法律制度

【重点提示】
中国法律起源的途径；
神权法思想；
"刑"、"法"、"律"的内涵及演变；
奴隶制五刑。

夏朝是中国历史上第一个奴隶制国家，也是中国历史上唯一无文字可考的世袭王朝。由于流传下来的相关史料十分匮乏，所以历史上是否有夏代存在，曾被许多人怀疑。但是《史记·夏本纪》中记载的夏代世系与《史记·殷本纪》中记载的商代世系一样明确，商代世系在安阳殷墟出土的甲骨卜辞中得到证实，因此《史记·夏本纪》中所记载的夏代世系被多数学者认为是可信的，也就说明夏朝在中国历史上确实存在。据《史记》记载，夏王朝大约从公元前21世纪到公元前16世纪，自启到履癸（桀），前后大约有471年，共传14世、17王。据《史记》记载，夏的势力范围，西起今河南西部和山西南部，东至今河南、河北、山东三省交界之处，南接湖北，北入河北。

商是继夏之后的王朝，是中国历史上第一个有文字可考的王朝。商族原是臣属于夏王朝的一个方国，主要活动于黄河中下游地区。在公元前16世纪左右，商人在其首领汤的带领下，联合一些反对夏统治的部落或方国讨伐暴虐无道的夏桀，推翻了夏朝，建都于亳（今河南濮阳），后数次迁都，至盘庚时定都于殷（今河南安阳）。商纣王是商朝最后一位国王，十分暴虐无道。公元前11世纪，新兴的周族在姬发的率领下在牧野与商纣王决战，商纣王战败后自焚而死，商朝遂亡。据《竹书纪年》记载，商王朝从汤到纣共496年，共传17世、31王。商的势力范围，西至今陕西西部，东至今山东西部，北至今河北北部，南至汉水以南的长江流域。

夏商既是中华文明的起源和奠基时期，也是中国古代法律制度萌芽、发展并逐步形成特色的时期。夏启打破了原始社会的禅让制，通过武力夺取政权，成为第一个国家君主。自此，王位继承开始了世袭。夏朝刚刚从原始社会进化而来，法律内容来源于原始习惯、祭祀礼仪、军队命令等。立法、执法与司法尚未系统化、规范化。商朝的法律内容，尤其是刑罚种类较夏朝增多，但非常野蛮、残酷。商朝的立法权、司法权掌握在商王手中，分级建立了司法机关来处理具体的法律事务，但司法制度仍不健全。

第一节　中国法律的起源

一、关于法的起源的一般理论

马克思主义法学理论认为，法律不是从来就有的，也不是永恒存在的。它和其他社会现象一样，也有其产生、发展直到最后消亡的客观历史过程。法律在起源和发展的整个过程中，尽管在现象上纷繁复杂，但有它自身发展的规律可循。

法的产生经历了一个长期发展的过程。在原始社会，社会组织的形态经历了原始群、母系氏族、父系氏族的发展，调整社会关系的规范是氏族习惯，包括原始的道德规范、习俗礼仪、宗教戒律等社会规范。这些社会规范对于维系人们的血缘关系，促进原始社会的发展起到重要作用，但是与阶级社会的法是根本不同的。

马克思主义法学理论认为，尽管世界各国的法律起源形式因各自历史条件而不同，但仍有共同的原因和一般规律。法律产生的第一个基本规律是，法律随着生产力的发展、私有制的产生、阶级的分化和国家的产生而产生，这也是法律产生的根本原因。法律产生的第二个基本规律是，法律的产生经历了一个由习惯到习惯法，再到制定法的漫长发展过程。法律产生的第三个规律是，法律产生的过程受宗教、道德的影响极大，因此刚刚产生的法律几乎总是带有浓厚的宗教色彩和道德痕迹。

二、中国古代氏族社会的解体与法制文明的曙光

中国是世界文明发达最早的国家之一，有着悠久且从未中断的历史和灿烂的文化。地下文化遗址的发现，证实了大约在一百万年以前，我们的祖先就已经生息在祖国辽阔富饶的土地上。距今六七千年以前的仰韶文化时期，以母系为中心的氏族社会已经发展到全盛时期，并开始向父系氏族社会过渡。距今四五千年以前的龙山文化和河姆渡文化时期，父系氏族社会已经全面建立。由父权制取代母权制，是男女生产地位的转化所导致的结果。

在氏族社会，生产力水平极端低下，只能依赖集体劳动维持极端贫乏的物

第一章 夏、商时期的法律制度

质生活资料的生产。与此相适应的生产关系的基础是生产资料的氏族公有制，产品归氏族成员集体所有，平均分配，没有私有，也没有剥削。各氏族成员之间的社会地位是平等的，没有人剥削人的现象。为了组织氏族成员进行生产和同自然灾害作斗争，逐渐形成了管理公共事务的氏族机关。由氏族成员共同选举氏族首领，执行氏族集体所赋予他的各种职责。遇有重大事项或争端，由氏族最高权力机关——氏族全体会议共同解决，氏族首领不称职时也可以撤换。传说中的"尧舜禅让"就是原始民主制的例证。国家和法律在那时候是不存在的，一切按照传统的、具有普遍约束力的原始习俗行事。

然而到了原始社会末期的父权制时代，生产力水平提高，劳动产品有了剩余，私有制不可避免地发展起来，同时出现了贫富分化。少数氏族部落首领利用职权成为私有财产的拥有者，他们要求明确土地、财货的所有权，并对侵害其财产的行为进行惩罚。同时为了掠夺和扩大对社会财富的占有，也不断地发动对其他氏族部落的战争。夏王朝便是在一系列征伐战争中，开始了建国的历程。

不断进行的掠夺战争不仅加速了氏族内部的阶级分化，也使武装力量从代表全氏族、部落的利益演变成为少数氏族领袖的私属武装。氏族首领的职权也发生了重大变化，他们不再是氏族的公仆，而是统治整个氏族的权威。氏族首领的职位成为显贵家族争夺的对象，氏族民主制逐渐瓦解。至夏启，终于废除了传统的禅让制，确立了王位世袭传子制度，建立了第一个"家天下"的王朝。

在氏族民主制向国家制度变动时期，过去调整氏族成员相互关系，并被自觉遵守的原始习惯法，也逐渐演变为强制执行的行为规范——法律。

三、中国法律起源的途径和特征

(一) 中国法律起源的途径

夏商是中国古代法律制度萌芽、发展并逐步形成特色的时期。但是由于这一时期的历史资料匮乏零散，后世的记载和追述真伪杂陈，因此中国法律起源的问题，成为中国法律史研究中难度最大的问题之一。关于这个问题，中国历史上的一些思想家、政治家基于各自不同的思想、观念、学说、主张，分别提出各种不同的认识或看法。

1. 法源于天说

远古时期由于生产力低下，人类缺乏征服自然的力量，因而对各种自然现象充满敬畏之情，在这种条件下，"天"被推崇为万物的本源，法律也同样是源于天赐。"法源于天说"最早见于《尚书》。《尚书·皋陶谟》曰："天工人其代之","天讨有罪,五刑五用哉"。《孔传》曰:"民所叛者天讨之。"夏商以来的统治者,大都假借"天"的名义,进行所谓的"天讨"、"天罚"。例如夏启攻伐有扈氏发布的军令中就宣称:"天用剿绝其命,今予惟恭行天之罚。"① 商汤在攻打夏桀时也声称:"有夏多罪,天命殛之。"② 《汉书·刑法志》曰:"故圣人因天讨而作五刑。"把法律看作是上天意志的体现,既反映了上古统治者借助神权的力量以增强法的权威性的愿望,也反映了古人对法与自然关系的一种认识和理解。

2. 法源于苗民说

此说见于《尚书》。《尚书·吕刑》曰:"蚩尤惟始作乱,延及平民;罔不寇贼,鸱义奸宄,夺攘矫虔。苗民弗用灵,制以刑。惟作五虐之刑,曰法,杀戮无辜。"按蔡氏《吕刑》注解:"苗民承蚩尤之暴,不用善而用制以刑。"根据古籍记载,苗民是中国远古时期的先进部落,蚩尤是苗民的部落首领。当时的苗民已经摆脱了神权的束缚,初步创造了刑法体系,肉刑有四种:劓、刵、椓、黥,说明苗民当时处于中国法制文明的前列。苗民之所以被华夏族打败,是由于"恃刑不道",因而削弱了自己的力量。华夏族在征服苗民以后,吸收了苗民先进的法制文化,并在此基础上建立起夏朝的刑法。此说充分说明中华法系是各民族共同缔造的。

3. 皋陶造律说

皋陶与尧、舜、禹同为"上古四圣",是舜帝执政时期的士师,相当于国家最高的司法长官。舜帝时期,华夏族与苗蛮族的战争接连不断,族内犯罪也频频发生,因此"皋陶造律"。此说在《尚书·舜典》、《左传》所引《夏书》以及《竹书纪年》等古籍中都有表述。《尚书·舜典》曰:"帝曰:皋陶,蛮夷滑夏,寇贼奸宄。汝作士,五刑有服,五服三就。五流有宅,五宅三居。"《竹书纪年》曰:"帝舜三年,命皋陶造律。"《左传·昭公十四年》曰:"夏书曰昏、墨、贼、杀,皋陶之刑也。"可见,在古籍中多以皋陶为法的创始人,此说反映了古人对法官造法作用的某种认识。

4. 定分止争说

所谓定分即确立上下贵贱的名分;所谓止争即止息纷争。管子说:"法者,所以兴功惧暴也,律者,所以定分止争也。"③ 持此说者,古代、近代均大有人在。如商鞅认为:"古者未有君臣上下之时,民乱而不治。是以圣人列

---

① 《尚书·甘誓》。
② 《尚书·汤誓》。
③ 《管子·七臣七主》。

第一章 夏、商时期的法律制度

贵贱，制爵位，立名号，以制君臣上下之义……民众而奸邪生；故立法制为度量以禁之。"① 梁启超在《新民说》中说，人类同自然界作斗争，需要结成"群"，但群中"万有不齐"，"驳杂而无纪"，时常发生"横溢动乱"，以致无法"相群"，甚至威胁到人类的生存。在这种情况下，人类出于"良知"，制定出法律，约束人们的行为。此说已从政治、经济角度考虑法律的起源问题，比以上诸说前进了一步。

5. 源于"性恶"说

荀子是主张性恶论者，他认为法律起源于惩恶扬善的社会需要。他说："古之圣人以人之性恶，以为偏险而不正，悖乱而不治，故为之君上之势以临之，明礼义以化之，起法正以治之，重刑罚以禁之，使天下皆出于治，合于善也。"② 此说是从人性的角度解释法律的起源。

6. 刑起于兵说

此说在《易经》、《汉书》等传统典籍中有大量的记载。《易经》曰："师出以律。"《汉书·刑法志》曰："大刑用甲兵，其次用斧钺；中刑用刀锯，其次用钻凿；薄刑用鞭扑。"《辽史·刑法志》曰："刑也者，始于兵而终于礼者也。"在中国古代文献中，法律一般称为刑，战争（征战）则通称为兵。法律与战争的关系，大体也就是刑与兵的关系。在中国进入阶级社会前后的一段时间，发生了一系列大规模的战争，如共工颛顼之战，黄帝蚩尤之战，黄帝炎帝之战，夏与有扈氏之战，等等。"掠夺战争加强了最高军事首长以及下级军事首长的权力。"③这种产生于兵戎中的权力，就是"法"的温床，促进了法律的形成。从军队征战敌人，统辖部属的角度，谈到法律起源的问题，反映了古人对法律（主要是刑法）的暴力特征的认识。

7. 礼起于祭祀说

"礼起于祭祀说"，表明中国古代作为一种社会规范的"礼"最初起源于祭祀活动。根据近代学者王国维的研究，"礼"字的本义，原指盛放有玉珏之类祭祀供品的器具，这种说法被殷墟出土的商代甲骨文印证。古人进行祭祀活动时，一般要使用礼器进行供奉，由此形成了一套事神祈福的祭祀活动和典礼仪式。于是人们赋予"礼"字一种新的引申义，将这种祭祀活动和典礼仪式也称为"礼"。《说文解字·示部》："礼，履也，所以事神祈福

---

① 《商君书·君臣》。

② 《荀子·礼论》。

③ 中共中央马克思恩格斯列宁斯大林著作编译局编：《马克思恩格斯选集》第4卷，人民出版社1972年版，第160页。

也。"祭祀礼仪活动必然有一定的仪式规则，起初只是一些简单的习惯性规范。随着社会的发展和统治者的需要，一些上层人物为了调整社会秩序，将日益复杂的仪式规则加以确认和改造，并强化其神秘性和强制力，便使礼上升为法律规范。此说反映了古人对祭祀活动中的信念、伦理、情感和秩序的一种认识。

综上所述，中国法律起源是一个非常复杂的问题。从中国法制历史的实际进行考察，法确实是一定历史条件下的产物，是私有制和阶级形成后历史发展的必然结果。随着将来考古学、社会学的发展和新资料的发现，这个问题也将会得到更深入的研究。

（二）中国法律起源的主要特征

1. 要了解中华民族赖以生存和发展的地理环境

在人类社会发展的早期，由于生产力水平极其低下，人们的生产与生活对自然条件的依赖性非常大。因此，地理环境的状况不仅影响着文明起源的时间与空间，而且在很大程度上制约着文明的内容与特点。

中国是一个内陆国家，处于与外界相对隔绝的封闭环境之中，因此，在文明的起源与发展的过程中，既缺乏破坏氏族关系最有力的武器——商品的生产与流通，也没有与氏族对立的外来的社会力量的冲击。因此，中国走向文明的途径，不是彻底地否定氏族制度的"革命"，而是经由氏族内部的渐进性转化和"改良"。氏族亲属间的血缘纽带并未因氏族制度的瓦解而松弛，相反仍是沟通家与国、个人与家族的一道血缘之桥。

2. 由于氏族制度瓦解得不彻底，因此在走向文明时容留了源于氏族父系家长制的宗法制度，并使之具有国家政治制度的性质

由于贵族家族极力维护父系血统的身份继承权与私有财产继承权，这种做法也同样适用于王位的继承，因此，王权与族权在新的基础上得到了统一。国家的建制以及政治权力的划分依照与王室血缘的亲疏远近而定，国家的统治网络就是各个贵族家族中心点的联结。

正是由于这种"家国同构"的特征，国家的都城同时也是国王的祖庙所在地，而作为国家机器的重要组成部分的军队，也是以贵族家族的成员进行编制的。违反国法的职官，要在祖庙进行处决，以示家国共弃。国家对外征战与祭祀宗庙的活动，被视为同等的重要，"国之大事，在祀与戎"。[①] 进入封建社会以后，宗法制度的政治性质虽然明显淡化，但宗法的精神与信条仍然支配和束缚着国家与社会的躯体。

---

① 《左传·成公十三年》。

第一章　夏、商时期的法律制度

3. 中国氏族社会末期部落之间发生的战争，对于中国法制文明的产生起着催化剂的作用

战争需要严格的纪律约束部队，以确保指挥者令行禁止和生杀予夺的大权，最初的法律就是在适应这种需要中产生了。中国古代不仅"法"与"刑"不分，而且"兵"与"刑"也不分，所谓"大刑用甲兵"。① 在传统的典籍中，"刑起于兵"之所以成为中国法律起源的一个重要学说，其原因就在于此。

4. 法的起源主要通过刑起于兵和礼源于祭祀两条基本途径完成

始终贯穿着礼刑并用原则。以各级宗族和大小贵族所代表的上层统治者，一方面制定大量系统详备的宗法礼仪制度，运用道德教化发挥其调整社会关系的礼法职能。另一方面对法律进行专断，运用严刑峻法行使镇压职能，辅助礼法的实施。

5. 中国从进入阶级社会起，便形成了以王为最高权威的专制政体

王是国家的化身，以王为代表的贵族宗族的利益与国家利益是一致的。因此，国家至上，维护公权是法律的首要任务，刑法就成为最发达的法律形式。

四、"刑"、"法"、"律"字的演变及其含义

大凡人类的早期史，都经历了先有语言后有文字的过程。汉字是象形文字，当它被一笔一划地创造出来时，它的形象结构不仅反映了造字者的主观构思，更重要的是，它具备了一经问世便不得不如此的历史必然性。因为它不仅蕴含着祖祖辈辈口耳相传的史影，还深藏着古人对某一社会现象的最朴实直观的普遍见解。20世纪30年代陈寅恪曾经说过："依照今日训诂学之标准，凡解一字，即是作一部文化史。"② "刑"、"法"、"律"字便是这样的字，对它们的破解，即可作一部关于法律起源的文化史。

（一）"刑"字的演变及其含义

到目前为止，商代甲骨文中还没有发现"刑"字，"刑"字最早见于西周铜器铭文。有两种字形：一为"井刂"，一为"井"（并非水井之"井"，为便于印刷，暂写作"井"）。

"井刂"字见于西周晚期的散盘铭文，战国时期的子禾子釜铭文中也有，秦汉隶书写作"井刂"和"刑"两种字体，后来规范文字时便逐渐写作"刑"字

---

① 《汉书·刑法志》。
② 黄巽斋：《汉字文化丛谈》，岳麓书社1998年版，第3页。

而废除"㓝"字。《说文解字》:"㓝,罚罪也,从井、从刀。"本义即征伐、杀戮。此义源于古代"兵刑不分"的观点。如《左传·宣公十二年》有"伐叛,刑也"。后引申为残害肢体的肉刑,又泛指刑罚。如《周礼·蜡氏》注:"刑者,黥、劓之属。"又《慎子》:"斩人肢体,凿人脂肤谓之刑。"《玉篇》曰:"刑,罚之总名也。"

"井"字是铸造青铜器所用模范的象形,本义是铸造青铜器的模子。因与"刑"字古音同部而混用。春秋战国之后才在"㓝"字之下加上模具的材料"土"旁,后来规范为"型"字。所以"㓝"还有模型、模范之义,后引申为规范、法。

(二)"法"字的演变及其含义

作为法律理解的"法"字出现较晚,迄今所发现的甲骨文还未见有,一般认为是在西周铜器铭文中才有,写作"灋",战国时期的古文字中简化为"法"。但在战国至秦汉,其古体一直在用。如1975年发现的《睡虎地秦墓竹简》中,法字都写作"灋"。

春秋以前的"法"字可能与现代意义上的"法"无关,其主要用法是假借为"废"字,作为动词适用。如金文习语"勿灋朕命",意思是不要废弃我的命令。"法"字与"废"字,古时互相假借,音同意同,"废"也具有"法"的含义。《周礼·大宰冢》注:"废,犹放也。"又作"去"讲,"除"讲。作为刑罚,就是流放的意思。

《说文解字》对古"法"字的解释最为著名:"灋,刑也。平之如水,从水,廌所以触不直者去之,从廌去。"按照这个说法,"灋"字有三个含义,一是平之如水,即公平;二是判断是非;三是去掉不直者。这只能代表东汉人对"法"的认识,其中明显地带有战国末期阴阳五行说的痕迹。[①]

现代意义上的"法"字的广泛应用,是战国时期法家学派诞生之后的事情。战国时期,"法"字开始广泛应用,成为国家法律的名称。从国法到家法皆以法为名,尤其是李悝制《法经》,初步建立起战国法家的思想体系。

---

① 张国华、饶鑫贤主编:《中国法律思想史纲》(上),甘肃人民出版社1987年版,第229页。

第一章 夏、商时期的法律制度

资料：

廌者，一角之羊也，性知有罪。皋陶治狱，其罪疑者，令羊触之，有罪则触，无罪则不触。斯盖天生一角圣兽，助狱为验，故皋陶敬羊，起坐事之。①

（三）"律"字的演变及其含义

律在古代最原始的含义是指音律，所谓"五音六律"。《说文解字》说："律，均布也。""均布"即为调音律的工具，又称"律管"。甲骨文中已出现"律"字，如"师惟律用"，与《易经·师卦》中的"师出以律"意同。因军队用律齐师，以音律指导进退，后引申为军纪、军法，具有法律的含义。这样，"律"就从音乐的标准发展成为普遍的行为标准。

在中国古代，作为法律意义上的"律"字，其使用时间，最为流行的说法是始于商鞅"改法为律"，以后秦代法律多以"律"命名，如《秦律》、《永徽律》等。汉代沿用，律令不分，直到西晋制定晋律时，杜预在《律序》中明确："律以正罪名，令以存事制"，才把律作为刑法的专门称谓。"法"与"律"连在一起作为一种法律形式，是在清末民初时开始的。

第二节　夏朝时期的法律制度

一、"奉天罚罪"的神权法思想

在夏朝，氏族社会的神权观念对夏代法制有着深远的影响。在意识形态领域，充斥着天命鬼神的宗教迷信思想。出于对天、神等自然和祖先的崇拜与敬畏，其法律思想充分反映神权意志，具有浓厚的"天讨"、"天罚"的神判色彩。

早在夏政权正式建立以前，作为夏部落的首领，夏禹即通过举行祭祀礼仪活动，表达对鬼神的敬畏之情。孔子曾说过："禹，吾无间然矣。菲饮食，而致孝乎鬼神；恶衣服，而致美乎黻冕；卑宫室，而尽力乎沟洫。禹，吾无间然矣。"② 为了表明夏后氏建立夏政权的正当性和合法性，统治者宣称夏政权的建立是"受命于天"，违背其统治就是违背天命，因而必须由夏后氏"行天之罚"。例如，《尚书·甘誓》记夏启与有扈氏"大战于甘"，在战前的誓师动员时发布《甘誓》，认为有扈氏不敬上天，所以上天假启之手征讨有扈氏，这就是"天讨有罪"，而启只是"恭行天之罚。"夏代的法律也就借"天意"而立。

---

① 王充：《论衡·是应》。
② 《论语·泰伯》。

二、立法概况

夏朝是中国传统史书中记载的第一个在中原地区实行世袭制的朝代,因年代久远的关系,史料十分匮乏且真伪难辨,早在春秋时期,孔子就感叹夏"文献不足征也"。① 在目前考古发掘尚且没有重大突破的前提下,只能根据现有的史料来认识夏代的立法概况。

(一)《禹刑》

据文献记载,夏时已经有了刑书。《左传·昭公六年》说:"夏有乱政,而作《禹刑》。"《汉书·刑法志》也有类似的记载:"禹承尧舜之后,自以德衰,而制肉刑。"一般认为,《禹刑》是夏朝法律的总称,是后人为纪念夏的先祖禹而命名的,性质相当于现代的刑法典,但具体内容不可考定,只能根据后人对夏朝法律的追述做一些了解。《尚书·大传》中说:"夏刑三千条。"《隋书·艺文志》中说:"夏后氏正刑有五,科条三千。"《扬子法言》中说:"夏后肉辟三千。"不过是泛指夏刑之多,是后人根据《吕刑》的附会。

(二)《甘誓》

夏后启在准备讨伐有扈氏时,曾在"甘"(今陕西省户县西南)发布战争动员令,被记载在《尚书·甘誓》中。其云:"大战于甘,乃召六卿。王曰:'嗟!六事之人,予誓告汝。有扈氏威侮五行,怠弃三正,天用剿绝其命。今予惟恭行天之罚。'左不攻于左,汝不恭命;右不攻于右,汝不恭命;御非其马之正,汝不恭命。用命,赏于祖;弗用命,戮于社。予则孥戮汝。"《甘誓》是迄今为止中国古代最早的军法,它说明夏朝法律的部分内容来源于军队的命令,军法是中国古代最初的法律之一。

(三)政典

相传夏代有政典。据《尚书·胤征》注云:"'政典',夏后为政之典籍,若周官六卿之治典。"这部政典可能是单行法规,并且合编了职官职守与禁忌。《尚书·胤征》曾援引《夏典》说:"先时者杀无赦,不逮时杀无赦",即对违背天时懈怠政令的官员实行"杀无赦"的惩罚。

三、主要法律制度

(一)行政法律制度

古代文献对夏朝的行政法律制度缺少详细记载,这与国家机器在建立初期必然粗略有关。即便如此,一些零散的材料仍可使我们对夏朝行政法律制度有

---

① 《论语·八佾》。

第一章 夏、商时期的法律制度

少许了解。

1. "王"是夏朝的最高统治者

夏禹死后，夏启继承其职位，建立了中国历史上的第一个奴隶制国家。自此王位世袭制代替了禅让制，标志着中国"家天下"的创立。夏代初建之时，最高统治者称为"后"，《史记·夏本纪》有"夏后帝启，禹之子"一说。"后"的意思是生育，亦即祖先的意思，依然带有浓厚的氏族社会组织的痕迹。当时的君主是以祖宗的身份来行使统治权力，号令各个部族的，俨然是一个大家长兼最高首领。直到少康时期，夏的最高统治者才进一步称"王"。

夏王掌握着国家的最高权力。根据《韩非子·饰邪》的记载："禹朝诸侯之君会稽之上，防风之君后至，而禹斩之。"说明夏禹对已经臣服的部落酋长具有生杀之权。到夏启时，不仅令出唯行，而且王命被视为最具权威性的法律。据《尚书·甘誓》："王曰：'嗟！六事之人，予誓告汝，有扈氏威侮五行，怠弃三正，天用剿绝其命，今予惟恭行天之罚……用命，赏于祖；弗用命，戮于社，予则孥戮汝。'"

夏王权力的来源，不仅来自夏禹家族的支持，更为重要的是已经掌握了一支当时最精锐的武装力量。古书中有"禹穴之时，以铜为兵"，[①] "杼作甲"[②]的记载。近年发掘的河南偃师二里头前期文化遗址，出土戈、戚、箭镞等铜制武器，证明了夏曾以先进武器装备其军队。

2. 行政管理机关的建立

为了保证王权的行使，一套围绕王权的行政管理机关逐渐建立和完善起来，其下设有各种职官。《礼记·明堂位》说："夏后氏官百"，"百"表示多。《尚书·甘誓》中的"正"是官吏的通称。"三正"和"六事之人"是管理政务之官，其中有备顾问咨询的三老、五更、四辅、四岳之官；有掌管农业、教化、刑狱、营建、渔牧的六卿之官；有管理造车的车正，管理王族膳食的庖正和牧官之长牧正，以及宣令之官遒人，司空之属的啬夫，掌管天地四时宗教历法的秩宗和羲和。他们是构成"夏后氏官百"的实体。从二里头发掘的宏伟宫殿遗址，以及夏桀被放逐时，随从人员有500人之多，可以想象，夏的国家机关已经有相当大的规模。

3. 行政区域的划分

据文献记载，夏启曾将统治区域划分为"九州"，所谓"茫茫禹迹，划为

---

① 《越绝书·记宝剑》。
② 《尚书甘誓·正义》，引《世本》。

九州，经启九道",① 并设置了九州之长"九牧",② 管理九州居民。还"铸九鼎，象九州",③ 而铸鼎所用的铜，据说也是由九州贡纳的，所谓"贡金九枚，铸鼎象物"。④ "九州"之说不足以为夏朝确凿的地方行政区划的根据，却反映了夏启战胜旧势力之后，随着统治区的扩大和种族奴隶的增多，已经不可能按照血缘标准管治居民，于是开始按地区来划分国民。而这正是国家与旧的氏族组织不同的地方。

（二）刑事法律制度

1. 刑法原则

夏朝在用刑制裁犯罪的基础上，总结出了一些初步的刑法原则。

（1）"与其杀不辜，宁失不经"

《左传·襄公二十六年》引《夏书》说："与其杀不辜，宁失不经。""辜"是罪，"经"是常法。就是说，宁可不按常法行事，也不能错杀无罪之人。这是关于中国上古时期罪疑从轻、罪疑从赦的记载。这说明在中国历史上，适用法律审慎，有极为悠久的传统。

（2）"眚灾肆赦，怙终贼刑"

按照《尚书·舜典》的记载："眚灾肆赦，怙终贼刑。"其注曰："眚，过也。灾，害也。肆，缓。贼，杀也。过而有害，当缓赦之；怙奸自终，当刑杀之。"意为过失及不可抗力导致犯罪可以赦免，而故意和一贯杀人则处重刑。《尚书·舜典》虽系伪古文尚书，但联系到周初关于过失与故意，一贯与偶犯的区别用刑原则，可以推知在夏代已经根据当事人故意、过失、偶然、一贯等标准定罪量刑。

2. 刑罚制度

（1）五刑制度

《魏书·刑法志》说："夏刑大辟二百，劓辟三百，宫辟五百，膑、墨各千，殷因于夏，盖有损益。"可见，夏朝吸收了苗民的五虐之刑，并将其改造为五刑制度。夏五刑的适用对象是俘虏和奴隶，对同族人仅流、赎、鞭、扑而已。随着社会矛盾的发展，五刑也逐渐适用于沦为被统治地位的同族人。到末代国王夏桀，残暴不道，滥施酷刑，据《淮南子·俶真训》记载：夏桀时已经有类似商纣所实施的"燔生人，辜谏者"，以及炮烙、剖心、析胫、醢菹

---

① 《左传·襄公四年》。
② 《左传·宣公三年》。
③ 《汉书·郊祀志》（上）。
④ 《左传·宣公三年》。

第一章　夏、商时期的法律制度

酷刑。

（2）赎刑制度

根据后人所写的《吕刑》"序"记，周穆王为建立系统的赎刑制度而令吕侯制定《吕刑》时，便参考了夏代的赎刑制度，可见赎刑在夏代已经产生。赎刑，即以币或以财抵罪，罪犯若按规定交纳赎金给官府，则可以获得减轻或免除刑罚。《史记·平准书》司马贞《索隐》引《尚书·大传》说："夏后氏不杀不刑，死罪罚二千馔。"（铜六两为一馔）《路史·后记》也说："夏后氏罪疑为轻，死者千馔，中罪五百。"可见从肉刑到死刑都可以赎。

3. 主要罪名

（1）昏、墨、贼

案例：

晋邢侯与雍子争田案①

晋邢侯与雍子争郁田，久而无成。士景伯如楚，叔鱼摄理，韩宣子命断旧狱，罪在雍子。雍子纳其女于叔鱼，叔鱼蔽罪邢侯。邢侯怒，杀叔鱼与雍子于朝。宣子问其罪于叔向。叔向曰："三人同罪，施生戮死可也。雍子自知其罪，而赂以买直，鲋也鬻狱，刑侯专杀，其罪一也。己恶而掠美为昏，贪以败官为墨，杀人不忌为贼。《夏书》曰：'昏、墨、贼，杀。'皋陶之刑也。请从之。"乃施邢侯而尸雍子与叔鱼于市。

据《左传·昭公十四年》引《夏书》曰："昏、墨、贼、杀，皋陶之刑也。"凡"恶而掠美为昏，贪以败官为墨，杀人不忌为贼"。不择手段掠取他人的美名来掩饰自己的丑恶而构成"昏"罪，贪赃枉法败坏官风而构成"墨"罪，肆无忌惮地故意杀人而构成"贼"罪。说明夏代已经有了强盗罪、贪污罪和杀人罪，犯者皆处死刑。

（2）不孝罪

在夏代，血缘关系还是有很强的约束力，因此以"孝"为核心的血缘家庭组织成为刑法保护的重要对象。所谓"五刑之属三千，而罪莫大于不孝"。② 对于这一记载，近代著名学者章太炎曾经考证夏法，并撰写出《孝经本夏法说》的论著。不孝罪为后来的各王朝刑法所继承，一直是中国传统刑法中最严重的罪行之一。

---

① 《左传·昭公十四年》。
② 《孝经·五刑章》。

(3)"威侮五行，怠弃三正"

夏后启讨伐有扈氏时，在其发布的战争动员令《甘誓》中声称，有扈氏犯了"威侮五行"和"怠弃三正"的罪行。"威侮五行"即轻慢、不敬上天，"怠弃三正"就是不重用大臣，从而引起"天怒"，所以启奉天讨伐。

(三) 司法制度

1. 司法机关

夏朝的司法机关还没有形成体系，只有中央和地方的初步划分。主持中央的司法官称为"大理"；主持地方的司法官称为"士"或"理"。"士"或"理"之下设有"正"、"史"，分别掌握审理犯罪和量刑。由于史料匮乏，对于夏朝的诉讼和审判无法确证。

2. 监狱

作为国家"物质附属物"的监狱，在中国由来已久。汉时《急就章》说："皋陶造狱法律存。"另据《广韵》："狱，皋陶所造。"皋陶造律与造狱说，均见于古代文献。反映了刚刚进入阶级社会之后，立法与司法狱禁密切配合。

据《竹书纪年》记载："夏后芬三十六年作圜土。"芬是启之后的第七代夏王，当时由于阶级矛盾尖锐，夏王芬便建筑圜土来囚禁反抗者。除圜土外，夏都城之内还设有中央直辖监狱，称为"夏台"、"均台"，《史记·夏本纪》："乃召汤而囚之夏台"；《左传·昭公四年》："夏启有均台。"

第三节　商朝时期的法律制度

一、商代的立法思想

商朝取代夏朝，建立商政权，继承了夏朝的神权法思想，并且较夏更进一步，发展为一种典型的神权法思想。夏代尚处于朴素的自然神崇拜阶段，而商代则将"天"及"天命"人格化为形象的"帝"或"上帝"，并与商部落的祖先神合二为一，共同成为商政权祭祀崇拜的至上神。可见商代已由较为原始的自然神崇拜发展到与祖先神崇拜相结合；由单纯宣扬"天讨"、"天罚"发展到与借助占卜巫术进行"神判"相结合。从甲骨文的内容和后世追记的资料来看，商人对"帝"的崇敬是虔诚的，商王几乎无事不卜，无日不卜，定罪量刑也要诉之于帝。正如《礼记·曲礼》所说："敬鬼神，畏法令也。"将实施刑罚说成上帝的意志，是秉承神的旨意，代天行罚。"敬鬼神"的目的是使民"畏法令"。

第一章 夏、商时期的法律制度

二、立法概况

目前所见商代甲骨刻辞中没有关于商代立法活动的记载。但是，从文献上来看，商朝的统治者已经进行了立法活动，并且制定了刑事法律。

（一）《汤刑》

《左传·昭公六年》记载："商有乱政，而作《汤刑》。"《汤刑》是商朝法律的统称，为平定乱政而作。《竹书纪年》记载："祖甲二十四年重作《汤刑》。"说明其后曾多次补充、修订，并在内容上始终对后世商殷保持影响。《尚书·康诰》多次提及"殷罚有伦"、"罚蔽殷彝，用其义刑义杀"，后世学者也说"刑名从商"。① 可惜汤刑早已失传，我们无从了解其详细内容。

（二）《官刑》

官刑是商代惩治国家官吏犯罪、违纪与失职行为的专门法律，带有行政法律规范的性质，但却采取刑事制裁的方式加以处理。《尚书·伊训》说："汤制官刑，儆于有位者"，官刑所惩治的行为被称为"三风十愆"，即恒舞酗歌的"巫风"；贪货色、好游畋的"淫风"；侮圣言，逆忠直，远耆德，比顽童的"乱风"。对于臣僚们的这种违法犯罪行为，刑罚方式为财产刑。《墨子·非乐上》载："先王之书，汤之官刑有之。曰：其恒舞于宫，是谓巫风；其刑：君子出丝二卫，小人否。"

资料：

"汤制官刑，儆于有位者曰：敢有恒舞于宫，酗歌于室，时谓巫风；敢有殉于货色，恒于游畋，时谓淫风；敢有侮圣言，逆忠直，远耆德，比顽童，时谓乱风。惟兹三风十愆，卿士有一于身，家必丧；邦君有一于身，国必亡。臣下不匡，其刑墨，具训于蒙士。"②

（三）《弃灰之法》

据文献记载，商代有"弃灰之法"。《韩非子·内储说》（上）说："殷之法，弃灰于公道者，断其手。"公道是往来通行的大道，弃灰于公道处以断手之刑。对于这道严法，据说孔子是支持的，仲尼曰："知治之道也。夫弃灰于街必掩人，掩人，人必怒，怒则斗，斗必三族相残也，此残三族之道，虽刑之可也。且夫重罚者，人之所恶也，而无弃灰，人之所易也，使人行之所易而无离所恶，此治之道。"③ 关于弃灰之法，战国时人已有不同认识。沈家本在

---

① 《荀子·正名》。
② 《尚书·伊训》。
③ 《韩非子·内储说》（上）。

《历代刑法考·律令》中认为:"此法太重,恐失其实。"不过在商代出现这种酷刑也不足为怪。

(四) 明居之法

商汤时的司空官咎单,曾奉命制定明居之法,即"明居民之法也",是丈量土地、划分居住区域及安置百姓的法规。

(五) 车服之令

商汤为区别尊卑贵贱的等级,曾颁车服之令,在任命官吏与罢黜官吏的车马服饰上作了区别规定。根据《玉海》所引《帝王纪》,凡"未命之为士者",不得乘用朱色的轿车和有特殊装饰的飞翼之车;也不得穿有花纹的绣衣。只有接受任命的官员,才能使用,从而显示了官所拥有的各种特权。这表明商代已存在区别身份的礼仪法令。

三、商奴隶制关系的发展

商初以亳为都,自汤传十代至盘庚,迁都于殷,此后国力显著发展,政治疆域达到今天的河南黄河两岸地区,以及山东的大部分和河北、陕西的一部分,史称"邦畿千里"、"四海来假"。[①] 商朝对被征服的广大地区,部分由商王直接统治;部分由商王派遣亲族或近侍去镇抚;部分由原有的氏族首领以商王代理人的身份进行管理。这既巩固了商贵族阶级的统治,也发展了按地域标准统治其管辖下居民的新体制。

在商朝,农业是社会经济的主要部门,农业的发展推动了畜牧业的繁盛,手工业也出现了较为细致的分工,商品生产和交换的范围逐渐扩大,并且出现了货币。特别是青铜器的铸造,标志着商朝社会生产力达到了相当高的水平。

社会经济的显著发展,不仅为庞大的奴隶制国家提供了物质基础,也发展了奴隶占有制度。商朝奴隶主要来源于战俘,也有一些平民因犯罪而沦为奴隶,即"罪隶"。奴隶主贵族利用他们手中掌握的国家权力,将广大奴隶强制束缚在奴隶制的生产方式之下。社会经济的各个领域,都广泛地使用奴隶劳动,甲骨文中的"众"或"众人"是农业生产奴隶,"工"是工奴。此外,"臣"、"妾"、"奚"、"仆"等都是奴隶的名称。他们是商朝社会被统治和被剥削的阶级,同时也是创造社会财富的最基本的阶级。但是他们不仅过着牛马般的生活,甚至连生命都没有任何保障,经常被当作"人殉"、"人牲"惨遭杀害。发掘出的商代贵族陵墓,有的一个墓室中的"人殉"竟达四百人之多。

奴隶之外的"小人"是商代社会的"平民"阶层,他们可以从贵族那里

---

① 《诗经·商颂·烈祖》。

第一章　夏、商时期的法律制度

得到土地进行生产，在身份上是自由的，并且是商朝军队的主要成员。因此小人的政治倾向，在一定程度上影响着商朝的国家活动。但小人也要向贵族缴纳贡税，并经常被贵族利用为从事战争的工具。他们的社会地位极不稳定，常因军事服役、赋税或天灾人祸而破产，或者因犯罪而沦为奴隶。商朝后期小人反抗贵族统治的斗争和奴隶起义逐渐合流，标志着商朝统治的深刻危机。

与广大奴隶处于对立地位的是奴隶制贵族阶级，即典籍中所说的"王侯"、"王族"、"子族"、"邦伯师长百执事"和"百姓王人"等。他们是由原来的部落联盟的各级首领和军事集团的领袖转化而来的。他们掌握着国家权力，在组织奴隶制的生产和消除氏族制落后残余方面，表现出一定的历史积极作用。但由于他们残酷地剥削和压榨奴隶劳动，因而严重束缚社会生产力的发展。这两个阶级从一开始就处于不可调和的对立状态。甲骨文中出现的"丧众"、"逆众"和"途众"，都是奴隶反抗奴隶主或奴隶主镇压奴隶的记载。奴隶主贵族为了维持对奴隶的暴虐统治，进一步加强了国家机器。

总之，和夏朝相比，商朝奴隶制的物质文明有了明显的发展，并在此基础上构建了商朝的法制文明。

四、行政管理体制

商代的国家行政管理体制，古代历史文献以及殷墟甲骨文均有反映。根据这些历史记述，在商政权直接控制的势力范围内，存在许多同姓或异姓的宗族邦国；而在其直接控制的势力范围之外，也广泛分布着为数众多的友好的或敌对的各地方国。

商代实行宗法分封制，《尚书·酒诰》说："越在内服，百僚庶尹，惟亚惟服宗工。""越在外服，侯、甸、男、卫、邦伯。"商王朝将所辖势力范围分为两个部分：王畿地区属于"内服"，由商王及其卿大夫直接控制；畿外地区属于"外服"，由"侯、甸、男、卫、邦伯"之类的各地受封诸侯独立统治。而分布在商王国之外的诸多地方国，不管与商政权友好的，还是敌对的，都不属于商政权直接统治的势力范围；它们与商王国之间是一种国家与国家的关系。

商代属于宗法国家性质，整个政权结构是由王族、子族、卿族、臣族等各级宗族组织构成的。商王及其宗族为王族，社会地位最高；辅助王室的卿大夫及其宗族为卿族；由王室分封出去的诸侯及其宗族为子族；服侍王室的下层臣僚及其宗族为臣族。商王是王族的宗主，王族又是天下同姓宗族的大宗，而"内服"的卿大夫和"外服"的诸侯则是各支卿族或子族的宗主，其身份与地位都是世袭的。他们分别作为王国、封国、封地、封邑的主人，直接领导各级宗族组织，管理各级政权及其辖区民众。

商代实行贵族共政制的政权组织形式。商王之下有各级执政贵族，其中以"佐命之臣"伊尹、阿衡、甘盘、傅说等人担任过的"相"地位最高，是仅次于商王的行政首脑；下置卿史、御史、史、尹等职，协助商王处理内外大事；地位较低的是各种臣正，如小臣、小众人臣、小藉臣等，他们是商王的管家或管事，相当于服侍主子的奴仆。由于各级贵族或普通臣正都有自己的宗族组织，并以此形成他们的宗族政权，所以子族、卿族、臣族等相当于王族的下属政权。商代的国家政权，就是依靠各级宗主及其宗族政权行使各级行政管理职能的。

五、刑事法律内容

商朝关于罪与罚的刑事法律，无论史书记载还是卜辞记录均较之夏朝有所发展。

（一）刑罚制度

商朝的刑罚，根据典籍记载源于夏五刑而有所损益。"夏后氏之王天下也，则五刑之属三千，殷周于夏，有所损益。"①《荀子·正名》说："刑名从商。"即认为刑罚之名称始于商代。商代的刑罚名称已为文献记载和出土的甲骨刻辞所证实。

1. 甲骨文所见商代的刑罚

商代的刑罚主要有墨、劓、刖、宫、大辟五种，是奴隶制五刑制度。根据文献记载，夏代便有了"五刑"制度，但无法得到实物验证。商代有"五刑"已经不是"传说"，因其有甲骨卜辞的印证，所以是可信的。

（1）墨刑，又称黥刑，是在犯罪者的面部或额上刺刻后，再涂以墨的刑罚。甲骨文中的"竟"字为黥的会意字。墨刑是五刑中最轻的一种刑罚。

（2）劓刑，即割掉犯罪者的鼻子。鼻子是人的重要器官，而且与人的尊严密切相关。因此劓刑较墨刑为重。

（3）刖刑，或称剕刑，截断犯罪者的足，使其致残。《汉书·刑法志》记"中刑用刀锯"。韦昭解释"锯，刖刑也"。甲骨文中有一字，其形为用刀截断人的一足，这个字证明了刖刑在商代的存在。商代仅有刖一足刑，而无差等。

（4）宫刑，毁坏男、女罪犯生殖机能的刑罚。宫刑剥夺了犯罪者"传宗接代"的能力，在中国古代社会被视为是最大的耻辱和不幸，因而是五刑中除死刑以外最为残酷和最重的刑罚，一般适用于较重的犯罪者。

---

① 《左传·昭公七年》。

第一章 夏、商时期的法律制度

（5）大辟，是死刑的总称。在商代，死刑尚不规范，方法多种多样，而且极端残酷。

以上五种刑罚反映了当时以肉刑为中心的刑罚体系，表现出浓厚的报应刑色彩，也表明了当时的刑罚制度尚处于落后野蛮的状态。

2. 文献记载所见商代的刑罚

案例：

九侯被醢鄂侯被脯案[①]

百姓怨望而诸侯有畔者，于是纣乃重刑辟，有炮烙之法。以西伯昌、九侯、鄂侯为三公。九侯有好女，入之纣。九侯女不喜淫，纣怒，杀之，而醢九侯。鄂侯争之疆，辩之疾，并脯鄂侯。西伯昌闻之，窃叹。崇侯虎知之，以告纣，纣囚西伯羑里。西伯之臣闳夭之徒，求美女奇物善马以献纣，纣乃赦西伯。西伯出而献雒西之地，以请除炮烙之刑。纣乃许之。

商朝末代国王纣暴虐无道，阶级矛盾日趋尖锐，为了挽救崩溃的危机，实行法外极刑。

（1）炮烙，即在铜柱上涂油，下加火烧热，令罪犯在铜柱上走，坠炭中烧死。据《史记·殷本纪》记载："百姓怨望而诸侯有畔者，于是纣乃重刑辟，有炮烙之法。"可见，"炮烙"之刑为商纣王所创。据说，周灭商之前，周文王曾"请入雒西之地，赤壤之国方千里，以请解炮烙之刑"。[②] 对此，孔子赞美说："仁哉，文王！轻千里之国，而请解炮烙之刑。智哉，文王！出千里之地，而得天下之心。"[③]

（2）醢，将罪犯捣成肉酱。据《史记·殷本纪》记载："九侯有好女，入之纣。九侯女不喜淫，纣怒，杀之，而醢九侯。"屈原在《离骚》中说："后辛之菹醢兮，殷宗用而不长。"意即商纣用此酷刑，招致亡国。

（3）脯，把罪犯杀死之后晒成肉干。据《史记·殷本纪》记载："（纣王）醢九侯。鄂侯争之疆，辩之疾，并脯鄂侯。"

（4）劓殄，是商代最重的刑罚，即犯罪者本人及其子一并处死，类似于后世的族诛。据《尚书·盘庚》（中）记载，盘庚在动员臣下迁都于殷时，便宣布："乃有不吉不迪、颠越不恭、暂遇奸宄，我乃劓殄灭之，无遗育。"

（5）徒刑，将罪犯拘系使其劳作的刑罚。据《史记·殷本纪》记载，"武丁夜梦得圣人，名曰说（悦）。以梦所见视群臣百吏，皆非也。于是乃使百工

---

① 《史记·殷本纪》。
② 《韩非子·难二》。
③ 《韩非子·难二》。

营求之野，得说于傅险中。是时说为胥靡，筑于傅险。见于武丁，武丁曰是也。得而与之语，果圣人，举以为相，殷国大治。"这是关于商王武丁得其宰相傅说的记载，说明在傅岩之地有从事修筑道路的刑徒和奴隶。可见，商朝已经有了徒刑。

（二）主要罪名

商朝的罪名有的沿袭夏朝，但比夏朝更具体，有的根据时代的需要而饶有特色。

1. 不吉不迪

盘庚迁殷之前所宣布的罪名。据《尚书·盘庚》（中）记载："乃由不吉不迪……我乃劓殄灭之。"不吉，不善；不迪，不循正道办事。意即，如果行为不善，不按盘庚所说的正道行事，就将其本人处以死刑，灭绝其全家。

2. 颠越不恭

盘庚迁殷之前所宣布的罪名。据《尚书·盘庚》（中）记载："……颠越不恭……我乃劓殄灭之。"颠，狂；越，越轨，指不法行为；不恭，不奉上命。意即，如果不遵守法纪，不恭敬国王，狂妄放肆，就处以死刑，并灭绝其全家。

3. 暂遇奸宄

盘庚迁殷之前所宣布的罪名。据《尚书·盘庚》（中）记载："……暂遇奸宄……我乃劓殄灭之。"暂，诈欺；遇，奸邪；奸宄，做坏事，在外为奸，在内为宄。意即，欺诈奸邪、犯法作乱者，处以死刑，灭绝其全家。

4. 不孝

《吕氏春秋·孝行》引《商书》曰："刑三百，罪莫重于不孝。"高诱注："商汤所制法也。"即商汤制定的《汤刑》有300条之多，最重的是"不孝"罪。据传说，伊尹放太甲的原因之一，就是太甲不明居丧之礼。

5. 舍弃穑事罪

商汤在讨伐夏桀时，宣布了夏桀的一条罪状："我后不恤我众，舍我穑事。"① 穑事，即收割庄稼。意思是说夏桀只顾自己纵情享乐，竭尽全力地进行剥削，把种庄稼的事情都舍弃了。中国奴隶制时代是以农立国的，如果舍弃穑事，不及时从事农业生产，将会危及生存和社会的安定，因此成为不可饶恕的大罪。

---

① 《尚书·汤誓》。

第一章 夏、商时期的法律制度

六、民事法律制度

商朝的民事法律，内容比较简单，更没有形成体系，但作为一种调整特殊对象的法律规范确实是存在的。

（一）所有权制度

商承夏制，土地的所有权采取国有形式，国王享有最高的土地所有权。商王把土地分赐给贵族使用，分得土地的贵族们只享有土地的占有、使用和管理权，要向国王缴纳贡赋，土地的所有权仍归国王。

奴隶作为重要的所有权客体，他们和其他牲畜、工具一样，可以任意转让和买卖，甚至随意杀害。安阳小屯宗庙宫寝遗址南部的一座祭坛上及其周围，便发现了许多以人、畜作为祭祀牺牲的遗迹。

（二）婚姻制度

商朝占统治地位的婚姻形态是一夫一妻制。从史书记载和卜辞中证实了在31位商王中，绝大多数为一夫一妻。如成汤配妣丙，大甲配妣辛。但是，无论王族还是贵族往往在正妻之外大量纳妾，武丁时庶妻达64人。为了保证贵族男性可以占有数量不等的庶妻，在贵族之间实行媵嫁制度，即王族或贵族娶妻，往往连同妻的随嫁女一同收纳为妾。商代妻妾的多少是和奴隶主贵族的地位、权力、财产状况成正比例的。然而女子却只能有一个丈夫。

（三）继承制度

案例：

商纣王位继承案[①]

纣之同母兄弟三人，其长子曰微子启，其次曰仲衍，其次曰受德。受德乃纣也，其少矣。纣母之生微子启与仲衍也，尚为妾，已而为妻而生纣。纣之父、纣之母欲置微子启以为太子。太史据法而争之曰："有妻之子而不可置妾之子。"纣故为后。

在古代，政治身份的继承意义远超过财产继承。随着宗法系统的建立，商朝的王位继承系统由兄终弟及转向父死子继。综合历史文献和出土文物，可以发现商代初期的王位继承是兄终弟及与父死子继交替并行。商代末期，在王权与宗法双重关系的作用下，父死子继逐渐取代了兄终弟及。商朝后期自康丁至纣，王位继承不仅父子相传，而且必须嫡子即位。比如帝乙时，"有妻之子而不可置妾之子"，已被严格确定为法律。以嫡长子继承为中心的宗法制度的逐

[①] 《吕氏春秋·当务篇》。

步确立，是王权进一步强化的结果，也是统治阶级内部为保证其财产权和政治特权不受侵害，以及维持内部秩序而实行的一种制度。该王位继承制度至周朝进一步法律化和规范化，并为以后的封建王朝所承袭。

七、经济法律制度

(一) 土地管理与赋税

商朝土地的经营采取"井田制"。井田制是把耕地划分为多块一定面积的方田，中间有"沟"、"洫"、"遂"、"浍"、"川"等排灌渠道，还有纵横在田间的通路"阡陌"，像一个"井"字。井田周围"启土作庸"，形成封疆。井田的最高所有权属于国王，由国王分赐给贵族。为了解决土地质量不等而引起的纷争，王所赐的土地可以轮换，《汉书·食货志》所说"三年一换土而居"，便是指此而言，这种轮换是带有强制性的。

商朝的赋税主要是田赋，《孟子·滕文公》说："夏后氏五十而贡，殷人七十而助，周人百亩而彻，其实皆什一也。"五十、七十、百亩是计算租赋的土地单位，而"助者，籍也"，籍，即借，是借助奴隶的劳动力耕种公田的一种力役剥削制度。但商朝有关贡赋的记载，在文献中不多见。

(二) 矿冶

商代的生产力水平，已经进入青铜器时代。据考古资料证明，青铜作坊，大多占地一千平方米，冶炼用的铜范逾百，坩埚数十；铜器铸造技术纯熟，种类数量极多，特别是出土的司母戊大方鼎不仅重达数百公斤，而且文饰华丽堂皇，形制雄伟，是世界青铜器中所仅见的。制造这样的巨型大鼎，需要很多的人力和很大的场地，各道工序之间也要紧密配合。据考古发现，商代的熔铜坩埚只能熔铜约13公斤，若铸就司母戊大方鼎，需要七八十个坩埚同时烧铸，200余人同时操作，这样大规模的集体劳动，不仅说明商代的矿冶与铸造业的先进程度，也可以想象在生产管理上也必定建立起了一套规章制度。

(三) 货币制度

商代的货币主要是"贝"。贝原来是一种装饰品，在交换不断扩大的过程中，发展成一般等价物——货币。盘庚称贝玉为"好货"、"宝货"。他命令臣民迁居时，一定要"具乃贝玉"。商王和贵族们常常用贝赏赐臣下。甲骨文中的"寶"、"貯"、"買"等字，也都以贝象征财富。在殷墟周围的墓葬中，大都发现了以贝为随葬物，多者20余枚，少者1枚。据金文和甲骨文记载，贝

第一章 夏、商时期的法律制度

以朋为单位。至于每朋是多少贝，则无定说。据郭沫若考证"十贝一朋"。①商王赏赐臣下少者一朋，多者达廿朋。如"庚茂……贞赐多女贝一朋"，②"丙午、王赏戍嗣子贝廿朋。"③

八、司法审判制度

（一）司法机关与审判活动

商朝是神权盛行的时代。表现在司法上，一方面对于案件的定罪量刑常常通过占卜取得神判，卜辞中"兹人井（刑）不"④ 就是卜问神灵可否施以肉刑的记录。另一方面，商王拥有最高审判权，所谓"惟予一人有佚罚"。⑤ 有时商王的判决也借助卜问神灵的形式，取得更为威慑的力量，如卜辞"贞：王闻惟辟"，"贞：王闻不为辟"。⑥ 商代统治者在司法审判实践中进行频繁的占卜，充分地反映了其"敬鬼神"的神权思想意识，一切司法活动都成了鬼神意志的体现。

商王以下，"司寇"是中央司法机关之长，畿内之地，设有"士"与"蒙士"执掌司法，审理各类案件。地方司法官为"正"与"史"，遇有重大案件不得擅断，须报请司寇复审，说明商朝已有了初步的审级划分。至于畿外受封诸侯则享有较大的司法权。

（二）监狱

商代因袭夏制，把监狱仍称为"圜土"。《墨子·尚贤》（下）说："昔者傅说，居北海之州，圜土之上。"相传商武丁寻找傅说，傅说当时就被囚禁在圜土里。《史记·殷本纪》说："纣囚西伯（周文王）羑里。"据唐人解释，"羑里"即"牖里"，本指监狱的小天窗，后来成为监狱的名称。商代有专门关押要犯的狱，称为"囹圄"。据许慎《说文解字》说："囹圄，所以拘罪人。"安阳殷墟遗址中曾发掘出一个长1.6米、宽1.1米、深2.7米的地牢，无疑是商朝监狱的确证。

---

① 郭沫若：《甲骨文研究·释朋》，科学出版社1962年版。
② 郭沫若：《甲骨文研究·释朋》，科学出版社1962年版。
③ 《戍嗣子鼎》。
④ 《殷契佚存》八五〇。
⑤ 《尚书·盘庚》（上）。
⑥ 《殷墟文字乙编》四六〇四。

本章习题

一、选择题

1. 夏代法律的总称是（　　）
A. 禹刑　　　　B. 汤刑　　　C. 九刑　　　D. 夏刑
2. 夏代有"昏、墨、贼、杀"的规定。其中的"贼"指（　　）
A. 暗中结党　　B. 盗窃　　　C. 偷窃　　　D. 杀人不忌
3. 夏代监狱又称为（　　）
A. 圜土　　　B. 夏台　　　C. 囚所　　　D. 钧台
4. 商代的中央最高审判官吏为（　　）
A. 大理　　　B. 司寇　　　C. 正　　　　D. 史

二、思考题

1. 简述中国法起源的途径。
2. 何为奴隶制五刑？
3. 简述夏商的神权法思想及其发展。
4. 论述中国古代"刑"、"法"、"律"字的演变及含义。

第二章 西周时期的法律制度

【重点提示】
"以德配天"、"明德慎罚"的立法思想；
周公制礼；
礼与刑的关系；
"七出"、"三不去"；
西周的诉讼制度。

周的始祖姓姬、名弃，曾在夏禹时任过农官，后世称其为"后稷"。到其孙公刘时，迁居至豳（今陕西旬邑县）。公刘的后代古公亶父率族人迁居到岐山下的周原（今陕西岐山县），建立国家，成为商代的一个属国"周"。在古公亶父之子季历及孙文王姬昌时，周人渐渐强盛，并逐渐积累了与殷商分庭抗礼的资本。文王死后，武王即位，继续文王未完成的灭商大业。公元前11世纪，周武王在牧野（今河南淇县以南）与商纣王决战，商纣王战败后自焚而死，商朝遂亡。从此，中国历史进入了周王朝时代。周王朝分为"西周"（公元前11世纪～公元前771年）与"东周"（公元前770年～公元前221年）两个时期。西周由周武王姬发创建，定都镐京（今陕西省西安市西南）。西周最后一个国王周幽王昏庸荒淫，他企图杀太子宜臼，立褒姒的儿子伯服为太子。宜臼的母亲是申侯的女儿，申侯勾结犬戎攻周，公元前771年，犬戎族攻破镐京，杀周幽王于骊山下，西周灭亡。西周从周武王至周幽王，前后200多年，共传11世、12王。

西周是中国上古文明的全盛时期。西周时期在以诸夏文化为主体的基础上，注意吸收诸夷文化的精华，从而造就了具有典型意义的奴隶制时代的法制文明。以《周礼》为代表的礼制的系统化；敬天保民、明德慎罚思想的形成；宗法与分封相结合的政治体制的确立，集中显示了西周法制文明所达到的高度，对中国后世的政治结构、法律制度的影响十分深刻。

第一节 西周时期的立法概况

一、"以德配天，明德慎罚"的法制指导思想

西周继承了夏商以来的神权政治学说，仍然宣称自己是"受命于天"。《诗·周颂·昊天有成命》即有"昊天有成命，二后受之"的诗句，《尚书·康诰》也有"闻于上帝，帝休，天乃大命文王"。同时，西周统治者在新的历史条件下，总结、汲取夏商两代的失败教训，认识到"小民"的作用，提出"小民难保"、"天畏棐忱"、"人无于水监，当于民监"[1]的警示。周不再简单地重复王是天帝化身的神话，而是提出了"以德配天"的君权神授说，即天只赞助有德之人，"天命"属于谁，就看谁有能使人民归顺的"德"。周文王因拥有"懿德"，而使子孙得到天的眷佑。武王之"匍有四方"也恰恰是"型宪于文王正德"[2]所致。

将"以德配天"的治国方略运用于法制方面，就是要求"明德慎罚"。周公姬旦在《尚书·康诰》中提出："惟乃丕显考文王，克明德慎罚。"所谓"明德"，就是提倡尚德、敬德、重民。所谓"慎罚"，就是刑罚得中，不"乱罚无罪、杀无辜"，以免"怨有同，是从于厥身"。[3]"明德"是"慎罚"的精神主宰，"慎罚"是"明德"在法律领域的具体化。

"以德配天"、"明德慎罚"思想的产生，在中国法律思想史上具有重要的意义。不仅意味着神权的第一次动摇，而且从对立面的角度反映了"民"力量的强大和其对历史的推动作用。这种注重道德人伦、主张德刑并用的法制指导思想的形成和实施，标志着西周统治者运用法制统治的手段已相当成熟，为后世"德主刑辅"思想的产生奠定了基础。

二、立法活动

西周时期法律规范的表现形式已呈现出多样化的特色，除传统的"誓"、"诰"、"命"等王命以外，不公开的刑书和以"礼"为具体表现形式的宗族习惯法等也占有相当的比重。

（一）周公制礼

周公姬旦是西周初年重要的政治家、思想家，是文王之子，武王之弟。武

---

[1] 《尚书·康诰》。
[2] 《大盂鼎铭》。
[3] 《尚书·无逸》。

第二章 西周时期的法律制度

王死后，年幼的成王即位，由其叔父周公辅政。周公的兄弟管叔、蔡叔、霍叔作为宗室诸侯，在殷都周围负责监视纣王之子武庚为首的殷商遗民，谓之"三监"。① 由于不满周公执掌王室大权，他们勾结武庚及东夷部族发动叛乱。周公出师东征，平定内乱，西周政权才得以稳定下来。为了实现社会稳定和国家大治，周公认识到，单靠军事镇压和刑罚制裁是不够的，还需要建立起一套积极有效的典章礼仪制度和宗法等级秩序。于是，在周公的主持下，开始进行"制礼作乐"的立法活动，逐步建立起一套系统规范的礼乐典章法度。而制定周礼是其中最为重要的立法活动，《左传·文公十八年》有"先君周公制礼"的记载。所谓"周公制礼"，就是在周公的主持下，对以往的宗法传统习惯进行整理补充，厘定一整套以维护宗法等级制为核心的行为规范以及相应的典章制度、礼节仪式。这就是一般所说的"礼"或"周礼"。

通过周公制礼，礼已经成为指导国家运行的大法，调整着政治、经济、军事、司法、教育、婚姻、家庭等各个方面。所谓"礼，经国家，定社稷，序民人，利后嗣者也"。②"道德仁义，非礼不成；教训正俗，非礼不备；分争辩讼，非礼不决；君臣上下，父子兄弟，非礼不定；宦学事师，非礼不亲；班朝治军，涖官行法，非礼威严不行；祭祀鬼神，非礼不诚不庄。"③

礼的内容十分广泛，涉及社会国家的各个方面，直到个人的言与行。因此，礼被推崇为"上下之纪，天地之经纬也"。④ 按照周礼的具体内容，古人有"经礼三百，曲礼三千"，⑤"礼仪三百，威仪三千"⑥ 等不同说法，并对其进行过各种分类。《周礼·春官·小宗伯》将礼分为吉、嘉、宾、军、凶五礼。吉礼是祭祀之礼；嘉礼是冠婚之礼；宾礼是迎宾待客之礼；军礼是行军打仗之礼；凶礼是丧葬之礼。按照其他古代典籍的说法，周礼还有六礼、九礼的划分，不过基本内容大体一致。

一般认为，虽然礼的内涵主要是非强制性的道德规范，但也包含有某些强制性的法律规范，实质上具有法律甚至国家根本大法的性质。《国语·鲁语》说："夫礼，所以整民也"，《左传·哀公十五年》说："以礼防民。"

周礼所确立的基本原则是"亲亲"、"尊尊"。所谓"亲亲"，就是要求人

---

① 《史记·周本纪》。
② 《左传·隐公十一年》。
③ 《礼记·曲礼》。
④ 《左传·昭公二十五年》。
⑤ 《礼记·礼器》。
⑥ 《礼记·中庸》。

们必须亲爱自己的亲人，尤其要孝敬自己的父母，即"亲亲父为首"。① 在这一原则下，"不孝"为严重的犯罪行为，《尚书·康诰》称不孝为"元恶大憝"，即最严重的犯罪。"尊尊"就是要尊敬、服从地位、身分高于自己的人，尤其要服从国君，即"尊尊君为首"。② 在这一原则下，"不忠"也是严重的犯罪行为。

（二）《九刑》

周初主要立法活动是制定了以《九刑》为名的刑书。据《左传·昭公六年》记载："周有乱政，而作《九刑》。"在中国早期史籍中，如《周礼》、《逸周书》及《汉书·艺文志》等著作中，就有"刑书九篇"、"周法九篇"等记载。"九刑"有两种说法，一种说法是认为"九刑"即"刑书九篇"；③ 另一种说法是"九刑"是五种正刑，墨、劓、刖、宫、大辟之外加上流、赎、鞭、扑四种刑罚，合起来称"九刑"。

《九刑》在春秋时就已失传，仅在《左传·文公十八年》所引周公《誓命》转录有："毁则为贼，掩贼为藏，窃贿为盗，盗器为奸。主藏之名，赖奸之用，为大凶德，有常无赦，在九刑不忘。"可见，"九刑"的基本精神在于严厉打击危害国家利益与社会秩序的刑事犯罪。

（三）吕侯作刑

据《史记·周本纪》记载，西周经成康之治后，从昭王起，"王道微缺"，走上了下坡路。至穆王时，距建国已经百年，穆王奢侈无度，造成财政空虚，社会矛盾不断尖锐。为了缓和社会矛盾，穆王命司寇吕侯（又称"甫侯"）在修订《九刑》的基础上制作《吕刑》。

《吕刑》是西周中期具有代表性的法典，但原本已经失传。今文《尚书》中现存《吕刑》一篇。《吕刑》篇虽不是吕侯原著的法典，但确实是根据西周遗存的官方档案所整理的历史文献，其主要内容与穆王所处的时代背景相符，也符合周初以来一贯的刑法指导思想，因而可以据此剖析吕侯所制定的刑书。

现存的《尚书·吕刑》可以分为三章22项，涉及刑事法律制度方面的部分实体法与程序法内容，通篇体现了西周"明德慎罚"的法制指导思想。第一章叙述了制定《吕刑》的起因和经过，比较详细地追溯了刑罚制度形成的早期历史，阐明了德刑并用的法制思想。第二章系统记述了以"五刑"与"赎刑"制度为基础的刑罚体系及其刑罚适用制度，并且规定了一些司法诉讼

---

① 《史记》卷一百三十《太史公自序》，注引司马贞《索隐》。
② 《史记》卷一百三十《太史公自序》，注引司马贞《索隐》。
③ 《周书·尝麦解》。

第二章 西周时期的法律制度

程序和审判原则。第三章进一步重申了德刑关系以及对于司法官员的办案要求。

《吕刑》所反映的周朝法制，是奴隶制法制的成熟形态，是在总结商与周前期法制建设经验的基础上的重大发展。自汉以来历代刑法志多首引《吕刑》以示祖述渊源之意，可见《吕刑》影响之深远。

（四）殷彝

殷彝是商人统治时期遗留的法律制度和商族的风俗习惯。西周初年，为了更好地统治被征服的殷商遗民，周统治者沿用了一些商人的法律，尤其在商人比较集中的居住地，主张以殷彝治理。周公一再告诫受封于卫的康叔，在管理殷商遗民时，可以"罚蔽殷彝，用其义刑义杀"。[①] 也就是说，在统治那些被征服的殷商遗民时，可以适用那些适合时宜、对现实统治无害的殷商时代的法规。

三、法律形式与礼刑关系

（一）法律形式

西周法律形式仍以习惯法为主，其中包括礼与刑两方面的内容，此外还有誓、诰、命等王的命令。

1. 礼

礼，又称周礼，是西周基本的法律形式之一。根据《左传·文公十八年》的记载，礼为周公所制。周礼与夏、商之礼既一脉相承，又有所发展。其内容丰富，涉及政治、经济、文化、军事、婚姻家庭、司法等各个方面，其目的在于维护宗法等级制度。

2. 刑

刑，主要指刑书。西周有《九刑》、《吕刑》。《左传·昭公六年》记载："夏有乱政，而作《禹刑》；商有乱政，而作《汤刑》；周有乱政，而作《九刑》。"可见夏、商、西周的刑是一脉相承的。《吕刑》是我们今天所能见到的最早的一篇保存完整的刑书，其中贯穿着"明德慎罚"的精神。

3. 誓、诰、命、训

周天子所发布的誓、诰、命等王命，在西周也都是重要的法律形式。誓，是周天子或诸侯发布的战前动员令，属于军令。如保存在《尚书》中的《牧誓》就是武王伐纣前发布的誓词。诰，是周天子对诸侯、官吏的训诫，这种训诫也具有法律的约束力。如《尚书》中的《大诰》、《酒诰》、《康诰》等。

---

① 《尚书·康诰》。

命，是周王对某一具体事务临时发布的命令。如西周青铜器铭文中有一个惯用语"勿废朕命"之"命"即是。此外，各地诸侯方伯可以发布训命，它们在其势力范围内也是普遍适用的法律形式，同样具有较高的法律效力。

(二) 礼刑关系

西周的礼与刑是两种重要法律形式，二者共同构成了西周的习惯法体系。礼和刑的关系十分密切，礼的约束作用依靠刑的强制来维系，刑的实际运用又以礼的原则为指导。

1. 礼和刑在性质上是相通的，在适用上是相互补充的

礼是经过统治者制定或认可的要求人们自觉遵守的指导性规范，全面规定国家基本制度、社会等级秩序及日常行为规则，其功能和作用在于正面的积极指导；刑是制裁违法犯罪行为的惩罚性规范，其功能和作用在于处罚和遏制犯罪。正如古人所说的："礼者禁于将然之前，而法者禁于已然之后。"① 凡是违反礼的言论或行为，就是严重的违法犯罪行为，就要受到法律的制裁。例如，违背孝道之礼而有不孝之罚；违反忠君之礼而设弑上之刑。《盐铁论·周秦》说："礼周教明，不从者，然后等之以刑。刑罚中，民不怨。"《后汉书·陈宠传》说："礼之所去，刑之所取，失礼则入刑，相为表里者也。"

2. 礼和刑的适用对象各有侧重，而有"礼不下庶人，刑不上大夫"②之说

《礼记·曲礼》记载："国君抚式，大夫下之；大夫抚式，士下之；礼不下庶人。刑不上大夫，刑人不在君侧。"这虽然是指经过宗庙的具体礼仪规则，但也反映了等级特权性。庶人无车故礼不下庶人，肉刑不用于大夫，故刑不上大夫。礼和刑所具有的特权性，都与人的身份相关。凡适用于贵族特权者的礼，庶人是没有资格享有的。例如，"庶人不庙祭，则宗庙之礼所不及也；庶人徒行，则车乘之礼所不及也；庶人无燕礼，则酬酢之礼所不及也；庶人见君子不为容，进退走，则朝廷之礼所不及也。不下者，谓其不下及也。"③ "礼不下庶人者，谓庶人贫无物为礼。"④

"礼不下庶人"是相对的，并不是说庶人可以不受礼的约束，而是指礼的作用在于调整宗法等级秩序，不同的社会关系由不同的礼来调整，不同身份等级的人适用不同的礼。因此，礼作为一种社会规范，对庶人也具有与其身份相

---

① 《汉书·贾谊传》。
② 《礼记·曲礼》(上)。
③ 《礼记集说》。
④ 《礼记·正义》。

第二章 西周时期的法律制度

适应的礼。以殡葬之礼为例,"庶人三日而殡,三月而葬"。①

"刑不上大夫"也不能绝对化,并不是说刑罚一律不适用于大夫以上的各级贵族。事实上,大夫一类的贵族高官,如"有畔"、"不听命",以及"弑父弑君"等严重犯罪行为,不仅责之以礼,而且惩之以刑,直至处死。不过在一些非政治性领域,贵族官僚犯罪往往会得到许多司法特权。例如,大夫以上的贵族不出庭受审,所谓"命夫命妇,不躬坐狱讼"。② 如须处死,则在指定地点秘密处决而不即市。孔颖达在《礼记》疏中说:"凡有爵者,与王同族,大夫以上适甸师氏,令人不见,是以云'刑不上大夫'。"

第二节 西周时期的法律内容

一、行政法律规范

西周奴隶制国家的发展,使得行政法律得到明显的充实,其主要任务是保证国家机器的运转;确认以周王为最高统治者的行政管理体制;调整宗周与各封国间的关系;规定职官的构成、职责、权限、执行公务的程序与法律责任;建立职官管理制度;等等。

(一) 国家行政体制

1. 宗法制度

周朝继承了夏商的专制制度,在国家机关体系中,周王地位最高,权力最大,凡属国家大事概由王命决定。宗法制度的确立,为加强周王的权力提供了伦理基础。

所谓"宗法",是以血缘为纽带调整家族内部关系,维护家长、族长的统治地位和世袭特权的行为规范。它源于氏族社会末期父系家长制的传统习惯。所谓"宗法制度"是一种以血缘关系为纽带,家族组织与国家制度相结合,以保证血缘贵族世袭统治的政治形式。宗法制度从氏族社会父系家长制发展起来,经夏商两代至西周时期达到完备的程度。

西周初年,周武王在建国以后,为保证周族家天下的稳固,将天下的土地和人民分封给自己的兄弟,亲族及功臣,被称为"封邦建国",逐渐形成了以周天子为中心的宗法体制。周天子把土地、人民分封给各级诸侯,称为"封国";各级诸侯又把自己的"封国"分封给自己的兄弟、亲族、功臣,即"卿

---

① 《礼记·王制》。
② 《左传·昭公二年》。

大夫"；卿大夫再把自己的领地"采邑"分封给自己的兄弟、亲族等，即"士"，士的领地称为"禄田"。这样层层分封，形成了周天子、诸侯、卿大夫、士等层层相依的等级结构。

根据《礼记·大传》："别子为祖，继别为宗，继祢为小宗。有百世不迁之宗，有五世则迁之宗。百世不迁者，别子之后也。宗其继别子之所自出者，百世不迁者也。宗其继高祖者，五世则迁者也。尊祖，故敬宗；敬宗，尊祖之义也。"

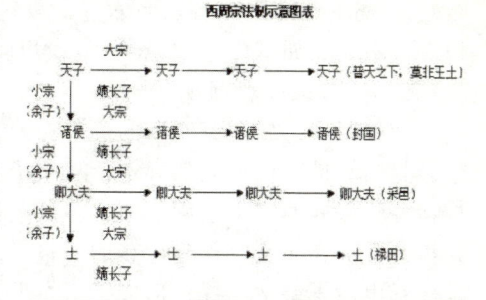

据此可知，西周宗族中有大宗小宗之分，周王是天下的大宗，同姓诸侯，则为小宗。诸侯在封国内是大宗，卿大夫则为小宗。卿大夫又是所在采邑内的大宗，士则为小宗。无论王位、诸侯国君位以至卿大夫位，都由嫡长子继承，因此贵族的嫡长子（宗子）总是不同等级的大宗。大宗不仅享有对宗族成员的统治权，而且享有政治上的特权，宗法系统上的等级与政治上的等级是一致的，各级贵族宗族分别负担与其等级相应的权利义务。由此，自周王以至诸侯、卿大夫，形成了金字塔式的政权组织。周王共主的特权就表现在：由他代表全国主祭、接受贡纳、裁判纷争、征调和指挥全国军队以及赐予或收夺官爵、土地等。诸侯、卿大夫在封国与采邑内，也各自为最高统治者和最高宗主，既组织军队，建立政权机构，又设置祝宗、室老、宗臣等管理宗族事务的官职；既有适用于宗族内部的习惯法，又根据国家利益的需要，有权于祖庙处死宗族成员，即所谓"戮于宗"。①

2. 中央行政管理机关

周王以下，建立了分为卿事寮和太史寮的中央管理机关体系。卿事寮以卿士为长，一般由太师和太保担任。太师和太保是周王的辅弼之官，由具有丰富统治经验的大贵族担任。如成王亲政后，"召公为保，周公为师"。② 卿士以下置太师、大司徒、大司寇等重要官职，分别掌管军事、民政、司法等政务。卿士寮之下设太史寮，掌管册命、历法、祭祀、占卜、文化、教育等事务，以太史为长。太史以下，分别设置作册、内史、御史、大祝、大卜等官员，各有自己的职责分工。

---

① 《尚书·周官》。
② 《史记·周本纪》。

3. 地方行政管理机关

根据《周礼》、《尚书》等古籍记载：都城周围百里为郊，郊内设乡，郊外设遂，乡以乡大夫"掌其乡之政教禁令"；① 遂以遂大夫"掌其遂之政令"。② 周王王畿之内有六乡六遂。乡遂以下设邑，具有基层组织的性质，规模一般不大，如"十室之邑"。邑设里胥和邻长。

（二）行政管理制度

随着西周宗族国家制度的逐步完善，其行政管理制度也有所发展。根据宗法分封制和世卿世禄制的规定，从天子、诸侯到卿大夫、士，不仅各级政权掌握在各支宗族的宗主手中，而且各级政权中的执政贵族也由宗主担任，而各支宗主及各级官职又照例是世袭的。整个宗族国家集团由各支宗族构成，整个政权体系由各支宗主支撑，形成了宗主世袭制和贵族共政制的行政管理制度，并规定了一些职官管理方面的法律内容。

在人才培养选拔方面，西周实行"学在官府"制度，西周各级官府兴办各类学校。周王国与各诸侯国的都城设国学，主要培养上层贵族子弟；都城以下的地方官府设乡学，主要培养平民子弟。通过国学的考核选士制度及各地的举士、贡士制度，为各级政权培养输送了管理人才，巩固了宗法等级制度。

在职官考核奖惩方面，西周主要采用述职督课制度。如针对各地诸侯的定期朝觐制度即规定："诸侯朝于天子，曰述职，述职者，述所职也"；③ "一不朝，则贬其爵；再不朝，则削其地；三不朝，则六师移之。"④ 这种朝觐"述职"制度，就是周王对诸侯的定期考核制度；"不朝"意味着拒绝接受天子的考核，自然要受到夺爵、削地甚至军事镇压的严厉制裁。此外，各级贵族或各地诸侯也有权对其下属进行考核奖惩，以加强各级政权的管理控制。

（三）西周的行政管理规范的特点

随着周王共主地位的形成，以周王为首的中央政府有效地支配着国家活动。为周王服务的宫廷机关也逐渐形成系统，并执掌着一定的行政权力。

由于宗法制度的确立，使得政权、族权和王权更加紧密地结合在一起。周王既操纵了国家机关组织，也操纵了宗族组织，并赋予国家统治以宗族统治的外观，国家宛如姬姓家族的放大体。遵宗法行事指导了封邦建国的重要国家活动，也是行政管理的一项基本原则。

设官分职，明权明责，以适应中央行政机关的显著扩充和地方行政管理的

---

① 《周礼·地官·司徒·乡大夫》。
② 《周礼·地官·司徒·遂大夫》。
③ 《孟子·告子》。
④ 《孟子·告子》。

逐渐系统化。

神权政治色彩有所淡化，宗教事务机关失去了对国家大事的控制，统治者更关心的是礼乐刑政的互相配合。

贵族卿大夫享有世代为官的特权，即所谓"世卿"制度，但也必须经过周王册命，以示周王的共主权威地位。

二、刑事法律规范

（一）刑罚体系

西周刑罚制度与夏、商一脉相承，但又有所发展。刑罚体系主要包括死刑、肉刑、赎刑、劳役刑、拘役刑等。其中仍以死刑和肉刑为主要刑名，因而刑罚手段极为野蛮残酷。

1. 死刑和肉刑

西周的刑罚体系依然沿用夏商以来"五刑"，仍以死刑和肉刑为主要内容。根据《周礼·秋官·司刑》的记载，西周初年曾有五刑2500百条："墨罪五百，劓罪五百，宫罪五百，刖罪五百，杀罪五百。"进入西周中期，周穆王命司寇吕候制定《吕刑》时，将其修改为3000条："墨罚之属千，劓罚之属千，刖罚之属五百，宫罚之属三百，大辟之罚其属二百，五刑之属三千。"据此，《吕刑》将五刑条目增加500条，是将相对较轻的墨、劓刑各增加一倍，而最重的死、宫两刑则减少了一半。因此，从总的发展趋势看，刑罚趋向宽缓，体现了"明德慎罚"的法律思想。不过，上述记载仍有后人主观臆测的成分，西周五刑制度尚待考实。

值得注意的是，西周的肉刑已得到考古出土材料的印证。1975年陕西岐山董家村出土的西周训①匜铭文中，即有墨刑的内容；1963年陕西扶风齐家村出土的西周它字盘，圈足下铸有四个被砍去左脚的裸体刖刑男子；1976年扶风庄白村出土的西周铜方鬲，下层炉门一侧铸有一个被砍去左脚的裸体刖刑守门人；后两件青铜器是西周刖刑的实物证明。

西周的死刑执行方式仍很杂乱，行刑手段也非常残酷，仅见于文献记载的就有磬、磔、脯、轘、焚、踣、斩等。死刑一般在闹市或当众执行，所谓"凡杀人者，踣诸市，肆之三日；刑盗于市"。②但处死女犯不暴尸于朝市，

---

① 该器以其主人名字命名，其主人名现已不用，据李学勤考，古文以为"训"字，故为行文及印刷方便，以"训"字代之，参见李学勤：《岐山董家村训匜考释》，载吉林大学古文字研究室编：《古文字研究》（第一辑），中华书局1979年版，第149页。

② 《周礼·秋官·掌戮》。

第二章 西周时期的法律制度

"妇女无刑,虽有刑,不在朝市"。① 西周有负责死刑的掌戮一职,"掌斩杀贼谍而搏之"。② 但对各级贵族特权人物,则一般采用赐其自裁的方式;即使需要强制剥夺其生命,也是由甸师氏秘密执行,所谓"凡有爵者,与王之同族,奉而适甸师氏以待刑杀"。③

2. 流刑

早在传说时代便有所谓"放𬴊兜于崇山"④,"使后稷放帝子朱于丹水",⑤ "流四凶族,迁于四裔,以御魑魅"。⑥ 至商朝,"太甲既立三年,不明,暴虐,不遵汤法,乱德,于是伊尹放之于桐宫"。⑦ 周初,周公东征取胜,"伐诛武庚,管叔,放蔡叔"。⑧ 以上可见,流刑是对政治性犯罪的一种惩罚。西周中期以后,流刑也适用于违约罪。流刑在我国施行极久,直到清末变法修律才予以废除。

3. 鞭扑刑

《尚书·舜典》有"鞭作官刑、扑作教刑"的记载。鞭扑也是周九刑的内容。鞭作官刑是对失职官吏的惩罚,是治官之刑。从《曶鼎》中的匡季,《训匜》中牧牛二人受鞭刑的实例,说明了鞭刑用于惩戒怠于职守者和干纪犯法者。《训匜》铭文还确证了鞭刑也用作墨刑和赎刑的附加刑。西周鞭刑也为后世长期援用。秦时"秦始皇取太后,迁之咸阳宫,下令曰:'以太后事谏者,蒺藜其背'",《说苑》:"蒺藜其背,近于鞭刑。"鞭刑所用的刑具是荆条,即《礼记·学记》所说"夏楚"二物,按郑玄注:"夏,榎也;楚,荆也",受刑的部位是背。

4. 赎刑

赎刑是按规定或经允许缴纳一定钱财物品折抵所判罪刑的制度。"赎刑"一词最早见于《尚书·舜典》"金作赎刑",可见在虞舜时代,就已经有了以铜抵赎刑罚的赎刑制度。《尚书·吕刑》中有关于穆王"训夏赎刑"的记载,吕侯奉命制定《吕刑》时,一项重要内容就是总结历史的经验,改革西周的赎刑制度。

---

① 《左传·襄公十九年》。
② 《周礼·秋官·掌戮》。
③ 《周礼·秋官·掌囚》。
④ 《尚书·尧典》。
⑤ 《竹书纪年》。
⑥ 《史记·五帝本纪》。
⑦ 《史记·殷本纪》。
⑧ 《史记·周本纪》。

赎刑适用的对象限于疑罪或轻微犯罪。《尚书·吕刑》有"五刑之疑有赦"的规定，就是指适用五刑有疑义而应予赦宥的案件，可以改为赎刑折抵。其具体规定是："墨辟疑赦，其罚百锾，阅实其罪。劓辟疑赦，其罚惟倍，阅实其罪。剕辟疑赦，其罚倍差，阅实其罪。宫辟疑赦，其罚六百锾，阅实其罪。大辟疑赦，其罚千锾，阅实其罪。"锾为古代重量单位，约为现代六两，根据《吕刑》，赎金从铜六百两到六千两不等，数额如此巨大，当然只有上层贵族才能以铜赎罪。所以，赎刑制度实际上是一种保障少数贵族、官僚特权的制度。

5. 圜土之制

圜土之制，属于劳役刑性质，是将未达到五刑标准的罪犯收禁在圜土之内，限制其人身自由，并强制从事劳役。《周礼·秋官·大司寇》："凡害人者，寘之圜土……其能改者，反于中国。""圜土"，即监狱。"反于中国"，按郑注："舍之，还于故乡里也。"另据《周礼·秋官·司圜》："掌牧教罢民。凡害人者，弗使冠饰，而加明刑焉，任之以事，而牧教之。能改者，上罪三年而舍，中罪二年而舍，下罪一年而舍。"这说明西周的圜土之制有1年到3年的刑等划分。

6. 嘉石之制

嘉石之制，类似于拘役刑，是限制或剥夺罪犯自由并强迫其从事短期劳役的一种轻刑，主要适用于罪行未达到劳役刑标准的轻罪犯人。

嘉石是一种有纹理的大石头，相传西周时立于朝门之左。违法者先罚坐嘉石反省思过，再由司空监督从事劳役。《周礼·秋官·大司寇》记载："凡万民之有罪过，而未丽于法，而害于州里者，桎梏而坐诸嘉石，役诸司空。重罪，旬有三日坐，期役；其次九日坐，九月役；其次七日坐，七月役；其次五日坐，五月役；其下罪三日坐，三月役。使州里任之，则宥而舍之。"依犯罪情节轻重，罚坐嘉石分为3、5、7、9、13天五等，相应的拘役时间亦为3、5、7、9个月和1年共五等，刑满释放。

（二）刑罚适用制度

在总结夏、商以来用刑经验的基础上，西周时期逐渐形成了一系列刑法原则和刑事政策。这些刑法原则和刑事政策，集中反映了西周时期宏观法制指导思想，也从一个侧面反映出当时整体的法制水平。

1. 三宥之法

根据《周礼·秋官·司刺》的记载，西周有三宥之法的规定："壹宥曰不识，再宥曰过失，三宥曰遗忘。"对不能正确识别犯罪客体的误伤、不能恰当预见行为后果的误犯以及没有主观故意的过失三种违法犯罪行为，可以给予减

— 41 —

第二章　西周时期的法律制度

轻刑事责任的宽大处理。《尚书·康诰》记载，周公把犯罪初步划分为过失与故意、偶犯与惯犯的不同情形，他明确告诫康叔："人有小罪，非眚，乃惟终，自作不典，式尔，有厥罪小，乃不可不杀。乃有大罪，非终，乃惟眚灾，适尔，既道极厥辜，时乃不可杀。"过失为"眚"，故意为"非眚"，偶犯为"非终"，惯犯为"惟终"。在适用刑罚时，如果是故意或惯犯，即便是小罪也不得不杀；如果是过失和偶犯，虽罪行较重也可以减轻处罚。西周时期的统治者在定罪量刑时，已经考虑到犯罪者的主观要件，这是我国古代刑罚制度的重大发展。

2. 三赦之法

据史籍记载，西周时期有"三赦之法"。《周礼·秋官·司刺》规定："壹赦曰幼弱，再赦曰老旄，三赦曰蠢愚。"对于年幼无知的未成年人、年迈体衰的耄耋老人和有精神障碍的痴呆者这三种人，除故意杀人的重罪外，可以免予追究刑事责任。《礼记·曲礼》（上）记载："八十、九十曰耄，七年曰悼。悼与耄，虽有罪不加刑焉。"明确了适用三赦之法的具体年龄，即80岁以上的老人和7岁以下的儿童，犯罪可以予以赦免。根据犯罪主体的行为能力区别对待原则，正是西周时期"明德慎罚"法律思想的具体体现。作为一项"矜老恤幼"的典型制度，西周时期减免老、幼刑罚的做法，后世各朝都得以继承和发扬。

3. 疑罪从轻惟赦

所谓疑罪从轻惟赦，是指对犯罪事实或罪行情节的认定以及定罪量刑有疑问或有争议的案件实行从轻处罚或予以赦免的制度。

早在《尚书·皋陶谟》中就提出了"罪疑惟轻"。《左传·襄公二十六年》所引《夏书》："与其杀不辜，宁失不经。"商时，"疑狱讯与众共之，众疑赦之"。① 这些疑罪从轻惟赦的文献记载，说明适用法律审慎有极为悠久的传统。西周时期，继承和发扬了这一传统，在司法实践中贯彻和推行"疑罪从轻惟赦"的原则。《尚书·吕刑》云："五刑之疑有赦，赦从罚，五罚之疑有赦，赦从免。"要求司法官对案件应认真明察，务求定罪准确，量刑适当；倘若适用五刑有疑义，应从轻宽宥，改为赎刑；适用赎刑有疑义，则应赦免。在具体掌握上采取"附从轻，赦从重"，② 适用刑罚时，应尽量从轻附刑；而适用赦免处置时，应尽量考虑过失误犯之类的重罪。与疑罪从轻惟赦相联系的还有赎刑制度，无论墨、劓、剕、宫、大辟等罪，均可因疑而赦，缴纳不同数

---

① 《礼记·王制》。
② 《礼记·王制》。

量的赎金。疑罪从轻惟赦的刑罚适用制度，体现了明德慎罚的法律思想，有利于防止或减少无罪处刑与轻罪重罚的现象。

4. 同罪异罚

同罪异罚，是指不同身份等级的人犯同样罪行，所承担的法律责任不同，适用的处罚结果也不同。这是体现严格宗法等级制度的刑法原则。《周礼·秋官·小司寇》规定有"以八辟丽邦法，附刑罚"的八辟之法，公开赋予亲、故、贤、能、功、贵、勤、宾八种特权人物享受减刑和免刑的权利，"八辟"之法成为后世的"八议"制度的渊源。此外，公侯贵族有罪当处宫刑者免刑，所谓"公族无宫刑，不翦其类也"。① 大夫以上如果确有罪而需处死者，于特定的行刑地点执行。贵族还可以"入财而免其罪"。②

5. 反对族株连坐，主张罪责自负

针对商末"罪人以族"，招致激烈反抗，以致亡国的教训，周统治者强调"刑罚止于一身"，不得任意株连。周公主张："父子兄弟，罪不相及。"③ 周公还进一步提出了"罔厉杀人"④ 的主张，即不杀无罪之人。这个原则是法制文明的一大进步。

6. 针对不同国情，区别用刑

西周经过封邦建国，一度出现了大小封国共1800多个。西周统治者针对封国的具体情况实行区别用刑原则。《周礼·秋官·司寇》关于"刑新国，用轻典；刑乱国，用重典；刑平国，用中典"的区别用刑原则，在周初得到了贯彻。例如，周公要求封于殷墟的康叔和封于奄国（曾臣服于商）的伯禽，"启以商政，疆以周索"。而对于封于夏墟的唐叔，则要他"启以夏政，疆以戎索"。⑤ 由于实施区别国情，援法用刑，对于稳定周朝建立的新秩序和巩固宗周起了良好的作用。这个刑法原则，体现了从实际出发的朴素唯物主义精神，对后世的影响极为深远。

(三) 主要罪名

西周时期，五刑之属已有3000条之多，有关罪名的规定极为细密，是其他文明古国所少有的。

---

① 《礼记·文王世子》。
② 《朱子大全·舜典象刑说》。
③ 《左传·昭公二十年》。
④ 《尚书·梓材》。
⑤ 《左传·定公四年》。

第二章　西周时期的法律制度

1. 不孝不友罪

"不孝"即不孝敬父母，"不友"即不尊敬兄长。西周宗法制度的确立，不仅使不孝罪仍为最重要的罪名，此外，还出现了"不悌"、"不友"、"不睦"、"不敬祖"等许多新的罪名。这些犯罪被视为"元恶大憝"，[①] 要受到国法与宗法的严治，并不得赦免。即使是祭祀宗庙不敬、不肃、不顺，也按不孝罪论处。

2. 寇攘奸宄罪

《尚书·康诰》记载"凡民自得罪，寇攘奸宄"。"寇"为强盗罪，"攘"为窃盗罪。"奸宄"也有寇盗的含义，与"寇攘"为同义语。这些都是侵犯财产所有权的重罪。

3. 杀人越货罪

《尚书·康诰》记载"凡民自得罪……杀人越货"。"越"，抢劫；"货"，财物。即杀人并抢劫财物，相当于当今的"杀人抢劫罪"。据《周礼·秋官·掌戮》记载，对杀人者处死之后，还要"踣诸市，肆之三日"，以示警示。

4. 群饮罪

"群饮"即聚众饮酒。这是周吸取商人嗜酒以致腐败亡国的教训而制定的新罪名，这一规定仅适用于周人。《尚书·酒诰》记载，周公明确告诉康叔说：周人"群饮，汝勿佚，尽执拘以归于周，予其杀"。对于周人饮酒处以死刑，一则防止周人嗜酒腐败，重蹈殷人的覆辙。再则防止群饮生事，危害社会秩序。然而对殷商遗民的此类行为，周公则采用不杀而教的办法："惟殷之迪诸臣惟工，乃湎于酒，勿庸杀之，姑惟教之。"[②] 只是在不听教诲的情况下，才会处死。这里体现了周公对于周人和殷商遗民不同的刑法思想。

5. "贼"、"藏"、"盗"、"奸"罪

这是周初《九刑》确定的罪名。《左传·文公十八年》记载："毁则为贼，掩贼为藏；窃贿为盗，盗器为奸。主藏之名，赖奸之用，为大凶德，有常无赦，在《九刑》不忘。"

"贼"，即毁弃礼仪；"藏"，即窝藏"贼"者；"盗"，即偷窃一般的财物；"奸"，即盗人宝物。对这些犯罪行为，要以《九刑》中规定的刑罚处罚，不能赦免，不能忘记。

6. 违背盟誓罪

盟誓在神权政治时代是国与国之间、贵族与贵族之间相互约信的一种表

---

① 《尚书·康诰》。
② 《尚书·酒诰》。

示。违背盟誓，被认为是上天所不容的犯罪行为。《左传》中许多誓词都申明："有渝此盟，神明殛之。"对于违背盟誓的行为，大多数情况下是"告而诛之"，即将其背誓的行为公告于天下，再行诛灭。

7. 违抗王命罪

西周宗法制下，周王既是国家元首，也是周族的大家长。被分封的各地的诸侯有义务听从周王的指挥和调遣。违抗王命被视为非常严重的犯罪，"有君不事，国有常刑"。① 周公曾代成王发布命令："乃有不用我降尔命，我乃其大罚殛之。"② 周宣王时，樊仲山父也说："犯王命必诛。"③ 这些都说明当时对于违抗王命的行为的处罚是极重的。

三、民事法律规范

（一）所有权的转变

西周所有权的主要内容，是土地和奴隶。周天子作为同姓宗族的大宗和异姓宗族的共主，全国的土地及其附着于土地上的民众，在名义上都属于周王所有，所谓"溥天之下，莫非王土；率土之滨，莫非王臣"。④

周王有权将全国土地及其土地上的民众分封或赏赐给各地诸侯或各级贵族，即所谓"受民受疆土"。⑤ 但封地和民众的所有权并未随同周王的赐予而转移，诸侯贵族只享有占有、使用和收益权，而无完全的所有权和处分权，当然更不准私自买卖，即所谓"田里不鬻"。⑥ 不仅如此，周王还有权根据受封者的表现加赐或削减其封地。

西周中叶以后，随着地方经济的发展和诸侯势力的扩大，以周王为代表的最高所有权观念发生了动摇，各级奴隶主贵族不仅享有土地的处分权，而且取得了完全的所有权。法律不得不允许以土地作为交换、赠送和赔偿的标的物，由此而产生了所有权变动的社会现象和相关诉讼。例如，在共王时期的"卫盉铭"中，有通过三有司所主持的交易仪式，矩伯以"十田"和"三田"换取裘卫价值"八十朋"的玉璋和"廿朋"的礼器的以田易物的案例。在共王五年的"五祀卫鼎铭"中，有在五大臣的主持下，裘卫以"五田"换取邦君

---

① 《左传·昭公三十一年》。
② 《尚书·多方》。
③ 《国语·周语》。
④ 《诗经·北山》。
⑤ 《大盂鼎》。
⑥ 《礼记·王制》。

第二章 西周时期的法律制度

厉"四田"的土地交换案例。这些金文记录的典型案例传递了一个信息,即宗族所有制的土地开始由原来的周王所有向诸侯贵族私有转移。

(二)契约

西周中期以后,随着土地私有化进程的加快,整个社会的私有观念也得到进一步的发展。在这种社会背景下,与私有制度密切相关的契约民事制度也进一步发展起来。据《周礼》记载,西周时期主要契约形式有借贷契约和买卖契约。

傅别,是调整债权债务关系的借贷契约,是处理债权纠纷的法律依据。《周礼·秋官·小宰》说:"听称责(债)以傅别。"按郑玄注:"傅别,谓券书也……傅,傅著约束于文书;另,别为两,两家各得一也。"傅别的形式就是在券书中央书写一个大"中"字,再从中一分为二,收执契约的双方当事人各执一半内容和半个"中"字。

质剂,是调整商品交易关系的买卖契约,是长短不同的两种契约券书。长券叫质,短券叫剂。《周礼·天官·小宰》上说:"听买卖以质剂",说明"质剂"是使用于买卖关系中的契约形式。其中,"大市以质,小市以剂"。按照郑玄注:"大市人民、牛马之属,用长券;小市为兵器、珍异之物,用短券。"[①] 也就是说,凡奴隶、马牛等大宗交易谓之"大市",使用长券;而日常器具或珍奇异物等小宗交易谓之"小市",使用短券。

(三)婚姻制度

案例:

氓之婚姻案[②]

氓之蚩蚩,抱布贸丝,匪来贸丝,来即我谋。送子涉淇,至于顿丘。匪我愆期,子无良媒。将子无怒,秋以为期。

乘彼垝垣,以望复关。不见复关,泣涕涟涟。既见复关,载笑载言,尔卜尔筮,体无咎言。以尔车来,以我贿迁。

桑之未落,其叶沃若。于嗟鸠兮,无食桑葚。于嗟女兮,无与士耽!士之耽兮,犹可说也。女之耽兮,不可说也。

桑之落矣,其黄而陨。自我徂尔,三岁食贫。淇水汤汤,渐车帷裳。女也不爽,士贰其行。士也罔极,二三其德!

三岁为妇,靡室劳矣。夙兴夜寐,靡有朝矣。言既遂矣,至于暴矣。兄弟

---

① 《周礼·地官·质人》,郑玄注。
② 《诗经·卫风·氓》。

不知，咥其笑矣。静言思之，躬自悼矣。

及尔偕老，老使我怨。淇则有岸，隰则有泮。总角之宴，言笑晏晏。信誓旦旦，不思其反。反是不思，亦已焉哉！

在传统中国的宗法制度下，婚姻被看成是君臣、父子、等级人伦之根本，家族兴衰之关键。《礼记·郊特牲》云："昏礼者，万世之始也。"《礼记·昏义》将婚姻的目的概括为："昏礼者，将合二姓之好，上以事宗庙，而下以济后世也。故君子重之。"因此，西周统治者高度重视婚姻、家庭制度与秩序的法律调整。

1. 实行一夫一妻制的婚姻原则

西周基本实行一夫一妻制，但贵族们不仅在实际上实行多妾制，而且把这种行为予以制度化："天子有后、有夫人、有世妇，有嫔，有妻，有妾"；"公侯有夫人，有世妇，有妻，有妾。"① 由于西周确立了宗法制度，嫡子与庶子在继承权上有明显差别，因此，妻妾的界限被严格限定，所谓"聘则为妻，奔则为妾"。② 诸侯如果以妻为妾，很可能成为被攻击、遭征伐的一种理由。

2. 婚姻关系缔结的要件

首先，需要符合法定婚龄。《礼记·内则》："男子二十而冠，始学礼；三十有室，始理男事。女子……十有五年而笄，二十而嫁；有故，二十三而嫁。"实际上，男子20岁，女子15岁，已属法定婚龄。

其次，必须有父母之命。《诗经·南山》："取妻如之何，必告父母。"但在西周，父母的主婚权还没有后世那样严格，"仲春三月，令会男女；于是时也，奔者不禁"，③ 就是一种较自由的婚姻形态。

再次，必须有媒妁之言。男女缔结婚姻必须由媒妁充当媒介。《礼记·曲礼》："男女非有行媒，不相知名。"《礼记·坊记》："男女无媒不交。"《诗经·南山》："取妻如之何，匪媒不得。"西周很重视媒妁的作用，专设"媒氏"之官，负责管理黎民百姓的婚姻。

最后，必须履行"六礼"的聘娶程序。所谓"六礼"，就是男女双方缔结婚姻的六项聘娶仪式。一是"纳采"，即男方家长委托媒妁向女方家求婚。二是"问名"，即询问女方姓氏、生辰等情况，然后在男方宗庙卜问婚配吉凶。三是"纳吉"，即将卜问所得吉兆通告女方家长。四是"纳征"，即向女方家送交聘财正式订婚。五是"请期"，即双方家长共同商定婚期。六是"亲迎"，

---

① 《礼记·曲礼》。
② 《礼记·内则》。
③ 《周礼·媒氏》。

第二章 西周时期的法律制度

即成婚之日,丈夫亲自前往女家迎娶妻子。西周时期的"六礼",对以后各朝婚姻成立的形式要件产生了重要的影响,以后各代大多沿袭六礼,但名目和内容有所变动。

3. 婚姻的禁忌

首先,同姓不婚。周礼规定,同姓之间不许通婚。《礼记·曲礼》:"取妻不取同姓。"其所以如此,一是从优生学的角度考虑,《左传·僖公二十三年》:"同姓为婚,其生不蕃。"可见周人已经认识到近亲婚配对子女健康不利。二是从政治上考虑,《礼记·郊特牲》:"取于异姓,所以附远厚别也。"贵族们力图通过婚姻关系的血缘纽带,加强和异姓贵族之间的联结,以扩大自己的势力范围。

其次,不同等级之间不通婚姻。西周严格的等级制度,也给婚姻关系打上了烙印。从《宗妇鼎》、《秦公钟》、《秦公簋》、《叔姬簋》等铜器铭文中,可以看出王室与诸侯国通婚,诸侯国与诸侯国通婚,贵族与贵族通婚。但贵族与庶人之间是不通婚姻的,庶人只能与庶人通婚。这种等级婚姻制度,不适用于纳妾。

最后,居父母丧期,3年不得嫁娶。比如女子20岁为婚龄,但"有故,二十三年而嫁"。① 所谓有故,按郑玄注即为父母丧。另据《仪礼·丧服》:"父必三年然后娶,达子之志也。"

4. 婚姻关系的解除

关于婚姻关系的解除,西周有"七出"、"三不去"的规定。所谓"七出",是丈夫或夫家可以休弃妻子的七种情形。《大戴礼记·本名篇》:"妇有七出:不顺父母,去;无子,去;淫,去;妒,去;有恶疾,去;多言,去;窃盗,去。""三不去"是对丈夫或夫家休弃妻子的限制,《大戴礼记·本名篇》:"妇有三不去:有所取无所归,不去;有更三年丧,不去;前贫贱后富贵,不去。"

"七出"、"三不去"制度是宗法制度下父权和夫权专制的典型反映,影响极为深远。后世各朝法律中关于解除婚姻的条件和限制的相关规定,大体上都没有超出"七出"、"三不去"的范围。

(四)继承制度

在西周时期的宗法制下,嫡长子继承制逐渐制度化、法律化。嫡长子继承制可以概括为:"立嫡以长不以贤,立子以贵不以长。"② 西周实行一夫一妻多

---

① 《礼记·内则》。
② 《春秋公羊传·隐公元年》。

妾制，妻之子为嫡子，妾之子为庶子。"立嫡以长不以贤"的意思是嫡子中无论贤愚，只有嫡长子才是合法的继承人。"立子以贵不以长"的意思是若妻无子，则从庶子中挑选继承人。妾分为不同等级，地位仅次于妻的妾为妾中身份最贵者。立庶子的标准是不论其年龄长幼，只立贵者之子。这种继承主要是政治身份的继承，土地、财产的继承是其次。

嫡长子继承制的目的在于保持贵族们的政治特权、爵位和财产不致分散或受到削弱，同时也是为了维系统治阶级内部的秩序和延续宗支。

四、经济法律规范

（一）土地立法

周是以农业立国的，以土地为生命线，因而推动了土地管理的制度化与法律化的进程。西周土地实行王有即国有制，不可以买卖，所谓"田里不鬻"。①全国土地只能由周王来进行分封、赏赐、授予或收回，受封诸侯的土地虽名义上有使用权，但并不具有所有权，更没有权力决定其流转。西周中期以后，随着宗法制度和宗法观念逐渐松弛，以各诸侯国为代表的地方势力逐渐强大，而西周初年那种"王室独尊"的政治格局面临强大挑战，周天子的权势地位开始下降，王有制土地所有权制度动摇。以各地诸侯为代表的各级宗主贵族逐渐攫取了受封土地所有权。

西周的土地经营形式仍然沿袭商代的井田制，同时设专门的官员负责土地和农业生产的管理，由司徒总负其责。不过至西周中后期，私有土地开始出现，周宣王即位时，王室拥有的土地"不籍千亩"，②因而不得不改变过去的土地管理方法，对私田征收赋税。

（二）赋税立法

西周主要的税法有田赋、徭役、杂税。

田赋，即土地税，是西周最重要的税收。西周在井田制的基础上推行"彻法"，所谓"周人百亩而彻，其实皆什一也"。③也就是说，按土地的年产量的1/10征收土地税。

徭役，西周首开徭役之征，有兵役、力役两种。服役的年龄，按周礼："国中自七尺以及六十，野自六尺以及六十有五，皆征之。其舍者，国中贵者、贤者、能者、服公事者、老者、疾者皆舍。"服役的时间，兵役无定日，

---

① 《礼记·王制》。
② 《国语·周语》（上）。
③ 《孟子·滕文公》（上）。

第二章 西周时期的法律制度

力役每年每家一丁，最多3日，最少1日，凶年免徭。

杂税，主要是山泽之赋与关市之赋。所谓山泽之赋，就是向山泽之农按时征收野兽角骨、飞禽羽毛、粗细葛蔓等，以抵赋税。所谓关市之赋，包括市税与关税。按照《周礼·地官·廛人》的记载："廛人掌敛市絘布、总布、质布、罚布、廛布而入于泉府。"市税中有列肆税（即商铺税），叫絘布；牙税，叫总布；货存邸店之税，叫廛布。另外向失职"质人"及犯市令者分别征收质布和刑布。出入国境货物的关税及仓库租金由"司关"征收。有走私逃税者，没收其货，惩罚其人。

（三）工商管理法

西周已有号称百工的手工业作坊。据《周礼·考工记》记载，手工业作坊不仅规模大，而且分工细，对于手工业制品的式样、工艺规程、质量要求都有一定的规定。还要在产品上刻上工匠的名字，如"功有不当，必行其罪，以穷其情"。为了管理百工，专门设置了司空、工正、陶正、车正等官。

西周商业较之商朝明显发展，市场的管理和监督均粗具规范。按《周礼·地官·司市》的记载，有大市、朝市、夕市三种。早晨为朝市，以商贾交易为主；午后为大市，以百姓交易为主；下午为夕市，以小贩交易为主。市中设有各种官吏检查货物的品种、质量、价格是否符合规定。禁止以次充好，或用暴力扰乱市场秩序。商品成交后要订立契约，大宗用长券，小宗用短券。如违反市场管理规则，根据情节处以"市刑"。据《周礼·地官·司市》："小刑，宪罚；中刑，徇罚；大刑，扑罚。"所谓"宪罚"，按郑玄注"播其肆也"，即于市肆之门，悬挂犯禁之状；所谓"徇罚"，是使犯禁者行于市肆内示众；"扑罚"，即鞭打。

第三节　西周时期的司法制度

一、司法机关

在西周专制制度下，周王是最高的司法官，握有最后的审判权。《周礼·秋官·掌囚》："及刑杀，告刑于王，奉而适朝。"说明诸侯间的法律纠纷，也由周王裁决。

周王之下设大司寇，是中央常设最高司法官，主要职责是"掌建邦之三典，以佐王刑邦国，诘四方"。[①] 即在周王领导下掌管全国重大司法审判事务。

[①] 《周礼·秋官·大司寇》。

《礼记·王制》："大司寇以狱之成告于王，王命三公参听之；三公以狱之成告于王，王三宥然后制刑。"也就是说，凡属重大或疑难案件，大司寇不能独立决定的，必须上报周王最后裁断，或由周王指派高级贵族进行议决。

大司寇之下设小司寇，职掌"以五刑听万民之狱讼"，① 直接负责案件的审理和狱讼的处理等司法审判事务。

司寇之下，设士师"掌国之五禁之法，以左右刑罚"。② 具体负责执行中央禁令和审查地方处理的案件。此外还有分掌具体司法事务的众多属官，如司刑"掌五刑之法"，③ 司刺"掌三刺三宥三赦之法"，④ 司圜管理监狱，掌囚管理犯人，掌戮负责行刑。司寇所属职官众多，说明司法审判已是重要的国家活动。

在诸侯国中，国君享有封地内的最高审判权。其司法机关也仿照宗周设司寇、士师。有些封国不称司寇，而称大理或司败。

二、主要司法制度

（一）诉讼制度

从文献记载和出土的金文资料来看，西周时期已经初步形成了一套诉讼程序。

1. 区分民事诉讼与刑事诉讼

《周礼·秋官·大司寇》中记载："以两造禁民讼，入束矢于朝，然后听之。""以两剂禁民狱，入钧金三日，然后致于朝，然后听之。"可见，西周时期的诉讼已有民事与刑事之分，民事案件被称为"讼"，刑事案件则被称为"狱"。

2. 起诉

无论刑事诉讼，还是民事诉讼，都采取原告自诉的形式，轻微案件以口头起诉，较大案件则要呈递书状，刑事书状叫"剂"，民事书状叫"傅别"。刑事诉讼双方须交纳"钧金"（每钧青铜30斤），民事诉讼双方须交纳"束矢"（100支箭）。钧金和束矢类似于诉讼费，按郑玄注，如果不交纳则按"自服不直"，或不予受理，或判处败诉。钧金和束矢制度对平民参与诉讼显然是一种限制。

---

① 《周礼·秋官·小司寇》。
② 《周礼·秋官·士师》。
③ 《周礼·秋官·司刑》。
④ 《周礼·秋官·司刺》。

第二章 西周时期的法律制度

西周时，诉讼的提起须遵循宗法伦理的原则，父子之间不得诉讼，《国语·周语》说："父子将狱，是无上下也。"同时，下级贵族也不得控告上级贵族。

为了维护等级特权，西周建立了民事诉讼代理制度。贵族们如成为民事诉讼当事人，可以派其下属或子弟代理，而不必亲自参加诉讼。《周礼·秋官·司寇》中说："凡命夫命妇不躬坐狱讼。"以防止"治狱吏亵尊者也"。

无论民事、刑事诉讼，判决之后当事人不服均可上诉，要求复审。

3. 审判

审判在"诉讼费"交纳3日后进行，双方当事人均须到庭，即所谓"两造俱备"。① 双方到庭后，须举行"盟诅"。盟诅之后，审判官才开始审讯。

在长期的司法实践中，西周统治者总结出一套"以五声听狱讼"② 的"五听"审讯方法。所谓"五听"，是审判案件时判断当事人陈述真伪的五种观察方式，具体是指：一曰"辞听"，"观其出言，不直则烦"，即通过观察发现其言辞供述的虚假或矛盾；二曰"色听"，"观其颜色，不直则赧然"，即观察其面部表情的变化；三曰"气听"，"观其气息，不直则喘"，即观测其呼吸及心跳的反常表现；四曰"耳听"，"观其听聆，不直则惑"，即观察其听觉的失常之处；五曰"目听"，"观其眸子视，不直则眊然"，即观察其眼神或目光的反映。这种审讯方法与原始的神明裁判和依靠刑讯逼供的方法相比，是有历史进步意义的，在客观上也提出了心理学在司法领域中的运用问题。

在西周的诉讼审判过程中，十分注重运用各种证据。首先，原被告双方的口供及"盟诅"誓言是最重要的诉讼证据。为了取得口供，可以刑讯逼供，所谓"以五刑听万民之狱讼"。③ 刑讯的器械是鞭，这在铜器铭文中得到证实。其次，在口供之外，也很重视书证、人证及物证。如《周礼·地官·小司徒》规定："凡民讼，以地比正之；地讼，以图正之。"《周礼·秋官·士师》也规定："凡以财狱讼者，正之以傅别、约剂。"

为了公正地定罪量刑和贯彻慎刑的原则，根据《周礼·秋官·小司寇》的记载，判决之前实行三刺制度："一曰讯群臣，二曰讯群吏，三曰讯万民。"重大疑难案件首先应交给群臣来讨论，群臣讨论尚不能决定，再交给官吏们讨论，仍不能决定者，交给国人商讨决定。这种制度体现了原始氏族时代的遗风，同时也表明了西周时期对司法判案的慎重。

---

① 《尚书·吕刑》。
② 《周礼·秋官·小司寇》。
③ 《周礼·秋官·小司寇》。

4. 判决

周代司法机关的判决，称为"劾"，制成的法律文书称为"成劾"。判决要向当事人宣读，同时令败诉者盟誓，以保证判决的执行。

判决宣告后，如当事人不服，允许上诉。根据地区的不同而有不同的上诉期限："国中一旬，郊二旬，野三旬，都三月，邦国期（一年）。期内之治听，期外不听。"① 上级司法机关在上诉期内接到上诉书，须开庭再审，遇有重大案件，司寇、三公都参加审理，作出最后的判决。

（二）禁止司法人员的"五过之疵"

西周要求司法人员依法判案，禁止徇私枉法行为。《尚书·吕刑》规定："五过之疵：惟官，惟反，惟内，惟货，惟来。其罪惟均，其审克之。"所谓"五过之疵"，就是司法人员徇私枉法、出入人罪的五种行为："惟官"，即办案人员与案犯曾有同僚关系；"惟反"，即办案人员鼓动或允许案犯随意翻供或隐瞒案情；"惟内"，即办案人员与案犯之间存在亲属关系；"惟货"，即在办案过程中索贿受贿、徇私枉法；"惟来"，即办案人员与案犯有相互勾结或往来关系。凡是司法官员有此"五过"之一，"其罪惟均"，即与案犯同等处罚。

（三）监狱管理制度

西周时期，随着徒刑逐渐成为主要刑种，囚禁罪犯的监狱和狱政管理比夏商时期有所发展。西周时期，监狱仍称为"圜土"，又称"囹圄"。此外，"灵台"、"稽留"、"犴狱"等也是监狱的名称。监狱名称之多，说明设狱之广。有些权势显赫的卿大夫，也在其封地内建起了规模较大的监狱，春申君黄歇就建筑了"庭围三里"② 的监狱。

西周对监狱的管理已有制度可循，并设有专职官吏司圜掌管监狱，掌囚管理犯人。司圜和掌囚都隶属于大司寇，所以监狱设施体系及其狱政管理事务由司法审判机关统一管辖。

第四节　西周法制的地位与特点

以西周为代表的中国奴隶制法，经过漫长的发展，创造了举世闻名的法制文明，不仅为中国封建法制的发展奠定了历史的和文化的基础，也在世界上树立了古东方的中国法的典型。

---

① 《周礼·秋官·朝士》。
② 《越绝书》。

第二章 西周时期的法律制度

西周统治者在灭商后以后，其天道观与商不同，已从天上转移到地上，从神转移到人，从有命在天转移到以德配天。在这样的思想指导下，较早地摆脱了神权法的影响。具有代表性的《尚书·吕刑》，便是一部相当发达的成文刑法，它所确立的一系列刑法原则，在世界法制史上处于卓尔不群的地位。

西周以礼作为调整国家运行的大经大法，以明德慎罚作为指导司法活动的理论基础，无论是法的制度建设还是法的文化建设都取得了巨大成就，为中华法系的培育起着奠基的作用。在中国奴隶制法的发展过程中，西周是典型的形态，其特点也是具有代表性的。

一、依礼制法，礼刑互补

周初社会关系的复杂化，政治变动与改革的激烈，文化上的尖锐冲突，使得夏商二代固有的观念不足以适应周朝统治的需要。因此，周公制礼，以礼为治国方略，统一广大疆域内臣民的思想和行为，确立宗周与封国、贵族与平民之间的权利义务的新关系，指导着国家的运营和法制的建设。由于礼的社会价值和政治功用，得到了人们的共识，它的规范力逐渐发展成为神圣的笼罩一切的罗网。因此依礼制法成为必然，礼为法提供了精神主宰，法为礼确立了实施保障；礼是区分尊卑贵贱的大轨，法是衡量是非曲直的准绳；礼的教化作用使人产生内在的趋同，法的威慑力量使人畏惧出礼入刑。礼与刑的终极目标的一致，使之有可能互补，它所产生的综合为治的效果，证明了礼刑互补的必要性。虽然西周时期的礼刑互补还处于初级阶段，但体现了特定国情的需要，展示了广阔的发展前景。

二、国家与宗（家）法具有一致性

中国由氏族社会走向阶级社会的特殊道路，决定了宗法血缘关系具有广泛的、持久的约束力。西周时期已经建立起了涵盖国家、社会、家庭，并与政治制度密切结合的宗法制度。使得国家的组成、政治结构、法制建设都以血缘与政治的二重原则为依据。家是国的缩微，国是家的放大，王权与族权合二为一，国法与家法具有一致性。凡属违犯国法的行为必然为家法所不许，而违犯家法的行为也为国法所难容。譬如，嫡长子继承制既是国法也是家法，如有违犯要受到家法与国法的双重制裁。有的严重犯罪的贵族成员，便"戮于宗"，以示国与家共弃之。由于宗法制度在中国有着深厚的土壤，因此进入封建社会以后，国法与家法相结合的二元法律体系，也为封建国家所承袭。

三、"刑不可知，则威不可测"①

奴隶制时代的法律，主要是调整奴隶主阶级内部关系以及奴隶主贵族与平民之间关系的行为规范，是设之于官府，由贵族们垄断的。为了保持"刑不可知，则威不可测"的权威性，贵族们力图保持法律的秘密状态，垄断有关法律适用方面的知识。特别是通过"临事议制"，即援引成例或习惯灵活地断罪量刑，以保护自己的利益。《国语·周语》："赋事行刑，必问于遗训。"《左传·昭公六年》："昔先王议事以制，不为刑辟。"正因为如此，春秋时期郑国和晋国铸刑鼎向全社会公布成文法，引起了包括孔子在内的旧势力的激烈反对。他们以议事以制的旧传统，对抗制定和公布成文法的新潮流。

四、重公权轻私权，突出刑的作用

中国奴隶制时代是以农立国的，工商业处于不发达状态，既没有希腊罗马那样的工商奴隶主阶级，也没有债务奴隶。除此以外，封闭的自然环境，家国相通的政治结构，使得夏商周三代的政体都是专制主义的政体。在王权至上、国家至上的背景下，形成了重公权、轻私权的观念。那些背叛国家，侵害王权的行为被视为严重犯罪，由此而突出了刑的作用。如果说古罗马以私法见长，那么古代中国刑法的发达程度则为西方所不及。

不仅如此，为了维护公权益，确保国家的统治，西周还发展了治官之法，以致官刑成为刑法体系中的重要组成部分。贾公彦在《尚书·伊尹》疏中说："官刑，非寻常五刑，谓官中之刑，以纠察邦治。"《尚书·吕刑》中关于"五过之疵"的规定，严密了官吏在履行职责上的违法犯罪。对于司法官还特别规定了滞案不决的"有孚不终"罪、故意不受理诉讼的"攘狱"罪和榨取百姓的"侵削众庶"罪；等等。

西周统治时期，奴隶用辛勤的劳动养活了那些"不稼不穑"、"不狩不猎"的贵族，而自己却过着"尔不我畜"的牛马生活。平民同样被"王事"的横征暴敛，折磨得流离失所。统治集团内部的矛盾也在不断扩大，周王共主的地位开始动摇，以掠夺土地和财物为目的的兼并战争，也揭开了序幕。当周幽王被入侵的犬戎攻杀以后，即位的周平王被迫在一些贵族、诸侯的护卫下，东迁洛邑，西周的历史至此结束，进入了春秋战国时代。

---

① 《左传·昭公六年》，孔颖达疏语。

第二章 西周时期的法律制度

本章习题

一、选择题

1. "五过"是西周有关法官责任的法律规定。其中的"惟内"指（　　）
   A. 办案人员与案犯曾有同僚关系
   B. 办案人员鼓动或允许案犯随意翻供或隐瞒案情
   C. 办案人员与案犯之间存在亲属关系
   D. 办案人员与案犯有相互勾结或往来关系

2. 西周法律中"非眚"指的是（　　）
   A. 故意犯罪　　B. 过失犯罪　　C. 惯犯　　D. 偶犯

3. 西周时期，借贷契约被称为（　　）
   A. 质剂　　B. 市券　　C. 红券　　D. 傅别

4. 西周时期买卖奴隶所使用的契券称（　　）
   A. 傅　　B. 别　　C. 质　　D. 剂

二、思考题

1. 简述西周"明德慎罚"法律思想的形成以及对法律制度的影响。
2. 西周的礼的性质是什么？其作用如何？礼刑关系怎样？
3. 简述"五听"制度的内容。
4. 简述西周婚姻缔结的要件。
5. 简述西周的司法制度。

三、案例分析

训匜铭案：惟三月既死霸，甲申，王才丰上宫。白扬父廼成概曰："牧牛！徂乃可湛。女敢以乃师讼。女上挺先誓。今女亦既又御誓，專、□、酋、睦、训造。亦兹五夫，亦既御乃誓，汝亦既从辞从誓。初可，我义鞭女千，幭剧女。今我赦女，义鞭汝千，黜剧女。今大赦女鞭女五百，罚女三百寽。"白扬父廼或吏牧牛誓曰："自今余敢扰乃小大史。""乃师或以女告，则到，乃鞭千，幭剧。"牧牛则誓。乃以告吏邦吏習于会。牧牛辞誓成，罚金。训用作旅盉。

请结合本案思考西周时期的诉讼制度。

第三章 春秋战国时期的法律制度

【重点提示】
春秋战国时期儒、道、墨、法各家的法律思想；
"铸刑鼎"事件所引起的论争；
《法经》的内容和历史地位；
商鞅变法的内容及影响。

西周末年，犬戎等西北诸游牧民族纷纷东进，对周统治中心地区的威胁日益严重。周幽王被犬戎所杀后，周王室已难在关中地区立足。周平王靠诸侯的援助迁都洛邑，建立东周。东周分为春秋和战国两个时期。春秋时期从公元前770年～公元前476年，是我国奴隶制瓦解、封建制产生的时期。春秋时期，王室衰微，不再有控制诸侯的力量，诸侯国之间相互兼并，战争不断，"春秋五霸"相继出现，打破了诸侯并列、王室独尊的局面。战国时期从公元前475年～公元前221年，是封建制确立的时期。战国时期，出现了"七国称雄"的局面，诸侯国间兼并战争日益惨烈，各国纷纷寻求富国强兵之路，先后开展了变法运动，其中以秦国商鞅进行的变法最为彻底，成果也最为显著。原来相对落后的秦国，因此迅速强大起来，并逐一灭掉韩、赵、魏、楚、燕、齐，完成了"秦王扫六合"的统一大业。

春秋战国时期，社会发生大变动，推动了法制文明向封建制转型。新兴地主阶级在诸侯国中发起了成文法运动，制定了体现封建法制文明的《法经》。不仅如此，在百家争鸣的活跃气氛中成为显学的法家学派，进行的变法改制和提出的法治思想，促进了秦的强盛和最终统一天下。

第一节 春秋战国时期的法律思想

春秋时期的社会动荡与激烈变革，必然反映到人们的意识形态领域。春秋

第三章 春秋战国时期的法律制度

以后，世袭贵族政权的崩坏打破了"学在官府"、"学在王官"、"宦学事师"①的旧文化格局，造成了"天子失官，学在四夷"，②"礼失而求诸野"③ 的新局面。孔子率先开创的民间教育则推波助澜，终于酿成了"学术下私人"的伟大文化革命。为了在群雄争霸中保存自己、壮大国力，各诸侯国都十分重视招贤纳士。民间知识分子和官方知识分子，都从各自的立场出发，批判时政，提供治世蓝图，由此出现了历史上第一次空前活跃的学术思想争鸣的局面，史称"百家争鸣"。在法律思想领域，最突出的就是儒、道、墨、法四家的争鸣与交锋，各个学派的思想家纷纷阐述各自的理论、学说和观点，分别形成了各自的法律思想与法制主张。这些思想和主张在不同历史时期分别被当时的统治者用于政治实践，在历史上产生了各自不同的影响。

一、儒家的法律思想

孔子创立的儒家学派，是中国古代第一个民间学术团体。古代所谓"儒"，泛指掌握一定文化知识即"六艺之学"（礼、乐、射、御、书、数），懂得周礼，以"相礼"为业的人士。孔子早期曾从事这一职业，因而他所创立的学派称为儒家。儒家成立后经历了两个大的发展阶段：先秦儒家和秦汉以后作为封建正统学派的儒家。先秦儒家的代表人物是春秋末期的孔子和战国中期的孟子。先秦儒家继承并发展了西周以来的"礼治"和"明德慎罚"的思想，提出"礼治"、"德治"和"人治"的治国方略。

（一）"为国以礼"的"礼治"思想

西周末年和春秋时期，西周宗法等级秩序和礼乐典章制度全面崩溃，诸侯国之间争伐不止，臣弑其君，天下大乱。孔子认为社会混乱的原因在于西周时期的"礼治"被破坏，欲拯救乱世，必须"以国为礼"，④ 实行"礼治"。所谓礼治，要求用礼的精神和原则来指导国家的政治法律实践活动。

孔孟的"礼治"思想反映在国家政权形式的问题上，就是要求确立统一的开明的宗法贵族政体。《论语·季氏》记载，孔子反对分裂，主张统一，希望像西周初年那样再出现"天下有道，则礼乐征伐自天子出"的太平盛世。孟子也强烈要求用"仁政"统一国家以安定社会。为了维护贵族政体，他们要求"正名"，纠正当时各种违反"君君、臣臣、父父、子子"等级名分的混

---

① 《礼记·曲礼》（上）。
② 《左传·昭公十七年》。
③ 《汉书·刘歆传》。
④ 《论语·先进》。

乱现象，要求各级贵族"克己复礼"。① 孔子抵制社会变革，坚持"先王议事以制，不为刑辟"②的旧传统。《左传·昭公二十九年》记载，当他得知晋国以"铸刑鼎"的形式公布成文法时，气愤地谴责它："贵贱无序，何以为国？"孟子发展了西周以来的重民思想，提出"民为贵，社稷次之，君为轻"③的"民贵君轻"说。

（二）"为政以德"的"德治"思想

从恢复"礼治"的需要出发，先秦儒家提出"德治"思想，强调"为政以德"。④ 孔、孟继承了周公重"德"、"明德慎罚"、"怀保小民"等"德治"思想，并把它们加以完善和理论化。

孔子提倡"仁者爱人"，⑤ 要求"克己复礼"，建立起一个以"仁"为核心、以"复礼"为目的的思想体系，作为整个儒家的理论基础。孟子进一步把"仁"发展成为"仁政"学说。他认为"人皆可以为尧舜"，⑥ 极力主张统治者"推恩于民"，把推恩于民作为实行"仁政"的主要内容。孟子还指出了实行"仁政"的可能性。《孟子·公孙丑章句》（上）记载，孟子以"性善论"为依据，把"仁政"说成是"以不忍人之心，行不忍人之政"，这种"不忍人之心"是人皆有之的，所以统治者都有实行"仁政"的可能。孔孟都重视教化的作用，孔子提倡"有教无类"，⑦ 指出"不教而杀谓之虐"。⑧ 孟子认为要想人们遵守礼义法度，主要不应靠刑罚而应靠教化，主张对人们"教以人伦：父子有亲，君臣有义，夫妇有别，长幼有序，朋友有信"。⑨ 这样就可以做到"人人亲其亲，长其长，而天下平"。孔孟虽然提倡"德治"，但也不否定刑罚的作用，主张"宽猛相济"、"德主刑辅"。

（三）"为政在人"的"人治"思想

先秦儒家从"礼治"、"德治"的主张派生出"人治"的思想。根据《礼记·中庸》的记载，先秦儒家力主"人治"，主张"为政在人"，认为政治的好坏主要取决于统治者，特别是最高统治者个人品行和素质的好坏。因此，他

---

① 《论语·颜渊》。
② 《左传·昭公六年》。
③ 《孟子·尽心》（上）。
④ 《论语·为政》。
⑤ 《论语·颜渊》。
⑥ 《孟子·尽心》（下）。
⑦ 《论语·卫灵公》。
⑧ 《论语·尧曰》。
⑨ 《孟子·滕文公》（上）。

第三章 春秋战国时期的法律制度

们希望统治者成为尧、舜、文王、武王、周公那样的"圣贤",认为治理好国家的关键"在于得贤人也"。《论语·子路》记载,孔子还强调统治者以身作则的重要性,认为"其身正,不令而行;其身不正,虽令不从"。还主张让非贵族出身的"贤才"能参与国政。孟子虽然不反对世袭制,但是因其更重"德治",在各级官吏的人选上,他都反对让无德无才的旧贵族世袭,甚至天子、国君,他都主张由"贤者"担任。

综上,儒家维护"礼治",提倡"德治",重视"人治"。"礼治"要求建立以家族为本位,以伦理为中心,以等级为基础的法律制度和意识形态;"德治"表现在认为法律强制仅仅是确立和推行"君臣父子"道德准则的辅助手段,主张"以德服人";"人治"则强调"圣人治国",将立法、司法的权力集中于"英明"的君主,同时将君主的个人智能、道德与权威置于法律之上。先秦儒家的这些法律观点,经过改造,基本上都为后世所继承,成为封建正统法律思想的核心。

二、道家的法律思想

道家是老子创立的一个学派,思想以天地万物的最高主宰"道"为核心,故称为道家,其代表人物为老子和庄子。道家法律思想的主要内容是崇尚自然无为的自然规律,鄙视有为的礼仪法度,从而对儒家的"礼治"和法家的"法治"均持否定态度。

(一) 崇尚"无为而治"

在中国法律思想史上,春秋末期的老子第一个提出"道法自然"的自然法观点。他认为,"道"之所以能生养和主宰万物,不是它对万物有所作为或横加干涉,而是让万物自然而然地生长变化。正是它自然无为,才有化育万物的巨大威力。因此,统治者要想保持自己的统治,必须"惟道是从"。[①] 一方面,统治者必须清静无为,少私寡欲,切忌过分压榨人们。因此他要求统治者在立法、定制时必须"去甚、去奢、去泰"。[②] 另一方面,必须防止人民起来斗争,方法就是采取愚民政策来窒息人民的反抗思想。"古之善为道者,非以明民,将以愚之。民之难治,以其智多。故以智治国者,国之贼;不以智治国,国之福。"[③] 为了实现这一政治理想,他主张回到"使民复结绳而用之",

---

[①] 《老子》第二十一章。
[②] 《老子》第二十九章。
[③] 《老子》第六十五章。

"邻国相望，鸡犬之声相闻，民至老死不相往来"的"小国寡民"①的社会。为此他还提出了一些具体主张，如反对厚敛，主张薄税；减少刑罚，反对暴政苛刑等。

战国中期的庄子进一步从消极方面发展了老子的思想。从"道"出发，他也认为必须"无为而治"。《庄子·在宥》记载，庄子说："君子不得已而临莅天下，莫若无为。"庄子不满足于老子的"小国寡民"的理想，而要求回到"同与群兽居，族与万物并"②的"浑沌时代"。③ 这就遁入消极的历史倒退之中了。

（二）反对"礼治"、"法治"

道家在鼓吹"无为而治"的同时，还对儒家的"礼治"、法家的"法治"进行批判。老子反对儒家的"礼治"，在他看来，"夫礼者，忠信之薄，而乱之首"，"大道废，有仁义；智慧出，有大伪；六亲不和，有孝慈；国家昏乱，有忠臣"。④ 因此必须铲除礼仪法度，完全顺应自然，敬天法地。老子特别反对法家的"法治"，他认为"法令滋彰，盗贼多有"。⑤ 原因就在于"民不畏死，奈何以死惧之"。⑥ 庄子反对一切礼乐法度，认为"赏罚利害，五刑之辟，教之末也；礼法度数，形名比详，治之末也"。⑦ 为了改变"窃钩者诛，窃国者为诸侯"⑧的虚伪政治现实，庄子进而否定人类的一切文明成果，主张："绝圣弃智，大盗乃止；擿玉毁珠，小盗不起。焚符破玺，而民朴鄙；掊斗折衡，而民不争；殚残天下之圣法，而民始可与论议。"⑨ 他所要取消的包括道德、法律、制度、度量衡等所有的规范，以及一切物质和精神文明，实质上是对整个人类文化的否定。

道家对当时掌权者持不合作的态度，对当时礼法刑政极力进行抨击，有些观点切中要害，有助于加深对剥削者法制的认识。道家思想对当时及后世的法律实践活动并没有明显的直接影响，但其"清静无为"对人们尽量少加干预的主张，对后世产生了积极意义，比如"文景之治"、汉文帝"除肉刑"和

---

① 《老子》第八十章。
② 《庄子·马蹄》。
③ 《庄子·应帝王》。
④ 《老子》第十八章。
⑤ 《老子》第五十七章。
⑥ 《老子》第七十四章。
⑦ 《庄子·天道》。
⑧ 《庄子·胠箧》。
⑨ 《庄子·胠箧》。

"贞观之治"等,均与此有关。

三、墨家的法律思想

墨家是战国初期墨子创立的一个学派。墨家成员大都是小手工业者和小私有者的平民,代表着平民的利益和愿望。墨家强烈批判维护贵族政体的"礼治",要求代之以中央集权的官僚政体,并推行"赏当贤,罚当暴"① 的"法治"。墨家的法律思想可以归纳为"兼爱"、"尚贤"、"尚同"。

"兼爱"是墨家思想的核心内容,也是其法律思想的理论基础。根据《墨子·兼爱》的记载,墨家认为当时正值"强执弱、众劫寡、富侮贫、贵傲贱"的"大乱之世";人民过着"饥者不得食,寒者不得衣,劳者不得息"的痛苦生活,原因在于"天下之人皆不相爱"。因此,他们渴望代之以一个"天下之人皆相爱"的理想社会。为了实现这一理想,他们提倡"兼相爱、交相利",反对"别相恶,交相贼"。在他们看来,只要大家都能不分亲疏、厚薄、贫富、贵贱,一视同仁地爱所有人,不"亏人自利",就会实现"强不执弱、众不劫寡、富不侮贫、贵不傲贱、诈不欺愚"的美好社会。

"尚贤"思想的提出,是出于批判世卿世禄制和宗法等级制的需要。根据《墨子·尚贤》的记载,墨家认为当时诸侯国之所以治理不好,关键在于"不能尚贤事(使)能为政",不知"尚贤之为政本"。因此,墨家坚决反对周礼规定的宗法世袭制和任人唯亲的"亲亲"原则,也反对仍然维护"礼治"的儒家。墨子明确指出:"今王公大人其所富、其所贵,皆王公大人骨肉之亲,无故富贵面目姣好者也。"这些人并不都贤,如果让其治理国家,"则其国家之乱可得而知也"。要想治理好国家,就必须"不党父兄,不偏富贵,不嬖颜色;贤者举而上之,富而贵之,以为官长;不肖者抑而废之,贫而贱之,以为徒役"。

"尚同"思想,是为了改变混乱无序的社会政治状况。根据《墨子·尚同》的记载,墨子主张:"赏当贤,罚当暴,不杀不辜,不失有罪",强调由天子"发宪布令于天下之众",自上而下地"壹同天下之义",真正实现上下一致,不相瞵违。人民不但要"上同乎天子":"天子之所是,必亦是之;天子之所非,必亦非之";而且也要服从各级"正长":"上之所是必皆是之,上之所非必皆非之";"上有过则规谏之,下有善则傍荐之。"这样就一定能使"天下治"。

此外,墨家还提出了"非命"、"节用"、"非乐"、"节葬"等"非儒"理

---

① 《墨子·尚同》(上)。

论，公开批评儒家宣扬的宿命论、讲排场、重礼仪、厚丧葬等思想，反映了劳动群众要求发展生产、反对繁缛礼节及其铺张浪费的良好愿望。

墨家法律思想的意义在于：第一，它比较坚决地批判儒家以"礼治"为核心的思想，打破了"礼治"的一统天下；第二，它对后来兴起的法家有极大影响，可以说，法家的基本思想和主张都源于墨家。自汉以后，儒家思想上升到统治地位，而墨家学术成为"绝学"。但是，历代的农民起义常常从墨家思想中吸取批判现实的精神和组织民众的宗教形式，作为对抗封建制度的理论武器。

四、法家的法律思想

法家是战国中期出现的代表新兴地主阶级利益的学术派别，因主张"以法治国"的"法治"，所以被称为"法家"。法家是先秦诸家当中最重视法律作用，对法律也最有研究的一个派别。法家在法的定义、特征、作用、起源等方面都提出了独到的见解。法家不仅提出了较系统的"法治"理论，而且还提出了关于立法和司法的具体主张。

法家的思想萌芽可以追溯到春秋后期，管仲、子产等人即已有过一些相关的观点。但法家思想的正式形成乃至成熟发展，则是进入战国以后，李悝、商鞅、慎到、韩非等人为其各个阶段的突出代表。这些代表人物大都不同程度地参与各诸侯国的变法活动，有的更是兼政治家、思想家、军事家为一身。因此，他们的理论更富有实践色彩。在战国时期的法家学派中，最有代表性的法律思想主要包括三个方面：

（一）"事断于法"，"刑无等级"

法家反对"亲亲"、"尊尊"、世卿世禄制度的"礼治"，主张"不别亲疏、不殊贵贱、一断于法"，① 主张必须使法令成为判断人们言行是非功过和行赏施罚的唯一准则。商鞅提出"缘法而治"。② 慎到强调"大君任法而弗躬，则事断于法"，③ 要求统治者依据法律治理国家，裁断是非。《韩非子·饰邪》记载，韩非提出"以法为本"的理论，将法律提到治国之本的重要地位。

早在春秋后期，管仲就明确阐述了法的客观性与规则性，强调"尺寸也，绳墨也，规矩也，衡石也，斗斛也，角量也，谓之法"，④ 反对各级贵族享有

---

① 《史记·太史公自序》。
② 《商君书·君臣》。
③ 《慎子·君人》。
④ 《管子·七法》。

第三章 春秋战国时期的法律制度

的同罪异罚的等级制度与法律特权。战国时期的商鞅进一步提出"刑无等级,自卿相将军以至大夫庶人,有不从王令、犯国禁、乱上制者,罪死不赦。有功于前,有败于后,不为损刑;有善于前,有过于后,不为亏法"①的主张。韩非也主张"法不阿贵,绳不挠曲……刑过不避大臣,赏善不遗匹夫"。②

(二)"行刑重轻","以刑去刑"

对于春秋战国以来的长期动荡和混乱,法家认为社会形势处于乱国乱世,必须采取"刑乱国用重典"的刑事政策,因而他们提倡重刑主义原则,主张对轻罪也适用重刑,通过杀一儆百的威慑作用,达到遏制犯罪和消灭刑罚的目的。前期法家中,商鞅以主张重刑而著称,《商君书·赏刑》说:"禁奸止过,莫若重刑。"《商君书·去强》说:"行刑重轻,刑去事成,国强。"《商君书·靳令》说:"行刑,重其轻者,轻者不至,重者不来,此谓以刑去刑,刑去事成。"集法家之大成者的韩非,原来认为"用赏过者失民,用刑过者民不畏",③但后来也赞成"以刑去刑"。他的理由是:"夫以重止者未必轻止也,以轻止者必以重止矣。"④ 意思是只有重刑才可以止奸。

(三)"为法","行法","明白易知"

法家认为,立法以后,既要人们遵守法律,就应力求做到家喻户晓。为此法家主张公布成文法,重视制定法的普及与适用。韩非反复强调:"法者,编著之图籍,设之于官府,而布之于百姓者也";⑤"法者,宪令著于官府,赏罚必于民心,赏存乎慎法,而罚加乎奸令者也。"⑥ 据《商君书·定分》记载,为了使广大民众知法守法,达到"万民皆知所避就"的目的,法家还坚持立法与执法"明白易知而必行"⑦的要求。

法家思想在纷争不断的战国时期,起到了整治社会秩序、富国强兵的积极作用,具有历史的进步性。虽然其固有的弊端及秦统治者对法家思想的教条化,最终断送了秦王朝,但法家思想对后世的封建主义法制产生了极大的影响,它"不仅促成了强秦之一统,且亦支撑我国封建帝制达二千余年"。⑧

---

① 《商君书·赏刑》。
② 《韩非子·有度》。
③ 《韩非子·饰邪》。
④ 《韩非子·六反》。
⑤ 《韩非子·难三》。
⑥ 《韩非子·二柄》。
⑦ 《商君书·定分》。
⑧ 陈奇猷:《〈商君书·韩非子〉前言》,岳麓书社1990年版,第2页。

第二节 春秋末期成文法的公布

一、春秋时期社会大变动与各国改革

（一）春秋时期社会大变动

春秋时期，是由奴隶制社会向封建制社会转型的大变动时期。无论政治、经济、文化思想各个领域，都发生了新与旧的尖锐冲突，出现了孕育新社会形态的各种改革。引起这场社会大变动的根本原因就是生产力水平的提高。

春秋时期铁制生产工具广泛应用于农业生产，迅速提高了生产力，使得一家一户为单位的小生产成了可能。西周时期"千耦其耘"的集体耕作方式，已经失去了经济意义而逐渐废弛，被新的一家一户为生产单位的农业经济所代替。新开垦出来的土地归开垦者所有，以致私田数量的不断增多，而且经营远比公田出色，从而加速了土地国有制的动摇。

奴隶主贵族垄断土地、山林、川泽、渔场，以及对大量劳动力的奴隶式占有，严重束缚了劳动者的积极性，阻碍着新的生产工具的使用，因此改变奴隶制的生产关系成为社会发展的内在要求。与生产关系的变化相适应，阶级关系也发生了显著变化。一部分大贵族没落了，另一部分新兴起的和传统血缘联系比较薄弱的社会势力，在奴隶制瓦解的过程中将一部分土地直接租给直接生产者，征收一定数量的地租。这种新势力就是封建社会地主阶级的初期代表。而以个体经营为特色的庶人、工商也已具有封建关系下依附农民的性质。

东迁后周王室力量削弱，号令难再为诸侯所遵从，天子逐渐失去了天下共主的地位，固有的等级制度遭到彻底破坏。地方经济的发展，进一步加强了诸侯和卿大夫在政治上的独立性。列国之间展开了以扩充领土、掠夺财富和迫使小国臣服为目的的无休止的兼并战争。

（二）春秋时期列国的改革

从春秋时起，齐、晋、鲁、郑、楚各国，为了缓和内部危机、争取兼并战争的胜利，都进行了一些改革。各国改革的中心是田制，以井田制为主干的土地国有制遭到破坏，土地私有制逐渐在各国确立。

公元前645年，晋国"作爰田"，把田地赏给国人，目的是要民众服兵役为国君效命，因此在作爰田的同时又"作州兵"，废除了充当甲士的限制，既扩大了国家的武装力量，也提高了奴隶的身份。"作爰田"和"作州兵"为后来的按军功赐田宅开了先例。

公元前594年，鲁宣公实行"初税亩"，承认私田的合法性，而一律收

第三章 春秋战国时期的法律制度

税。在"初税亩"之后四年,鲁成公又"作丘田",按一定的土地亩数——"丘"负担军役和军赋,"作丘田"也意味着允许奴隶充当主力军。至鲁哀公十二年,又实行计田而出军赋的办法,即所谓"用田赋",将对生产者不定期征收的军赋,进一步固定化和田赋化,这在实质上已经和封建时代的赋税制度很相似了。

公元前552年,楚国也开始整理田制和军制,按土地收入的多少征集军赋,所谓"量入修赋,赋车籍马、赋车兵、徒兵、甲楯之数"①,提高了一部分庶人的地位和政治影响力。

公元前538年,郑国"作丘赋",基本内容与鲁国"丘田"相似。

齐国管仲也实行"相地而衰征",② 按土地好坏征收赋税,即所谓"案田而税"。

二、春秋诸侯国的立法活动

春秋中期,伴随着社会的大变动和列国进行的深刻改革,新兴统治者迫切需要摧毁世袭法律特权,摆脱宗法等级制度的束缚,实行"不别亲疏,不殊贵贱,一断于法"③ 的"法治"原则,齐、晋、楚、郑等国相继制定了本国成文法。

公元前685年,管仲为齐相。《汉书·刑法志》记载:"乃作内政而寓军令焉","其教已成,外攘夷狄,内尊天子,以安诸夏。"

公元前636年,晋文公重耳即位,锐意改革,制定《被庐之法》。《汉书·刑法志》应劭注曰:"蒐于被庐之地,作执秩以为六官之法,因以名之也。"《被庐之法》可能是有关选官任贤,建立官僚制度之法,详细已不可考。此后晋国富强,并于僖公二十八年在城濮之战中,打败了南方强大的楚国,成就了霸业。

公元前621年,经过"夷蒐"之礼,赵盾继赵宣子在晋国执政,根据《汉书·刑法志》的记载,赵盾执政期间,"制事典,正法罪,辟狱刑,董逋逃,由质要,治旧洿,本秩礼,续常职,出滞淹,既成,以授太傅阳子与太师贾佗,使行诸晋国,以为常法。"赵盾所制定的常法,包括行政法、刑罚和民事法律的内容,是较为丰富的。所谓"制事典"是制定百官办事章程;"正法罪"是修正刑罚律令;"辟狱刑"是断狱理讼;"董逋逃"是追捕逃犯;"由

---

① 《左传·襄公二十五年》。
② 《左传·庄公九年》。
③ 《史记·太史公自序》。

质要"是以契约、账目为财产关系的凭据;"治旧洿"是改正不便于民,不利于国的旧习;"本秩礼"是维持等级秩序;"续常职"、"出滞淹"是任贤使能,举以为官。

公元前593年,范武子执政,制定"范武子之法",其主要内容是修订官吏的爵秩。

公元前513年,晋铸刑鼎,公布范宣子所为刑书,是晋国的第四次立法。在百余年的时间里,晋国进行了四次重要的立法活动,说明社会的剧烈变动,向统治者提出了及时立法调整的任务。

与晋国相类似的楚国也进行了两次立法活动。楚文王时作《仆区法》,规定:"盗所隐器,与盗同罪。"《左传·昭公七年》芋尹无宇曰:"吾先君文王,作仆区之法。"杜预注:"仆区,刑书名。"服虔曰:"仆,隐也,区,匿也。为隐匿亡人之法也。"

楚庄王时又作《茆门法》。据《韩非子·外储说右》记载:"荆庄王有茆门之法,曰:'群臣、大夫、诸公子入朝,马蹄践霤者,廷理斩其輈,戮其御。'"《茆门法》是一项专门的宫门立法,它所规定的群臣、大夫、公子入朝时,车不得进入宫门,否则要受到司法官廷理的惩治,充分显示了在礼崩乐坏的历史背景下,诸侯国王力图借助法律树立新的权威。《茆门法》是后世宫门卫禁法的前身。

公元前543年至公元前522年,郑国子产执政,积极进行改革。他"作封洫",划定田界;又"作丘赋",向土地私有者征收军赋。改革之初曾遭到激烈反对,据《左传·襄公三十年》记载:"舆人诵之曰:取我衣冠而褚之,取我田畴而任之。孰杀子产,吾其与之。"然而三年之后,当子产在保护私有财产基础上推行的强国富民政策收到成效时,舆人的诵声为之一变:"我有子弟,子产诲之;我有田畴,子产殖之。子产而死,谁其嗣之?"正是在这种背景下,才有可能进行铸刑书公布成文法的具有历史意义的活动。

三、春秋末期的铸刑鼎事件

春秋初期,各国基本上沿用西周的法律。至中叶,社会的深刻变革推动了一些国家制定了反映时代要求的新法律。春秋前期诸侯国的立法活动,虽然增加了反映时代潮流的新内容,但没有公布于世。春秋末期的立法活动发生了重大的变革,郑、晋两国出现了"铸刑鼎"事件,即将法律条文铸在鼎上,公布以保护私有财产为中心的成文法律。"铸刑鼎"事件的出现,标志着中国古代成文法的产生。

第三章　春秋战国时期的法律制度

公元前536年，在执政子产的主持下，郑国"铸刑书于鼎，以为国之常法"。① 这是中国法制史上最早公布的成文法。由于子产"铸刑书于鼎"，打破了"临事制刑，不预设法"，"刑不可知，则威不可测"② 的旧传统，对贵族们任意化无罪为有罪，变有罪为无罪的类推擅断权是一种剥夺，因而引起了很大的震撼，遭到晋国以叔向为代表的旧贵族势力的激烈反对。叔向在致子产的信中大加抨击："昔先王议事以制，不为刑辟，惧民之有争心也……民知有辟，则不忌于上，并有争心，以征于书……民知争端矣，将弃礼而征于书。锥刀之末，将尽争之……终子之世，郑其败乎！"③ 叔向所担忧的实质问题，是百姓知道法律内容后，就不再盲目听从统治者的支配；一旦发生争端或犯罪，就会据理力争，从而打破了统治者对法律的擅断。对于这种谴责，子产坚定地不予"承命"，理由是"吾以救世也"。④ 郑国除了子产铸刑鼎外，另有郑国大夫邓析于公元前502年自行撰写一部刑书，因刻写在竹简上，被称为"竹刑"，公元前501年郑国执政驷歂杀邓析而用其竹刑，说明竹刑在当时已得到某种程度的认同。

公元前513年，晋国的赵鞅、荀寅亦效法郑国子产，"铸刑鼎，著范宣子所为刑书"。⑤ 该刑书为晋景公时期的执政范宣子制定，"施于晋国，自使朝廷承用，未尝宣示下民"。⑥ 直到公元前513年才以铸刑鼎的形式正式公布。晋国的"铸刑鼎"也遭到鲁国旧贵族孔子的责难："晋其亡乎，失其度矣……民在鼎矣，何以尊贵？贵何业之守？贵贱无序，何以为国？且夫宣子之刑，夷之蒐也，晋国之乱制也，若之何以为法？"⑦ 孔子担心，晋国"铸刑鼎"公布了刑书，人们便会抛弃原来的礼义法度，传统的宗法等级秩序也就难以为继，而以此为基础建立起来的各级贵族世袭统治的权威地位也将彻底动摇。尽管孔子始终以恢复西周的"度"为己任，但历史显然不能倒退。

四、春秋末期铸刑鼎事件的历史意义

郑、晋两国的新兴地主阶级为了维护不断发展的私有财产权，确认变动中的社会关系，调整由于宗法等级制度的松弛而形成的政治结构，巩固新势力已

---

① 《左传·昭公六年》，杜预注。
② 《左传·襄公三十年》。
③ 《左传·昭公六年》。
④ 《左传·昭公六年》。
⑤ 《左传·昭公二十九年》。
⑥ 《左传·昭公二十九年》，孔颖达疏。
⑦ 《左传·昭公二十九年》，孔颖达疏。

经获取但尚不稳定的权力，相继"铸刑鼎"以公布成文法，这是中国古代法制发展史上一件具有划时代意义的事件。

（一）成文法的公布是正在形成的封建生产关系的要求

春秋中叶以后，随着土地私有制的确立，所有权关系进一步发展，与此相联系，侵犯所有权的行为和诉讼也相应地增多。为了保护私有财产权不受侵犯，代表地主阶级利益的新兴政治势力极力要求制定成文法，并把法规公布于世，使新兴地主阶级可以依据法律保护自身利益，不受奴隶主贵族特权的侵害。

（二）公布成文法是新旧势力争夺统治权的一场复杂斗争

在宗法制度下，"临事制刑，不设预法"是贯穿中国奴隶制社会的法律现象。代表地主阶级的新兴势力登上政治舞台以后，迫切需要打破奴隶主贵族垄断法律的特权，将本阶级意志上升为法律，以维护其政治经济利益。他们通过制定和公布成文法，迫使奴隶主阶级的司法特权受到限制，改变"刑不可知，则威不可测"的传统，初步摆脱宗法制度对司法的束缚，具有历史的进步意义。

（三）成文法公布的重大历史意义

成文法的公布，使法律在形式上从秘密状态转变为公开状态，标志着中国古代法律步入了一个新的时代，宣告了封建制法制取代了奴隶制法制，从此拉开了春秋战国成文法运动的帷幕。公布成文法自郑、晋开其端，其他各诸侯国群起效仿，掀起了一场轰轰烈烈的成文法运动，为历代封建王朝法制的发展奠定了基础，成为秦汉以后封建法制的滥觞。

第三节　战国时期的法律制度

继春秋末期郑、晋两国公布法律之后，战国时期纷纷登上各诸侯国的政治舞台的新兴地主阶级，以法家思想为指导，进行变法改革，并制定成文法，巩固其改革的成果，以法治的手段推行改革。于是，各国掀起了一场轰轰烈烈的成文法运动。赵国颁布了《国律》，楚国有《宪令》、《鸡次之典》，齐国有《七法》，韩国有《刑符》，魏国有《大府之宪》，等等。在成文法运动的蓬勃发展过程中，魏国产生了成文法运动的丰碑《法经》，它对后来其他各国的立法，特别是对秦国商鞅制定《秦律》的影响极大。

一、《法经》的主要内容及其历史地位

李悝是战国初期魏国著名的政治家和前期法家的代表人物之一。公元前

第三章　春秋战国时期的法律制度

445年，魏文侯即位，重用李悝，进行变法。当时魏国面临的任务是如何发展封建经济，扫清世卿世禄的残余，以巩固封建统治。因此，李悝变法的主要内容，一是推行"尽地力之教"和"善平籴"的经济政策，以发展封建经济；二是推行"食有劳而禄有功，使有能而赏必行，罚必当"①的政治措施，剥夺无功受禄的所谓"淫民"②的特权，为建立封建官僚制度开辟道路。至于李悝制定的《法经》，既是变法的重要内容，又是保证变法实施的重要武器。

（一）《法经》的主要内容

《法经》早已失传。现存《晋书·刑法志》、《唐律疏议》以及明代董说《七国考》等文献记载中，保留其主要篇目和部分内容。根据这些记载，《法经》共有六篇，分别为《盗法》、《贼法》、《囚法》（亦作《网法》）、《捕法》、《杂法》、《具法》。从整体上看，《法经》是一部以刑为主，以诉讼法和其他法律内容为辅的法典。其内容大体可以归纳为三部分。

第一部分包括前四篇，主要是惩治盗贼犯罪的法律规定。先秦时期"窃货曰盗，害良曰贼"，③ 因此，盗罪是关于侵犯官私财产所有权的违法犯罪行为，贼罪即侵害人身安全及危害社会秩序的违法犯罪行为。《晋书·刑法志》记载：李悝"撰次诸国法，著《法经》。以为王者之政，莫急于盗贼，故其律始于《盗》、《贼》。盗贼须劾捕，故著《网》、《捕》二篇"。由此可见，《法经》以盗贼为惩治的首要目标，有了盗贼犯罪，就必须囚捕查办。所以，《法经》把严惩盗贼罪的法律内容置于各篇首位。

第二部分即第五篇《杂法》，主要是惩治盗贼罪以外其他犯罪的法律规定。根据《晋书·刑法志》记载："其轻狡、越城、博戏、借假不廉、淫侈、逾制，以为《杂律》一篇。"所以《杂法》主要包括六种犯罪行为："轻狡"，即盗窃兵符玺印或议论国家法令等政治狡诡行为；"越城"，即翻越城池或偷渡关津的行为；"博戏"，即赌博欺诈行为；"借假不廉"，即贪污贿赂等腐败行为；"淫侈"，即奢侈淫靡行为；"逾制"，即越级违法享用不应享有的特权或器物服饰的僭越行为。

第三部分即第六篇《具法》，是关于定罪量刑原则的法律规定，相当于现代刑法的"总则"性质。根据《晋书·刑法志》的说法："又以《具律》具其加减"，其内容应该是按照犯罪情节的轻重给予加刑或减刑的法律规定。

---

①　刘向：《说苑·政理》。
②　刘向：《说苑·政理》。
③　《荀子·修身》。

(二)《法经》的历史地位

《法经》是中国历史上第一部比较系统的成文法典，在中国法制史上具有重要的历史地位。中国法律史学家程树德先生在其《九朝律考·汉律考序》中评价《法经》"其源最古"，并在中国古代律系表中将之列于首位。

从法典名称来看，《法经》改刑为法，初步确立了法的客观规定性，使单纯强调刑罚杀戮的刑开始向具有规则性质的法过渡，反映了法律制度由相对野蛮残酷向相对文明人道发展的进步趋势。

从法典结构来看，它以严惩盗贼罪为核心，根据罪名类型、囚捕程序、量刑标准等各项不同内容分立篇目，包含了总则与分则、实体法与程序法、刑事法律规范与其他法律规范等各方面内容，首次创立了成文法典的篇章体例结构，对后世各代的法典编纂与立法技术产生深远的影响。

从立法宗旨来看，它为维护君主专制集权制度，巩固地主阶级统治，保护私有权为核心的社会制度，首次确立了"王者之政，莫急于盗贼"的刑事立法原则，把直接侵犯官私财产所有权与人身安全、危害地主阶级政权及社会秩序的盗贼罪视为最严重的犯罪，作为刑事法律严厉打击的重点对象，为后世各代确立了刑事立法的基本宗旨。

从法律内容来看，它贯彻重刑主义法制原则，沿袭夏商西周以来的五刑制度，不惜动用残酷的肉刑、死刑和族刑连坐等严刑峻法手段，使野蛮的刑罚传统继承并延续下来，对后世刑罚制度的发展指明了方向。

总之，《法经》不仅成为商鞅变法制定《秦律》的蓝本，而且也为后世的魏晋南北朝等各代立法所宗。从这个意义上说，《法经》作为中国古代成文法典之源，开创了中华法系独树一帜的立法先河。

二、商鞅变法与《秦律》的制定

案例：

商鞅被车裂案[①]

（秦孝公）以卫鞅为左庶长，卒定变法之令。令民为什伍，而相牧司连坐。不告奸者腰斩，告奸者与斩敌首同赏，匿奸者与降敌同罚。民有二男以上不分异者，倍其赋。有军功者，各以率受上爵；为私斗者，各以轻重被刑大小。僇力本业，耕织致粟帛多者复其身。事末利及怠而贫者，举以为收孥。宗室非有军功论，不得为属籍。明尊卑爵秩等级，各以差次，名田宅，臣妾衣服以家次。

---

① 《史记·商君列传》。

第三章 春秋战国时期的法律制度

有功者显荣，无功者虽富，无所芬华。令既具，未布，恐民之不信，已乃立三丈之木于国都市南门，募民有能徙置北门者予十金。民怪之，莫敢徙。复曰"能徙者予五十金"。有一人徙之，辄予五十金，以明不欺。卒下令。令行于民期年，秦民之国都言初令之不便者以千数。于是太子犯法。卫鞅曰："法之不行，自上犯之。"将法太子。太子，君嗣也，不可施刑，刑其傅公子虔，黥其师公孙贾。明日，秦人皆趋令。行之十年，秦民大说，道不拾遗，山无盗贼，家给人足。民勇于公战，怯于私斗，乡邑大治。秦民初言令不便者有来言令便者，卫鞅曰"此皆乱化之民也"，尽迁之于边城。其后民莫敢议令。

……秦孝公卒，太子立。公子虔之徒告商君欲反，发吏捕商君。商君亡至关下，欲舍客舍。客人不知其是商君也，曰："商君之法，舍人无验者坐之。"商君喟然叹曰："嗟乎，为法之敝一至此哉！"去之魏。魏人怨其欺公子卬而破魏师，弗受。商君欲之他国。魏人曰："商君，秦之贼。秦强而贼入魏，弗归，不可。"遂内秦。商君既复入秦，走商邑，与其徒属发邑兵北出击郑。秦发兵攻商君，杀之于郑黾池。秦惠王车裂商君以徇，曰："莫如商鞅反者！"遂灭商君之家。

商鞅，卫国人，姓公孙，名鞅，故称卫鞅或公孙鞅。后因在秦国变法有功，封于商，又称商鞅。商鞅"少好刑名之学"，[①] 尊崇法家学说，曾任魏国相国公叔痤的中庶子，熟悉李悝、吴起在魏国变法的理论和实践。公元前361年，秦孝公即位，为富国强兵，下令求贤。商鞅携带李悝的《法经》入秦，并取得秦孝公信任，初任左庶长，后升为大良造。在秦孝公的支持下，两度主持变法，奠定了秦国富强的基础。商鞅对法律制度的改革，归纳起来主要有以下四点：

（一）改法为律，制定《秦律》

据《唐六典注》记载："商鞅传《法经》，改法为律以相秦。"商鞅以《法经》为蓝本，结合秦国的具体情况加以修订、扩充，改"法"为"律"，制定了《秦律》。从此以后，中国古代法典都以"律"为名。

在中国古代，"法"、"律"两字均有法律的含义，但又不尽相同。《说文解字》对两者的解释是："法，平之如水；律，均布。"即"法"主要强调的是内容方面的公平与公正；而"律"则侧重于法律规范在适用上的普遍性和统一性。春秋时期，新型地主阶级刚刚登上历史舞台，他们为反对奴隶主贵族的法律特权，强烈要求颁布"壹刑"的成文法典，为人们的行为树立明确的是非标准，因而格外看重法的公平与正直。到商鞅时，成文法的公布早已成为事实，法律的实施与适用又随之成为焦点，成为商鞅等地主阶级改革家改革事

[①] 《史记·商君列传》。

业成败与否的关键。商鞅改"法"为"律",原因就在于此。

商鞅对《法经》的改革,除了名称上改"法"为"律"外,还结合秦国实际,在《法经》内容的基础上,增加了连坐、垦草、分户、军爵等内容,制定了《秦律》。

（二）明法重刑,奖励告奸

所谓"明法",即"为法,必使之明白易知",使"万民皆知所避就"。[①] 换言之,法律一要公布,二要简要易懂。同时,"明法"还要"燔诗书而明法令",[②] 即取缔法家以外的其他各家学说,特别是儒家的"礼治"学说,用国家的法律、法令来统一人们的思想。此外,明法还须设置法律官,负责诠释、宣传法律,统一司法。所以《战国策》说,秦国老幼妇孺皆知"商君之法"。

明法是推行法治的前提,重刑则是推行法治的手段。商鞅不仅明法,还公开主张重刑。其重刑措施包括:

1. 重刑轻罪

商鞅认为:"刑罚,重其轻者,轻者不至,重者不来,此谓以刑去刑,刑去事成。"[③] 即用刑罚来遏制犯罪,是达到不用刑罚而成为大治的最好办法。《汉书·五行志》记载:"商君之法,弃灰于道者,黥。"便是重刑轻罪的最好体现。

2. 不赦不宥

即不论什么人,只要违法犯罪,一律严惩,绝不宽宥赦免。这是新兴地主阶级"刑无等级"原则的具体运用。

3. 刑用于将过

商鞅认为:"刑加于罪所终,则奸不去";"刑用于将过,则大邪不生"。[④] 主张在将要犯罪而尚未着手实施的时候,就对其施加刑罚。换言之,要惩罚思想犯罪。唯有如此,才能预防犯罪。

4. 重赏告奸

奖励告奸,严惩匿奸,实行连坐,是商鞅实行重刑的又一举措。《史记·商君列传》记载:商鞅"令民为什伍,而相牧司连坐"。即将人民按什伍组织进行编制,相互监督,纠举奸人,匿奸不报者连坐。"不告奸者腰斩,告奸者与斩敌首同赏,匿奸者与降敌者同罚。"

[①] 《商君书·定分》。

[②] 《韩非子·和氏》。

[③] 《商君书·靳令》。

[④] 《商君书·开塞》。

第三章　春秋战国时期的法律制度

5. 增设酷刑

商鞅在变法中，新增设了许多酷刑，如腰斩、枭首、车裂、凿颠、抽肋、镬烹等。

（三）重农抑商，奖励耕战

为巩固和发展秦国封建经济，保障国家的财政来源，商鞅先后颁布《垦草令》、《为田开阡陌令》和《分户令》等法规，确立了以下一些基本原则：

1. 重农抑商

商鞅在《垦草令》中提出了很多抑商的方法，如提高酒价，重征商税，禁止商人经营粮食、开设旅店等，迫使商人转业为农。对于不听劝导者，"事末利及怠而贫者，举以为收孥"。①

2. 奖励农耕

《为田开阡陌令》的基本精神是废除原奴隶制井田的疆界，确立新的田界，实行土地私有制度。董仲舒说："秦用商鞅之法，改帝王之制，除井田，民得卖买。"② 此外，还通过立法规定："僇力本业，耕织致粟帛多者复其身"，以及"民有余粮，使民以粟出官爵"，③ 来奖励农耕。

3. 奖励军功

商鞅将秦国的爵秩定为二十级，规定能得敌首一者，"赏爵一级，益田一顷，益宅九亩，一除庶子一人，乃得入兵官之吏"。④ 同时，严禁私斗，凡私斗者，各依犯罪之轻重处刑。从此，秦人勇于公战，怯于私斗。

（四）剥夺旧贵族特权

1. 废除分封制，实行县制

《史记·商君列传》记载：商鞅"集小乡邑聚为县。置令、丞，凡三十一县"，直接隶属于国君。县令、丞等地方行政长官，也由国君直接任免。这就从根本上取消了分封制以及由此而产生的诸侯割据，在秦国建立起专制主义中央集权的政治体制。

2. 剥夺奴隶主贵族的特权

商鞅立法规定："宗室非有军功论，不得为属籍。明尊卑爵秩等级，各以差次，名田宅，臣妾衣服以家次。有功者显荣，无功者虽富，无所芬华。"⑤

---

① 《史记·商君列传》。
② 《汉书·食货志》。
③ 《商君书·境内》。
④ 《商君书·境内》。
⑤ 《史记·商君列传》。

这样便从法律上废除了奴隶主贵族世袭特权的等级制度，为新兴地主阶级的成长和封建制的发展扫除障碍。

商鞅变法是战国以来各诸侯国变法运动中最彻底和最成功的一次。秦孝公死后，惠文王杀害了商鞅，但"商鞅虽死，而秦法未败"，[①] 他的主张及法令没有被废除，而是继续得以贯彻执行。秦国因此后来者居上，一跃而成为"兵革大强，诸侯畏惧"[②] 的强国，为秦统一天下打下了基础。

三、战国时期各国封建政府的建立

战国时期，在以血缘为纽带的贵族政治没落以后，各国相继建立起了以国王为首脑的封建政府，形成了封建的官僚制度。

春秋时期，各诸侯国中仅晋、吴、越三国国君称王。到了战国，随着诸侯国势力的强大，各国国君都自封为王，国君称号的改变，反映了诸侯国不再是从属于周王的附庸，各国国王作为最高权力的代表，总揽行政、经济、立法、司法、军事等各种大权，建立了相将分立、各为文武百官之长的封建专制主义的官僚政府。

丞相（或称相、相国）是协助国王总理全国行政事务的最高官职。七国之中，只有楚国沿袭春秋官制仍称令尹，其他各国都设置相位。丞相的职权极大，《荀子·王霸篇》说："相者，论列百官之长，要百事之听，以饬朝廷臣下百吏之分，度其功劳，论其庆赏，岁终奉其成功，以效于君，当则可，不当则废。"但丞相的职位并非世袭，也不享有封邑，而由国王随时任免。例如，苏秦、范雎、吕不韦等人，都是凭借治国之术"以布衣而跻卿相"的。丞相制度是我国封建政治制度的重要组成部分，对国家统治起着很大的作用，因而秦汉以后长期沿袭。

将军（或称将）是武官之长，地位略次于丞相，是军队的总指挥，任命时由国王亲自授印，举行隆重的仪式。《七国考》："魏制，立大将，君自布席，夫人捧觞，亲醮于庙，乃授斧钺，自立吴起始也。"七国之中仅楚国没有设将而设相当于将的柱国（或上柱国）。将也非世袭官职，这样奴隶制时期由贵族家族分散垄断军事指挥权的局面结束了，而由国王的集权所取代。

在丞相和将军之下，组成中央政府的重要官职还有尉、御史、尚书、郎中、卫尉、仆、主客、廷尉、内史、少府等。

与中央官僚政府建立的同时，地方郡县制度也进一步确立。郡县制度起源

---

① 《韩非子·定法》。
② 《战国策·秦策》。

第三章 春秋战国时期的法律制度

于春秋,战国时期已被确认为固定的地方制度。至战国中期,除齐国不设郡而设五都外,其他六国普遍推广,形成郡县两级政权组织。

战国时期,郡的地位高于县,在郡内划分若干个县。由于郡的设置带有明显的军事防御性质,所以郡守大多由武官担任,有权征发一郡壮丁出征和征收全郡军赋,也有治民政、行赏罚等大权。郡守以下设都尉及若干佐吏。

县是地方基本行政单位,设县令,令下有丞。魏、韩等国县令以下还设有尉、御史。楚国不称县令而称"县尹"。县令管理民政,征收地方赋税,征发兵员。

由于郡县守令均由国王任免,对国王负责,郡县内的重大事项必须报请国王而无权擅自处理,而且只领有俸禄,不享有封邑,因此避免了过去贵族对地方政权的把持,加强了中央对地方的控制。

县以下有乡、里等基层组织。乡有乡官"三老"、"廷掾";里有里正。乡里所属个体农户,按什伍组织加以编制,不许随便迁徙,并负有连坐之责。

四、战国时期官僚制度的形成

战国时期,无论中央或地方郡县官吏,还是带兵主将,都由国王任免。国王根据"尊贤尚功"、"见功而兴赏,因能而授官"的原则,选拔各级官吏。著名的政治家军事家商鞅、苏秦、范雎、孙膑、白起、廉颇、王翦等,都是以布衣而为相将的。除军功或以才能游说国王获得重用之外,荐举也是任官的一条重要途径。

与任官制度相联系的还建立了玺、符制度。玺、符是象征国王赋予各级文武官吏的权力凭证,国王任用官吏时发给印玺,免职时收回。官吏辞职也必须将印玺交还国王。不仅任官用玺,公文往来也用玺,遇有大事还须用御玺(王印),秦国长信侯嫪毐作乱,即假造国王御玺,行文征集县卒和卫卒。与此同时,还实行发兵用符的制度。兵符一分为二,一半由国王掌握,一半由将帅掌握,兵符相合,才能调动军队。

由于官吏的任免奖惩均出自国王,随之而产生了考核官吏政绩的上计制度。所谓上计,就是官吏将一年的预算收入,以及户口、垦田、库藏的增加等,事先写在木卷上,然后剖而为二,国王持右卷,臣下持左卷,年终上计时,国王根据原卷考核实征数目,决定官职的升迁,所谓"符契之所合,赏罚之所生也"。[①] 上计以赋税、垦田、户口、治安为重点,说明经济财政对于维持官僚机构和军事活动的重要意义,也反映了中央对地方的控制加强。

---

① 《韩非子·主道》。

随着官僚制度的形成，开始以俸禄代替封邑。所谓俸禄，是封建国家酬劳官吏的一种制度。战国时期俸禄的形式为实物，但由于当时各国度量衡不统一，因此俸禄的单位也不尽相同。在固定的俸禄之外，国王还会根据官吏的治理业绩进行额外赏赐。

总之，战国时期实行的官吏任免制度、玺符制度、上计制度和俸禄制度，是当时所确立的封建官僚制度的基本内容，是封建职官管理法的最初形态，对于加强专制主义中央集权的统治，扫除奴隶制世卿世禄制度的残余，巩固封建制度的经济基础和促使整个国家由分裂趋向统一，起到了非常重要的作用。

五、战国时期的司法改革

在战国时期的变法改革运动中，各国的司法制度也开始发生一些重要变化，逐步建立起一套君主专制的中央集权的司法体系。

首先，各国国君掌握全国最高司法审判权，他们不仅拥有最后决定权和最终裁判权，而且亲自处理一些重大案件。在国君的直接领导下，各国还设置专掌司法审判及刑狱诉讼的官员，如秦国有廷尉，楚国为廷理，齐国称大理。

其次，随着各国之间的边地得到进一步开发，各地人口迅速增多，一些诸侯国相继推行郡县制度。郡县制与分封制完全不同，其长官由国君直接任免，代表国家行使管理职能，领取俸禄报酬，不再享有世袭特权。郡守、县令或县长作为郡县行政长官，同时兼理司法审判事务。在县令或县长之下，分设县丞、县尉、御史等官吏，协助处理民政、军事、司法等事务。这种行政机关兼掌诉讼审判职能的地方司法制度，在此后沿用了两千多年。

县级机构之下，设有乡、里、聚、邑等基层组织。乡设三老、廷掾，里有里正，负责民间治安秩序、缉捕贼盗、裁决争讼等司法事务。有些国家还将民众编为什伍组织，五家一伍，十家一什，互相监督连保，建立了一套从中央到地方由专制君主统一控制的司法体制。

本章习题

一、选择题

1. 我国第一部较为系统完整的封建成文法典是（　　）
A.《秦律》　　　B.《法经》　　　C.《大府之宪》　　　D.《被庐之法》
2. 我国古代第一次正式公布成文法的是春秋时期的（　　）

第三章 春秋战国时期的法律制度

A. 郑国　　　　B. 晋国　　　　C. 楚国　　　　D. 赵国

3.《法经》共有六篇，其中有（　　）

A. 盗法　　　　B. 囚法　　　　C. 具　　　　　D. 窃法

4.《法经》中类似于近代刑法典总则的篇目是（　　）

A. 杂法　　　　B. 捕法　　　　C. 具法　　　　D. 囚法

5. 自商鞅变法之后，中国古代的法典都称为（　　）

A. 法　　　　　B. 刑　　　　　C. 律　　　　　D. 典

二、思考题

1. 春秋时期郑国、晋国"铸刑鼎"的情况如何？曾遭到谁的反对？为何反对？

2. 试述《法经》的主要内容及其历史地位。

3. 简述商鞅变法的主要内容及其影响。

三、案例分析

楚庄王太子案：荆庄王有茅门之法，曰："群臣、大夫、诸公子入朝，马蹄践霤者，廷理斩其辀，戮其御。"于是太子入朝，马蹄践霤，廷理斩其辀，戮其御。太子怒，入为王泣曰："为我诛戮廷理。"王曰："法者，所以敬宗庙，尊社稷。故能立法从令、尊敬社稷者，社稷之臣也，焉可诛也？夫犯法废令、不尊敬社稷者，是臣乘君而下尚校也。臣乘君，则主失威；下尚校，则上位危，威失位危，社稷不守，吾将何以遗子孙？"于是，太子乃还走，避舍露宿三日，北面再拜，请死罪。

结合本案理解法家的"法治"思想。

第四章 秦朝时期的法律制度

【重点提示】
秦朝法制的指导思想；
秦朝主要法律形式；
秦朝刑事法律的主要罪名、刑名及刑法原则；
秦朝司法官吏体系的建立。

秦朝（公元前221~公元前206年），是由战国后期的一个诸侯国秦国发展而来统一的大国，是中国历史上第一个统一的王朝。秦王嬴政（公元前246~公元前210年在位）于公元前221年以武力兼并六国，结束了战国以来诸侯割据称雄的局面，建立起一个以咸阳为首都的幅员辽阔的国家，其疆域东至海，西至陇西，南至岭南，北至河套、阴山、辽东。为了巩固秦帝国的统治，秦统治者采取了许多措施。秦二世胡亥在位时，暴虐无道，残酷剥削压迫民众，终于激起民变。公元前206年，在农民起义的烈火中，秦王朝灭亡了。

秦朝法制的指导思想其一是法家传统的重刑主义理论，其二是统一法律。秦朝在政治、经济、思想文化等方面实行一统。在政治体制上，在中央设三公（丞相、太尉、御史大夫），下设诸卿，各司其职；在地方推行郡县制。在经济方面，统一货币和度量衡，确立封建土地所有制，并实行重农抑商的政策。在思想文化上，统一文字，焚书坑儒。

由于秦王朝存续时间非常短，再加上史料的限制，我们研究秦朝法制，还必须综合考察秦统一之前的秦国法制情况。

第一节 秦代的立法活动

一、立法指导思想

（一）重刑主义

法家的重刑主义理论是秦代的法制指导思想。商鞅说："故禁奸止过，莫

第四章　秦朝时期的法律制度

若重刑。刑重而必得，则民不敢试，故国无刑民。"① 商鞅的重刑主义理论无论是对统一前的秦国还是统一后的秦朝，都有深刻的影响，所谓秦统治者"专任刑罚"、"乐以刑杀为威"正是对此问题的说明。据《史记·秦始皇本纪》载，秦始皇在位时，大施肉刑，因施劓刑而致"断劓盈车"，因施宫刑而致"所割男子之势积如山"。秦始皇就是靠这种血腥的刑罚恐怖主义来治理国家的。重刑成了秦代法制的底色，使秦法在中国法制史上具有独特的地位。

（二）统一法律

秦始皇称帝以后，采取了在全国统一法律的措施，就是把原来秦国的法律在整个秦朝帝国的范围内推行。取消六国法律，改行秦国法律。正如李斯所言："海内为郡县，法令由一统，自上古以来未尝有，五帝所不及。"另外，"诸产得宜，皆有法式"、"事皆决于法"也是统一法律的题中之义，即把人的行为统一到法律的规定上来，使人们成为步调一致的守法者。

二、主要法律形式

1975年12月，在湖北云梦县的睡虎地11号秦墓中出土了1000余枚竹简。简文内容分别是《编年纪》、《语书》、《秦律十八种》、《秦律杂抄》、《效律》、《法律答问》、《封诊式》、《为吏之道》及《日书》等。除《编年纪》和《日书》外，其余均是法律文书。《语书》是秦王政二十年（公元前227年）南郡郡守在辖区内发布的一篇文告。《秦律十八种》和《秦律杂抄》均是对秦律条文的摘抄。《效律》是考核官吏并验查其物资账目的律令。《法律答问》是官方对秦律的解释。《封诊式》是法律文书的程式和司法案件的记录。《为吏之道》是官吏守则。

尽管睡虎地出土的秦律是秦统一之前制定的，但我们今天要了解秦统一之后的法制状况仍可以睡虎地秦律为依据。这是因为，统一后的秦朝仍沿袭了统一前的秦国法律，秦始皇在扫平六国后面临诸多问题，使其无暇集中精力搞大规模的编纂法典的工作，他所能做的除发布一些单行法令外，就是把原来的秦国的法律向整个秦帝国推行。因此可以说，睡虎地出土的秦律在秦统一前后是有连续性的。

从睡虎地秦简中可以发现，秦代的主要法律形式有如下五种：

（一）律

商鞅携李悝的《法经》入秦，协助秦孝公变法，在变法过程中，改"法"为"律"，"律"之名由秦始。秦简中有《秦律十八种》、《秦律杂抄》、《效

---

① 《商君书·赏刑》。

律》等，而《法律答问》中也多有"律曰"字样，说明"律"已成为秦代的主要法律形式。

（二）令

"令"是皇帝的诏令，是一种单行法规。秦始皇曾说："命为制，令为诏。"可知诏、令无别。但在秦代律、令、法经常混用，区分不甚清楚，如秦简中有《田律》、《田令》，而《语书》中也多有"法律令已具"、"修法律令"等字眼。

（三）式

秦简中有《封诊式》，是关于案件的调查、勘验及审讯等程序的文书程式。作为一种法律形式，"式"始于秦国。

（四）廷行事

"廷行事"是指法庭的判例。清代学者王念孙在其著作《读书杂志》中云："行事者，言已行之事，旧例成法也。汉世人作文言'行事'、'成事'者，意皆同。"秦简《法律答问》中多有"廷行事"一语，说明秦代已把司法机关的判例作为司法实践中除律文之外可资援引的审判依据了。

（五）法律答问

秦简中的《法律答问》，是以答问的形式对秦律律文所做的解释，因这种解释是官方作出的，并成为当时司法审判的依据，故其也是一种法律形式。

三、秦朝法制的特点与历史地位

从商鞅变法后的秦国，到秦始皇吞并六国而建立秦帝国，秦法律一脉相承。秦王朝作为第一个统一的封建王朝，其法律制度既表现出庞大帝国初建时期的朝气和霸气，也表现出对于文明进步、文化发展的轻视。

（一）以法家理论作为立法的指导思想

商鞅相秦，带来李悝的《法经》，也带来法家理论。秦孝公之后，从惠文王直到秦始皇，均以法家理论作为治国安邦的基本原则，也作为立法建制的指导思想。

1. "以法为本"

以法为本是法家思想的核心。法家强调，治理国家事务，规范民众行为，都必须以法律为标准。商鞅变法，制定各项相关法律。秦帝国建立后，又对各项法律进行修订、补充，形成一个涉及政治、经济、文化、治安等各方面的法律框架，达到"治道运行，诸产得宜，皆有法式"。①

---

① 《史记·秦始皇本纪》。

第四章 秦朝时期的法律制度

2. "一断于法"

司马迁在《史记》中概括法家思想,称其"不别亲疏,不殊贵贱,一断于法"。① 秦朝法律正体现了这一法家原则。商鞅要求法律实施,不分贵贱,不因当事人的身份而区别对待。"自卿、相、将军,以至大夫、庶人,有不从王令、犯国禁、乱上制者,罪死不赦。"② 封建法制初建时期,首先需要打破奴隶制法律关于贵贱身份性差别的桎梏。秦朝立法者确立"一断于法"的原则,就是要否定与奴隶制度相关的宗法等级身份性特权。

3. 法网严密

秦代的法网之严密是历代封建王朝所罕见的,从秦简《法律答问》中可以看出,秦帝国的确"事皇堂查鎏式",即如穿鞋这样的事情,法律中居然也有规定,所谓"毋敢履锦履"就是证明。另外,如"步过六尺者有罚"③,"敢有挟书者族",④ "有敢偶语者弃市",⑤ 等等,足见法律规定之细密周详。正如后人所评:"秦法繁于秋荼,而网密于凝脂。"⑥

4. 轻罪重刑

秦简中所载秦律是在商鞅刑法思想指导下制定出来的。商鞅说:"行罚,重其轻者,轻其重者——轻者不至,重者不来,此谓以刑去刑,刑去事成;罪重刑轻,刑至事生,此谓以刑致刑,其国必削。"⑦ 就是说用重刑对付轻罪,百姓就不会去犯轻罪,百姓连轻罪都不敢犯了,怎么还敢犯重罪呢?这就叫"以刑去刑"。商鞅的这种有关轻罪重罚的思想在秦律中得到了充分的反映。秦简《法律答问》载:"或盗采桑叶,赃不盈一钱,何论?赀三旬。"偷采别人的桑叶,虽不满一钱,却被罚服三旬的徭役,足见秦律对盗窃罪惩罚之重。律规定服劳役一日折合八钱推算,罚徭三旬即罚款为盗窃所得的 240 倍以上。这是典型的轻罪重罚。《法律答问》又载:"五人盗,赃一钱以上,斩左趾,有黥为城旦。"这体现了共犯从重的原则。偷窃一钱以上,即被砍去左脚,施以黥刑,并服城旦苦役。类似的例子还有许多,从中可以看出,商鞅的重刑轻罪的理论在秦律中被转化为具体的法律规定了。

威吓主义刑罚原则作为刑事政策演变史的一个阶段,在法律文明发展史上

---

① 《史记·太史公自序》。
② 《商君书·赏刑》。
③ 《史记·商君书列传》。
④ 《汉书·惠帝纪》。
⑤ 《史记·秦始皇本纪》。
⑥ 《盐铁论·刑德》。
⑦ 《商君书·靳令》。

具有普遍性。战国时期法家提出的刑罚威吓主义学说,并为商鞅变法采纳,为秦始皇建立封建帝国所沿用,并将其发挥到极致,对汉代以后刑事政策的发展产生重要影响。

(二) 重视以法律手段全面调整社会关系

重视以法律手段调整社会关系,是法家思想在国家政治、经济、社会生活中的具体体现。在这一思想指导下,从商鞅变法,到秦帝国建立,各项法律制度逐步建立。

秦简记载的法律,其名目多样。包括《内史杂律》、《司空律》、《属邦律》、《传食律》、《行书律》、《游士律》、《置吏律》、《效律》、《除吏律》、《除弟子律》、《傅律》、《徭律》、《戍律》、《田律》、《仓律》、《藏律》、《厩苑律》、《牛羊课律》、《关市律》、《金布律》、《工律》、《工人程律》、《均工律》、《军爵律》、《中劳律》、《敦表律》、《公车司马猎律》、《尉杂律》、《捕盗律》。

(三) 封建制度初建,刑法文明的发展滞后

法律作为人类文化的结晶之一,其变化呈现出由野蛮向文明的发展趋势。但在秦朝,随着代表先进生产关系的新型封建帝国的建立,刑法制度的演变,并没有体现法律文明的明显提升。

秦王朝将法家关于轻罪重刑原则发展到极致。据《史记》记载,秦朝"内刻刀锯之刑,外深镁钺之诛,步过六尺者而罚,弃灰于道者被刑。"① 秦律规定:"五人盗,赃一钱以上,斩左止,又黥以为城旦",② 甚至有"诽谤者,族",③ "挟书者,族",④ "敢语《诗》、《书》者,弃市"⑤ 等规定。如此轻罪重罚,不仅表现出极端化的重刑主义,而且也使整个罪罚体系失衡。轻罪重刑的普遍实施,导致严重的社会问题。历史记载,秦王朝因执行劓刑,"劓鼻成车";因执行宫刑,"所割男子之势,高积成山",⑥ "至于秦始皇,兼吞战国,遂毁先生王之法,灭礼谊之官,专任刑罚,躬操文墨,昼断狱,夜理书,自程决事,日县石之一,而奸邪并生,赭衣塞路,囹圄成市,天下愁怨,溃而叛之"。⑦ 这些记载当有夸张之处,但仍然反映了当时刑罚的严酷性和不合理

---

① 《史记·商君列传》。
② 《睡虎地秦墓竹简》,文物出版社1978年版,第150页。
③ 《史记·高祖本纪》。
④ 《汉书·惠帝纪》。
⑤ 《史记·秦始皇本纪》。
⑥ 《史记·秦始皇本纪》。
⑦ 《汉书·刑法志》。

第四章 秦朝时期的法律制度

性。《盐铁论》载："秦法繁于秋荼，而网密于凝脂。"

在刑罚方法上，秦朝法律也表现出极端的野蛮性。三代以至战国，墨、劓、刖、宫、大辟普遍实施，死刑执行方法也较残酷。秦朝在原有基础上，增加一系列更加残忍的死刑方法。《汉书·刑法志》称："秦用商鞅，连相坐之法，造参夷之诛，增加肉刑、大辟，有凿颠，抽胁，镬烹之刑。"据记载，秦朝关于死刑执行方式多种多样，包括：车裂、弃市、剖腹、腰斩、体解、枭首、凿颠、抽胁、镬烹、囊扑、灭族、夷三族等。

秦帝国通过长期征战而建立。在由弱势的西疆小国，逐渐消灭关中六国、建立庞大的集权帝国过程中，秦人更多地依靠金戈铁马和权势诈术；中原地区敦厚的文化积累未能帮助六国最终建立霸业。这一切，给势力日增的秦统治者一种观念：文明与文化，不能带来军事上的成功，也不能带来政治上的霸业。秦始皇焚书坑儒，集中表现了秦朝统治者轻视文化与文明的心态。正是这种心态，造成政治、军事上成功的秦帝国在刑法方面保持其残忍性、野蛮性。一个政权如果表现出对文明的轻视，它必然会为社会所唾弃。秦帝国二世而亡，即是明证。

（四）矫枉过正，否定宗法关系在社会生活中的作用

西周实行宗法制，家国一体，国家政治关系与家庭血缘关系高度结合。秦帝国以法家思想为指导，建立统一的封建官僚体制，在较大程度上否定血缘、婚姻宗法关系在国家政治生活、社会生活中的作用，淡化血缘、婚姻、宗法关系对法律的影响。

首先，在西周宗法体制下，大家庭制为法律所保护，为社会所接受。汉以后的封建社会，也同样接受这样一种制度，并以法律手段保护大家庭制。但在秦朝，为保证国家税收，保证国家行政管理体制，严格实行分户制度：家有二男以上，必须另立家庭，否则倍其赋。

其次，在父母子女关系方面，家长无权任意处置子女。另外，在夫妻关系方面，妻在一定程度上拥有与夫相对平等的地位。对于犯罪的丈夫，妻有告发的权利，而且因而免除受株连的责任。丈夫侵害妻的人身权利，同样必须承担法律责任。

中国社会从原始部落联盟演进到国家形态，血缘、家庭关系在其中起到极其重要的作用。这一作用也直接影响到民族观念、民间习俗和社会规范的形成，使其深深打上宗法血缘的烙印。家庭血缘关系已经成为维系社会存在与发展的一条重要纽带。秦帝国全面建立政治上的官僚管理体制，淡化血缘、婚姻、宗法关系对于法律的影响，超出了当时中国社会的现实，在一定程度上导致新型国家体制与社会现实的脱节。《汉书·艺文志》总结法家思想的得失

说:"法家者流……至于残害至亲,伤恩薄厚。"当是中肯的评价。

(五) 确立重点保护中央集权、皇权的原则

夏商周三代,在国家政治生活中,一定程度上保留了原始民主制度。对于国家重大事项,贵族与国王一起讨论、决策。在国家结构方面,分封制度下的诸侯不仅拥有自己的封地,而且可以拥有军队、政府机构、官员等。以西周为例,周天子把京畿以外的地区分封给诸侯,周天子实施直接统治的地区仅限于王畿以内,即以镐京和成周为中心的一些地区。秦始皇建立以皇权、中央集权为核心的专制制度,建立由皇帝直接控制的官僚体制,并从法律上确立重点保护皇权、中央集权的原则。秦始皇集"三皇五帝"的名称于一身,由"王"改成"皇帝",并改"命"为"制",改"令"为"诏",强化皇帝"制"、"诏"的法律效力。法律还对皇帝的权力、皇帝的人身规定了一系列周密的保护措施,对违反者给予严厉惩罚。

秦朝是中国社会进入一个新的统一时期、建立大一统中央集权国家后形成的第一个皇朝。秦朝法律吸收了三代以来法制文明成果,尤其是对于战国时代各诸侯国在法律建设方面各项有益的探索进行了系统的梳理、改造和取舍,承先启后,使华夏法律文明薪火相传,开辟了中华法律文明发展的新阶段。秦朝是中国历史唯一一个明确以法家思想为治国方针和立法原则的朝代。法家理论为历朝统治者所青睐,但秦"二世而亡"的历史,促使汉以后各朝多以"内法外儒"的理论原则为指导。适应政治、经济、社会、文化等多方面的新需求,秦朝统治者在以法律手段治理国家、管理社会方面,进行了有益的尝试,为后世法律建设提供了可贵的经验和教训。秦朝统治者确立的一系列法律原则为汉以后封建王朝所沿用。而秦朝在刑法方面的野蛮性、残酷性以及脱离社会现实的特性,均为后世法律建设提供了深刻的教训。

第二节 秦代的行政法规

一、行政机构与职官设置

秦代在中央设丞相,是皇帝之下的最高行政长官,负责管理全国的行政事务。又设太尉,主管军政。还设御史大夫,主管臣下的奏章和下达皇帝的诏令,并负责国家的监察工作。以上三官即所谓"三公",他们各与其属吏组成丞相府、太尉府和御史府,三府成了向全国发号施令的总枢纽。三公以下是九卿,即奉常(掌宗庙礼仪)、郎中令(掌皇帝的侍从警卫)、卫尉(掌宫廷警卫)、太仆(掌马政)、廷尉(掌司法)、典客(掌外交与国内少数民族事

第四章　秦朝时期的法律制度

务）、宗正（掌皇族事务）、治粟内史（掌租税与财政）、少府（掌供皇室需用的"山海池泽之税"）。

秦代在地方设郡守，为一郡之最高行政长官，负责行政事务。郡守之下设郡尉，负责一郡之军事事务。另外，郡内尚有中央派来的监察御史，负责监察工作。郡之下设县，县令是一县的最高行政长官，负责一县政务和司法。县令之下设丞，协助县令从事政务活动，又设县尉负责一县的军务。县之下有乡、里等行政区划，是秦帝国的基层行政组织。乡设"有秩"，为一乡的主管官吏；其下有"三老"，负责当地教化；有"啬夫"，负责赋税与司法；有"游徼"，负责社会治安。乡之下是里，其主管官吏是"里正"或"里典"，里中的居民按什伍组织编制户籍。十里设一亭，亭长负责亭内的案件侦查、拘捕人犯等工作。

二、官吏制度

（一）官吏的条件

从睡虎地秦简中的有关内容看，秦国官吏的任用条件是：首先，必须具备忠于君主的政治思想条件；其次，必须具有胜任其官职的能力；再次，曾受过"废"刑即撤职永不叙用及其他刑罚的人不得任职；最后，必须具备丰富的法律知识和熟练的法律技能。秦简《为吏之道》曾说："凡为吏之道，必精洁正直，慎谨坚固，审悉毋（无）私，微密纤察，安静毋苛，审当赏罚。"又说："吏有五善：一曰中（忠）信敬上，二曰精（清）廉毋谤，三曰举事审当，四曰喜为善行，五曰恭敬多让。"上述材料是说，只有具备清廉、无私、谨慎、正直、宽厚、忠信、恭敬等道德品质，才有资格为官。

（二）官吏的责任

1. 行政责任

即国家行政机关对不履行义务而又没有触犯刑律的官吏，不通过司法程序而直接实施行政处分。秦代的行政处分主要有如下四种：一是谇，也就是斥责。其对象是过失轻微者。例如，若国家粮仓中有两个以下的鼠洞，则对其负责任的官吏进行斥责；若将故意伤人罪误判成斗殴伤人罪，则对负责任的审判官斥责。二是"赀"，即以财物赎罪。《说文》解"赀"为"小罚以财自赎也"。赀罚有赀一盾、赀二盾、赀一甲和赀二甲之别。赀数的多少以责任关系的远近和过错的程度为依据。《效律》规定，清点物资，如果损失"值百一十钱到二百廿钱，赀官啬夫；过二百廿钱到千一百钱，赀啬父一盾；过千一百钱到二千二百钱，赀官啬父一甲；过二千二百钱以上，赀啬父二甲"[①]。可见，

[①] 《睡虎地秦墓竹简》，文物出版社1978年版，第115页。

赀"较之"谇"要重，而且赀多赀少以造成损失的程度为准。三是"免"，即免除官职。据《秦律杂抄》载："县毋敢包卒为弟子，尉赀二甲，免。"① 这一规定是说县尉私匿壮丁包庇弟子逃避兵役，除了赀二甲外，还要受到免职处分。四是"废"，即开除官籍永远不再叙用。它与"免"不同，免除官职的人还可再起用，而"废"了官职的人则永无被重新起用的可能性了。《除吏律》规定："任废官者为吏，赀二甲。"② 任用被"废"的官吏是要受处罚的。

2. 刑事责任

指官吏以职务之便进行犯罪而承担的刑事责任。包含以下三种情况：一是官吏利用职务之便贪污公款，按秦律规定此种行为"与盗同法"③，可见秦代对贪污犯与盗窃犯同样论罪。二是官吏利用职权进行内外勾结，与他人合伙骗取国家的赏金和赐爵。《捕盗律》规定："捕人相移以受爵者，耐。"④ 意思是说把所捕的人转交给他人，以骗取爵位的，处以耐刑。三是官吏玩忽职守而给国家利益带来损害。《秦律杂抄》中抄录了一条军法，称"大夫"的本职任务是指挥作战，若在战场上为谋私利而斩敌首以图受爵，放弃自己的指挥责任，则对其处以"迁"刑。

（三）官吏的考核

1. 上计法

"上计"的内容主要是经济活动方面的情况，一般由县及相当于县级的都官向中央有关部门进行书面汇报。中央有关部门在对其汇报内容核实后决定有关官吏的奖惩。如秦简《仓律》规定："县上食者籍及它费大（太）仓，与计偕。都官以计时雠食者籍。"意思是说，各县向太仓上报领取口粮人员的名籍和其他费用，应与每年的账簿同时缴送。都官应在每年结账时核对领取口粮人员的名籍。《金布律》规定："已禀衣，有余褐十以上，输大内，与计偕。"⑤ 意谓发放过衣服后，剩余褐衣10件以上，应送交大内，与每年的账簿同时缴送。

2. 考课法

"考课"即对官吏定期进行考核，并依考核的结果进行奖惩。除了县级政权对下属官吏进行考核外，中央政权就县级及相当于县级的"都官"向中央

---

① 《睡虎地秦墓竹简》，文物出版社1978年版，第131页。
② 《睡虎地秦墓竹简》，文物出版社1978年版，第127页。
③ 《睡虎地秦墓竹简》，文物出版社1978年版，第165页。
④ 《睡虎地秦墓竹简》，文物出版社1978年版，第147页。
⑤ 《睡虎地秦墓竹简》，文物出版社1978年版，第66页。

汇报的内容（"上计"）进行考核，并以考核后的情况作为对官吏进行升迁赏罚的依据。《睡虎地秦墓竹简》中的《牛羊课》、《除吏律》、《仓律》、《田律》等记载了这方面的内容。

第三节　秦代的刑事法律

一、主要罪名

为维护国家政权，维持社会秩序，秦朝法律规定了诸多罪名。在具体罪名上，秦朝法律有鲜明的特色。

（一）盗窃罪

秦律对盗窃罪处罚很重，据秦简《法律答问》载，对盗采别人桑叶的人，即使其盗窃所得不满一钱，也要罚服三旬的徭役。对盗窃之事知情不报且与盗贼分赃者，即使所得赃物不足一钱，也要与盗窃者同罪论处。对"群盗"处罚尤重，《法律答问》云："五人盗，赃一钱以上，斩左止（趾），又黥以为城旦。"5人盗窃即构成了群盗，即使其合伙盗窃所得仅为一钱，也要被砍去左脚，施以黥刑并服劳役。

（二）贼杀伤罪

荀子曾有"害良曰贼"的说法，"贼"就是危害人身安全的行为。秦律中多有"贼杀人"、"贼伤人"之类的规定，对这类行为处罚较重，而且要求四邻在发现某一家发生贼杀伤之事时要及时救援，否则要负刑事责任。

（三）诽谤罪

讥评皇帝过失的言论便构成诽谤罪。据《史记·高祖本纪》载，刘邦率军攻克咸阳后，对关中父老说："父老苦秦苛法久矣，诽谤者族，偶语者弃市。"可知秦法对诽谤者处罚之重。秦始皇三十五年，侯生、卢生就因批评皇帝"乐以刑杀为威"而被以诽谤罪全部坑杀于咸阳。

（四）不敬皇帝罪

封建帝王具有极高的权威，任何人都不许对这种权威有丝毫的触犯，这就要求臣子不但对皇帝本人极端恭顺，而且对皇帝下达的诏书也绝对不能怠慢，否则便视为对皇帝的不敬，受到法律的严惩。秦简中的《秦律杂抄》载："听命书……不避席立，赀二甲，废。"这里的"命书"即诏书，听诏书传达时，要下席站立，以示对皇帝的恭敬，否则便被罚二甲，并被撤职永远不再起用。

（五）以古非今罪

在秦代，以古代学说非难当今政策的言论便构成以古非今罪。该罪名可以说主要是针对当时的儒家学者而设的,李斯所说的"则各以其学议之,入则心非,出则巷议",① 就是指斥儒家学者妄议秦政,以发泄其不满情绪。按秦法规定,犯以古非今罪者要处以族刑(一人犯罪而全族受株连)。

(六) 非所宜言罪

"非所宜言"即说了不该说的话。这种不该说的话当然是不利于统治者利益的。据《史记·叔孙通列传》载:"陈胜起山东,使者以闻……诸生或言反,或言盗。御史案诸生言反者下吏,非所宜言。"至于"非所宜言"的具体内容是什么,法无明言,这就为封建统治者任意出入人罪提供了方便。

(七) 妄言罪

"妄言"指煽动颠覆国家政权的言论。据《史记·项羽本纪》载,秦始皇游会稽时,项梁与项籍围观,项籍说"彼可取而代也",项梁赶紧掩其口说:"毋妄言,族矣。"可知秦法对妄言罪的处罚是诛族。

二、主要刑名

秦帝国刑罚体制在继承前代刑罚制度的基础上又有所发展,形成了一套包括生命刑、身体刑、劳役刑、财产刑、身份刑、流放刑、耻辱刑在内的刑罚体系,对后世刑制产生了较大影响。

(一) 生命刑

即死刑。秦代执行死刑的方式多达20余种,较有代表性的有族、坑、定杀、具五刑、车裂等。

(二) 身体刑

即所谓"肉刑",是摧残人的肉体的刑罚。秦代继续沿用奴隶制时期的墨(黥)、劓、刖、宫、笞肉刑,并且把肉刑与劳役刑结合起来使用,如黥劓城旦等。

(三) 劳役刑

即强制犯人劳动的刑罚,相当于后世的徒刑。秦代的劳役刑根据男、女的生理特点分别规定不同的刑罚:城旦(男犯)、舂(女犯);鬼薪(男犯)、白粲(女犯);司寇(男犯)、如司寇(女犯);罚作(男犯)、复作(女犯)。

(四) 财产刑

财产刑是剥夺犯人财产的刑罚,秦代的财产刑又分为四种:赀,是判处犯人缴纳财物或以劳役抵偿的刑罚;赎,是允许罪犯以交纳法定的财物代替已经判处的刑罚;"没"是把罪犯的财产由国家强制充公;"收"分为没收财物和

---

① 《史记·秦始皇本纪》。

第四章　秦朝时期的法律制度

没收人口两个方面。

（五）身份刑

身份刑是剥夺犯法者的爵位、官职等政治身份的刑罚，其刑名有"夺爵"、"废"等。

（六）流放刑

流放刑是判处犯人去指定地区（一般是边远地区）服役的刑罚。流放刑的刑名在秦代叫"迁"。秦简《傅律》云："百姓不当老，至老时不用请，敢为诈伪者……皆迁之。"迁似与后世的流刑相近，但流刑重于徒刑，而秦代的迁刑则轻于徒刑（劳役刑）。被处迁刑者，其家属也多随迁，而且当时迁刑尚无路途远近之分。

（七）耻辱刑

耻辱刑是一种带有侮辱性质的刑罚，在秦代主要指髡、耐等象征肉刑的刑罚。据睡虎地秦简中的资料看，"髡"是一种剃去头发和鬓须的刑罚，"耐"是只剃鬓须的刑罚。耻辱刑也常常与劳役刑并用，如"耐为城旦"等。

三、刑法原则

（一）规定刑事责任年龄

秦律规定，未成年人犯罪，免除或减轻刑事责任。秦朝以行为人的身高确定刑事责任承担程度。根据秦律，男子身高不满6尺，为未成年人，即使犯罪，也不承担刑事责任。据解释，身高6尺为年龄15岁。据《睡虎地秦墓竹简》中的《法律答问》记载："甲未盈六尺，有马一匹马，自牧之，食人稼一石，问当论不论？不当论，及偿稼。"又记载，"甲盗牛，盗牛时高六尺，系一岁，复丈，高六尺七寸，问甲何论？当完城旦"。这表明"6尺"的身高在秦代具有重要法律意义，表示是否应负刑事责任。

（二）区分故意与过失，诬告反坐

秦律称故意为"端"，过失为"不端"。秦律区别故意与过失，并给予不同处理。《法律答问》载："甲告乙盗牛若贼伤人，今乙不盗牛、不伤人，问甲可（何）论？端为，为诬人；不端，为告不审。"[①] 意思是甲控告乙盗牛或杀伤人，而乙其实并未盗牛和伤人，在这种情况下，对于甲的处理分两种情况，如果甲的行为是"端"，即是故意所为，即构成诬告罪；如果甲的行为是"不端"，即为控告不实。对于诬告罪，一般以所诬之罪处罚诬告之人，即诬告反坐。诬告罪一般以故意陷害他人为构成要件。如果没有诬陷他人的故意，

---

① 《睡虎地秦墓竹简》，文物出版社1978年版，第169页。

则是"告不审",其处罚要轻于诬告罪。

(三) 减轻原则

犯罪行为人主动消除犯罪后果的,可减免刑罚。秦律规定,管理人犯者让犯人逃脱,必须承担法律责任;但如果自己将脱逃者捕获,或者其亲友协助捕获,可以免罪。①

(四) 加重原则

根据犯罪行为的性质、情节,秦律规定了一些特殊的加重原则,以强化打击对象,对于特殊的社会关系加以重点保护。

1. 集团犯加重

秦简《法律答问》载:"五人盗,赃一钱以上,斩左止,有黥以为城旦;不盈五人,盗过六百六十钱,黥劓以为城旦。"可知在秦代,是以5人以上合伙犯罪构成集团犯罪的。

2. 累犯加重

犯罪被处刑后再犯罪,加重处罚。《睡虎地秦墓竹简》记载,服司寇刑的罪犯再犯盗110钱之罪,即构成累犯。累犯对于社会具有更大社会危害性,因此秦律规定加重处罚。对于上述司寇再犯,秦律规定处"耐为隶臣"或"赀二甲"的处罚。②

(五) 实行连坐

秦朝全面实行连坐制度。连坐指本人未实施犯罪行为,但因与犯罪者某种关系而受牵连入罪。连坐制度实施的理论依据主要有两点。第一,特定关系人共同承担相互监管责任,承担连带责任;第二,通过扩大惩罚范围,加强对行为人的威慑力,以阻止其犯罪。③ 商鞅变法时,为打击犯罪,强化刑罚的威慑作用,广泛实施连坐。秦帝国建立后,延续连坐制度。秦朝的连坐制度涉及同居连坐、什伍连坐、职官连坐等。

同居连坐,指家庭成员之间的连坐。秦朝法律对于一些重大犯罪均有连坐的规定。秦简《法律答问》载:"盗及诸它罪,同居所当坐。何为'同居',户为同居。"④

---

① 《睡虎地秦墓竹简·法律答问》:"将司人而亡,能自捕及亲所知为捕,除无罪。"
② 《睡虎地秦墓竹简·法律答问》:"司寇盗百一十钱,先自告,可(何)论?当耐为隶臣,或曰赀二甲。"
③ 《史记·孝文本纪》:"民不能自治,故为法以禁之。相坐坐收,所以累其心,使重犯法。"
④ 《睡虎地秦墓竹简·法律答问》。

什伍连坐，又称邻里连坐，秦实行邻里什伍制，同地居住的居民编成组织，五户为"伍"，十伍为"什"。同伍、同什之间，相互监视，并相互之间承担违法、犯罪的纠举责任。商鞅变法，实行什伍连坐，"令民为什伍，而相收司连坐"①，"收司谓相纠发也。一家有罪，而九家连举发，若不纠举，则十家连坐"。②

职官连坐，指官员因职务犯罪，而在处罚行为的同时，对于与行为人具有一定职务关系的官员给予处罚。例如，尉计、尉官吏犯罪，其上级主官令、丞也承担刑事责任。③ 官吏举荐其他人为官，如果被举荐人失职、犯罪，原举荐人也承担刑事责任。④

第四节　秦代的民事、经济法规

一、主要民事制度

（一）所有权

所有权在秦代民事法律关系中占有重要地位，它主要指官私土地及其他官私财产的所有权。秦始皇时推行"使黔首自实田"的政策，允许农民自行垦占土地，土地私有制被正式法定化。在此之前，就土地所有权而言，主要是土地国有制。从睡虎地秦简看，秦律对官私土地所有权均加以保护。《法律答问》中就记载了秦律"盗徙封"的罪名，即私移动田界是侵犯他人土地所有权的行为，依律当处耐刑。另外，秦律对其他官私财产所有权也严加维护，如对偷盗罪惩罚尤厉。关于债权，秦代分为国家债权和私人债权两种。国家债权主要因赋税、赀罚、损坏或丢失公物等情况发生，私人债权主要因契约、侵权行为、损害赔偿等情况而发生。

（二）婚姻与家庭关系

从秦简的内容看，秦律对男女结婚及离婚等事项均有规定。结婚只有经官方登记认可，才能受到法律的保护。据《法律答问》载，某妻私自逃离家庭，如果她与其夫的婚姻关系曾经官方认可，那就对她依律论罪，否则不加论处。离婚亦需经官方批准，否则构成"弃妻不书"罪。《法律答问》称男女私自离

---

① 《史记·商君列传》。
② 《史记·商君列传·索引》。
③ 《睡虎地秦墓竹简·效律》："尉计及尉官吏即有劾，其令、丞坐之，如它官然。"
④ 《史记·范雎列传》："秦之法，任人而所任不善者，各以其罪罪之。"

婚而未向官府报告者，即犯了"弃妻不书"罪，双方均被罚二甲。另外，秦律还规定禁止"娶人亡妻"，娶人逃亡之妻要被处以黥刑；又禁止"弃子而嫁"，寡妇抛弃子女改嫁他人是一种违法行为。秦律还规定，丈夫不得伤害妻子，否则即属违法。《法律答问》就有一条丈夫因殴伤妻子而被判处耐刑的记载。同时，秦律允许妻子揭发、控告丈夫的犯罪行为，如《法律答问》载，妻子向官府主动告发其犯罪的丈夫，便不会被籍没为官奴婢，其陪嫁的衣服、器物及奴婢等也不会被没收。这说明，秦律对夫权有所限制，对妻子的权利则有所保护。

二、主要经济制度

秦代的经济法规颇多，从睡虎地秦墓竹简中可发现大量的经济法规。如《工律》、《田律》、《仓律》、《关市律》、《金布律》、《工人程》、《关市律》、《效律》、《司空律》等。其内容涉及农业、工业、商业及自然资源保护等各个方面。

（一）有关农业生产管理的规定

根据秦律《田律》的记载，秦代统治者注意采取各种措施发展农业生产，并且要求各级官吏须及时了解农业生产的各方面情况。例如，下了及时雨和谷物抽穗后，基层官吏应立即向上级书面报告受雨、抽穗的顷数，另外还应向上级报告已经开垦但尚未耕种的田地的顷数。如遇洪涝灾害、旱灾、蝗灾、虫灾及暴风雨等使农作物受害，也要上报受灾顷数。距离近的县，文书由专人快速投递；距离远的县，文书由驿站投递。

据秦简《仓律》规定，地方各县留作种子的麦子入仓时以一万石为一堆，隔以荆篱，并置仓门，由县令与仓库主管人员一起封存。对出入仓库者和检验、保管者要严格按规定的手续办理，若发现粮堆里有小虫应重新倒仓堆积，切勿使粮种有任何腐坏。

（二）有关官营手工业管理的规定

在产品的规格方面，《工律》规定："为器同物者，其大小、长短、广狭亦必等。"这是说，制造同一种类的器物，其大小、长短和宽窄也须相同。此种规定要求产品规格必须一致，从而使产品制造走上了统一化、规范化的道路，对手工业的发展是有益的。另外，秦代还建立了生产责任制度以及产品检查评比制度。产品要按不同规格登记，不可混杂，以便于检查。每年组织一次评比，对评比为下等者进行处罚，连续3年被评为下等者要加倍处罚。

（三）有关市场贸易管理的规定

秦律要求商人出售商品要明码标价。秦律《金布律》规定："有买及卖也，各婴其价。""婴"是系傅的意思，"婴其价"意谓在商品上贴上价签。明码标价对商业经营者起着一定的监督作用。度量衡与市场管理及商品交换关系密切，故秦代统治者从法律上对度量衡的制造和使用规定了严格的监督制度。据《效律》规定："衡石不正，十六两以上，赀官啬夫一甲；不盈十六两至八两，赀一盾。"衡石，指衡制单位"石"。"不正"是不准的意思。制造的衡器不准，主管官吏要受到处罚。上述规定显然有利于商业的健康发展。

（四）有关自然资源保护的规定

从秦简《田律》可以管窥秦代对自然资源的保护。该律规定：春天二月正值树木生长之时，故不得砍伐树木；土地干旱需水浇灌，不得堵塞水道；若非夏季不准取草烧灰，以免影响幼草生长；不许采摘植物的幼芽；不许捕捉幼兽、鸟卵及幼鸟；不许毒杀鱼鳖；不许猎取正在繁殖期的野兽，等等。由此可见，秦人对自然资源保护的认识已达到了较高的水平，他们所采取的保护措施是合乎自然生态规律的。

第五节　秦代的司法制度

一、司法机关

"廷尉"是秦帝国的最高司法审判机关。据《汉书·百官公卿表》颜师古注云："廷，平也，治狱贵平，故以为号。"这便是"廷尉"得名的由来。廷尉属丞相之下的列卿之一，地位颇高，其下设正和左右监等属官，助其办理具体事务。廷尉的主要任务：一是负责审理由皇帝下令审理的案件，二是审理地方移送的重大和疑难案件。其实，在帝制时代，皇帝无疑具有最高的司法审判权，《汉书·刑法志》称秦始皇"昼断狱，夜理书"，说明皇帝兼理司法的封建司法体制在秦代就已确立。在地方上，司法审判由郡守、县令或县长兼理，显示了行政权与司法权不分的制度特色。郡的专职司法官叫"决曹掾"，但司法审判的最终决定权是在郡守那里。县令或县长负责本县的司法审判。对于一般性的案件，郡、县可自行判决；对疑难案件或重大案件，则需移送廷尉。县之下的基层行政组织设三老、啬夫、游徼等乡官，其任务或直接处理民事纠纷，或协助上级部门追捕罪犯、查封罪犯财产，等等。

二、诉讼制度

秦代的诉讼形式已有明确的划分，依据诉讼主体的地位，一般分成两种：一是官吏代表官府对罪犯提起诉讼，相当于今天的公诉；二是当事人直接对罪犯起诉,相当于今天的自诉。秦律有"公室告"和"非公室告"之分。"公室告"是指控告主体对其家庭以外的人所犯的杀伤人、偷窃财物之类行为所提出的控告;"非公室告"是指控告主体对其家庭内部的犯罪行为向官府提出的控告,对此种控告,官府不予受理。又据《封诊式》记载,地方上的里典在司法机关决定受理案件时,必须把被告的姓名、身份、籍贯及有无前科等写成书面的东西,向上级机关报告。县一级的司法机关在受理案件后,往往派人到案发地调查或勘验,然后写出调查或勘验笔录("爰书")。另外,若有必要还进行"封守",即查封罪犯的财产,看守其家属,并把封守的详细情况作成笔录,向县级司法机关汇报。

三、审判制度

在审判程序上,秦代的司法机关一般采取如下步骤:首先,听取当事人的口供,并加以笔录,即所谓"必先尽听其言而书之"。而且要求受审者各自陈述,即使明知其撒谎也不要马上诘问。其次,就受审者口供的自相矛盾之处及含混不清之处提出讯问,并将其辩解之言予以记录。最后,对多次改变口供、态度不老实者要施以刑讯。在审讯过程完结之后,作出判决,并宣读判决书("读鞫")。审判之后,受审者若认罪服法,则按判决执行;若其喊冤,可提出再审的请求("乞鞫")。再审的请求可由当事人自己提出,也可由他人代为提出。

延伸阅读

出土秦简概述

1. 睡虎地秦简概述

1975年12月,一项重大考古发掘,震动了中国法制史学界乃至西方的汉学界:在湖北省云梦县睡虎地第11号墓中,首次发现秦简。

该墓是个小型的木椁墓,随葬有青铜器、漆器、陶器等70余件。秦简原藏于棺内,遍布人骨架头部、腹部、足部周围,保存基本完好。简长23.1~27.8厘米,宽0.5~0.8厘米,用细绳分上、中、下三道编连成册。出土时,编缀的绳子已朽没,次序散乱。出土后,经科学保护、整理拼缀,共得简1155支(另有残片80片)。简文系多人以墨书秦隶而成,字迹清晰,有的写于战国晚期,有的写于秦始皇时期。因此这批秦简所反映的时代是战国晚期到秦始皇时期。经"睡虎地秦墓竹简整理小组"整理编纂,其内容共分为10种,即《编年记》、《语书》、《秦律十八种》、《效律》、《秦律杂抄》、《法律答问》、《封诊式》、《为吏之道》和《日书》(甲、乙种)。其中,《语书》、《效律》、《封诊式》和《日书》(乙种)四种,为简上原来有书题;其余各书

第四章 秦朝时期的法律制度

题,均是整理小组拟定的。

《编年记》简共有53支,发现于墓主人的头下;其逐年记述了从秦昭王元年(公元前306年)到始皇三十年(公元前217年)之间的大事,同时记载了一个名叫"喜"的生平及有关事项,有点类似后世的年谱。从简文及墓中人骨架鉴定推断,曾任狱吏的"喜",很可能就是墓主人。可以说,《编年记》是继西晋太康年间(3世纪)《竹书纪年》之后出土的又一部战国编年史,其所记载的史实,很多可与《史记》等文献相印证,有些记载比《史记》的记载更详细,甚至是传世文献中所没有的。

《语书》简共有14支,发现于墓主人的腹下部,在其右手下面。其中,前8支简是秦王政(始皇)二十年(公元前227年)南郡守腾颁发给其所属县、道啬夫的文告,后6支简是南郡守腾命其所属各县书曹对吏实行考绩,可能是文告的附件。南郡是秦昭王二十九年(公元前278年)在原楚国都城郢(今湖北江陵)一带所设立的。从简文的内容可知,秦在南郡已经统治了半个世纪,但当地的楚民"各有乡俗",并不遵守秦法,反映了当时政治、军事斗争的复杂和激烈,是一篇极其珍贵的法律史料。

秦的法律文书包括:《秦律十八种》、《效律》、《秦律杂抄》以及《法律答问》、《封诊式》。

《秦律十八种》简共有201支,发现于墓主人躯体右侧。每条律文的末尾都记有律名或律名的简称,具体如下:《田律》、《厩苑律》、《仓律》、《金布律》、《关市》、《工律》、《工人程》、《均工》、《徭律》、《司空》、《军爵律》、《置吏律》、《效》、《传食律》、《行书》、《内史杂》、《尉杂》、《属邦》。但是,其中每一种大约都不是该律的全文,估计抄写人只是按其需要摘录了18种秦律的一部分。

《效律》简共有60支,发现于墓主人的腹下,是一篇首尾完具的律文,详细规定了检验物资账目以及统一度量衡的一系列制度。

《秦律杂抄》简共有41支,发现于墓主人的腹下。简文各条,有的上面有律名,有的上面没有律名,其内容十分庞杂,且大多与军事有关,很可能也是根据需要从秦律中摘录的一部分律文。其上的律名有11种:《除吏律》、《游士律》、《除弟子律》、《中劳律》、《藏律》、《公车司马律》、《牛羊课》、《傅律》、《敦表律》、《捕盗律》、《戍律》。与《秦律十八种》相比较,没有重复。

以上的《秦律十八种》、《效律》、《秦律杂抄》三种同属一类,因而有学者将之定名为《秦律二十九种》。

《法律答问》共有简210支,发现于墓主人颈部右侧,系采用问答的形式对秦律的主体部分即刑法的若干条文、术语以及律文的意图做出明确的解释，共有187条。简文所引用的秦刑律原文的某些条文的形成年代较早，有的形成于秦称王以前，可能是秦孝公时期商鞅所制定的。

《封诊式》简共有98支，发现于墓主人头部右侧。简文共分为25节，每节第一支简的简首写有小标题。本篇是对官吏审理案件的要求以及对案件进行调查、检验、审讯等程序的文书程式，其中包括了各类案件，以供有关官吏学习，并在处理案件时参照执行。最珍贵的是，其中有历史上最早的关于刑事侦查和法医检验的记载。这比南宋宋慈编撰的法医学专著《洗冤录》要早1500年，堪称世界刑事侦查和法医学著作之最。

《为吏之道》简共有51支，发现于墓主人的腹下。简文分上下五栏书写，是一篇私人杂记。有的内容类似后世封建国家的"官箴"，宣扬官场的治身格言和处世哲学；有的内容类似供学习做官的人使用的识字课本，只是有些地方文意不连贯；有的内容类似《荀子·成相》，以通俗的韵文宣传地主阶级的政治主张。篇末附抄了魏安厘王二十五年（公元前252年）颁布的《户律》和《奔命律》各一条。

《日书》甲种有简166支，乙种有简260支，分别发现于墓主人头部右侧和足下，内容基本相同，都是关于预测吉凶的迷信习俗及月名。其中，甲种《日书》的背面的"盗者"一节载有十二生肖，这是关于十二生肖的最早记载。

睡虎地秦简的释文（《日书》甲、乙种除外），最早发表在1976年《文物》第6、7、8期上。1977年，文物出版社出版了线装大字本《睡虎地秦墓竹简》；1978年，又出版了平装本《睡虎地秦墓竹简》；1990年，包括全部10种简的照片、释文及注释的精装本《睡虎地秦墓竹简》，也由文物出版社出版。

云梦秦简的出土，在国外汉学界引起了震动。首先做出强烈反映的是日本学者。早在1976年，有关秦简的情况，就在日本学界得以介绍；1977年，又在日本出现了研究秦简的论文；日本学者大庭修先生还提出了"木简学"的概念，并倡议成立"木简研究会"。在欧洲，1977年，Michael Loewe发表了有关秦简的论文；1978年，荷兰汉学家何四维先生也撰写并发表了相关的论文，1985年又出版了秦律的英译及注释本。

2. 龙岗秦简概述

龙岗6号秦墓，位于云梦县城关东南郊、汉丹铁路西侧的秦汉墓地群之中，与位于城关西北郊的睡虎地墓地遥相对应，北距"楚王城遗址"（省重点文物保护单位）南垣约450米，西南与珍珠坡墓地相邻。据其发掘简报，龙

— 97 —

第四章 秦朝时期的法律制度

岗地区原为楚人生活过的地方，后来才沦为墓地。从其墓的形制以及随葬品的种类、数量来看，该墓地墓主的身份均较低，约当庶人，可能多属秦人。总体上要比睡虎地秦汉墓墓主的身份低一点。

1989年10月至12月，为配合当地的工程建设，考古工作者在这里发掘了9座秦汉墓葬。其中，M6墓出土了一批简牍。M6墓是一座小形的长方形土坑竖穴木椁墓，其规模在这批墓中算是中等大小，墓坑口大底小，四壁较光滑平整，未发现明显的挖坑工具痕迹。葬具为一椁一墓，保存较好。出土时，棺内积有淤泥（约占棺之一半），有一具用竹席（朽甚）包裹的人骨架，侧身，头北面西，不见其下肢骨，似为男性。其随葬品，按质地而论是最全的，有陶器、漆木竹器、竹简、木牍等。其中，竹简约有150枚，木牍1件。

竹简出自棺内的足档处，因棺内极有淤泥，发掘时将整个棺底板运返室内，经细心清理，才把竹简从淤泥中分剥出来。竹简保存较差，多残断散乱，原来编联的次序已无法弄清。根据保存完整的简，简长28厘米，宽0.5至0.7厘米，厚0.1厘米。简长约为秦制一尺二寸。

关于竹简原本的形制，原整理者推测，这批竹简"原为一册"，下葬时卷置于棺内。而再整理者认为，"根据所绘棺内竹简分布图，出土编号144号以上的简与143号以下的简明显地分在两处，因此，原来究竟是一册还是两册，似乎不好肯定"。这个问题，尚有待进一步的研究。

简上有上、中、下三道编纶，上、下编的编绳各自在距简头、简尾一厘米许处，编绳疑为丝质，简侧有契口以固定编绳。再整理者"根据中编绳处上下两字之间多留有较大的空隙来判断，这批竹简可能是先编联成册而后书写的。原整理者看到有的编绳压在简文上，便据此推断'竹简系先写文字，后结编纶'，是不对的。出现编绳压住简文的情形，是由于编绳系得不紧（或原来系紧，后来又松了），竹简滑动而造成的。而且这批简数量不少，简背又没有写编号，先书写后编联，无疑会带来许多麻烦，因此通常不会使用这种办法"。

简文墨书秦隶，书于简的篾黄一面上，篾青一面曾加修治，但未写字。整简可达24字。由于保存的问题，一般而言，简上半部字迹大多较清楚，下半部则残损严重，多漫漶甚或朽穿而无法辨认。其书写风格比较统一，字的笔画一律由左向右倾斜，字形较长大，结构布局甚有章法，笔道劲快，是很成熟的秦代隶书，但不少写法颇具草意，应当系一人所书写。

1990年初，龙岗6号墓地出土秦简的消息即被报导。很快，其发掘简报就附录了数量有限的部分图版（图版四）及其释文；与此同时，其发掘者和整理者又专门撰写了有关龙岗秦简的综述，将全部简文分为禁苑、驰道、马牛羊、田赢、其他五类，披露了有关简文的释文。1994年，在正式发掘报告中，发表其全部简文照片、释文及其考释。

1997年，科学出版社出版刘信芳、梁柱编著《云梦龙岗秦简》，在原报道的基础上，吸收有关讨论的成果，订正失误，公布图版及其释文，并增加简文的摹本和检索。2001年，中华书局出版中国文物研究所、湖北省文物考古研究所编《龙岗秦简》，这是对龙岗秦简进行"再整理"的最终成果，包括6号秦墓与出土简牍概述、照片、摹本及其释文、注释、校证，并附录相关问题争论的论文。以上二书，后者晚出转精，较前者为善。

关于龙岗秦简的时代，原整理者认为，"主要法律条文行用于秦始皇二十七年（前220年）至秦二世三年（公元前207年）"，其时代比睡虎地秦简稍晚。再整理者认为，由于法律具有相对的稳定性，似乎不好将龙岗律文的上限定死，但是将其下限定在秦二世三年大致是正确的。综合这两种意见，龙岗律文成文年代，当在公元前207年以前，可能施行于战国晚期的秦国和整个秦朝。总体上看，比睡虎地秦简所见的秦律稍晚一些。

关于M6号墓的墓葬年代，学界有不同的认识。原整理者提出，其墓葬的年代比律文颁布的年代为晚，初步定在秦代（或秦末）。而再整理者则认为，应从木牍所载日期"九月丙申"入手讨论，在五种相适合的年代中，可能是秦二世二年或汉高祖三年，而且后者的可能性似乎更大。可以断定，龙岗六号墓的年代应为秦二世二年9月后至汉三年9月后，是一座秦汉之交的墓葬。比较两说，原发掘者和整理者所提出的墓葬年代在秦末的意见，值得认真考虑，因为这是从整个墓地包括其墓的形制、陶器形制的特点等方面所进行的综合判断，具有更强的说服力。如此，则木牍所载"九月丙申"，应是秦始皇三十七年或秦二世二年，前者的可能性更大。这是"辟死"由城旦刑徒免为庶人的时间，不是其死亡的时间。从律文成文的下限推测，其死亡的时间可能是在秦二世三年，并在该年下葬。

关于龙岗秦简的性质，可以确定为秦代法律文书的抄本。但是，可能由于严重残损的缘故，现存竹简上未发现一个律名。原整理者曾将其内容分为五大类，试拟篇题为《禁苑》、《驰道》、《马牛羊》、《田赢》、《其他》。而再整理者认为，其中心只有一个即"禁苑"，大致可分为三类：一是直接涉及禁苑者，二是间接与禁苑有关者，三是可能与禁苑事务相关者。不过，秦律是否有"禁苑律"之律名，从目前所掌握的史料看，尚不得而知，当存疑待考。

关于墓主的身份与这批竹简的来历，原整理者认为，该墓主应该是懂法律并有法律条文收执权的人，受刑前为具有一定身份的士，受刑后担任了守卫禁苑的职务。而再整理者则据龙岗秦简的内容推测，这批竹简的主人，即六号墓

第四章 秦朝时期的法律制度

的墓主大概是一位与管理禁苑有关的官吏,可能常常要同与禁苑有关的法律打交道,所以才抄录、汇辑了这些与禁苑有关的法律。较大的可能是,墓主应当就是牍文中所说的辟死,他大概原本就是一位从事司法事务的小吏,后来被治罪判刑,成为刑徒,在云梦禁苑服役做城旦。再后来他可能又在从事云梦禁苑的管理工作,墓中写有法律令文的竹简,正是他日常所用之物。刘钊认为,"辟死"就是墓主,木牍所述案件即其亲身经历。墓中所出法律方面的竹简即墓主平时所用,但是由此即断定墓主就是管理禁苑、驰道、田租事务的官吏似嫌证据不足。因为当时所有官吏平时都要熟悉法律,许多律文就是他们的当官"手册",需要随时参照,所以在墓中出现这些法律文书非常正常。

3. 里耶秦简概述

里耶战国——秦古城遗址,位于湖南省龙山县里耶镇里耶学校之下,沅水主要支流酉水岸边,东南距自治州首府吉首124公里。

1996年,湘西土家族苗族自治州文物处文物调查时发现。2002年4月,因修建省重点工程碗米坡水电站,而对其淹没区内的古城址进行抢救性发掘。

2002年6月初,在该古城遗址一号井(始建于战国末年,废弃于秦末)中,出土了约2万枚秦简。起初,发掘者推测,"这是当时官府留下的档案文书,记录的是秦始皇统一中国前后迁陵县发生的事情"。

后来,据其发掘简报,可知这批秦简共计约有36000余支。这批简牍是当时的官署档案,其"埋藏应是秦末动乱之时,政务不修,以致随意弃置于水井之中"。均为墨书,木质,形式多样,最多见的长度为23厘米,宽度不一,由其内容多少决定。一般一简一事,构成一完整公文。两道编绳或无编绳,系书写后再编联。

里耶秦简,属于秦时县一级政府的部分档案,其内容包括政令、各级政府之间的往来公文、司法文书、吏员簿、物资(含罚没财产)登记和转运、里程书。综合考古发掘中其他资料的时代特征,及简文中的纪年,这批简牍当是秦王政二十五年至秦二世二年时的遗物。

2003年初,其发掘者已将极小部分简牍的图版、释文以及注释,分别公布在《文物》2003年第1期和《中国历史文物》2003年第1期。

目前,里耶秦简正在整理过程之中。所公布的只是其中极少部分。但是,已有学者对其进行了初步的研究。进一步了解和研究有关"隶臣妾"的所有简文,或许仍有待于其全部简牍的公布。不过,从已公布的简牍来看,这36000余支简,系官府档案,其格式较单一,内容重复的也比较多。因此,需待其全部公布之后,才能充分利用这批资料。

第四章 秦朝时期的法律制度

本章习题

一、选择题

1. 赀刑是秦朝的独立刑种，具体刑罚中不包括（　　）
A. 赀甲　　　B. 赀赎　　　C. 赀盾　　　D. 赀徭役

2. 秦律称为非"公室告"的罪名不包括（　　）
A. 子盗父母　B. 父母擅刑　C. 髡子　　　D. 偷盗

3. 秦代规定的耻辱刑有（　　）
A. 舂　　　B. 耐　　　C. 完　　　D. 髡　　　E. 候

二、案例思考题

1. 案件史料："夫盗千钱，妻所匿，三百，可（何），以论妻？妻智（知）夫盗而匿之，当以三百论为盗；不智（知），为收。"（《法律答问》）

案情今译：丈夫盗窃一千钱，其中有三百钱为妻子收藏，应该如何处罚妻子？如果妻子知道丈夫盗窃，则对妻子以盗窃三百钱论处；如果妻子不知情，则将妻子没入官府（为奴）。

试分析本案。

2. 案情史料：

案例（1）"甲盗牛，盗牛时高六尺，系一岁，复丈，高六尺七寸，问甲当（何）论？当完城旦。"（《法律答问》）

案例（2）"甲小未及六尺，有马一匹自牧之，今马为人败，食人稼一石，问当论不当？不当论及赏（偿）稼。"（《法律答问》）

案例（3）"甲谋遣乙盗杀人，受分十钱，问乙高未盈六尺，甲可（何）论？当磔。"（《法律答问》）

案例（4）"女子甲为人妻，去亡，得及自由，小未盈六尺，当论不当？已官，当论；未官，不当论。"（《法律答问》）

案情今译：

案例（1）甲因偷牛犯罪，他偷牛时身高六尺，在被关押一年后（对甲定罪量刑时）再量甲的身高，甲长到了六尺七寸，对甲应判处完城旦。

案例（2）甲年龄尚小，身高不及六尺，他有一匹马并自己放牧，该马被别人惊吓而吃他人的禾稼，判处甲不必赔偿禾稼。

案例（3）甲教唆乙盗窃杀人，甲得到赃款十钱，乙身高不到六尺（乙未

— 101 —

第四章 秦朝时期的法律制度

成年），甲被判处磔刑。

案例（4）女子甲为人妻，她逃离夫家，甲年龄尚小，身高不到六尺，如果甲的婚姻是官方认可的，甲应受处罚；如果甲的婚姻未经官方认可，则甲可免予处罚。

试评析上述案例。

3. 案件史料："甲谋遣乙盗。一日，乙且往盗，未到，得，皆赎黥。"（《法律答问》）

案情今译：甲指示乙盗窃，某日，乙去盗窃，但是没有盗窃成功，甲乙两人被逮捕后，被判处赎黥。秦律所见，庶人犯盗窃罪皆判刑，未见赎者。所以本案处罚较一般盗窃犯轻。

问：（1）本案反映了秦代刑罚的哪一个原则？

（2）与现代刑罚相比，本案明显较重，盗窃未遂仍处赎黥刑，这反映了秦代法制的指导思想如何？

第五章 汉朝时期的法律制度

【重点提示】
汉朝立法思想的变化；
汉朝的立法概况及立法成果；
汉朝的主要法律形式；
汉朝法律开始儒家化的表现。

公元前207年，残暴苛刻的秦王朝终于在农民起义的硝烟中土崩瓦解。随之而来的是新一轮的诸侯争霸。经过四五年的楚汉战争，刘邦于公元前202年战胜了项羽，建立了新王朝，定都长安，国号"汉"，史称"西汉"。西汉末年，社会矛盾趋于尖锐，外戚王莽趁机作乱称帝，建立了"新"朝。短命的新朝在王莽富有理想色彩的改革中不断陷入泥淖，并于公元24年覆灭。公元25年，刘秀称帝，定都洛阳，又得以延续汉朝的龙脉，这就是"东汉"。东汉的统治持续了将近200年，公元184年的黄巾大起义加速了东汉王朝崩溃的步伐，在公元220年东汉终于为权臣曹丕建立的魏国所代替。

两汉400年间，我国封建法制获得了重大发展，而这又是两汉中央集权政治不断强化的反映。在政治方面，中央集权的专制政治体制得到了进一步的加强。中央政府同秦朝一样，设丞相、太尉、御史大夫与诸卿。但东汉时期出现了尚书台制度，削弱了丞相和诸卿的权力。在地方，西汉初期实行郡国并行制，在汉景帝平定"七国之乱"后，改行郡县制。东汉时，出现了州、郡、县三级制。在经济方面，广泛使用铁制农具和牛耕，生产力有了很大提高。在思想文化方面，汉惠帝废除《挟书律》之后，学术思想趋于活跃，特别是在经学上有很大的发展，这对我国古代法学尤其是律学产生了深远的影响。

第五章 汉朝时期的法律制度

第一节 汉代法律指导思想的变化

一、汉初的立法思想

公元前202年，刘邦建立了我国历史上第二个大一统的封建王朝——汉朝。汉朝的建立，是对秦朝末年黑暗政治的一个否定。秦末以严刑酷法行其暴政，以苛捐杂税刮尽民财，导致人民忍无可忍，揭竿而起，最终促成秦朝的垮台。刘邦的汉帝国就是建立在秦帝国的废墟之上的。长期的战乱，留给汉帝国的是一派凋敝的社会景象，生产力受到严重破坏，国库空虚，人口大减，百姓流离失所。在这种形势下，如何恢复生产、稳定社会、巩固统治等，已成为汉初统治者所面临的紧迫的课题。他们总结了秦朝灭亡的教训，认识到轻徭薄赋、省减刑罚、让人民休养生息乃是争取民心、使社会安定和经济发展的必要措施，而要推行这种政策，又应该有相应的理论做指导。这样，道家的"无为而治"理论也就顺理成章地担负了其历史使命，成为汉初统治者治国的指导思想。

汉初被推崇的道家之学是黄老之学，黄老学派是道家中的一个支派。"黄老"是黄帝和老子的简称。黄帝之学的代表作久已亡佚，但1973年在湖南长沙马王堆汉墓出土了《经法》、《十六经》、《称》和《道原》四种古佚书，学者考证这便是《汉书·艺文志》所记载的《黄帝四经》，是"黄帝之学"的代表作。黄老学派在思想上兼综道家与法家学说，主张治国应德刑并用，但须以德为主，先德后刑，刑罚要轻缓，法令要省减，反映了一种重德轻刑的倾向。重德轻刑是"无为而治"的一种表现，汉初统治者采取这一原则治国，正是在吸取了暴秦酷法虐民而灭亡的教训后所做出的正确选择。汉初黄老学派的代表人物有陆贾、刘安等人，曹参、汉文帝、窦皇后、吕后、陈平等人也笃好黄老之学。陆贾鉴于秦朝"举措暴政而用刑太极"的教训，著《新语》一书，其中有一篇《无为》，专门阐述"道莫大于无为"的道理，要求当时的统治者推行无为之治。陆贾说："设刑者不厌轻，为德者不厌重，行罚者不患薄，布赏者不患厚。"这种重德轻刑的思想正是无为而治理论的主要内容之一。淮南王刘安主持撰写的《淮南子》也阐明了无为而治的思想，要求统治者效法"道"的无为性格，"省事"、"节欲"，在政治上"反于无为"，以德为主，以刑为辅，就可取得民心，使社会安定，天下大治，即所谓"无为而无不为"、"无治而无不治"。

从史籍中的有关记载看，汉初统治者受黄老学派无为而治思想的影响，在政治上贯彻了重德轻刑的原则,在一定程度上做到宽简刑罚、削除繁苛。《汉书·刑法志》称汉惠帝、吕后当政时期"衣食滋殖,刑罚用稀",汉文帝时"风流笃厚,禁网疏阔"、"刑罚大省"等,从而稳定了民心,也巩固了汉初的封建统治。"无为而治"理论的另一项内容就是"与民休息"①,即政府尽量不干预百姓的生产和生活,减轻剥削和压迫,让百姓能够在一个相对平静的社会环境中休养生息。这也就是所谓"填以无为,从民之欲,而不扰乱"②的意思。汉初统治者为了挽救陷以崩溃的社会经济,不得不采取与民休息的政策,轻徭薄赋,减轻对人民的剥削。据《汉书·食货志》记载,汉初的田赋、租税较秦明显为轻,国家规定的田租一般在"十五税一"或"三十税一"之间(即 1/15 或 1/30),汉文帝还曾免除过 1 年的租税。另外,当时在征发徭役方面也有一定的节制,如惠帝时修建长安城均利用农闲时间,这样可以不误农时,对农业生产有利。总之,汉初统治者为巩固其统治,采纳了道家黄老学派"无为而治"的理论,在政治上约法省禁、以德化民,在经济上轻徭薄赋、与民休息,从而为当时政局的稳定、经济的恢复起了积极的作用。

二、西汉中期立法思想的儒家化

在西汉初年的意识形态领域,黄老之学占主导地位。统治者通过采纳黄老之学中"无为而治"的理论确实收到了显著的效果:政治稳定了,经济发展了,国力增强了。但随着时间的推移,这种"无为而治"的统治方式也带来了一些弊端。就对内政策来说,由于统治者放松了对农民的控制,导致不少农民为逃避赋税而脱离户籍,成为"亡人",这对汉政府的财政基础构成了直接威胁;另外,中央对地方的管束不严,造成地方势力扩大,割据一方,有与中央分庭抗礼之势,直接威胁到中央政府的安全。就对外政策而言,汉初对崛起漠北的匈奴一味妥协退让,企求平安,导致匈奴步步紧逼,汉帝国外患日重。这就要求统治者调整政策,以解决时弊。当然,应当看到,文景之后的统治者之所以放弃"无为而治"的政策,最根本的原因还是这种政策与当时统治者日益增长的加强大一统的中央集权的愿望相悖。而儒家学说则适应了这一需要,这不仅是因为儒家学说中凝聚着历代统治阶级的政治经验,而且更因为儒家宣扬的大一统理论及宗法等级制理论对加强中央集权、抑制统治集团内部的离心倾向、巩固社会秩序等非常有利。故其取代黄老之学而成为官方哲学是历史的必然。

---

① 《汉书·景帝纪》。
② 《汉书·刑法志》。

第五章 汉朝时期的法律制度

独尊儒术,始于汉武帝时期。汉武帝虽然是在黄老之学盛行的气氛中长大的,但他又受到了儒家思想的深刻影响,这与其老师卫绾的教育分不开。卫绾是一名儒生,汉武帝继位后,他深受武帝的信任,被任命为丞相。就在武帝刚刚继位之时,卫绾就上奏曰:"……治申、商、韩非、苏秦、张仪之言,乱国政,请皆罢。"① 申商韩是法家,苏张是纵横家,取缔这两家意味着提高儒学的地位,这为后来的"罢黜百家"开了一个头。儒学地位的提升必然与当时作为官方哲学的黄老之学发生冲突,而此时尚在摄政的窦太后笃信黄、老,故儒家不可能获得官学之位。窦太后死后,儒家学说才逐渐成为官方哲学。儒学大师董仲舒在这一过程中起了重要作用,他在上奏汉武帝的"天人三策"中曾提出:"诸不在六艺之科、孔子之术者,皆绝其道,勿使并进。"② 这便是被后世史学家所称的"罢黜百家,独尊儒术",该建议被汉武帝采纳。需要指出的是,儒学在汉武帝时期虽然获得官学的地位,但确切地说这种地位还是形式上的,实际上武帝治国更重法家那一套,他所倚重的大臣如张汤等也是法家人物,这也就是为司马迁所讽刺的"内多欲而外施仁义",即后世所谓"阳儒阴法"。此种现象一直持续到宣帝时期。据《汉书·元帝纪》记载,元帝少时颇好儒学,一次曾当面向宣帝提议重用儒生,宣帝斥责道:汉朝的惯例是"王道"和"霸道"杂用,而你怎么偏爱用儒生呢?看来,你必是破坏我汉朝制度的人了。这一预言确实言中,汉元帝继位后,"颇改宣帝之政",废除了代表法家学说的"霸道",而专任代表儒家学说的"王道"了,成了汉代第一位"好儒术文辞"③ 的皇帝。至此,儒学才在实质上获得了独尊的地位,而"罢黜百家"的过程也最终完成了。

第二节 两汉的主要立法及法律形式

一、主要立法活动

汉承秦制,汉代法制主要是在秦律的基础上建立和发展起来的,这一点也可以从湖北江陵张家山 M247 号汉墓中出土的《二年律令》获得证实。当然,由于汉代的政治经济形势的变化,汉律也经历着演变。从现有史籍来看,汉代主要立法活动经历了三个时期。

---

① 《汉书·武帝纪》。
② 《汉书·董仲舒传》。
③ 《汉书·匡衡传》。

第五章 汉朝时期的法律制度

（一）西汉初期的立法活动

刘邦攻入秦都咸阳之后，为了争取民心，就宣布废除秦朝苛法并与关中父老"约法三章"："杀人者死，伤及盗抵罪。"① 这可以说是汉代立法的初始。刘邦的举措使秦法大为减省，颇得民心，"兆民大悦"。但是随着汉代政治经济形势的发展，简单的"约法三章"无法维持统一大帝国的秩序，所谓"三章之法，不足以御奸"②。于是，丞相萧何受命制定新法典，此即著名的《九章律》。《九章律》是在李悝《法经》六篇的基础上，直接承袭删改秦律并增加兴、厩、户三篇而成。长期以来，学界一直主张兴、厩、户三篇系萧何创立，但事实并非如此。《睡虎地秦墓竹简·为吏之道》末尾抄有两条魏国律文，其一即为魏安釐王二十五年（公元前252年）《魏户律》；而《秦律十八种》则有《厩苑律》之律名。这些表明户、厩两篇于萧何定律前就已存在。至于兴律是否出现于《九章律》之前还要靠新出土的文物来印证。另外，1983年在湖北江陵张家山M247号墓种发现的《二年律令》包含了28种律名③，其中就有《九章律》中除《囚律》、《厩律》之外的所有律名，这就表明汉初律典问题远没有史书记载的那么简单。当然，《二年律令》与《九章律》的关系还有待于进一步的考证和研究。

刘邦集团在法律上的成果并不仅有《九章律》一项，而且还对《九章律》的内容未能涉及者做出了补充。《汉书·高帝纪下》载："初，顺民心，作三章之约。天下既定，命萧何次律令，韩信申军法，张苍定章程，叔孙通制礼仪。"叔孙通原为秦博士，他所制定的《傍章律》十八篇是一部有关朝仪的专门法律。之所以以"傍章"为名，是因为它与律令同录而有依傍于律令之意，如《汉书·礼乐志》所说："叔孙通所撰礼仪，于律令同录，藏于理官。"

（二）武帝及西汉中后期的立法活动

汉高祖之后，由于惠、文、景诸帝均恭行黄老，因此并未进行大规模立法活动。至武帝即位以后，对内封建剥削加剧，对外则屡次征讨匈奴，结果导致"百姓贫耗，穷民犯法，酷吏击断，奸轨不胜"④ 的严峻形势。为了稳定社会秩序，武帝重用酷吏张汤、赵禹等人进行大规模立法活动，其中最重要的成果就是张汤主持制定的《越宫律》二十七篇和赵禹主持制定的《朝律》六篇。前者涉及宫廷警卫方面的内容，而后者则主要涉及朝贺制度方面的内容。这两

---

① 《汉书·高帝纪上》。
② 《汉书·刑法志》。
③ 参见张晋藩主编：《中国法制通史》第2卷，法律出版社1999年版，第242页。
④ 《汉书·刑法志》。

第五章　汉朝时期的法律制度

部法典与《九章律》、《傍章律》一起型塑了汉律的主体部分，此即所谓"汉律六十篇"。不过，武帝的法律功业尚不限于此，在他在位时期还出现了贬抑诸侯王国官吏政治权利的《左官律》、禁止中央官员与诸侯王交通的《附益法》、强化官吏法律责任的《见知故纵、监临部主法》以及督责主管官吏缉捕盗贼的《沈命法》等。至此，汉律获得了极大的扩充，据《汉书·刑法志》载：当时共有律令359章，大辟409条1882事，死罪决事比13472事，以至于"文书盈于几阁，典者不能遍睹"。这种状况一直持续到西汉末年。

（三）东汉时期的立法活动

刘秀建立东汉之后就开始废除王莽之苛法，并沿袭西汉的《九章律》。东汉虽然继承了汉律，但也经历了自己的艰辛发展历程。首先，光武帝刘秀有感于农民起义的威力，同时为了恢复社会生产力，就多次颁布释奴法令，他正是中国历史上第一个大批解放奴隶的皇帝。除此之外，光武帝还多次颁布减刑的诏令，这种举措当然也对缓和阶级矛盾、促进社会发展产生了积极影响。其次，虽然光武帝废除了王莽的新法，但是他所恢复的"汉世之轻法"仍相当严猛苛刻。章帝时期，尚书陈宠就曾对汉律进行过删改。而在陈宠上任廷尉后，再次删改律令，但这次较具规模的修改未及施行他本人就因涉罪而被免职。最后，汉献帝建安元年（公元105年），太山太守应邵又对汉律进行了整理。他将律令删定为《汉仪》，其内容包括《律本章句》、《尚书旧事》、《廷尉扱令》、《司徒都目》、《春秋决狱》、《决事比例》、《五曹诏书》共250篇。这也是东汉最后一次立法活动。

综上所述，汉律经历了一个由简至繁的发展过程，这个过程的每一步都意味着汉律自身的改革。

二、主要法律形式

汉代的主要法律形式有如下数种：

（一）律

律是较为稳定的法律形式，也是汉代最基本、最主要的法律形式。汉律既包括综合性的法典，也包括各种专门法规。如关于抑制官吏私自提高品级待遇的《尚方律》、关于对地方官进行考核的《上计律》、关于铸钱的《钱律》、关于宗庙祭祀与任官仪式的《大乐律》以及《尉律》等。另外，尚有与"律"的性质相近的专门法，如《沈命法》、《相坐法》等。

（二）令

令是指皇帝颁布的诏令。令不仅是律的重要补充，而且在那个"法自君出"的时代，令无疑具有更大的权威，它甚至可以取消、代替律的规定成为判案断狱、定罪量刑的普适性准则。汉武帝时，廷尉杜周的话明显指出了这重含义："三尺安在哉？前主所是著为律，后主所是疏为令，当时为是，何古之法乎？"① 不过，由于令经常针对具体事务而发，数量繁多，因此只有经过一定程序而被赋予法律意义的令才能成为判案的普遍依据。一般来说，凡是在皇命结尾附有"具为令"、"著为令"、"议为令"、"议著令"字样或者经皇帝"制可"的令才具有最高的法律效力。

由于汉代的令数量繁多、涉及范围广泛，因此自高祖起到武帝，汉令已有 359 章。至成帝时，更是增至百余万言。于是，汉廷不得不对令加以分类整理，编辑为《令甲》、《令乙》、《令丙》。而汉令的名目也确实说明了汉令的繁杂，如有关皇帝警卫的《宫卫令》、有关府库钱帛的《金布令》、有关监狱管理的《狱令》、有关刑具的《棰令》、有关养马免除徭役的《复马令》等。

（三）科

科有两种含义。一是判处之意，《释名·释典义》："科，课也，课其不如法者，罪责之也。"可见，科具有法律相关性。二是法令条文之意，《后汉书·桓谭传》李贤注："科谓事条。"这里科显然是一种法律形式。科作为弥补律令不足的法律形式，最早源于汉初。高祖时期，萧何就曾制定"大臣宁告之科"。除此之外，目前所见汉科还有"首匿之科"、"亡逃之科"、"异子之科"、"投书弃市之科"等。② 有关科的实际形态，以往由于文献缺乏而不得详知。20 世纪 70 年代出土的居延汉简中的《捕斩匈奴反羌购尝别科》为我们提供了极为珍贵的史料。不过，也有学者主张"科"只不过是寓于律、令、比中的事条项目，而不是独立的法律形式，真正的作为一种独立法律形式的科出现于三国曹魏时期。

（四）比

比指判例，又称"决事比"。《后汉书·桓谭传》注云："比为类例。"显然，"比"是用以判案的典型案例。"比"的形式比较灵活，为司法官吏所乐用，而正是由于"比"的普遍运用使得"比"的数目急剧增加，至武帝时"大辟四百九条，千八百八十二事，死罪决事比万三千四百七二事"。③ 汉代的"比"基本已经佚失，古籍中只有零星记载。20 世纪 80 年代出土于湖北张家山汉墓的竹简中附有《奏谳书》，那就是一部判例集，我们或许能于其中窥得

---

① 《汉书·杜周传》。
② 参见张晋藩主编：《中国法制通史》第 2 卷，法律出版社 1999 年版，第 279～280 页。
③ 《汉书·刑法志》。

汉代"比"之一斑。

（五）《春秋》经

如前所述，汉代司法中常有"引经决狱"的做法。而《春秋》在遇到律无正条或者虽有正条而不合于儒家道德的场合经常被引为判案的依据，这样《春秋》也就具有了法的性质。事实上，《春秋》作为儒家经典之一，它的地位是凌驾于一般律典之上的，否则儒家思想就无法渗入司法实践之中。"春秋决狱"为董仲舒所创，而《汉书·艺文志》亦载《董仲舒治狱》十六篇，《七略》则记为《春秋决狱》，宋代的《崇文书目》记为《春秋决事比》十卷，可见此书宋时尚存，以后便亡佚了。这本书也应被认为是汉代的一种法律渊源，更精确地说当为汉代法律的学理渊源，因为它是得到皇帝首肯的解释《春秋》的著作。此外，如前所述，东汉应邵也著有《春秋断狱》一书，该书也已亡佚。

（六）法律解释著作

法律注释之风起于西汉，盛于东汉。如果法律解释著作得到皇帝的确认，那么它就从非官方解释变成官方解释，从而变为司法审判的依据。例如，东汉时期的大儒郑玄所注释的汉律（称"郑玄章句"）就获皇帝批准，成为汉律的统一注本，司法审判以此为准，故"郑玄章句"便成了当时的一种法律形式。

以上表明汉代的法律形式具有多样性。"律"是汉的常法，具有相对稳定性和普适性。"令"是皇帝随时颁布的诏令，具有极强的针对性和灵活性。它的效力高于"律"，既可弥补"律"的不足，也可代替甚至废除"律"的规定。"科"作为一种法律渊源是律令的补充。"比"则为典型案例，在律无正条时，比即成为司法判决的依据。《春秋》是汉代最高立法原则之所在，从理论上讲当具有凌驾于各种法律渊源之上的最高权威，它是意识形态的具体化。法律注释著作是对"律"的解释，它使儒家精神不断渗入"律"中，而这种解释通常是在得到皇帝认可后获得法律效力的。这些就是汉代诸法律渊源之间错综复杂的关系。

第三节　汉代的刑法制度及刑罚改革

一、西汉初期的刑罚改革

（一）西汉初期刑罚改革的历史背景

中国自战国至秦朝封建制度已经逐步确立，在法律制度上，封建制的法也已经取代了奴隶制的法。但是就刑罚来说，战国和秦朝却依然沿用旧有的奴隶制五刑，只是为了适应形势的需要，又补充增加了许多新的刑罚种类，这样一来，新旧刑罚混杂，层次体系不清，使刑罚制度显得杂乱无章。

改革刑罚制度，特别是废除肉刑的任务历史地落到了汉朝统治者的身上。然而建立在秦帝国废墟上的西汉王朝，在开国之初，面临着重重社会矛盾，政权初建，国基未稳，统治者无暇也无力对刑罚制度做大的变动。经过几十年的休养生息，到了汉文帝和汉景帝时代，汉初的各种社会矛盾已趋于缓和。经济得到了恢复和发展，人民生活比较安定，政权已相当巩固，出现了"文景之治"的政治局面，这才为改革刑制创造了有利的社会条件。而缇萦上书则成为这一改革的直接原因和契机。

汉文帝十三年（公元前167年），齐太仓令淳于公有罪，被解往长安论处，淳于公的小女儿缇萦随同父亲来到长安，为赎免父亲的刑罚，她上书天子，称："妾父为吏，齐中皆称其廉平，今坐法当刑。妾伤夫死者不可复生，刑者不可复属，虽复欲改过自新，其道无由也。妾愿没入为官婢，赎父刑罪，使得自新。"① 汉文帝看后大受感动，为此下诏："盖闻有虞氏之时，画衣冠异章服以为戮，而民弗犯，何治之至也？……今人有过，教未施而刑已加焉，或欲改行为善，而道亡繇至，朕甚怜之。夫刑至断支体，刻肌肤，终身不息，何其刑之楚而不德也！岂称为民父母之意哉其除肉刑，有以易之。及令罪人各以轻重不亡逃，有年而免，具为令。"② 在中国法制史上具有重大意义的以废除肉刑为中心的刑罚改革就这样开始了。在世界法制史上，中国率先废除了原始野蛮的身体残害刑，比欧洲几乎早了两千多年。尤其引人注目的是，触发这场改革的缇萦上书和汉文帝的诏书，都强调刑罚的目的在于使人"改过自新"，认定刑罚的目的应该是教育、教化，并不仅仅是报复、威胁。一个15岁的少女居然也知道刑罚的目的应该使人能够改过自新，即使这是有人捉笔代写的，也足以说明儒家这一思想在当时影响之大。

由于在文帝改革刑罚前，汉统治者就已经采取了一些宽缓刑罚的措施，如吕后废除连坐之法，文帝废除宫刑，到下令废除肉刑时候，汉朝已经"禁网疏阔"，"刑罚大省"，在这种情况下，下令废除肉刑，自然是水到渠成。

（二）西汉初期刑罚改革的主要内容和历史意义

汉文帝时期改革刑制的内容包括：把黥刑改为髡钳城旦舂（去发后颈部系铁圈服苦役五年）；劓刑改为笞三百；斩左趾改为笞五百；斩右趾改为弃市。这样传统的墨、劓、刖等刑罚制度发生了一定的变化。但是这次的改革存在很大的问题，例如改肉刑为笞刑，但笞三百、笞五百往往使受刑者毙命杖

---

① 《史记·孝文本纪第十》。
② 《史记·孝文本纪第十》。

第五章　汉朝时期的法律制度

下。故此，班固在修《后汉书》时称其为"外有轻刑之名，内实杀人。"

在汉景帝继位后，对刑罚制度在文帝的基础上进一步进行了变革。就在他继位的当年，便下诏将取代劓刑的笞三百再次减轻为笞二百；将取代斩左趾的笞五百改为笞三百。景帝中元六年（公元前144年）再次下诏，把笞三百改为笞二百，笞二百减少为笞一百。同年，景帝又颁布了《箠令》，规定具体在执行笞刑的时候的刑具的尺寸、重量、规格。执行笞刑的箠杖以竹制成，杖长五尺，杖头一寸，末梢半寸，皆削平竹节，只能击打受刑人的臀部，且执行中途不得换人。

以残人肢体，刻人肌肤，使人终身不息为特征的肉刑，本是奴隶制的刑罚，文、景废除肉刑，顺应了历史发展的趋势，有利于保护社会生产力。尽管在刑制改革的过程中，局部范围内曾有过一定程度的反复，但毕竟属支流。废除肉刑使我国古代的刑罚手段由野蛮残酷变得较为人道，为顺应历史潮流，满足本阶级对劳动力的需要，扩大剥削对象，创造更多的财富，对罪犯的劳动力价值有了重新评价和认识。改革后的汉朝刑罚，除死刑外，主要是徒刑和笞刑，这就是封建制五刑的形成奠定了基础。因此，文、景改革刑制，是我国古代法制史上具历史意义的事件，是奴隶制五刑向封建制五刑过渡的重要标志。

二、主要罪名

汉代的罪名多继承秦制，但也新增了一些罪名。汉代的罪名比较庞杂，下面择其要者加以述说。

（一）大逆无道罪

该罪或单称"大逆"或单称"无道"（同"不道"），或称"逆不道"，它可溯源至商代的"不吉不迪"罪，"不迪"即不道，是指"不有功于民"、"作乱百姓"等罪行。秦时有"不道"罪，其内涵主要是谋反，汉时继承这一罪名，但内涵急剧膨胀，包括了许多种严重损害封建政权的行为，故在"不道"罪名下有许多小的罪名，主要有以下几种：

1. 祝诅上罪

指妄图通过巫祝以鬼神的力量加害于君主，所谓"以言告祝谓之祝，请神加殃谓之诅"，即言此意。该罪名未见于秦律，当为汉初所创。有关该罪的最早记载见于《汉书·文帝纪》："二年五月，诏民或祝诅上以相约，而后相谩，吏以为大逆……"可见，祝诅上罪是非常严重的犯罪行为，属于大逆无道罪。按汉律，犯大逆无道罪者要判处弃市之刑。

2. 迷国罔上罪

指欺罔君主并给国家利益带来重大危害的行为。犯此罪者往往为朝廷重臣，如《汉书·龚胜传》记载,丞相王嘉被尚书弹劾,称其"言事恣意,迷国罔上,不道"。经过朝廷大员们合议,"皆以为应迷国不道法",结果王嘉下狱死。

3. 左道罪

"左道"即邪道,该罪是指以邪道蛊惑民众的行为。据《汉书·王商传》记载,左将军史丹上奏,称王商"执左道以乱政,为臣不忠,罔上不道",应处死刑。

4. 漏泄省中语罪

"省中"即宫禁之地,该罪是指臣下泄露君主的言语,或泄露臣下上奏于君主的言论。据《汉书·贾捐之传》载,贾捐之"漏泄省中语,罔上不道",而"坐弃市"。可知漏泄省中语即属大逆不道,被处弃市之刑。

5. 赃百万以上罪

该罪也属不道罪。据《汉书·陈汤传》载:"弘农太守张匡,坐赃百万以上,狡猾不道。"把贪污百万以上也列入不道罪,可见当时惩贪力度之强。

6. 诬罔主上罪

该罪是欺骗君主罪。《汉书·李寻传》有"诬罔主上不道",又《楚元王传》有"诬罔不道",知该罪也属于不道罪。

7. 上僭罪

该罪是指官员在器物、乘舆、服饰方面的僭越行为。根据汉代的礼仪制度,君臣在上述东西的使用上均有严格的等级规定,不可"逾制"。据《汉书·韩延寿传》载,韩延寿"在东郡时,试骑士,治饰兵车,画龙虎朱爵",结果被指控为"上僭不道","坐弃市"。

8. 谋反罪

该罪指企图颠覆国家政权的行为。犯该罪者往往受到"夷三族"的刑罚,不仅自身受诛,整个家族也受牵连被诛。

9. 巫蛊罪

该罪是指借助于神巫而造蛊毒、企图加害于人的行为。若加害的对象为君主,则构成大逆无道罪。《汉书·江充传》有所谓"民转相诬以巫蛊,吏辄劾以大逆亡道"的记载,据《汉书·外戚陈皇后传》载:"女子楚服等坐为皇后巫蛊祭祀祝诅,大逆无道,相连及诛者三百余人,楚服枭首于市。"

10. 怨望诽谤政治罪

该罪是一种言论犯罪。指因怨恨而诽谤朝政。据《汉书·严延年传》载,汉宣帝时的河南太守严延年因对丞相不满,结果"坐怨望诽谤政治不道,弃市"。又据《汉书·淮阳宪王传》载:"……诽谤政治,狡猾不道……京房及博兄弟三人皆弃市,妻子徙边。"

第五章 汉朝时期的法律制度

11. 妖言罪

该罪也是一种言论罪,即所谓以妖言惑众之行。据《汉书·律历志》载:"劾奏王吏六百石,古之大夫,服儒衣,诵不详之辞,作妖言欲乱制度,不道。"可知妖言罪也是不道罪中的一种。

12. 殴辱王杖主罪

王杖是皇帝授予70岁以上老人的一种拐杖,上有鸠饰,持此杖者即为"王杖主",享有种种特权,殴打和侮辱王杖主的行为属于大逆不道罪。1959年在甘肃武威磨嘴子汉墓出土了《王杖十简》,1981年出土了《王杖诏书令册》。前者载:对王杖主"有敢骂詈、殴之者,比逆不道","年七十受王杖者,比六百石……有敢征召、侮辱者,比大逆不道"。这就是说,王杖主的待遇是"比六百石"官秩,凡是对其擅自征召、侵害和侮辱的,均以大逆不道罪论处。后者载,对王杖主,"吏民有敢殴辱者,逆不道,弃市"。即对殴打侮辱王杖主的犯人一律处以弃市之刑。该简册还记载了一些案例,如云阳白水亭长张熬、汝南郡男子王安世、南郡亭长司马护、长安东乡啬夫田宣等人因殴辱王杖主,均被判处弃市。王杖主所持王杖,乃皇权的象征,侵犯王杖主就是侵犯皇权,故受到法律严惩。

(二) 不孝罪

秦律中已有"不孝"罪,这已为湖北云梦睡虎地秦墓出土的竹简所证实,汉律在这方面继承了秦律,也有不孝罪的规定。湖北张家山汉墓中出土的《奏谳书》中有"不孝者弃市"之语,说明不孝罪是被判处极刑的,这反映了汉代统治者维护家族伦理的决心。又据《汉书·景帝纪》载,"襄平侯嘉子恢说不孝",而被处死。另据《汉书·王尊传》载:"春正月,美阳女子告假子不孝,曰:儿常以我为妻,妒笞我。"养子奸污继母,此种禽兽之行被控"不孝",结果罪犯被悬于树上,乱箭射死。

(三) 不敬罪

该罪是一种有违君道尊严的失礼行为,较之"不道"罪,其情节轻一些。秦律中有"不敬罪",指"犯上弗知害"[①]的行为,就是说冒犯了君威却"弗知害",这属于过失之行。到了汉代,这一罪名的内涵大大膨胀了,它包括如下一些小罪名。

1. 失礼罪

该罪是指违反臣子之礼的行为。据《汉书·盖宽饶传》载:"长信少府檀长卿起舞为沐猴与狗斗……劾奏长信少府以列卿而沐猴舞,失礼不敬。"此明

---

① 《睡虎地秦墓竹简》,文物出版社1978年版,第283页。

言"失礼"即是不敬。又据《汉书·萧望之传》载,萧望之因"教子上书,称引亡辜之诗,失大礼,不敬",结果"饮鸩自杀"。

2. 醉歌堂下罪

此处之"堂"指庙堂,为皇帝祭祖之所。在庙堂之下醉酒、歌舞,是对皇帝祖先神灵的不敬。据《汉书·功臣表》载:"侯商丘成,坐为詹事祠孝文庙,醉歌堂下曰'出居,安能郁郁',大不敬,自杀。"

3. 戏殿上罪

殿上,是朝廷政治聚会之所,君臣议政之处。戏殿上,即在殿堂之上言行不严肃,有违朝廷之礼。据《汉书·申屠嘉传》载,申屠嘉指斥邓通以小臣的身份"戏殿上,大不敬,当斩"。

4. 不下公门罪

官员要面见皇帝,入公门时必须下车,以示对皇帝的尊敬。若入公门而不下车,那就是一种不敬的行为。《汉书·张释之传》记载,有一次,张释之看到太子和梁王入公门时未下车,"遂劾不下公门不敬,奏之"。

5. 不朝不请罪

按汉制,春季朝见天子曰"朝",秋季朝见天子曰"请"。该罪名是指地方诸侯若不在规定的时间内朝见天子,则是一种不敬行为。据《史记·王子侯者年表》载:"元狩六年,建成侯刘拾坐不朝不敬,国除。"《汉书·吴王濞传》称吴王"诈称病不朝,于古法当诛",但"文帝不忍,因赐几杖",只是打了吴王几杖。

6. 挟诏书罪

挟诏书是指将诏书夹在胳膊下,按汉制,应双手捧("奉")诏书,挟诏书就是对皇帝的不敬。《汉书·功臣表》载,元朔元年,翟不疑"坐挟诏书论,耐为司寇"。颜师古注曰:"诏书当奉持之,而挟以行,故为罪也。"

7. 废格罪

秦律中有"废令"罪,即未按君主的命令所要求的去做,对该罪的处罚是"耐为侯",这是一种劳役刑。汉代的"废格"与秦的"废令"一脉相承,内涵基本一致。《史记·淮南衡山王列传》中如淳注解"废格"之义为"被阁(搁)不行"。在《汉书·食货志》中如淳又注曰:"废格天子文法,使不行也。"可见,汉代也是把不贯彻执行天子的命令视为犯了"废格"罪,这与秦的"废令"罪在内涵上虽无甚区别,但在对该罪的处罚方面却大相径庭了,汉代的"废格"罪要判弃市(如《史记·淮南衡山王列传》有"废格明诏,当弃市"),而秦代的"废令"则仅判"耐为侯",比前者轻得多。这说明,随着专制皇权的加强,对不执行其命令的行为的惩处大大加强了。

第五章 汉朝时期的法律制度

8. 非所宜言罪

该罪是指说了不该说的话（有害于皇权的）。秦时已有此罪名，汉代因袭，据《汉书·王莽传》载，韩博因进谏，被王莽"以非所宜言，弃市"。又据《汉书·梅福传》载："廷尉必曰：'非所宜言，大不敬。'"可见，非所宜言属不敬罪，其刑罚等级是弃市。

（四）见知故纵罪

据《汉书·刑法志》记载，汉武帝时期，"作见知故纵、监临部主之法"。颜师古注云："见知人犯法不举告为故纵。"就是说发现犯法者必须举报，若不举报就是"故纵"即故意纵容犯罪，要受到法律制裁。监临部主罪是指长官对其下属犯罪须及时纠举，否则与之同罪。上述两种单行法规实是想通过建构一个监控网络使大家互相监督、互相检举、互相揭发，以防止破坏封建秩序的活动出现。

（五）欺谩罪

该罪是欺骗君主之罪。谩，《晋书·刑法志》引张斐《律表》云："违忠欺上谓之谩。"欺谩罪的具体内容如下：一是呈报计簿时弄虚作假的行为；二是在战场上多报所斩敌人首级之数字；三是向皇帝上书所言内容失实；四是核查田亩数字虚假，等等。关于第一种情况，据《汉书·功臣表》载，郝贤在元狩二年"坐为上谷太守人戍卒财物计谩，免"，颜师古注曰："上财物之计簿而欺谩不实。"关于第二种情况，据《汉书·功臣表》载，太初四年，高不识"坐击匈奴增首不以实，当斩，赎罪，免"。"增首不以实"即虚报斩首数量以邀功。关于第三种情况，《汉书·王子侯表》："新利侯偃坐上书谩，免。""上书谩"即上书所言不实。关于第四种情况，据《后汉书·光武帝纪》载："河南尹张及诸郡守十余人，坐度田不实，皆下狱死。""度田"即核查田亩，这是东汉政府与大地主隐瞒田亩之事进行斗争的一个重要措施，故法律中设"度田不实"罪，此罪名盖由秦律中的"部佐匿诸民田"① 罪发展而来。

（六）不直罪

该罪名源于秦律，秦简云："罪当重而端轻之，当轻而端重之，是谓'不直'。"② 不直的意思就是故意重罪轻判或轻罪重判。汉代继承了这一罪名，据《汉书·功臣表》载："元康元年，商利侯王山寿坐为代郡太守故劾十人罪不直，免。"又据《汉书·张敞传》载："臣敞贼杀无辜，鞫狱故不直，虽伏明法，死无所恨。"秦汉设此罪名的目的是维护司法公正，使司法官严格依法

---

① 《睡虎地秦墓竹简》，文物出版社1978年版，第218页。
② 《睡虎地秦墓竹简》，文物出版社1978年版，第191页。

办事。

（七）选举不实罪

选举是汉代任官的基本途径，负责选举的官员必须对其选拔和荐举的人的情况如实向上级反映，若反映不实则承担法律责任。据《汉书·功臣表》载："元朔五年，山阳侯张当居坐为太常择博士弟子故不以实，完为城旦。"这说明，不如实选举者要负刑事责任。又据《后汉书·胡广传》载，胡广"为济阴太守，以举吏不实免"。这是说，胡广因荐举官吏弄虚作假而被免除济阴太守的职务。

三、刑罚原则的发展

汉朝的刑罚原则，除继续沿用秦朝的区分故意与过失、自首减刑、诬告反坐等基本原则外，又有一些新的发展变化。其中最突出的，就是形成了一些带有儒家化倾向的刑罚原则。

（一）保障官僚贵族封建特权的上请原则

随着法律制度的开始儒家化，汉朝一反法家"刑无等级"的法治传统，将西周时代"刑不上大夫"的司法特权正式法律化，确立了上请的刑罚原则。所谓上请，即某些官僚贵族犯罪后，一般司法机关不得擅自审理，须奏请皇帝，根据其与皇帝关系的远近亲疏、官职高低、功劳大小，决定刑罚的适用或减免。

高祖七年，"令郎中有罪耐以上，请之"，是汉朝实行上请原则之始。其后，上请对象的范围逐步扩大。汉朝上请的范围，由起初的郎中或六百石以上官吏，逐渐扩大到公侯嫡子及三百石以上官员。

（二）矜老怜幼的恤刑原则

在运用法律进行专政镇压的同时，汉朝统治者也以儒家宣扬的"仁政"思想为指导，标榜"以仁孝治天下"，确立了矜老怜幼的恤刑原则。汉律规定：某些老弱妇孺病残者犯罪，可减免刑罚或区别对待。如景帝后三年（公元前141年）颁令：80岁以上老人，8岁以下幼儿，孕妇、盲人、侏儒等，监禁期间免戴刑具。宣帝元康四年（公元前62年）规定：80岁以上老人，除诬告杀伤罪外，其他犯罪不追究刑事责任。成帝鸿嘉元年（公元前20年）规定：7岁以下儿童，争斗杀人或犯死罪者，可上请廷尉免处死刑。光武帝建武三年规定：80岁以上老人与10岁以下儿童的一般犯罪以及从坐妇女，免予拘捕监禁。（即未满8岁，80岁以上，非诬告、杀伤人，不坐。未满10岁，70岁以上，以完刑代替肉刑。一般可减死。）

不过，汉朝矜老怜幼的恤刑原则，并非表明统治者的真正仁慈，而是因为

第五章 汉朝时期的法律制度

这些人一般都丧失反抗能力,对专制国家的破坏和危害不大。宣帝就曾不打自招地说:"耆老之人,发齿堕落,血气既衰,亦无暴逆之心。"因此,对他们给予一定的宽宥恤刑,既不会威胁统治阶级利益,又可沽钓到一个"仁政"、"慈善"的美名,反而有利于君主专制王朝的长治久安。这也就是汉朝恤刑原则的根本实质。

(三) 亲亲得相首匿的相隐原则

亲亲得相首匿,即法律允许某些亲属之间互相首谋藏匿或包庇犯罪而不负刑事责任。这一刑罚原则,源于儒家伦理道德观念。孔子曾明确主张:"父为子隐,子为父隐,直在其中矣。"儒家视"父为子隐"为"仁","子为父隐"为"孝"。汉朝统治者标榜"以仁孝治天下",遂将这一儒家伦理道德观念上升为亲亲得相首匿的刑罚原则,正式赋予其法律效力。

宣帝地节四年(公元前66年)即明令规定:子匿父母,妻匿丈夫,孙匿祖父母,均不治罪;而父母匿子,丈夫匿妻,祖父母匿孙,即使是殊死重罪,也要上请廷尉区别对待。根据这一规定,卑幼首匿尊长,不负刑事责任;尊长首匿卑幼,死罪可上请减免刑罚,其他罪则不负刑事责任。从此,亲亲得相首匿的刑罚原则,始终为后世封建政权所沿用。

四、主要刑名

经过文景时期的刑制改革,汉朝的刑罚制度发生了较大变化。总的发展趋势是逐渐减轻简化,但也有一些反复,因而仍较繁杂。

(一) 死刑

汉代的死刑刑名基本上沿袭秦制,如所谓族刑、腰斩、枭首、弃市等,汉时仍加沿用。但汉代出现了"殊死"这一新的刑名,即用斩首的方式处决死刑犯人,为秦代所无。与族刑、腰斩、枭首相比,殊死已是一种比较轻的死刑,这反映了死刑制度的发展。

(二) 肉刑

经过汉文帝、汉景帝时期的改革,以笞刑和徒刑取代了黥刑、劓刑、斩左趾,以弃市取代了斩右趾。到东汉初期,斩右趾又加以恢复。因此,两汉时肉刑主要有宫刑和斩右趾。宫刑又称为腐刑,一般用来替代死刑,《史记》作者司马迁就曾被汉武帝处以腐刑。

(三) 笞刑

自文帝以笞刑取代劓刑和斩左趾,笞刑就成为汉代最主要的刑罚制度之一。但由于执行人员滥施淫威,致使受刑者非死即残,故笞刑实为一种变相肉刑。景帝时期定《箠令》,规定了笞刑刑具的规格、受刑部位,使得笞刑成为一种规范化的主刑。但是，汉朝的笞刑分为笞一百、笞二百，仍然十分残酷。

（四）劳役刑

汉代对劳役刑明确规定了固定的刑期，据东汉卫宏《汉旧仪》所载，髡钳城旦舂为5年刑，完城舂为4年刑，鬼薪白粲为3年刑，司寇为2年刑，隶臣妾及罚作、复作为1年刑。另外还有一些不定期的劳役刑，如输作左校、输作右校、输作若卢等，即将某些刑徒送到宗庙、陵园、宫室、道路、苑囿等工程建设中，从事不定期的劳役或杂役。

（五）徙边

徙边在秦代已有，即将罪犯连同家属，迁置边疆定居服役。凡是徙边之人，未经朝廷许可，不准擅自离开边地返回原籍。

（六）禁锢

禁锢即终身禁止做官的一种刑罚，类似秦朝废刑。文帝时已有"贾人、赘婿及吏坐赃者，皆禁锢不得为吏"的规定。东汉时期，禁锢的适用更加广泛，不仅本人终身禁锢不得为官，而且殃及子孙亲属。"一人犯罪，禁至三属，莫得垂缨仕宦王朝，如有贤才而没齿无用。"东汉末年，社会矛盾激化，统治集团内部党争骤起，李膺等200余人"皆赦归田里，禁锢终身"。

（七）赎刑

汉朝赎刑亦沿袭秦制，除以钱、谷、缣等赎抵本刑外，还有罚俸入赎之法，以处罚某些犯法官吏。尤其当时还新创女徒顾山之制，又称雇山，即允许女劳役刑徒每月缴纳三百钱，由官府雇人砍伐山林，从事劳作，以赎抵其应服刑役。故该制也属一种赎刑。

第四节 汉代的行政、民事、经济制度

一、行政制度

汉代与行政制度有关的法律有：《附益律》，是抑制诸侯势力的法律；《尚方律》，是抑制官吏私自提高品级待遇的法律；《史律》，是规范史官撰写史书的法律；《上计律》，是考核官吏的法律；《汉官旧议》，是规定官制的法律，等等。

汉代的行政管理体制分为中央与地方两个系列，中央确立了三公九卿制，所谓"三公"是丞相、太尉、御史大夫，丞相协助皇帝处理政务，其地位在一人之下，万人之上；太尉主管军事；御史大夫主管监察。所谓"九卿"是太常、光禄勋、卫尉、太仆、廷尉、宗正、大鸿胪、大司农、少府，分管礼

第五章 汉朝时期的法律制度

仪、宫廷守卫、皇室事务、司法、外交、财政、赋税,等等。汉武帝为加强其权力,采取了削弱相权的措施,把丞相改为大司空;三公互不隶属,而是全部隶属于皇帝;原来作为丞相下属的九卿也改为由三公分属。

在地方上,汉初在沿袭秦代的郡县两级行政管理制度的基础上,又复立诸侯国,出现了郡县制与封国制并存的态势。后来,随着封国势力的增大,与中央的离心力日增,于是景帝、武帝采取了一系列的措施削弱其势力,最终结束了诸侯割据的局面。之后,西汉王朝在地方上完全确立了郡、县两级行政管理体制。郡是中央直属的地方行政机构,其长官是郡守;县的行政长官称"令"或"长",下设县丞主管司法审判,县尉主管军事。县之下设乡、里、亭。东汉时期,又设立了州这样一级行政组织,形成了州、郡、县三级制。

在官吏的选拔和任用方面,汉初开始实行察举制度,由中央与地方的各级长官向朝廷推荐贤能之士。汉高祖曾下《求贤诏》,称:"贤士大夫有肯从吾游者,吾能尊显之。"[1] 这是汉代察举之始。之后,惠帝、文帝又规定,公卿郡守及王侯,每年须向朝廷推荐"贤良方正"、"孝廉"和"直言极谏"之士。汉武帝时规定,每年要在20万人中举荐一人,送朝廷准备录用。此外,汉代选官还采取了征辟、纳赀、上书拜官、任子等方式。"征辟",皇帝直接任命士人为官称征召,大臣任命士人为官称辟召。"上书拜官",士人上书因得到皇帝的赏识而得官。"任子",指二千石以上官吏,任满3年可保举一人为官。"纳赀",即用钱或谷买官。

在官吏的考核和奖惩方面,汉代行政法律多有规定。汉代的《上计律》就是对官吏考核的专门法律。所谓"上计",即郡守在年终时派上计掾和上计吏各一人,把本郡的农业生产、户口增减及社会治安等方面的情况写在计簿上,向中央(西汉为丞相,东汉为司徒)汇报。对考核后认定确有政绩者,予以升迁,对没有什么政绩者,或斥责,或罢免。另外,对勤奋工作的"积劳"之官也可予以升迁。如"赵禹以刀笔吏积劳,稍迁为御史"。[2] 再者,官吏若"明达法令"也可升官,如薛宣"以明习文法诏补御史中丞"[3]。如果官吏受贿,则会受到严惩,汉文帝下诏说:"吏受赃枉法……皆弃市。"[4] 当时"赃值十金,则至重罪"[5],可见汉代对贪污罪惩罚之重。

---

[1] 《汉书·高帝纪》。
[2] 《史记·酷吏列传》。
[3] 《汉书·薛宣传》。
[4] 《汉书·文帝纪》。
[5] 《汉书·薛宣传》。

汉代统治者还很重视地方官吏的监督，汉初曾由丞相派出监御史监察地方官吏。汉武帝时，为了强化对地方官的监督，把全国划分为13个监察区，每个监察区都派刺史一人作为监察官，以监察地方官是否遵行诏令、是否公正执法、是否田宅逾制以及有无违法之事，等等。在中央设司隶校尉，主管监察。汉代的监察制度对改善官场风气起了一定的积极作用。

二、民事制度

中国封建社会中虽不存在独立的民法部门，但调整民事关系的法律规范还是存在的。如在调整婚姻关系方面，汉惠帝六年（公元前189年）下诏曰："女子年十五以上至三十不嫁五算。"①"五算"就是出5倍的算赋（一算为一百二十钱）。据此诏令，女子在15岁至30岁期间若不出嫁，则对其采取多出口赋的办法予以惩罚。该诏令是出于恢复生产、增加劳动力的目的而采取的一项措施。另外，汉律还规定了男子可一妻多妾。皇帝"后宫三千"姑且不论，即使大臣、诸侯、富豪也往往"妻妾以百数"，而贫穷百姓则有不少无力娶妻者，以致造成"内多怨女，外多旷夫"的社会现象。但从有关史料看，汉时妇女在死了丈夫或被丈夫休弃后，可以再嫁他人，这比封建社会后期的所谓"守节"制度显然开明得多。汉代法律为保护夫权，还规定"七弃"之制，即婚后女子若有不孝、无子、淫乱、嫉妒、多言、恶疾和盗窃诸行为中一种者，即可被其夫休弃。

在调整家庭关系方面，汉代法律规定了"不孝"罪，以维护父权。例如，汉武帝时期，衡山王刘赐谋反，其子向朝廷告发，结果朝廷不但未予奖赏，反而进行严惩："坐告王父不孝，皆弃市。"②近年出土的张家山汉简《奏谳书》中即引用了汉律中的"不孝者弃市"的律文。东汉章帝时还制定了《轻侮法》，据《后汉书·张敏传》记载："建初中，有人侮辱人父者，而其子杀之，肃宗贳其死刑而降宥之，自后因以为比，遂定其议，以为轻侮法。"父亲被人侮辱，儿子杀死侮辱者，竟然受到宽宥，未被处刑，此后成为典型判例，名曰"轻侮法"。这是汉代统治者进一步彰显孝道的表现。与此相应，汉代统治者还提倡同居共财，即不与祖父母、父母分居析财。据《后汉书·蔡邕传》载，蔡邕"与叔父兄弟同居，三世不分财，乡党高其义"。三世不分财得到乡亲的好评。在调整财产继承关系方面，汉代一般采取诸子均分制，《史记·陆贾传》称陆贾有五子，以"千金分其子，子二百金，令为生产"，说明陆贾采用

---

① 《汉书·惠帝纪》。
② 《汉书·衡山王传》。

第五章　汉朝时期的法律制度

的就是均分制。又据《太平御览》卷八三六引应劭《风俗通》的材料，可知汉代已出现遗嘱继承，而且庶子、女儿也均有财产继承权。另据《后汉书·顺帝纪》记载，阳嘉四年，"初听中官得以养子以后，世袭封爵"。"中官"就是宦官，因无生育能力故收养子，而养子可袭养父的爵位。此材料说明，汉代出现了收养制度。

三、经济制度

汉代统治者很注意运用法律手段、行政手段来干预经济。在经济立法方面，其首要任务是发展农业生产。汉文帝、汉景帝均曾下诏劝课桑农，如景帝之诏令曰："朕亲耕，后亲桑，以奉宗庙粢盛祭服，以天下为先。"[①] 皇帝亲耕、皇后亲桑，显示了汉代统治者对农业的高度重视。汉代法律还加强了对农业生产的管理，为此制定了《水令》，据《汉书·儿宽传》注云："为用水之次，具立法令。"这说明，汉代注重用法律手段来督促农民合理用水，以利于农业生产。

汉代在财政制度方面还进行了改革，币制改革便是其中的一项，汉初，废除秦代铸钱，改铸新币，由国家垄断铸币大权，法律严禁私人铸币（有《盗铸钱律》等）。汉文帝时，允许私人铸币，对社会经济带来不利影响。到了汉武帝时，重又把铸币大权收归中央，由专门的铸币机构负责铸五铢钱，对私铸钱币者处以极刑。

另外，西汉政府为了增加国库收入，还采取了盐铁官营的措施。汉初曾允许私人经营盐铁，政府向其收税，但由于豪强富商垄断了盐铁业，使国家的财政收入受到严重影响。汉武帝时下令把盐铁业收归国有，严禁私人经营。据《汉书·食货志》记载："私铸铁器鬻盐者，斩左趾，没入其器物。"通过上述措施，强化了国家对经济的干预，大大增加了中央政府的财政收入。此外，汉武帝还采纳了桑弘羊的主张，推行均输平准政策，以调剂运输、平衡物价。设均输官，负责征发、输送租赋财物；设平准官，负责官营商业。这一措施进一步打击了私营工商业者的利益，使国库获得了巨额收益。

在调整赋税征收方面，汉代有《田律》、《租挈》等。汉初采取"十五税一"[②] 的办法，汉文帝曾下令减免一半田租，东汉曾实行过三十税一的政策。西汉多为实物地租，即缴纳谷米，东汉末年改为货币地租。另外，汉代还征收

---

① 《汉书·景帝纪》。
② 《汉书·食货志》。

算赋，汉高祖时曾规定：15岁至56岁的人，"出钱赋人百二十，为一算"①，一百二十钱为一算。汉惠帝时"唯贾人与奴婢倍算"②，以削弱商人及蓄奴婢者的利益。东汉光武帝时，曾规定妇女生子者可免3年算赋，这是为增加人口而采取的措施。汉代又有口赋，7岁至14岁者每年交纳二十钱。户赋是每户交纳二百钱。汉武帝时还曾下达过算缗告缗令，算缗是向工商业者征收财产税，告缗是一种鼓励揭发不如实向政府申报财产的工商业者的一项措施。这一措施给工商业者的利益带来重大损害。

第五节　汉代的司法制度

一、司法机关

中央审判机构由皇帝、丞相、御史大夫和廷尉组成。皇帝掌握最高审判权，对疑难、重大案件有最后裁决权。汉代一些皇帝还亲自审案，如东汉光武帝刘秀"常临朝听讼，躬决疑事"。③ 丞相和御史大夫在西汉初年曾享有审判权，东汉时罢丞相，改御史大夫为司空，于是失掉了审判权。廷尉在两汉时期一直是中央的司法审判长官，其主要职责是审理刑狱。一方面要审理皇帝制诏移送的案子，另一方面审理地方上送审的疑难案件。廷尉设卿一人为长官，属官有正、左右监。汉武帝时曾赋予尚书以司法审判权，东汉时尚书台成为中枢机关，下设六曹，其中的"二千石"掌审判，从而分掉了廷尉的部分职权。

地方司法机关基本上是郡、县二级，郡守、县令兼理司法。郡设决曹掾，是专职的司法官吏，审理一般案件，最后由郡守裁决。若遇疑难案件，则移送廷尉。县令是地方的基层司法机关的长官，负责"禁奸惩恶，理讼平贼"④，对一些轻微案件可予判决，而遇疑难案件则应移送郡守。东汉时期，汉灵帝曾在郡之上设立了州，长官叫州牧，州牧便成了地方最高一级的司法长官。

二、诉讼制度

（一）告劾

"告劾"即起诉，它包括两个方面：一是当事人直接到官府告诉，相当于

---

① 《汉书·高帝纪》。
② 《汉书·惠帝纪》。
③ 《晋书·刑法志》。
④ 《后汉书·百官志》。

第五章 汉朝时期的法律制度

今日的"自诉";二是由政府官吏(主要是监察御史和司隶校尉等)察举非法、举劾犯罪,相当于今日的"公诉"。在汉代,一般应按司法管辖逐级告劾,但蒙受冤狱,也可越级上书中央司法机关申冤,这叫"诣阙上书"。阙:宫阙,中央司法机关所在地。之所以出现"诣阙上书"这样的越诉行为,一是因为地方司法机关判案不公,造成冤狱,受害者不得不诣阙上书;二是因为地方司法官吏互相推诿,不负责任,使受害者冤苦无诉,不得不越级上告;三是因为被告人权高位重或案情重大,使受害人或知情人不得不越级上诉。诣阙上书这一制度的确立,对纠正地方司法不公、减少冤假错案、缓和社会矛盾等是有一定积极意义的。

(二)逮捕

官府在接到告劾后,对被告立即进行逮捕。当然,根据逮捕对象的不同而适用不同的程序。对平民中的犯罪者,有人告发则即刻逮捕,即使有疑问也可先行逮捕;对于贵族官僚中的犯罪者,若需要逮捕则先奏请皇上,即所谓"有罪先请"。凡被逮捕及关押者均须戴刑具,而法律规定老小、废疾和妇女等人犯罪可不戴刑具,即所谓"颂系"。如汉景帝后元三年(公元前141年)下诏:"高年老长,人所尊敬也;鳏寡不属逮者,人所哀怜也。其著令:年八十以上,八岁以下,及孕者未乳、师、侏儒,当鞫系者,颂系之。"① 官员被逮捕或拘押也不戴刑具,这是官僚特权在诉讼制度上的体现。对于民事争讼一般也不予逮捕,而是采用调解的方式息讼。据《后汉书·吴祐传》记载,吴祐做胶东侯的相时,"民有争讼者,辄闭阁自责,然后断其讼,以道譬之。或身到闾里,重相和解"。以德教从事调解而达到息讼的目的,这是为汉代统治者所大力提倡的。

(三)鞫狱

"鞫狱"即进行审讯和判决。汉代司法官在审理案件时注重收集证据,除收集书证、物证、证人证言外,还重视收集被告人的口供,而收集口供往往搞刑讯逼供。经审讯获取口供后,3日后再次审讯,目的是看此次供词与上次是否有出入,从而使受审者有更正供词的机会。然后,对被告宣判。司法官对被告宣读判词,这叫"读鞫"。若被告对判决不服,请求复审,这叫"乞鞫"。

(四)覆案

"覆案"又称"覆治"、"覆考",或单称"覆",均指复审案件而言。覆案乃秦制,汉代承袭了这一制度。汉代的中央机关在接到不服判决的上书后,

---

① 《汉书·刑法志》。

往往成立专案组,对该案进行复审。据《汉书·赵广汉传》记载,京兆尹赵广汉指使其下属枉法整治苏贤,使苏贤蒙受不白之冤,苏贤之父愤而"上书讼罪",控告赵广汉,汉宣帝把此案"下有司覆治",结果赵广汉与其属吏均受到了法律的制裁。另外,朝廷还经常特派使者巡行地方,其主要职责便是"平冤狱",即通过使者复审案件来平反冤狱。"覆案"制度对整顿当时的司法秩序还是能起一定的积极作用的,故可称是一种善制。

三、春秋决狱

"春秋决狱"是指用儒家经典《春秋》中所体现的道德精神指导司法审判,它反映了儒家伦理思想对汉代司法领域的渗透。汉代儒家为了改变法家思想主宰当时司法领域的现状,便通过皇权的力量要求司法官在遇到律无正条,或虽有正条却不合乎儒家道德的案件时,根据《春秋》经义断案,这就在实际上赋予了《春秋》经义极高的法律效力,使其成为凌驾于各种法律之上的一种法律形式。"春秋决狱"的主要代表人物是董仲舒,他曾作《春秋决狱》一书,记有232个案例,但该书后来亡佚,今天在《太平御览》及《通典》中尚可见其一鳞半爪。

根据汉儒的观点,所谓《春秋》经义的主要内容是亲属相隐、尊敬尊长、原心定罪之类。据《通典》卷六九记载:"时有疑狱,曰:甲无子,拾道旁弃儿乙,养之以为子。及乙长,有罪杀人,以状语甲,甲藏匿乙。甲当何论?仲舒断曰:甲无子,振活养乙,虽非所生,谁与易之……春秋之义,父为子隐。甲宜匿乙而不当坐。"董仲舒认为"父为子隐",乃"春秋之义",并据此对包庇杀人犯的义父不予论处。又如:"春秋之义,君亲无将,将而诛之。"这是说,对君主和嫡亲尊长必须绝对服从,不可有反逆之心,否则,即使未付诸行动,也要予以严惩。

实际上,"原心定罪"是春秋之义中的一项最为重要的内容,汉儒把它当成司法审判的基本原则。董仲舒解释说:"春秋之听狱也,必本其事而原其志。志邪者不待成,首恶者罪特重,本直者其论轻。""本其事"指考察犯罪事实,"原其志"指考察犯罪动机。"志邪"指动机上不合乎儒家道德,对这种主观恶性严重的犯罪必须严惩;"本直",即动机上合乎儒家道德,虽犯了法也可从轻论处。显然,这一审判原则从道德至上的立场出发,过分强调了犯罪者的主观动机而相对忽视了犯罪的客观事实,从而为酷吏任意出入人罪打开了方便之门。

四、秋冬行刑

秋冬行刑的观念由来已久，早在春秋时期，就有人提出了"赏以春夏，刑以秋冬"①的主张。成书于战国中期的《黄帝四经》是道家黄老学派的代表作，该书系统探讨德刑与春夏秋冬之间的关系，主张"春夏为德，秋冬为刑，先德后刑以养生"，并认为"先德后刑，顺于天"，否则若逆天道而在春夏行刑，就会给国家带来灾难。汉初流行黄老之学，董仲舒也受黄老之学中的德刑观的影响，提出了"庆为春，赏为夏，罚为秋，刑为冬……庆赏刑罚，当其处不可不发，若暖暑清寒，当其时不可不出也"②的主张，这种主张受到统治者的重视，并被转化为可以操作的具体制度。据《资治通鉴》记载，汉武帝"元光四年冬十二月晦论杀魏其侯于渭城"。胡省三注曰："汉法以冬月行重刑，遇春则赦若赎，故以十二月晦论杀魏其侯。"这说明，按汉代法律规定，冬季才执行重刑，而春季则赦免罪犯或允许罪犯出钱赎罪。又据《后汉书·章帝纪》记载，章帝于元和二年（公元85年）下诏称："王者生杀，宜顺时气。其定律，元以十一月、十二月报囚。"除谋反大逆"决不待时"外，其他死刑犯的执行时间必须在秋天霜降以后至冬至以前，此时"天地时肃"，执行死刑也就是"顺天行诛"。这种司法制度对后世影响深远。

五、录囚制度

所谓"录囚"，是指上级司法机关对在押囚犯的复核审录，以检查下级司法机关对案件的审判是否有失公正，并纠正冤假错案。"录囚"一词最早见于《汉书·隽不疑传》，该传称隽不疑任青州刺史时，"每行县录囚徒还，其母辄问不疑：'有所平反，活几何人？'"这说明，录囚与平反冤狱有密切的关系。汉代录囚有皇帝录囚、刺史录囚及郡守录囚。关于皇帝录囚，此事始于东汉明帝时期。据《后汉书·第五伦传》记载，会稽太守第五伦因犯法而入廷尉狱，"会帝幸廷尉录囚徒，得免归田里"。又据《后汉书·寒郎传》载，永平年间，汉明帝治楚王英案，数千人遭牵连而被捕。当时参与审理该案的侍御史寒郎上书明帝，称被捕入狱者中必有受冤枉者，明帝采纳其建议，亲自到洛阳狱录囚徒，理出千余人。明帝之后，东汉历代帝王也多有录囚的活动。关于刺史录囚，指朝廷派往地方的刺史从事录囚活动，以平反冤狱。刺史之制始于汉武帝时，按规定，刺史于每年秋冬季节到郡国巡察，称为"行部"（汉代把全国划

---

① 《左传·襄公二十六年》。
② 《春秋繁露·四时之副》。

分为十三部)。刺史行部的主要任务是"省察治状",这当然包括审核狱讼情况。《汉书·何武传》即称何武"为刺史,行部录囚徒"。东汉时仍沿袭此制,据《续汉书·百官制》载:"诸州常以八月巡行所部郡国,录囚徒。"《后汉书·法雄传》称青州刺史法雄"每行部,录囚徒,察颜色,多得情伪,长吏不奉法者皆解印绶去"。总而言之,两汉时期,通过皇帝、刺史及郡守的录囚活动,使一些冤假错案得到了平反,也有利于提高地方司法官明法慎刑的自觉性,从而使当时的司法状况得到一定程度的改善,并对后世的司法实践产生了积极的影响。

本章习题

一、选择题

1. 通常所说的汉律六十篇不包括(   )
   A.《九章律》   B.《傍章律》   C.《越宫律》   D.《诸侯律》
2. 两汉时期基本的法律形式中不包括(   )
   A. 律   B. 令   C. 格   D. 比
3. 颁布《箠令》改革刑罚的汉代皇帝是(   )
   A. 汉文帝   B. 汉景帝   C. 汉武帝   D. 汉宣帝

二、思考题

1. 汉朝法律思想的发展变化。
2. 汉初文帝、景帝时期刑制改革的原因、内容与意义。
3. 汉朝法律制度开始儒家化的表现。

三、案例分析

1. 武帝少年断案

案情史料:汉景帝时,廷尉上因防年继母陈论杀防年父,防年因杀陈,依律,杀母以大逆论。帝疑之。武帝时年十二,为太子,在旁,帝遂问之。太子答曰:"夫'继母如母',明不及母,缘父之故,比之于母。今继母无状,手杀其父,则下手之日,母恩绝矣。宜与杀人者同,不宜与大逆论。"从之。

案情今译:汉景帝年间,百姓防年为报杀父之仇,杀死杀害自己父亲的继母。汉律规定:杀母以大逆论罪,廷尉据此判处防年大逆之罪,并上奏景帝。景帝颇感疑难,问及身旁年仅12岁的太子(也就是日后的汉武帝)刘彻。刘

第五章 汉朝时期的法律制度

彻认为：所谓继母，毕竟不同于亲生母亲，只是因为父亲的缘故，才比之于母。如今继母亲手杀死防年之父，其下手之时，母恩已绝，所以防年杀其罪与杀旁人同，不应判处大逆罪。景帝采纳了刘彻的意见。

试评析本案。

2. 春秋决狱

案情史料：

案例（1）甲父乙与丙争言相斗，丙以佩刀刺乙，甲即以杖击丙，误伤乙，甲当何论？或曰：殴父也，当枭首。（董仲舒）论曰：臣愚一谓父子至亲也，闻其斗，莫不有怵惕之心，扶杖而救之，非所以欲诟父也。春秋之义，许止父病，进药与父而卒，君子原心，赦而不诛。甲非律所谓殴父，不当坐。

案例（2）甲有子乙，以乞丙，乙后长大，而丙所成育。甲因酒色，谓乙曰："汝是吾子"，乙怒杖甲二十。甲以乙本是其子，不胜其忿，自告县官。仲舒断之曰：甲生乙，不能长育，以乞丙，于义已绝矣。虽杖甲，不应坐。

案例（3）（昭帝）始元五年，有一男子……诣北阙，自称卫太子。公车以闻，诏使公卿将军中二千石杂识视。长安之吏民聚观者数万人。……京兆尹（隽）不疑后到，叱从吏收缚。或曰：'是非未可知，且安之。'不疑曰：'诸侯何患于卫太子！昔蒯聩违命出奔，辄据而不纳，春秋是之。卫太子得罪先帝，亡不即死，今来自诣，此罪人也。'遂送诏狱。

案情今译：

案例（1）乙与丙争吵打架，丙用佩刀刺乙，乙的儿子甲（见此情况）用棍子打丙，却误伤其父。对甲应如何处理？有人说甲应该因殴父论罪。董仲舒认为：父子是至亲，儿子看见别人与父亲打架十分担心，（在情急之下）拿着棍子去帮忙，他并非有意要伤到父亲。《春秋》大义中有许止进药的故事，许止的父亲病了，许止给父亲喂药，父亲却死了。审案的君子原心定罪，赦免了许止死罪。甲并非法律上所谓殴父，不应定罪处罚。

案例（2）甲生了儿子乙，却将其送给丙收养，乙由丙扶养长大成人。有一天，甲因为酒喝醉了，对乙说："你是我的儿子。"乙很生气，用棍子打了甲二十下。甲因为乙是他亲生，咽不下这口气，就去县官那里告乙殴父。董仲舒认为：甲对乙生而不养，父子之义已经断绝。甲不应被判殴父。

案例（3）汉昭帝时，有人自称是卫太子，诣长安北门，造成混乱，群臣束手无策。这时京兆尹隽不疑赶到现场，将其逮捕下狱。其依据是《春秋》蒯聩的故事：定公十四年，卫灵公之世子蒯聩违抗父命，出奔宋，后来又奔晋；灵公立其孙蒯辄，是为出公；后来，蒯聩欲回国，遭蒯辄拒绝；而《春

第五章 汉朝时期的法律制度

秋》以灵公无杀子之意,蒯聩不应出奔,故以蒯辄为是。隽不疑认为,在本案中卫太子与蒯聩情况相似,即使诣北门者真是卫太子,也仍应论罪。于是将其下狱。

试评析上述案例。

第六章 三国两晋南北朝时期的法律制度

【重点提示】

《新律》、《泰始律》、《北齐律》等各个时期的重要立法成就；

法律形式、法典体例及刑罚制度的发展完善；

法律内容进一步儒家化的主要表现；

官僚贵族特权法的进一步发展。

东汉末年，镇压黄巾军农民起义的军事行动使得一部分豪强势力急剧膨胀，在连年的割据混战后，最终形成三大势力集团，即魏、蜀、吴。公元220年，曹操之子曹丕代汉献帝，改国号为魏。第二年，刘备在成都称帝，建国号为汉。公元229年孙权改称皇帝，建立吴国。三国鼎立的局面正式形成。此后将近四百年，中国历史进入大分裂和大动乱时期。公元285年，西晋王朝短暂地统一了中国。公元304年匈奴贵族刘渊起兵反晋，中国的北方陷入混乱之中，先后建立多个少数民族政权，被称为五胡十六国。西晋王朝失去了对中国北方的控制权。公元317年，晋室南渡，司马睿在建邺建立东晋。此后中国南方经历了东晋、宋、齐、梁、陈五个朝代。与此相对的，中国的北方在经历十六国的混乱局面后，由鲜卑拓跋氏统一了中国北方建立了北魏，而后北魏分裂为东魏和西魏，随后被北齐、北周取代。公元581年，原北周外戚杨坚废北周静帝，改国号为隋，公元589年，隋文帝灭陈，重新统一中国。

魏晋南北朝时期的民族大融合为我国古代法制的发展提供了契机，注入了新鲜的血液。各民族政权的统治者非常重视法律的制定和执行，所以这一时期法制建设也取得了一定的成就。由于当时社会形势的影响，这一时期的法制具有明显的时代特征。首先，长期的分裂割据使立法受到时间与空间的限制，除西晋《泰始律》曾一度成为适用于全国的统一法典外，其他各个时期的法律制度都仅限于某一狭小的时间与空间范围。其次，各种法律思想比较活跃，律学的发展取得巨大成就，立法技术与律典的篇章体例结构日趋成熟，刑罚制度及法律体系得到新的发展。最后，汉末魏晋以来氏族门阀制度的形成，使官僚贵族特权法进一步膨胀，也使法律制度出现进一步儒家化的趋势。

总之，三国两晋南北朝时期的法律具有一种承前启后的性质，是传统法律制度由秦汉早期向隋唐成熟完备发展过渡的重要阶段。无论从立法活动到司法制度，还是从法律形式、法典体系到法律内容，这一时期都发生了重大变化，从而对后世法律制度的发展产生了深远的影响。

第一节　三国两晋南北朝时期的立法概况

一、主要立法活动

（一）三国时期的立法

经过东汉末年的长期战乱，形成了魏、蜀、吴三国鼎立的局面。在半个多世纪的统治过程中，其立法活动先后经历了两个阶段。

三国初期，社会形势还很不稳定，各国尚不具备制定新法的条件。同时三国统治者出于争夺"汉室"正统地位的需要，也不便彻底废除汉律。因此，第一阶段基本沿用汉律。

曹操明确提出"拨乱之政，以刑为先"[①]的立法思想，非常强调"法治"的重要性。在他统治期间，他虽然将汉律的量刑标准减半实施，但实际上基本仍是沿用汉律。

蜀汉政权建立初期，诸葛亮、法正、伊籍、刘巴、李严等人"共造蜀科"[②]，此外还制定有《法检》、《科令》、《军令》等法规，均已佚失难考。刘备建立的蜀汉政权，是以汉朝正统继承者自居的，因而基本上恢复和沿用汉律。

孙吴政权"律令多依汉制"[③]，它曾两次修订法律：一是黄武五年（226年），陆逊认为法律过重，"劝以施德缓刑，宽赋息调"，孙权采纳了部分建议，"令有司尽写科条"，进行"损益"[④]；二是嘉禾三年（234年），孙权鉴于"年谷不丰，颇有盗贼，乃表定科令，所以防御，甚得止奸之要"[⑤]。关于这两次修律的具体内容，史书没有记载。但基本上未对汉律作较大修改，基本仍以沿用为主。

第二阶段属制定新法阶段。魏明帝即位以后，深感汉律繁多庞杂已不能适

[①]《三国志·魏书·高柔传》。
[②]《三国志·蜀书·伊籍传》，又称"汉科"，另见《册府元龟》卷六百一十。
[③]（宋元）马端临：《文献通考》，中华书局1986年影印本。
[④]《三国志·吴书·吴主传》。
[⑤]《三国志·吴书·孙登传》。

第六章 三国两晋南北朝时期的法律制度

应当时的社会需要，于是在太和三年（229年）下令改革刑制，命司空陈群等人参考汉律制定魏律。这次共编成《新律》18篇、《州郡令》45篇及《尚书官令》、《军中令》等总计180余篇，分别作为刑事、民事、军事、行政等各方面律令法规。其中的《新律》18篇最为重要，系曹魏一代的国家基本律典，由于它是对汉律的改革，故当时称为《新律》；为了同北朝的魏律相区别，通常称作《曹魏律》。

《新律》早在隋代以前即已失传，《晋书·刑法志》保存有《新律序》的部分内容。《新律》是"删约旧科，傍采汉律"① 而成，但比汉代旧律有很大改革。

1. 在体例上，改《具律》第六为《刑名》第一

自李悝《法经》起，《具律》始终位居第六篇。商鞅《秦律》，萧何《九章律》，均采用这一体例。但作为总则性质的篇目不在全律篇首，显然不符合律典篇章体例结构的正常顺序。《新律》将《具律》的位置提到第一，并改称《刑名》，改变了原来"罪条例既不在始，又不在终，非篇章之义"② 的弊端，突出了律典总则的性质、内容与地位，使之名副其实，是我国古代律典篇章体例结构方面的重大创新。

2. 在篇目上，删繁就简，增加篇目

自《九章律》及汉律六十篇产生以后，正律之外的"旁章科令"日益扩充、纷繁杂乱。这不仅冲击了普通法的主导地位，而且法规体系很不规范，适用起来也极为不便。《新律》重点修订不适用曹魏的条款，删除了"不宜复以为法"的内容，而把正律的篇目和条文内容重新归纳整理、分类合并，正式定为《新律》18篇。经过这样删繁就简、增加篇目的改革，既大大扩充了正律的内容，使其更加丰富全面而又简明扼要，突出了律典作为国家基本大法的主导地位，也使其篇目分类更为系统确当、条理规范，推动了立法技术的进步。

3. 改革刑罚制度

《新律》根据当时需要，首次提出新的五刑概念，但它共包括七种刑名三十七等，即死刑三等、髡刑四等、完刑与作刑各三等、赎刑十一等、罚金六等、杂抵罪七等。不过，其中的髡、完、作三种刑名均为劳役刑，故七种刑名仍合五刑之义。这次制定《新律》，不再将汉代法定的宫刑与斩右趾刑规定在内，标志着肉刑有进一步被劳役刑取代的趋势。

---

① 《晋书·卷三十·志第二十》。
② 《晋书·卷三十·志第二十》。

(二) 两晋时期的立法

曹魏末年，晋王司马昭把持政权，因患于前代律令本注烦杂，科网严密，命贾充、杜预等人以汉律、魏律为基础，制定法律。但律未修完，晋已代魏。晋武帝泰始三年（267年）新律修成，次年颁行全国，是为《泰始律》，又称《晋律》。《晋律》对汉魏法律进行改革，进一步精简法律条文，形成了20篇620条的内容结构，吸收了《法经》以来的立法经验，无论篇章体例结构或具体条目内容方面，都取得了前所未有的立法成就。

1. 新增《法例》篇目

《泰始律》沿袭《新律》的《刑名》第一体例，又新增《法例》第二篇，扩大了律典总则的内容与范围，为后来北齐律合《刑名》、《法例》两篇为《名例律》一篇奠定了基础，从而使中国古代律典的篇章体例结构进一步规范化。

2. 精简律令章句

汉代实行《春秋》决狱，诸儒纷纷引经注律，律令章句之学蓬勃兴起。这虽然促进了法律注释的发展和律学的形成，但也造成了律令章句日趋"繁杂"的问题。《泰始律》进行精简，经过这次改革，律令二者仅留60卷2926条，故其以"刑宽禁简"[①] 而著称。

3. 再度改革刑制

《泰始律》首先将曹魏五刑的七种三十七等，进一步简化为五种二十余等，即死刑三等、髡刑四等、赎刑与罚金各五等，另加杂抵罪若干等。经过这一简化，完刑与作刑合并于髡刑之中，五刑制度真正名副其实。另外，《泰始律》再次缩小亲属株连范围，使刑罚制度继续朝相对减轻、宽缓和文明的方向发展进步。

4. 增加律疏注释

《泰始律》颁行后，因律文简约，内容易生歧义，著名经学家与律学家张斐、杜预分别对律条进行注解，"兼采汉世律家诸说之长，期于折衷至当"[②]，明确诠释了许多名词、概念、术语的含义与区别，阐述了立法的宗旨与意图。这不仅为适用《泰始律》者提供了一致的标准，统一了人们对律条的不同理解，而且弥补了律文内容的缺陷和不足。该注释完成后，经晋武帝审查批准，正式下诏颁行全国，成为与晋律条文内容具有同等法律效力的官方法律解释。后世把该注释与晋律本文合为一体，统称为"张杜律"。晋律注总结、汲取古

---

① 《晋书·贾充传》。
② 程树德：《九朝律考·晋律考序》。

第六章 三国两晋南北朝时期的法律制度

代刑法理论与立法经验，因而取得较高的立法成就和水平，对后世的法制建设产生了重大影响。

东晋一代，继续沿用"张杜律"，未进行新的立法活动。

（三）南北朝时期的立法

1. 南朝的立法

宋、齐均沿用晋律。统治阶层崇尚玄学与佛学，蔑弃礼法，以清淡为高雅，以法理为俗务，优于词章，疏于律令。刘宋 50 多年未立新制，萧齐仅于武帝永明七年（公元 489 年）由王植、宋躬据《晋律》张、杜二注，抄撰同异，其旨在统一二注，成律文 20 卷，史称《永明律》，共 1532 条。但终因意见不一，结果是"事未施行，其文殆灭"。梁武帝萧衍代齐，于天监元年（公元 502 年）诏蔡法度、沈约等人依照《永明律》修订《梁律》，次年成 20 篇，共 2529 条。但与《晋律》相比，篇目次第依旧，仅名称有所改易，作了些删削辞句统一注释的工作，未超出晋律范围。同时还颁有《梁令》、《梁科》各 30 卷。梁季丧乱，陈霸先废梁敬帝萧方智，自立为帝之后，认为梁律"纲目滋繁"，"宪章遗紊"，诏尚书删定郎范泉等修订律令，撰成《陈律》、令、科各 30 卷，皆早失传。史载《陈律》"条流冗杂，纲目虽多，博而非要"，其"篇目条纲，轻重繁简，一用梁法"①。因而陈律实质上仍是晋律的继续。

2. 北朝的立法

北朝立法始于北魏。建立该政权的鲜卑族拓跋部入居中原后，为了适应其统治汉族居民为主体的北方各族民众的需要，十分注意学习中原地区汉族政权先进的立法技术与法律文化，迅速摒弃本民族的一些落后、野蛮的习惯法，开始走上了重视法制建设的道路。早在道武帝拓跋珪建立北魏政权初期，即决定制定成文法律。此后，历经太武帝、文成帝、孝文帝、宣武帝四代，又先后多次进行重大立法活动，终于编成北魏一代重要成文法典《北魏律》。该律共有 20 篇，但唐代以前即已散失，目前仅存 15 篇篇目。由于《北魏律》是经崔浩、高允等数十名著名的律学家先后参与修订，并广泛吸收了汉晋以来律学的成果，"综合比较，取精用宏"，内容有所发展，因此在法制史上具有一定影响。

北魏分裂为东魏与西魏两个政权。东魏孝静帝天平年间（534～537 年），下诏"群臣于麟趾阁议定新制"②，兴和三年（541 年）颁布实施，史称《麟趾格》。西魏大统元年（535 年），也着手制定新律。至大统十年，以三十六条

---

① 《隋书·卷二十五·志第二十》。
② 《魏书·卷十二·孝静帝纪》。

新制"为中兴永式，乃命尚书苏绰更损益之，总为五卷，班于天下"①，是为《大统式》。

北齐取代东魏后，初时援用其《麟趾格》，不久便着手制定律令，至武成帝河清三年（564年）完成，前后费时14年，史称《北齐律》。它共有12篇949条，其篇目为：名例、禁卫、婚户、擅兴、违制、诈伪、斗讼、贼盗、捕断、毁损、厩牧、杂律。《北齐律》是当时具有最高水准的封建法典，在中国古代法典发展史上起着承前启后的重要作用，对隋唐立法具有重大影响。《北齐律》的立法成就，主要可概括为以下三个方面：

（1）它开创了十二篇的律典体例。在制定《北齐律》的过程中，立法者认真总结《法经》以来律典篇目不断增多的利弊，经过"部分科条，校正今古，所增损十有七八"②，最终将其精简合并为《名例》、《禁卫》、《婚户》、《擅兴》、《违制》、《诈伪》、《斗讼》、《贼盗》、《捕断》、《毁损》、《厩牧》、《杂律》12篇949条。这一篇目结构，是律典体例日趋成熟完善的结果，代表了当时律典编纂技术的最高水平。

（2）它首创了《名例律》的律典篇目。《北齐律》将晋律创立而为南朝、北魏、北周各代律典所沿用的《刑名》、《法例》两篇合为《名例律》一篇，进一步突出了律典总则的性质和地位，也使律典的体例结构更加规范。

（3）它突出了科条简要的立法特点。经过魏律对"旁章科令"的删繁就简，又经过晋律对"律令章句"的精简删削，律令条目大为减少，但仍多达2926条。《北齐律》再度合并加工，将全部律文缩减到949条，实现了"法令明审，科条简要"的立法要求，使律典内容的取舍达到一个新的水平。

在三国两晋南北朝各代的立法活动中，《北齐律》的立法水平最高，所取得的立法成就也最大，堪称以前历代立法技术与立法经验的结晶。在中国古代法律编纂史上，它对后世立法影响极大。隋朝《开皇律》即以《北齐律》为蓝本，唐律又以《开皇律》为依据，而唐律又成为宋元明清各代的立法基础，并直接影响到周边亚洲其他国家法律制度的发展。

南北朝相比而言，南朝各代统治者因循守旧，缺乏改革进取精神，而北朝各代掌权者多为北方入主中原的少数民族，他们为求生存而锐意革新，积极汲取比较先进的中原汉族文化思想与各种规章制度。程树德曾十分中肯地评论道："自晋氏失驭，海内分裂，江左以清谈相尚，不崇名法。故其时中原律学，衰于南而盛于北。北朝自魏而齐而隋而唐，寻流溯源，自成一系，而南朝

---

① 《周书·卷二·帝纪第二》。
② 《北齐书·崔昂传》。

第六章 三国两晋南北朝时期的法律制度

则与陈氏之亡而俱斩。窃尝推求其故，而知南朝诸律，实远逊北朝，其泯焉澌灭，盖有非偶然者。"① 并断言："南北朝诸律，北优于南。"②

二、法律形式的发展

汉朝法律表现形式主要是律、令、科、比，但对律与令等法律形式的关系尚无明确界定。所以，当时有"前主所是著为律，后主所是疏为令"③ 的说法。令既是律的补充，也是修订旧律或制定新律的渊源。有一些律也可以称为令，如《除钱律》、《除挟书律》，也称为《除钱令》、《除挟书令》。

三国两晋南北朝时期，法律表现形式多样化，以律为主，辅之以令、科、比、格、式等。东汉后期以来，私人注律蜂起，推动律学发展，也对各种法律形式的内涵予以初步划分。至西晋时，律与令的概念有了严格的区分。杜预《律序》说："律以正罪名，令以存事制"④；"违令有罪则入律"。可见，律是相对稳定的刑事性成文法典，主要作用是惩罚犯罪，维持统治阶级所需要的社会秩序；令的含义则不同于汉朝，不再是指皇帝的诏令，而是国家关于礼仪典章教化方面的临时规定，仅仅是对律的补充。

科亦是对律的补充。三国时代前期，魏、蜀、吴都曾沿袭汉律，但又感到汉律已不适应形势变化的需要，多制科以补其不足。南朝梁、陈科制繁杂，多达30多卷。北魏则以格代科，东魏亦有《麟趾格》。但这里的格同科一样，具有刑事单行法规性质，不同于隋唐时期作为行政法规的格，因而逐渐失去独立存在的价值。至隋唐时期，科的内容为律所吸收，不再通行。

比即汉朝的决事比，在司法实践中也逐步完善，为唐律"诸断罪而无正条"规定，"举重以明轻"或"举轻以明重"原则的产生积累了经验。

式首见于汉朝的品式章程。西魏的《大统式》首创式的编纂先例。

三国两晋南北朝时期，上承汉朝的律、令、科、比，又增加格、式，为隋唐时期律、令、格、式法律形式的定型开了先河。

---

① 程树德：《九朝律考》。
② 程树德：《九朝律考》。
③ 《汉书·卷六十·杜周传》。
④ （北宋）李昉等：《太平御览》卷638，中华书局1985年影印本。

第六章 三国两晋南北朝时期的法律制度

第二节 法典编撰技术的成熟完善与律学的发展

一、法典编纂技术的成熟完善

中国古代成文法典的编纂，奠定于战国李悝的《法经》，秦汉两代又有很大发展。但当时法律形式繁多，法律条文冗杂，或有所重复，或有所缺漏，法典体例也不尽科学完善。在三国两晋南北朝时期近4个世纪里，各个割据政权为在群雄竞争的环境下求得生存与发展，不断总结调整统治策略与统治手段，其中也包括对法律的改革，从而使法律制度出现很多突破性的进展。从曹魏律、晋律到北齐律，立法技术不断改革创新，法典篇章体例结构趋于定型。

首先，在篇目上，自《曹魏律》起，法典篇目多次经过扩充和反复修订，至《北齐律》精简为12篇，这种由简到繁的丰富扩充，又由繁至简的高度概括，反映出法典编纂技术的日益提高。《曹魏律》将其《九章律》中的《盗律》有劫略、恐吓等内容分出，增加了一篇《劫略律》；《九章律》中的《贼律》有欺谩、矫制、诈伪等内容，《囚律》有诈伪生死的规定，《令丙》中也有诈自复免等内容，其重复设置繁而不当，《曹魏律》将其统一起来，增加了《诈伪律》一篇。经过这些改革，克服了旧律"篇少而文荒，文荒则事寡，事寡则罪漏"[1]的问题，从《九章律》的9篇增加为18篇。在《晋律》中，出于调整日益频繁的贸易活动、规范交通往来、封邦建国及预防水火灾害的需要，增设了《关市》、《水火》、《诸侯》3篇新的内容，篇目增加为20篇。《北齐律》则将篇章结构压缩为12篇，保留了必要的篇目，使体例内容更为精练。

其次，调整法典体例结构，《曹魏律》将《九章律》中的《具律》改为《刑名》，置于法典首篇，突出其以总则性质统率全律的地位。《晋律》则在《刑名》篇后增加了《法例》篇，共同构成法典的总则部分，丰富了总则的内容。《北齐律》则将《刑名》、《法例》两篇合为《名例》一篇，进一步突出了其总则性质和作用。《名例律》的创立，亦为后世历代立法所继承。即使《大明律》将法典结构更改为7篇，也仍然保留了《名例律》居于全律首篇的总则地位。

最后，在法典内容的精简整理方面，魏律大幅度增加了"正律"的篇目内容，省略大量的"旁章科令"，明确了律与其他法律形式的主次关系，确立

---

[1] 《晋书·卷三十·志第二十》。

第六章 三国两晋南北朝时期的法律制度

了法典作为国家基本大法在法律体系中的主导地位。晋律在引礼入律的过程中，对汉代以来的"律令章句"进行系统整理，律令二者仅存 60 卷 1926 条 126300 字，使得法典的编纂制定更为规范简约。北齐律总结借鉴历代立法经验，继承发展魏晋以来的律学成就，将法典内容进一步精简，仅保留了 949 条，实现了"法令明审，科条简要"的立法特点，代表当时立法技术与法典编纂的最高水平。

二、律学的发展

早在春秋时期，人们就对一些法律术语作出过自己的解释。例如针对《左传》昭公十四年引《夏书》收录的"昏、墨、贼、杀，皋陶之刑"的规定，晋国的叔向即作出解释："己恶而掠美为昏，贪以败官为墨，杀人不忌为贼。"战国李悝制定的《法经》贯穿了"王者之政，莫急于盗贼"的原则，而针对"盗贼"罪的含义，荀子也作出过"窃货曰盗，害良曰贼"的解释。这些解释对于人们理解和执行法律都起到了良好的作用。汉武帝独尊儒术以来，一些经学家纷纷以儒家经典和儒学思想说经解律，但都是私家以个人之见解律，彼此差异甚大，不利于法的统一，更不利于司法机关的执法。司法实践要求对法律有统一的、权威的解释。于是，三国两晋南北朝时期，陆续涌现出一大批律学家。如曹魏时期的刘劭、陈群、钟繇、王郎，西晋的张斐、杜预，南齐的王植之，南陈的王冲、殷不害，北魏的羊祉，北齐的封述，北周的徐招等。其中以张斐、杜预对晋律的注释成就最为突出。

杜预（222~284 年）"与车骑将军贾充等定律令，既成，预为之注解"①，上奏于朝廷。他首先解释了立法应遵循的原则："法者，盖绳墨之断例，非穷理尽性之书也。故文约而例直，听省而禁简。例直易见，禁简难犯。易见则人知所避，难犯则几于刑厝。"② 基于这一认识，他对《晋律》进行了全面解释："今所注皆网罗法意，格之以名分。使用之者执名例以审趣舍，伸绳墨之直，去析薪之理也。"③ 在他看来，只有通过对律的注释，了解法的精神，明确律文的真正含义，才能准确地适用法律和依法断案。

张斐以廷尉明法掾的身份为《晋律》作注，首先详细阐明了具有总则性质的"刑名"篇的作用："'刑名'所以经略罪法之轻重，正加减之等差，明

---

① 《晋书·卷三十四·列传第四》。
② 《晋书·卷三十四·列传第四》。
③ 《晋书·卷三十四·列传第四》。

发众篇之多义，补其章条之不足，较举上下纲领。"① 接着，又通过注释揭示了《晋律》各篇的含义，弥补了条目的疏漏，并对一些法律概念作出解释，使之明确化、严密化。《隋书·经籍志二》记载有张斐《汉晋律序注》1卷、《杂律解》21卷，但皆已失传。不过，《晋书·刑法志》摘引了张斐所上"注律表"的部分内容，其中对立法原则、律文适用等作了说明，并对故、失、谩、诈、不敬、斗、戏、贼、过失、不道、恶逆、戕、造意、谋、率、强、略、群、盗、赃等20个法律术语作出了解释，其中不少解释是非常准确、精辟的。如"知而犯之谓之故"，"意以为然谓之失"，"违忠欺上谓之谩"，"背信藏巧谓之诈"，"二人对议谓之谋"，"取非其物谓之盗"等。显然，注释者注意到，在具体案件中，行为人行为的主观动机的状态是有区别的。对其作出准确的界定，对于区罪与非罪以及此罪与彼罪都很有现实意义，对于中国古代注释法学的发展也有重要影响。后来长孙无忌等人对唐律的疏议，更是从中受到启发。

资料：

其知而犯之，谓之故意。以为然，谓之失；违忠欺上，谓之谩。背信藏巧，谓之诈；亏礼废节，谓之不敬；两讼相趣，谓之斗；两和相害，谓之戏；无变斩击，谓之贼；不意误犯，谓之过失；逆节绝理，谓之不道；陵上僭贵，谓之恶逆；将害未发，谓之戕；唱首先言，请之造意；二人对议，谓之谋；制众建计，谓之率；不和，谓之强，攻恶，谓之略；三人，谓之群；取非其物，谓之盗；货财之利，谓之赃；凡二十者，律义之较名誉也。夫律者，当慎其变，审其理。②

第三节　法律内容的重大变化

一、刑罚制度的发展变化

（一）刑罚体系的改革

在汉朝刑制改革的基础上，三国两晋南北朝的刑罚制度又有了进一步的改革，总的趋势是刑罚渐轻。

汉末曹魏以来，曾对是否恢复肉刑展开了激烈的争论。明帝修订《新律》时力排众议，拒绝恢复肉刑，最终《新律》将法定刑分为死、髡、完、作、

---

① 《晋书·卷三十·志第二十》。

② 张斐：《注律表》。

第六章 三国两晋南北朝时期的法律制度

赎、罚金、杂抵罪等数种。并减轻某些刑罚，如废除投书弃市，限制从坐范围，禁诬告和私自复仇等。

晋律定刑为五种，即死、髡、赎、杂抵罪和罚金，死刑有三，分别是枭首、腰斩、弃市；髡刑有四，分别是髡钳五岁刑，笞二百，和四、三、二岁刑；赎罪有五（适用于非恶意的犯罪），分别是赎死缴金二斤，赎五、四、三、二岁刑则依次缴金一斤十二两、一斤八两、一斤四两和一斤；杂抵罪和罚金也各有五等。

《北魏律》定刑为六，即死、流、宫、徒、鞭、杖。《北齐律》承其后，最终确立死、流、徒、鞭、杖五刑。

这一时期刑罚种类的变化，是对西汉文景时期以废除肉刑为主要内容的刑制改革的继承和发展，为隋唐时期封建制五刑的正式形成奠定了基础。

（二）宫刑与斩右趾刑的废除

宫刑是奴隶制五刑中仅次于死刑的残酷肉刑，它的存在有两个作用：一是对罪行严重应当处以宫刑者给予制裁；二是对应当判处死刑但又不是非杀不可者改处宫刑，起到代死之刑的作用。西汉文帝废除肉刑时，曾废除宫刑，但由于当时没有找到可以作为代死之刑的新刑种，景帝即位后又将其恢复。流刑正式列入刑律后，为宫刑的废除提供了一种代用刑。至西魏大统十三年（547年），下诏禁止宫刑："自今应宫刑者，直没官，勿刑。"① 北齐天统五年（569年），也诏令废止宫刑："应宫刑者普免为官口。"② 自此，结束了长期使用宫刑的历史。

西汉文景时期改革刑制后，斩右趾刑并未真正废除。至魏晋南北朝时，斩右趾不仅从刑罚制度上废除，在司法实践中也不再使用。

（三）族刑连坐范围的缩小

案例：

毋丘甸妻女应从诛被宥案③

及（晋）景帝辅政，是时魏法，犯大逆者诛及已出之女。毋丘俭之诛，其子甸妻荀氏应坐死，其族兄与景帝姻，通表魏帝，以丐其命。诏听离婚。荀氏所生女芝，为颍川太守刘子元妻，亦坐死，以怀妊系狱，荀氏辞诣司隶校尉何曾乞恩，求没为官婢，以赎芝命。曾哀之，使主簿程咸上议曰："夫司寇作典，建三等之制；甫侯修刑，通轻重之法。叔世多变，秦立重辟，汉又修之。

---

① 《北史·西魏文帝纪》。
② 《北齐书·后主纪》。
③ 《晋书·刑法志》。

第六章 三国两晋南北朝时期的法律制度

大魏承秦汉之弊，未及革制，所以追戮已出之女，诚欲殄丑类之族也。然则法贵得中，刑慎过制。臣以为女人有三从之义，无自专之道，出适他族，还丧父母，降其服纪，所以明外成之节，异在室之恩。而父母有罪，追刑已出之女；夫党见诛，又有随姓之戮。一人之身、内外受辟。今女既嫁，则为异姓之妻，如或产育，则为他族之母，此为元凶之所忽，戮无辜之所重。于防则不足惩奸乱之源，于情则伤孝子之心。男不得罪于他族，而女独婴戮于二门非所以哀矜女弱，蠲明法制之本分也。臣以为在室之女，从父母之诛；既醮之妇，从夫家之罚。宜改旧科，以为永制。"于是有诏改定律令。

封建社会实行一人犯罪株连全家的连坐原则。如秦汉时的夷三族，对犯反逆大罪者，不仅本人往往处以具五刑的酷刑，而且家庭成员和社会关系中属于父族、母族、妻族的人员也要处死。

至曹魏时期，《新律》修改汉律的"贼律"内容，规定："但以言语及犯宗庙园陵，谓之大逆无道，要（腰）斩，家属从坐，不及祖父母、孙。"① 此后不再隔代株连。

曹魏前期有"犯大逆者诛及已出之女"的规定，"父母有罪，追刑已出之女；夫党见诛，又有随姓之戮。一人之身，内外受辟"②。针对这种"男不得罪于他族，而女独婴戮于二门"的不公平现象，司隶校尉何曾建议："在室之女，从父母之诛；既醮之妇，从夫家之罚。宜改旧科，以为永制。"得到采纳，"于是有诏改定律令"③。这是最早的关于连坐刑不株连已出嫁女的法律规定。

北魏原有"门诛"刑，亦称"门房之诛"，凡犯大逆罪者，全家不分男女老少，满门抄斩。太武帝时，改为"大逆不道腰斩，诛其同籍，年十四已下腐刑，女子没县官"④。孝文帝延兴四年（474年），下诏规定："自今以后，非谋反、大逆、干纪、外奔，罪止其身而已"⑤，"罢门房之诛"。太和五年（481年）再次下诏，又对"族诛"刑的株连范围加以限制："其五族者，降止同祖；三族，止一门；门诛，止身。"⑥

南朝梁律仍有连坐刑的规定，但对株连范围也有一定限制："其谋反、降

---

① 《晋书·卷三十·志第二十》。
② 《晋书·卷三十·志第二十》。
③ 《晋书·卷三十·志第二十》。
④ 《魏书·刑罚志》。
⑤ 《魏书·高祖纪》。
⑥ 《魏书·高祖纪》。

第六章 三国两晋南北朝时期的法律制度

叛、大逆已上皆斩。父子同产男，无少长，皆弃市。母妻姊妹及应从坐弃市者，妻子女妾同补奚官为奴婢，赀财没官。"① 梁武帝中大同元年（546年）又下诏："自今犯罪，非大逆，父母、祖父母勿坐。"②

总之，株连范围的不断缩小，是这一历史时期刑法发展的总趋势。

二、引礼入律的新阶段

自西汉中期以来，开始出现儒家经义法律化和法律制度儒家化的倾向。西汉的春秋决狱蔚然成风，东汉的引经注律和律令章句蓬勃兴起，无不昭示着法律与儒学的进一步紧密结合。发展至魏晋南北朝时期，统治者进一步贯彻儒家倡导的礼义原则、等级秩序和伦理道德精神，直接"纳礼入律"，将儒家的准则规定为法律制度，立法活动进入引礼入律的新阶段。"准五服以制罪"原则的产生，"重罪十条"罪名的确立，都是引礼入律、礼法合流的重要表现。

（一）官僚贵族特权法的加强

汉末魏晋以来，豪族地主阶级经济实力不断扩大，官僚贵族集团垄断地位日益加强。一部分世家大族在既得利益的驱使下，极力维护儒家强调的社会等级秩序，拼命用法律手段建立和巩固士族门阀制度，促进了封建世袭特权法的急剧发展。其主要表现包括"八议"制度入律，"官当"制度出现，九品中正制产生，官品占田荫户制确立等各个方面。

1. "八议"制度入律

案例：

许允职事犯罪案③

（许）允字士宗，世冠族。父据，仕历典农校尉、郡守。允少与同郡崔赞俱发名於冀州，召入军。明帝时为尚书选曹郎，与陈国袁侃对，同坐职事，皆收送狱，诏旨严切，当有死者，正直者为重。允谓侃曰："卿，功臣之子，法应八议，不忧死也。"侃知其指，乃为受重。允刑竟复吏，出为郡守，稍迁为侍中尚书中领军。

曹魏政权制定《新律》时，为了笼络官僚贵族集团，维护统治阶级利益，以周礼的"八辟"之法为蓝本，将"八议"制度首次订入律典，标志着官僚贵族司法特权正式法律化制度化。

所谓"八议"，即议亲（皇亲国戚）、议故（皇帝故旧）、议贤（德行修

---

① 《隋书·卷二十五·志第二十》。
② 《隋书·卷二十五·志第二十》。
③ 《三国志·魏书·夏侯尚传》。

养高的圣贤)、议能(才能卓越者)、议功(功勋卓著者)、议贵(高级权贵)、议勤(勤谨辛劳者)、议宾(前代国宾)。根据"八议"制度的规定,上述八种特殊人物犯罪,不适用普通诉讼审判程序,一般司法官员也无权直接审理,必须上报皇帝进行议决,予以宽宥赦免处理。所以,"八议"制度正式入律,使一部分官僚贵族地主取得了凌驾于国家法律之上的司法特权,充分体现了法律适用方面的贵贱尊卑等级秩序。这项制度对后世特权法的发展影响极大。《唐六典》卷六注称:"八议自魏、晋、宋、齐、梁、陈、后魏、北齐、后周及隋皆载于律,是八议入律始于魏也。"事实上还远不止如此,它在中国历史上曾沿用1680余年,直到清朝末年才正式废止。

2. "官当"制度出现

为了进一步保障官僚贵族集团的司法特权,继曹魏时期"八议"制度正式入律之后,两晋南北朝法律又创立了"官当"制度。所谓"官当",原指某些官僚犯罪后,允许以其官职抵罪并折当徒刑。后来一些贵族犯罪后,也可用其爵位抵罪并折当刑罚。

西晋虽无"官当"之名,但晋律已有以官职抵罪并折当劳役刑的规定。例如"除名比三岁刑";"免官比三岁刑,其无真官而应免者,正刑召还也"①等律文内容,即允许以削除官籍或免除官职折抵3年劳役刑。

北魏进一步扩大"官当"制度适用的对象范围,首创以爵位抵罪并折当劳役刑的制度。《后魏律·法例律》明确规定:"五等列爵及在官品令从第五,以阶当刑二岁。"五等爵位或从五品以上官职,均可折当2年劳役刑。

南朝陈代的"官当"制度更为系统完备。《陈律》规定:"五岁四岁刑,若有官,准当二年,余并居作。其三岁刑,若有官,准当二年,余一年赎。若公坐过误,罚金。其二岁刑,有官者,赎论。一岁刑,无官亦赎论。"按照这一规定,每位官员的官职可以折当2年劳役刑;如判处5年或4年刑者,未折当部分须服刑;但3年刑者,未折当的1年刑可以赎免;若属因公过失犯罪或无意误犯,则可缴纳罚金折抵刑罚;而普通人只限于1年刑方可赎免。

"官当"制度是典型的官僚贵族特权法,集中反映了统治阶级以法律形式维护自身利益的意志和要求。自魏晋南北朝时期形成以来,它一直为隋、唐、宋各代所继承沿袭。但由于它与君主专制集权统治及其对吏治的干预控制存在矛盾,因而为元、明、清三代法律所摒弃。

---

① (北宋)李昉等:《太平御览·卷六五一·刑法部十七》,中华书局1960年版,第2909页。

3. 九品中正制产生

九品中正制是曹魏时期创立、三国两晋南北朝时代长期沿用的一项选拔官吏的行政法律制度。由于东汉末年的连年战乱,"人士流移,考详无地",地方基层乡里组织遭到严重破坏,"乡举里选"的推荐用人制度也被迫终止。延康元年(220年)曹丕即位后,采纳吏部尚书陈群建议,开始实行九品中正制。根据这项制度规定,各地"州、郡、县俱置大小中正,各以本处人任诸府公卿及台省郎吏有德充才盛者为之"①,由他们按照出身家世、道德行状、才能大小等标准,将本地士人分别定为上上、上中、上下、中上、中中、中下、下上、下中、下下九等,提供给吏部作为选拔任用官吏的参考依据。

由于这些大小中正照例由担任中央高级官职的各地富室强宗兼任,他们为了维护本阶级利益,在品评人物时自然越来越注重出身家世标准,以便把本阶级的代表推举上来。这样,便逐渐出现了"计资定品"、"唯以居位为贵"的倾向,被品评推举的人物也就形成了"上品无寒门,下品无势族"②的局面。这种现象在两晋时期发展到顶点,对南北朝时代也产生了很大影响。因此,九品中正制实际成为官僚贵族集团尤其是门阀士族阶层垄断官职权势地位、巩固等级特权的政治法律工具。

4. 官品占田荫户制确立

为了维护统治阶级经济利益,西晋太康元年(280年)《户调式》规定了官品占田荫户制的法律内容,明确赋予各级官僚贵族按照官品高低依法占有免税土地和免役人口的经济特权。根据规定,一至九品官可占有五十顷至十顷土地,每品之间相差五顷;同时,可以荫庇九族至三世的亲属,占有三名至一名衣食客和五十户至一户佃客。这部分土地和人口,并非是限制他们占有的法定限额,而是法律允许他们可以享受免税特权或免向国家服役的合法数额。在此之外,他们完全还可以额外占有,只不过要向国家纳税服役而已。因此,官品占田荫户制不但不是限田限客制度,反而是以法律形式保障他们经济特权的等级制度。

这一制度对东晋南朝影响很大。刘宋大明(457~464年)年间,即仿效此法颁布了官品《占山格》,规定一至二品官可占山三顷,三至四品二顷五十亩,五至六品二顷,七至八品一顷五十亩,九品及百姓一顷。这实际是官僚贵族特权法在经济领域的进一步扩大。

---

① (宋元)马端临:《文献通考·卷二十九·选举考一》。
② (宋元)马端临:《文献通考·卷二十九·选举考一》。

第六章 三国两晋南北朝时期的法律制度

(二)"重罪十条"的确立

严重侵犯统治阶级利益的行为,历代皆有,名称不一,刑罪各别,如"谋反"、"大逆"、"不敬"、"不孝"等,比秦汉更早即已有之。汉晋以后,各朝法律中此类罪名更多。《北齐律》总结前代统治经验,归纳了严重危害封建政权以及封建纲常礼教的十种犯罪,称为"重罪十条",即"一曰反逆,二曰大逆,三曰叛,四曰降,五曰恶逆,六曰不道,七曰不敬,八曰不孝,九曰不义,十曰内乱。其犯此十者,不在八议论赎之限"。处刑较一般犯罪为重。

《北齐律》首次规定"重罪十条",明确了法律重点打击的对象,增加了刑律的威慑与镇压作用,使得封建礼教与法律进一步融合,这是自汉朝开始的以儒家思想改造法律的继续。到隋代《开皇律》,将其发展为"十恶",此后一直作为封建刑事立法的一项基本原则而沿用。

(三) 五服制罪与存留养亲

在中国,早就有卑幼侵犯尊长要加重刑罚的规定。随着两汉以后法律的儒家化,《晋律》进一步规定在刑罚适用上要实行"峻礼教之防,准五服以制罪"的原则,即亲属之间相犯要按照五等丧服制度来定罪量刑。

所谓服制,是中国古代以丧服为标志,来规定亲属的范围、等级,亦即亲属关系亲疏远近的制度。中国旧制将亲属分为宗亲、外亲和妻亲三类。以宗亲为例,上至高祖,下至玄孙,依直系、旁系的亲疏关系为等差,将丧服分为五等,每等的服丧期限和丧服质地均不同分别为:(1)斩衰3年,用极粗生麻布为丧服,缝边,衣服不缝边。(2)齐衰,用次等粗生麻布为丧服,缝边,服期为1年(期年)或1年以下。(3)大功,用粗熟麻布为丧服,服期为9个月。(4)小功,用稍粗熟麻布为丧服,服期为5个月。(5)缌麻,"五服"中最轻的一种。用较细熟麻布制成,做工也较"小功"为细,服期为3个月。丧服是确定亲等的标志,在服丧期内有许多禁忌。五服之内为有服亲属,其他亲属为无服亲。

五服制度明确划分了封建家庭内部的等级关系,亲疏远近,一目了然。而《晋律》实行"准五服以制罪"的原则,更是扩大了服制的适用范围,促进了礼律的进一步结合。在封建刑事立法上,对亲属相犯案件,服制成了确定刑罪轻重的依据。一般说,服制越近,以尊犯卑,处置越轻;以卑犯尊,处罚越

— 145 —

第六章 三国两晋南北朝时期的法律制度

重。反之,服制越远,以尊犯卑相对变重,以卑犯尊相对减轻。在民事法律关系上,也可依服制决定赡养抚养和继承等方面的权利与义务。这是封建家族主义在法律上的具体表现,是儒家伦理纲常法律化的又一标志。

"五服"制罪原则的确立,使得儒家的礼仪制度与法律的适用完全结合在一起,是自汉代开"礼律融合"之先河以来封建法律儒家化的又一次重大发展,它不仅体现了晋律"礼律并重"的特点,也是中国封建法律伦理法特征的集中表现。自西晋定律直至明清,各封建王朝都将这一原则贯彻于法律中,明清律还将丧服图载于律首,以备司法官查验。

资料:

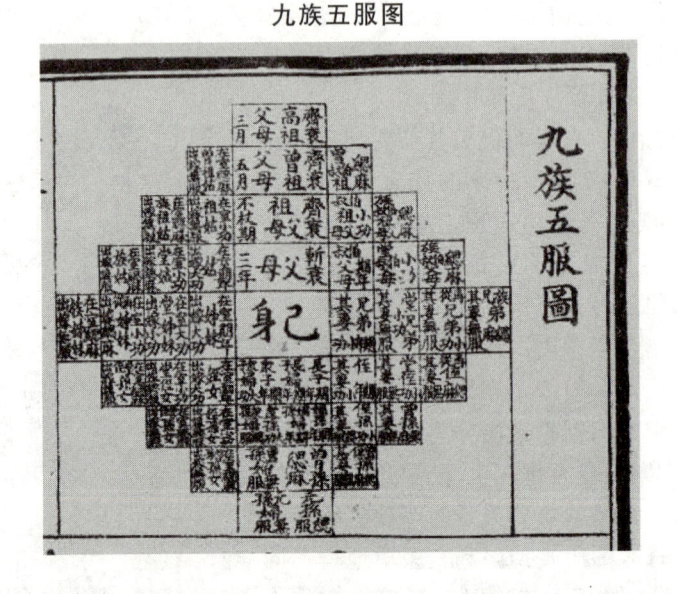

九族五服图

"存留养亲"制度是北魏孝文帝拓跋宏公元488年下诏创制的。《北魏律·名例》规定:"诸犯死,若祖父母、父母七十以上,无成人子孙,旁无期亲者,具状上请,流者鞭笞,留养其亲,终则从流,不在原赦之例。"即当出现犯人直系尊亲属年老应侍而家无成丁的情况时,如果死罪并非十恶,允许上请,流刑可免发遣,徒刑可缓期,将犯人留下照顾老人,老人去世后再实际执行。按儒家孝的伦理观念,子孙必须尽养老送终的义务。孝文帝特制令格,曲法伸情,对于身犯死罪,父母、祖父母陷入绝嗣和无人赡养者,让他们暂留在家养老送终后再执行死刑。这是中国古代法律家族化、伦常化的具体体现。

我国汉魏以来,法律的儒家化即突出体现在以礼率法和纳礼入律上,儒家的礼纷纷以法律形式确定下来,许多宗法伦理道德规范直接提升为法律规范。孝文帝汉化改革中的法制建设正是继承了这一传统,并有新的发展。留养制度在北魏时入律,此后为后世所沿袭。它强调维护家庭关系的稳定,是中国古代法律家族化、伦理化的体现。

第四节 三国两晋南北朝时期的司法制度

一、司法机关

三国两晋南北朝处于长期分裂、战乱、割据时代,但为了维护各自的专制统治,各个政权仍很重视司法制度的建设。总的说来,三国两晋南北朝的司法制度基本继承沿袭东汉,中央大都仍以廷尉为最高审判机构。但其中也有一些新的变化,如孙吴曾设大理,北周改称秋官大司寇,北齐则改设大理寺,并扩大了机构编制。值得注意的是,自魏明帝时起,采纳卫觊建议,首次在廷尉中增设律博士一职,负责教授法律,培养司法人员,成为我国最早设置的专门从事法律教育的机构和官员。该项制度为西晋以后所继承,并在北齐时由1人的编制增至4人,表明当时的统治者比较重视法律教育,并开始注意对司法人员进行专业培养。

地方仍实行行政与司法不分、行政机关兼理司法审判事务的体制。从东汉末年起,州由原来中央划定的地方监察区域变为一级正式的地方行政机构,地方司法审级增加为州、郡、县三级。

二、司法审判制度

(一)皇帝直接审判录囚

三国两晋南北朝时期,为了加强专制君主对司法审判权的控制,皇帝直接干预或亲自参加司法审判活动的现象非常普遍。魏明帝就常说:"狱者,天下之性命也。"他不仅对立法活动极为重视,专门组织制定了曹魏一代的基本大法《新律》,而且对司法审判活动也十分关注,曾于太和三年(229年)特意把平望观改名为听讼观,将其变成凌驾于廷尉之上的临时最高法庭,"每断大狱,常幸观临听之"[①]。南朝宋武帝也经常在华林园、延贤堂等处"听讼"决狱,仅永初元年(420年)12月至第二年10月的不完全统计,在不到1年的时间里就多达6次。其后的宋文帝、宋孝武帝等也继承这一传统,常常"听讼"决狱。大明三年(459年),孝武帝还下诏重申:今后凡重要案件,一律立即上奏,由皇帝亲自裁断,不得拖延。北周武帝也常"听讼"决狱,"听讼

---

① 《三国志·魏书·明帝纪》。

第六章 三国两晋南北朝时期的法律制度

于正武殿，自旦及夜，继之以烛"①。

为了加强对各级司法机关司法审判活动的监督检察，当时还普遍实行录囚制度，许多皇帝亲自参与审讯录囚活动。如大明七年，宋孝武帝曾专门前往建康秣陵县、南豫州及江宁、溧阳、永世、丹阳等县"讯狱囚"。不仅如此，皇帝也常派司法官员或亲近大臣前往各地审录囚徒。如梁武帝天监五年（506年）还明确下诏规定：钦差大臣前往各地牢狱录囚，遇有疑情或延滞要随时奏报。

南北朝时期，皇帝还通过案验制度监督检察各地的司法审判活动。根据刘宋以前的规定，县级机关作出的判决，由郡一级派督邮进行案验审核后即可执行。刘宋以后，因嫌督邮职位太低，改为由郡太守复核后方可执行。倘若郡太守难以裁断，还要逐级移送州刺史直至廷尉。因此，这实际构成了一套自上而下的逐级检察案验制度。

通过以上皇帝亲自干预或直接参与审判录囚以及逐级案验等制度，加强了上级对下级、中央对地方、专制君主对各级机关司法审判工作的检察监督与集权控制。

（二）改进上诉直诉制度

直诉作为制度成于西晋。直诉，即不依诉讼等级直接诉于皇帝或钦差大臣，是诉讼中的特别上诉程序。传说的周代路鼓、肺石之制，汉代缇萦上书文帝，以己身赎父罪，但均非一种定制。晋武帝设登闻鼓，②悬于朝堂外或都城内，百姓可击鼓鸣冤，有司闻声录状上奏。此后历代相承。如北魏太武帝时，"宫阙左面悬登闻鼓，人有穷冤则击鼓，由主管官吏公车上奏其表"③，南朝梁亦有"击鼓乞代父命"的记载。④

上诉直诉制度改变了以往不准越诉的规定，加强了上级司法机关对下级司法机关的检察监督，有利于及时发现或纠正冤假错案。同时，这项规定也促进了司法制度的集权化。

（三）完善死刑复奏制度

三国两晋南北朝时期，为了慎重对待和处理死刑重罪，也为了使皇帝直接控制大案要案，开始逐步完善死刑复奏制度。魏明帝青龙四年（236年），曾下令廷尉及各级狱官，"诸有死罪具狱以定，非谋反及手杀人，亟语其亲治，

---

① （宋元）李昉等：《太平御览·后周书·卷六三九》，中华书局1982年影印本。
② 《晋书·武帝纪》。
③ 《魏书·刑罚志》。
④ 《梁书·吉翂传》。

有乞恩者,使与奏",① 对要求恩赦的死罪重囚,要及时奏闻朝廷。宋孝武帝大明七年规定,凡死刑重犯须上报朝廷,由有关人员严加听察。北魏太武帝也明确规定,各地死刑案件一律上报奏谳,由皇帝亲自过问,必须无疑问或冤屈方可执行。这一死刑复奏制度直接影响到后世的司法审判与刑罚执行制度,曾发展为隋唐时期的死刑三复奏与五复奏制度。

(四) 发明刑讯逼供新法

三国两晋南北朝时期,在"刑乱国用重典"的指导思想下,司法制度带有明显的军事化、军法化倾向,而且发明了重枷、测罚、测立等一些非常残酷的刑讯逼供手段。

北魏孝文帝时,一些司法官员为了获取口供,开始使用重枷刑讯逼供,甚至将石头绁在犯人的脖颈上,勒入其骨肉。这是典型的体罚逼供酷法。

南朝梁武帝时,创立"测罚"逼供之法,即对拒不招供者先断食 3 天,再让家人送粥进食,如此循环往复,直至招供为止。这是用不让受审者进食的饥饿方式进行迫害的逼供之法。

陈武帝时,在"测罚"之法的基础上,又发明了更为野蛮的"测立"逼供酷法,即先对受审者分别鞭打 20 下、笞捶 30 下,再强迫其身负枷械刑具,站立于顶部尖圆仅容两足的一尺高小土垛上,以折磨逼供。根据具体情节,每次"测立"时间为七刻,当天上垛 2 次;每逢第 3 天、第 7 天反复上垛,每 7 天再度鞭打 1 次。这一刑讯逼供之法的残酷体罚目的更为明确。

这些刑讯逼供手段,从一个侧面反映了当时司法制度的腐败与黑暗,而这正是三国两晋南北朝时期社会形势极其复杂的结果。

本章习题

一、选择题

1. "八议"入律始于(　　)
 A. 曹魏《新律》　　B. 《晋律》　　C. 《北魏律》　　D. 《北齐律》
2. 第一次将"五服制罪"列入律典中,作为定罪量刑原则的是(　　)
 A. 《新律》　　B. 《大律》　　C. 《北魏律》　　D. 《晋律》
3. 将《刑名》、《法例》合为《名例》篇,置于律首的是(　　)
 A. 《新律》　　B. 《泰始律》　　C. 《北齐律》　　D. 《北魏律》

---

① 《三国志·魏书·明帝纪》。

第六章　三国两晋南北朝时期的法律制度

4.《晋律》颁行后，张斐、杜预两大律学家为之作注，经朝廷批准颁行天下，称为（　　）

　A.《法律答问》　　B.《大杜律》　　C.《小杜律》　　D.《张杜律》

5. 在曹魏《新律》的《刑名》篇后又增加《法例》，是律典总则部分变为两篇的律典是（　　）

　A.《九章律》　　B.《晋律》　　C.《北魏律》　　D.《北齐律》

6.《晋律》共有（　　）

　A. 十二篇　　　B. 十八篇　　　C. 二十篇　　　D. 六十篇

二、思考题

1. 简述《魏律》、《晋律》、《北齐律》的立法成就。
2. 简述"张杜律"的特点及对后世的影响。
3. 简述三国两晋南北朝时期刑法适用制度的发展变化。
4. 试析"上品无寒门，下品无势族"的含义及其形成原因。

三、案例分析

安陆应城县民张江陵与妻吴共骂母黄令死，黄忿恨自经死，值赦。律文，子贼杀伤殴父母，枭首；骂詈，弃市；谋杀夫之父母，亦弃市。值赦，免刑补冶。江陵骂母，母以之自裁，重于伤殴。若同杀科，则疑重；用殴伤及骂科，则疑轻。制唯有打母，遇赦犹枭首，无骂母致死值赦之科。（孔）渊之议曰："夫题里逆心，而仁者不入，名且恶之，况乃人事。故殴伤咒诅，法所不原，詈之致尽，则理无可宥。罚有从轻，盖疑失善，求之文旨，非此之谓。江陵虽值赦恩，故合枭首。妇本以义，爱非天属，黄之所恨，情不在吴，原死补冶，有允正法。"诏如渊之议，吴免弃市。

结合本案理解"礼法结合"在法律适用中的具体体现。

第七章 隋唐时期的法律制度

【重点提示】

《开皇律》的立法成就及其对唐律的影响；

唐律的篇章体例结构及《名例》篇的主要内容；

唐律的基本精神及历史地位；

唐朝司法机关体系与诉讼审判制度的主要特点。

经过三国两晋南北朝近 400 年的分裂割据，公元 581 年，北周外戚杨坚废掉北周静帝，自立为帝，改国号为隋。公元 589 年，隋文帝杨坚出兵灭掉南朝陈，从而结束了三国两晋南北朝长期分裂割据的局面，重新建立起统一的多民族封建国家。隋朝初期全国经济恢复发展，社会稳定，但隋文帝的儿子隋炀帝杨广即位后，兴建大运河，对高丽发动战争，使得社会矛盾激化，爆发了大规模农民起义，隋朝就此灭亡。

在隋末的农民大起义中，原隋朝大臣李渊趁机起兵，并于公元 618 年建立唐王朝，至公元 624 年基本平定全国。唐朝初年，以唐太宗李世民为首的统治者认真总结了隋朝二世而亡的经验教训，重视法制的稳定，缓和社会矛盾，这些措施促进了社会的稳定和经济的发展，出现了"贞观之治"和"开元盛世"的繁荣局面，成为继汉代以后我国封建社会又一强盛时期。但到唐玄宗李隆基统治后期，天宝十四年（公元 755 年）边境将领安禄山、史思明发动叛乱，是为"安史之乱"，唐王朝由盛转衰。此后外族侵扰连连，各地藩镇割据，人民大批流亡，社会经济倒退，朝廷内部接连出现文官党争、宦官专权的局面。社会矛盾的尖锐终于导致公元 847 年爆发了规模空前的农民大起义，黄巢领导的起义军一度攻下了长安，最后虽然被镇压了下去，但唐王朝的统治由此土崩瓦解。公元 907 年，原黄巢农民起义军将领朱温，自称皇帝，建立了梁朝，史称后梁，由此中国进入五代十国的分裂割据时期。

隋唐时期是中国古代国家和法律制度发展的繁荣鼎盛阶段。在总结历代立法经验和法制建设成就的基础上，唐朝完成了目前我国现存最早最系统完整的古代成文法典唐律，它直接影响着后世和周边国家的封建立法，成为中华法系

第七章 隋唐时期的法律制度

的代表作。唐朝确立的法制体系，包括法制思想、立法技术、法律内容、司法制度等各个方面，都代表了中国古代法制建设的最高水平。

第一节 隋朝法制概况

一、立法概况

(一) 隋初立法指导思想

案例：

秦王杨俊违制案①

秦王杨俊，隋文帝杨坚第三子。先后任扬州总管、并州总管。曾"违犯制度，出钱求息。民吏苦之"，又"盛治宫室，穷极侈丽"，文帝"以其奢纵，免官，以王就第"，即欲免除其官职，使其仅以亲王身份回封邑。大臣刘升劝阻："秦王非有他过，但费官物营廨舍而已。臣谓可容。"文帝不听。大臣杨素又劝阻说："秦王之过，不应至此，愿陛下详之。"文帝生气地说："我是五儿之父。若如公（你）意，何不别制天子儿律？以周公之为人，尚诛（违法的弟弟）管（叔）、蔡（叔），我诚不及周公远矣，安能亏法乎？"卒不许。

隋朝的法律思想，以隋朝初年隋文帝杨坚的法律思想为突出代表，集中反映在重视法制建设、厉行"法治"原则、贯彻"德主刑辅"思想、奉行"法令清简"政策等方面。

1. "专尚刑名"，"专任法令"

隋文帝统治前期，出于稳定社会形势、巩固新生政权的需要，非常重视进行法制建设。隋朝建立以后，他即刻下令制定《开皇律》，亲自指导这一重大立法活动，正式确立国家的基本法典，使当时的统治实现了有法可依。在"法治"思想的指导下，他不仅非常重视立法活动，而且特别强调以身作则、执法公正的重要性，身体力行，亲自处理了一些涉及子女亲友的违法案件。

2. "导德齐礼"，"以德代刑"

在"专尚刑名"、"专任法令"的同时，隋文帝也并不轻视"德礼教化"的重要作用，他始终是以西汉以来所确立的"德主刑辅"思想作为国家的法制指导原则。隋文帝进一步发展了"德主刑辅"的法律思想，创立了"以德代刑"和"刑可助化，不可专行"的法制政策。在隋文帝看来，德礼教化才是统治臣民的主要手段，刑罚镇压只能作为治理国家的辅助手段。

---

① 《隋书》卷四十五，《列传》第十卷，《文四子传》。

3. "取适于时","务当政要"

为了灵活有效地发挥法律制度的重要作用,隋文帝非常注意根据社会形势的变化和时事政治的需要,随时改革修订国家的法律政令。本着"帝王作法,沿革不同,取适于时,故有损益"① 的精神,在他的参与主持下,隋朝初年的统治阶层认真制定并反复修改了《开皇律》,使其成为代表当时最高立法成就的最系统完善的隋朝一代基本大法。

4. "法令清简","务在宽平"

在"取适于时"、"务当政要"的法律思想指导下,隋文帝进一步明确提出了"大崇惠政,法令清简"的立法原则,并把这一立法原则具体贯彻落实到立法活动与司法实践中。

(二) 主要立法活动

隋朝的立法活动主要有两次。第一次是制定《开皇律》。由于北周法律"比于齐律,烦而不要",开皇元年(581年),隋文帝下令修律,"乃采魏、晋旧律,下至齐、梁,沿革重轻,取其折衷"②。同年10月,"始行新律"。开皇三年,再行修订,史称《开皇律》。第二次是制定《大业律》。隋炀帝继位后,"以高祖禁网深刻,又敕修律令,除十恶之条"③。即认为《开皇律》刑罚过重,予以重修,于大业三年(607年)完成,史称《大业律》。

二、法律内容的发展变化

隋朝的《开皇律》并没有直接承袭北周之律,而是以北齐律为蓝本,适当参酌北周律,上承秦汉至北齐近800年法制发展成就,合南北法制之长,体现了重大的法制进步。这些进步主要体现在以下六个方面:

(一) 篇章体例定型化

《北齐律》中,对中国古代法典的篇章体例做出了重大改革,其律由名例、卫禁、婚户、擅兴、违制、诈伪、斗讼、贼盗、捕断、毁损、厩牧、杂律12篇构成。《开皇律》继承了北齐律的基本体例,稍作变更,定为名例、卫禁、职制、户婚、厩库、擅兴、盗贼、斗讼、诈伪、杂律、捕亡、断狱等12篇。这一律典编纂体例,为《唐律》、《宋刑统》所承袭,奠定了中国此后近700年律典的基本框架和体例。

不仅如此,从法典条文数量体制看,隋律也有奠基性。开皇元年的《开

---

① 《隋书·刑法志》。
② 《资治通鉴·卷第一百七十五》。
③ 《隋书·卷二十五》。

第七章 隋唐时期的法律制度

皇律》汇集南北朝各国法典，内容庞杂，条文多达 1800 条左右。开皇三年修律，删除 1200 余条，"定留唯五百条"①，12 卷。此一"五百条左右"的体系也为唐以后律典所继承，唐宋律典一直基本保持 500 条左右的体制。②

（二）封建制五刑法定化

确定国家的正式法定刑罚体系，历代王朝大多喜欢标榜为"五刑"。夏、商、周时期以墨、劓、剕、宫、大辟为五刑，秦汉两代律典并无"五刑"体系之称，三国曹魏《新律》"更依古义制为五刑"，《北魏律》、《北齐律》、《北周律》定死、流、徒、鞭、杖为五刑。《开皇律》承继北朝"五刑"体制，确定为笞、杖、徒、流、死五刑。这一体系，为《唐律》所继承，奠定了自隋初至清末近 14 个世纪中国刑罚的基本体系框架。

《开皇律》所确定的五刑是：一曰死刑，分为绞、斩二等；二曰流刑，有流一千里、一千五百里、二千里三等；三曰徒刑，有徒一年、一年半、二年、二年半、三年五等；四曰杖刑，有杖六十、七十、八十、九十、一百五等；五曰笞刑，有笞十、二十、三十、四十、五十五等。五刑总计为二十等之数。这一"五刑二十等"体例几乎为《唐律》完全继承，一直延续到清末变法之前。

（三）"十恶"制度的最后确定

《周礼》即把国家应重点惩治的犯罪归纳为八种，即所谓"乡八刑"③。从秦汉时代开始，就有"谋反"、"大不敬"、"不孝"、"内乱"、"不道"、"大逆无道"等表示国家应加重制裁的重大罪名。至北齐时代，《北齐律》正式归纳为"重罪十条"。《开皇律》承袭了"重罪十条"，略加修改，正式定名为"十恶"，分别为：一曰谋反，二曰谋叛，三曰谋大逆，四曰恶逆，五曰不道，六曰大不敬，七曰不孝，八曰不睦，九曰不义，十曰内乱。律首列举"十恶"并加重打击的制度，自隋至清末变法前一直是中国传统律典的最基本制度之一。

隋《开皇律》的"十恶"承继了《北齐律》"重罪十条"，但也有一些变化。

第一，从"重罪十条"改称"十恶"。中国自古对于重大犯罪一般称

---

① 《资治通鉴·陈纪·陈纪九》。
② 唐《贞观律》为 500 条；《永徽律》为 502 条；宋《宋刑统》为 502 条；明《大明律》为 460 条，清《大清律》为 459 条。条文数差别不大。
③ 《周礼·地官·大司徒》："以乡八刑纠万民。一曰不孝之刑，二曰不睦之刑，三曰不姻之刑，四曰不弟之刑，五曰不任之刑，六曰不恤之刑，七曰造言之刑，八曰乱民之刑。"

"罪"，很少称"恶"。隋律改称"十恶"，可能与隋文帝杨坚重视佛教，受了佛教"十恶"之说的影响。① 同时，称"恶"有一种更为强烈的道德判断含义，与汉代以来"礼法合一"的潮流相适应。

第二，删除"降"，增列"不睦"。这一变化实为降低"十恶"的国家利益评价含量，加重家庭伦理评价含量。

第三，在北齐的"反逆"、"大逆"、"叛"三罪名之前增加"谋"字，意在加大对于危害国家和皇权之行为的防范力度。从此以后，对于这类行为，不仅仅惩罚"已行者"，而且要"惩及于谋"，即对谋划犯罪、准备犯罪，甚至仅仅意欲犯罪者也加以制裁。

（四）减少酷刑，降低一些罪行的刑罚度

《开皇律》"蠲除前代鞭刑及枭首、辗裂之法，其流徒之罪皆减从轻"②。隋文帝在颁律诏书中称："帝王作法，沿革不同，取适于时，故有损益。夫绞以致毙，斩则殊刑，除恶之体，于斯已极。枭首辗身，义无所取。不益惩肃之理，徒表安忍之怀。鞭之为用，残剥肤体，彻骨侵肌，酷均脔切。虽云远古之式，事乖仁者之刑。枭辗及鞭，并令去也。"《开皇律》废除了北朝刑法中长期存在的枭首、辗身等酷刑，也废除了时人认为比较残酷的鞭刑，代之以较为人道的笞刑。

开皇三年（583年），文帝"以为律尚严密，故人多陷罪"，又命修律，"除死罪八十一条，流罪一百五十四条，徒杖等千余条。定留唯五百条"。

（五）重定"八议"、"官当"、"例减"、"赎刑"等封建特权制度

据《隋书·刑法志》记载，《开皇律》规定了"八议"和"例减"制度，"其在八议之科，及官品第七以上犯罪，皆例减一等"。又规定了"赎刑"制度，"其品第九以上犯者，听赎"。官员犯死罪亦可赎，"二死（绞斩）皆赎铜百二十斤"。还规定了"官当"制度，"犯私罪以官当徒者，五品以上一官当徒二年；九品以上一官当徒一年。当流者，三流同比徒三年。若犯公罪者，（以官当）徒各加一年，当流者各加一等"。这些在魏晋南北朝各国先后确立的官僚贵族特权制度，为隋律所全面继承，奠定了唐以后封建特权法制的基本框架。

---

① 佛教以杀生、偷盗、邪婬、妄语、两舌、恶口、绮语、贪欲、瞋恚、邪见为十恶。此据厦门大学周东平副教授考证，参见《隋〈开皇律〉十恶渊源新探》，载《法学研究》2005年第4期。

② 《隋书·刑法志》。

第七章 隋唐时期的法律制度

（六）确定了刑讯的法定限制

《隋书·刑法志》说，隋初及此前，"自前代相承，有司讯考，皆以法外。或有用大棒束杖，车辐鞦底，压踝杖桃之属，楚毒备至，多所诬伏。虽文致于法，而每有冤滥，莫能自理"；《开皇律》惩于此类弊端，作了重大矫正，"至是尽除苛惨之法"。又明确规定："讯囚不得过二百；枷杖大小，咸为之程品；行杖者不得易人。"

三、隋朝法制的经验教训

隋朝虽只有短短37年历史，法律创制却取得了惊人的成就。《开皇律》虽自宋以后即已亡佚，但我们通过《唐律》可以知道其大概。其所开创或重新厘定的12篇、500条体制以及"五刑"、"十恶"、"八议"、"官当"、"赎刑"等制度，对后世律典基本架构影响甚巨；其删除繁苛、废止枭首、轘裂等残酷死刑，降从轻典，对后世法律的制定也意义重大。甚至有人评价《开皇律》为"中国古代法制史上的里程碑"[①]。

但隋文帝杨坚在法制问题上的态度和行为自相矛盾。在其统治前期，为了在兼并混战中求生存，尽早结束分裂割据局面，重新建立统一的国家，曾经推行"薄赋敛，轻刑罚，内修制度"等一系列励精图治的政策措施，迅速形成了较为稳定清明的政治环境与"令行禁止"的法制状况。但是，自从开皇九年统一全国以后，隋文帝便开始"喜怒不恒，不复依准科律"[②]，带头违法毁法，逐渐破坏了隋朝初年建立起来的法制秩序。《隋书·刑法志》中记载"帝尝发怒，六月棒杀人。大理少卿赵绰固争曰：'季夏之月，天地成长庶类。不可以此时诛杀。'帝报曰：'六月虽曰生长，此时必有雷霆。天道既于炎阳之时震其威怒，我则天而行，有何不可！'遂杀之。"废弃了西周以来"秋杀冬藏，则天行刑"的基本原则，破坏了法制。隋文帝还曾在宫殿朝堂上设置刑杖，"因以文法自矜，明察临下。恒令左右监视内外，有小过失，则加以重罪；又患令史赃污，因私使人以钱帛遗之，犯者立斩。每于殿廷打人，一日之中，或至数次。尝怒问事，挥楚不甚，即命斩之。"在他的无端"猜忌"和肆意滥杀的淫威下，当年参与创建隋朝政权的"草创元勋及有功诸将，诛夷罪退，罕有存者"。

自开皇十三年起，隋文帝更是先后多次明令更改法律，加重定罪量刑幅

[①] 倪正茂：《隋律研究》，法律出版社1987年版，第25页。
[②] 《隋书·刑法志》，下同。

度。如十三年"改徒及流并为配防",① 将法定徒流刑变为发配边军。开皇十六年规定:"是后盗边粮者,一升以上皆死,家口没官。"开皇十七年规定:"诸司属官,若有愆犯,听于律外斟酌决杖。"结果造成"上下相驱,迭行棰楚,以残暴为干能,以守法为懦弱"的混乱现象。此后又分别规定:各级官僚于"行署取一钱以上,闻见不告言者,坐至死";民众"盗一钱以上皆弃市";"四人共盗一榱桷,三人同窃一瓜,事发即时行决"。

隋炀帝即位后,为了沽名钓誉、笼络人心,在制定《大业律》的过程中,虽然曾一度减轻刑罚,但"外征四夷,内穷嗜欲,兵革岁动,赋敛滋繁",② 民心怨背,"穷人无告,聚为盗贼"。于是又撕去轻刑面纱,"更立严刑,敕天下窃盗以上,罪无轻重,不待闻奏,皆斩"。后来又恢复酷刑,对谋反者"罪及九族","其尤重者,行轘裂枭首之刑。或磔而射之,命公卿以下脔啖其肉"。如此一来,"百姓怨嗟,天下大溃"。

关于隋朝法制,《旧唐书·刑法志》中总结道:"自汉迄隋,世有损益,而罕能折衷。隋文帝参用周齐旧政,以定律令,除苛惨之法,务在宽平。比及晚年,渐亦滋虐,炀帝忌刻,法令犹峻。人不堪命,遂至于亡。"也就是说从汉代到隋朝,历代制度都有增减改动,而很少能够做到适中。而隋文帝参用北齐北周的政策法令,制订律令,废除苛刻残忍的法律,使法律宽平简明。可是到了晚年,随意用法而且逐渐地残忍酷虐起来。隋炀帝生性猜忌刻薄,推行峻法严刑,终于导致了灭亡。

第二节 唐朝立法概况

一、主要立法思想

唐王朝是在隋末农民起义的风暴中建立的。唐初统治者亲身经历了隋朝由盛转衰,直至覆灭的过程。唐王朝的统治者亲眼看到隋朝的苛法滥刑,法纪败坏的局面,唐高宗李渊自起兵之日,就十分重视立法活动,将整顿法制视为政本,希望达到"禁暴止奸,安民立政"的目的。在这一原则的指导下,唐初统治者提出了以下立法思想:

(一)德礼为政教之本,刑罚为政教之用

唐代统治者继承中国"礼刑并用"的法学传统,并使之达到一个新的阶

---

① 《隋书·刑法志》,下同。
② 《隋书·刑法志》,下同。

第七章 隋唐时期的法律制度

段。唐初在如何确定治国方略问题上,曾经在李世民主持下进行过激烈的讨论。李世民基本上采纳了魏征的主张,推行以德礼为本、刑罚为用的政策。长孙无忌在《唐律疏议》序中"德礼为政教之本,刑罚为政教之用"一语,概括了唐初君臣的礼刑并用、刑以辅礼的基本主张。在此指导思想下,《唐律》"一准乎礼而得古今之平"[①]。

(二)国家法令,唯须简约

针对隋末法令滋彰,任意废法、毁法的亡国教训,从高祖李渊起便强调立法要宽简,使人易知。李世民即位后,进一步推行立法宽简、易知,保持相对稳定的政策。他指示长孙无忌、房玄龄等修律官员根据上述原则修律,使《贞观律》成为中国古代刑律中较为简约宽平、明白易知的一部法典。《永徽律》继续推行上述原则。

(三)法令不可数变

唐太宗不仅要求法律简约易明,还强调法律应保持稳定,变更法律一定要"详慎而行之",否则,简约之法也将流于苛繁。唐初处于大动乱之后的社会环境,保持法律的相对稳定,无论对促进经济的恢复,还是维护安定的政治局面和法律的权威,都是非常重要的。唐代统治者用刑罚手段来维持法律的稳定,的确收到了显著的效果。

(四)人有所犯,一一于法

唐太宗认为,隋朝的弊政在于"法之不行,自上犯之"。唐太宗将执法的重点放在督促各级官吏奉法、守法上。在中央和地方都设有监察机构,监督法的执行,并对贪官污吏进行严惩。由于唐太宗带头守法,出现了"贞观之初,志存公道,人有所犯,一一于法"[②]的局面。

(五)慎刑恤狱

针对隋朝亡于苛法酷政,唐高宗于太原起兵之初,"即布宽大之令"。唐太宗即位后,更"以宽仁治天下,而于刑法为慎",取消了许多死刑,以仁义之心治理天下。

资料:

高祖之入关也,隋武勇郎将冯党仁弘将兵二千余人归高祖于蒲阪,从平京城,寻除陕州总管,大军东讨,仁弘转饷不绝,历南宁、戎、广州都督。弘有材略,所至著声迹,上甚器之。然性贪,罢广州,为人所讼,赃百余万,罪当死。上谓侍臣曰:"吾昨见大理五奏诛仁弘,哀其白首就戮,方晡食,遂命撤

[①] (清)纪昀:《四库全书总目·政书类》。
[②] (唐)吴兢:《贞观政要·公平第十六》。

案；然为之求生理，终不可得。今欲曲法就公等乞之。"十二月，壬午朔，上复召五品已上集太极殿前，谓曰："法者，人君所受于天，不可以私而失信。今朕私党仁弘而欲赦之，是乱其法，上负于天。欲席藁于南郊，日一进蔬食，以谢罪于天三日。"房玄龄等皆曰："生杀之柄，人主所得专也，何至自贬责如此！"上不许，群臣顿首固请于庭，自旦至日昃，上乃降手诏，自称："朕有三罪：知人不明，一也；以私乱法，二也；善善未赏，恶恶未诛，三也。以公等固谏，且依来请。"于是黜仁弘为庶人，徙钦州。①

二、主要立法活动与法律形式

（一）主要立法活动

1. 《武德律》

唐高祖在位期间，以《开皇律》为基础，增加"五十三条新格"内容，开始制定唐律，武德七年（624年）颁布，史称《武德律》。

2. 《贞观律》

唐太宗在位期间，命长孙无忌、房玄龄等人以《武德律》为基础，对唐律进行全面修订，贞观十一年（637年）颁行，史称《贞观律》，共12篇500条。它的修订完成，标志着唐朝基本法典初步定型。

3. 《永徽律疏》

唐朝立法的高峰出现在高宗时期。永徽元年（650年），长孙无忌等人奉诏撰定律令。次年，下诏颁行新律，史称《永徽律》，仍为12篇500条。永徽三年，长孙无忌等人又对律文进行注释疏议，经高宗批准，于永徽四年颁行，称为《永徽律疏》。它是中国古代的代表性法典，元朝以后定名为《唐律疏议》。由于后世都以它为修律的蓝本，历代不断翻印，故保留至今，成为现存最早最完整的封建成文法典。

4. 《开元律疏》

唐玄宗开元年间，又下诏修订《永徽律疏》，删除不合时宜的条款与称谓，于开元二十五年（737年）颁行天下，称为《开元律疏》。

5. 《唐六典》

唐玄宗开元年间，经过10余年的反复修订，编成《唐六典》30卷。玄宗下诏编撰《唐六典》时，原本是想按《周礼》"六官"的职责分工进行分类，并亲自题写过"六典"的纲目。所谓"六典"，即《周礼·天官·大宰》所说的治、教、礼、政、刑、事六典，分别掌管行政内务、民政教化、礼乐祭

---

① 《资治通鉴·卷一百九十六》。

祀、军政武备、刑狱治安、工艺管理六大方面的国家事务。但在实际编纂过程中,《唐六典》采取了"以官统典","官领其属,事归于职"的原则,将全文分为正文和注文两部分,前者规定了国家各级机关的设置、职掌及各级官员的考核、奖惩、俸禄、休致等内容,后者则叙述了各级机构及官职的源流和演变。《唐六典》是中国历史上第一部较为系统的典章制度方面的行政立法,对后世产生了重大影响。所以,学术界也有人认为,它是中国历史上第一部比较系统的行政法典。

(二) 主要法律形式

唐朝法律形式主要有律、令、格、式四种。律是国家最主要的法律表现形式,是国家的基本法典,如《永徽律疏》。令是国家政权组织方面的制度规定,涉及范围较为广泛。格是禁违止邪的官吏守则,带有行政法律的性质,不同于前代格的含义。唐朝把皇帝临时单行制敕加以汇编,称为"永格",具有普遍的法律效力。式是国家各级行政组织活动的规则以及上下级之间公文程式的法律规定。唐朝经过汇编的式称为"永式",也具有普遍的法律效力。此外,还有典,是行政法律的汇编,主要有《唐六典》。

第三节 唐律的主要内容

一、基本结构

现存《唐律疏议》为 12 篇 30 卷 502 条,其篇目名称及体例结构与隋《开皇律》相同。

第 1 篇《名例律》,6 卷 57 条,具有统率全律的作用。《唐律疏议》开篇,就在疏文中解释了"名例"二字的含义,"名者,五刑之罪名;例者,五刑之体例。名训为命,例训为比;命诸篇之刑名,比诸篇之体例。但名因罪立,事由犯生,比例即事表,故以名例为首篇"。在此开宗明义地表述了唐律是一部确定犯法罪名及适用原则的刑罚典。其刑名因犯罪而确立,与之相应的刑罚则比照同类事件的通例来确定,集中体现了唐初法制的基本精神和刑事立法的指导原则。可以说,这一篇相当于现代法典的总则部分,规定了唐律的基本精神和基本原则。这一篇的主要内容包括五刑、十恶、八议以及定罪量刑的基本原则等。

第 2 篇《卫禁律》,2 卷 33 条,是关于宫廷保卫及防范国家安全方面的法律。由于直接关系到皇帝的安全与国家的安危,所以,列在相当于总则性质的《名例律》之后,相当于分则的各篇之首。

第3篇《职制律》，3卷59条，是关于国家机构编制、各级官吏管理及驿传方面的法律，关系到治吏及调动各级官吏的积极性，提高国家机器的运转效能，其地位仅次于《卫禁律》。

第4篇《户婚律》，3卷46条，是关于户籍、土地、赋役和婚姻家庭方面的法律。由于关系到国家的财政收入、人口的统计与掌握、上下情报的沟通与送达，亦十分重要。

第5篇《厩库律》，1卷28条，是关于牲畜饲养、管理、使用及国家仓库管理方面的法律。

第6篇《擅兴律》，1卷24条，是关于军事部署、军队调动及工程兴造方面的法律，关系到军权的控制与劳动力的管理和使用。

第7篇《贼盗律》，4卷54条，是关于镇压颠覆国家政权、惩治侵犯人身及财产安全方面的法律。它继承了《法经》中"王者之政，莫急于盗贼"的立法宗旨，在各篇中量刑最重。

第8篇《斗讼律》，4卷60条，是关于斗殴与告诉方面的法律。

第9篇《诈伪律》，1卷27条，是关于惩治伪造、诈骗性犯罪方面的法律。

第10篇《杂律》，2卷62条。主要将难以列入其他各篇的法律集于此篇，涉及内容十分广泛，包括买卖、借贷、市场管理、伪造货币、赌博、纵火、决堤、犯奸及交通安全等方面，故其条文最多。

第11篇《捕亡律》，1卷18条，是关于缉捕和处罚逃亡兵丁、罪犯、奴婢等方面的法律。

第12篇《断狱律》，2卷34条，是关于囚禁罪犯、取证、审讯、判决及法官责任等诉讼方面的法律。

从唐律的内容看，以上12篇可以分为三部分：第1篇相当于近代法律之总则，第2～10篇相当于近代法律之分则，第11～12篇两篇及第8篇的部分内容相当于近代法律之程序法。

二、刑事法律内容

（一）五刑制度

《唐律》在《开皇律》确立的五刑制度的基础上，调整了刑罚的排列顺序，由从重到轻改为从轻到重，分别为：

1. 笞刑

用长3尺5寸的笞杖击打犯人的腿、臀部的刑罚，分五等，从10下到50下，每等加10下。笞刑是五种刑罚中最轻的一种，适用于轻微犯罪，含有教

第七章 隋唐时期的法律制度

育受刑人使其知耻辱的意义。

2. 杖刑

用长3尺5寸的常行杖击打犯人背、腿、臀部的刑罚,分五等,从60下到100下,每等加10下。杖刑重于笞刑,带有身体刑的明显性质。

3. 徒刑

在一定期限内剥夺犯人自由并强制其服劳役的刑罚,分五等,从1年到3年,每等加半年。徒刑是自由刑与劳役刑的结合,不但剥夺犯人的人身自由,还要施之以奴役、羞辱,如《疏议》所说:"徒者,奴也,盖奴辱之。"

4. 流刑

即将犯人遣送到指定的边远地区,强制其戴枷服劳役的一种刑罚,自2000里至3000里分为三等,每等加500里,是仅次于死刑的一种较重的刑罚。妇女犯流罪的在原地服劳役3年。被处流刑者,妻妾子孙可随从,服劳役期满后,便落户于流配地,一般不得返回原籍。

5. 死刑

剥夺犯人生命的刑罚。分绞、斩两等,斩重于绞。

此外,唐初曾将一部分绞刑罪宽减为"断其右趾",恢复了这一残酷的肉刑。不久,太宗"又悯其受刑之苦","除断趾法,改为加役流三千里,居作二年"。不过,加役流只是作为代死之刑使用,并不计入五刑之列。

同墨、劓、刖、宫、大辟为内容的五刑制相比,隋唐以来的五刑制度显然有长足的进步。前者是以残害身体的肉刑为主要执行方式,后者是以限制人身自由为主要执行方式。这是中国古代刑罚制度从野蛮逐步向文明过渡的体现,也是对西汉文景时期开始废除肉刑的刑制改革成果的肯定与继承。封建五刑制度不仅用于李唐一代,其影响也及于宋、元、明、清各代。唐代五刑制度的最终确立,反映了封建政治、经济的发展和社会文明程度的提高。但唐代中后期,司法实践中出现了许多法外酷刑,如夷三族、枭首等,相对规范、轻缓的五刑制度未能始终。

(二)刑法适用制度

1. 维护官僚贵族法律特权的刑法制度

(1)"八议"

"八议",溯源于《周礼》"八辟"[①]之制,曹魏《新律》正式定入法典。唐代的"八议"承袭了曹魏以来的基本规定,其用意在于贯彻"刑不上大夫"

---

① 《周礼·秋官·小司寇》:"以八辟丽邦法附刑罚。一曰议亲之辟,二曰议故之辟,三曰议贤之辟,四曰议能之辟,五曰议功之辟,六曰议贵之辟,七曰议勤之辟,八曰议宾之辟。"

的原则。所谓"八议",就是规定对"亲、故、贤、能、功、贵、勤、宾"八种人犯死罪时特殊对待。

"一曰议亲:谓皇帝袒免以上亲及太皇太后、皇太后缌麻以上亲,皇后小功以上亲。"① 简言之,就是皇帝及后妃的较近的亲属们。

"二曰议故:谓故旧。疏议曰:谓宿得侍见,特蒙接遇历久者。"简言之,就是皇帝的故人旧友,私人关系历久而甚深者。

"三曰议贤:谓有大德行。疏议曰:谓贤人君子,言行可为法则者。"

"四曰议能:谓有大才艺。疏议曰:谓能整军旅,莅政事,盐梅帝道,师范人伦者。"简言之,曾显示出众才能的官员。

"五曰议功:谓有大功勋。疏议曰:谓能斩将搴旗,摧锋万里;或率众归化,宁济一时,匡救艰难,功铭太常者。"简言之,就是为国家建立过显赫功勋而在太常寺有记录的人。

"六曰议贵:谓职事官三品以上,散官二品以上及爵一品者。"简言之,就是国家高官或有国公以上爵位者。

"七曰议勤:谓有大勤劳。疏议曰:谓大将吏恪居官次,夙夜在公;若远使绝域,经涉险难者。"简言之,勤于公务、久有"苦劳"之人。

"八曰议宾:谓承先代之后为国宾者。"简言之,就是前两个王朝皇帝的嫡系传爵后裔,所谓"天子不臣"而视为国家宾客者。

《唐律疏议》说:"礼云刑不上大夫,犯法则在八议,轻重不在刑书也。其应议之人……若犯死罪,议定奏裁,皆须取决宸衷,曹司不敢与夺。此所谓重亲贤,敦故旧,尊宾贵,尚功能也。以此八议之人犯死罪,皆先奏请,议其所犯,故曰八议。"即八议之人犯罪,法司不得直接审判;只能将其罪状、身份等奏报朝廷议处,由尚书令在办公大厅主持会议商定处理方案,奏皇帝圣裁。皇帝一般会下旨减轻处罚(赦死刑为流刑)。即使仍为死刑,一般赐死于家。流罪以下则例减一等。但"犯十恶者不用此(八议)律之罪"。这是从北齐律"重罪十条"的"不在八议论赎之限"而来。

总之,"八议"之制,作为官僚贵族特权制度,重在"议"和"减"二字。前者是程序特权,后者是实体特权。

(2) 请

也即"上请"。《唐律·名例律》规定:"诸皇太子妃大功以上亲、应议者期以上亲及孙、若官爵五品以上,犯死罪者,上请。"《疏议》曰:所谓上请,就是"条其所犯及应请之状,正其罪名,别奏请。"也就是对于皇太子妃、八

---

① 《唐律疏议·名例二》,下同。

第七章 隋唐时期的法律制度

议之人的近亲属及五品以上高官,在其犯死罪时,可以在依法审判、初拟判决后,报皇帝圣裁。这种奏请,不须像平常奏请一样经门下省,可以越过宰相机构直接上奏皇帝,最后"听敕",即以皇帝的敕令为真正判决。

"上请"特权适用者的范围要大于"八议",其身份也低于"八议"。因此,"上请"者的实际特权比"八议"者小。

除"上请"特权之外,应"请"之人犯流刑以下罪,当然减刑一等,这也是一个显著特权,但"犯十恶、反逆缘坐、杀人、监守内奸、盗、略人、受财枉法者,不用此律"。

(3) 减

也即"例减"。狭义上讲,就是对于一定范围的官僚贵族犯流刑以下之罪,照例减刑一等。这个范围,大约是两种人:一是七品以上官员,二是应"上请"之人的近亲属(祖父母、父母、兄弟姊妹、妻、子孙)。所谓例减一等,就是流刑减为徒刑,徒刑则可以从徒三年减为徒二年半之类。

法律规定有些情形不得减刑:应减之人若犯应处加役流之罪、反逆缘坐应处流刑之罪、过失杀伤父母祖父母之罪应流、犯不孝罪应流,及依法逢大赦仍应流放之人,"各不得减赎,除名配流如法"。对于期亲尊长、外祖父母、夫、夫之祖父母父母犯过失杀伤罪应处徒刑者,故意殴伤他人致残应流放者,男人犯盗罪应处徒刑以上者,妇女犯奸罪者,均不得减刑或收赎。

此外,《唐律》还规定:一人兼有议、请、减三特权者,唯得以一高者减之,不得累减。但是若系从坐应减、自首应减、故失应减、公坐相承应减,同时又有议、请、减待遇者,可以累减。

(4) 赎

《唐律》中规定的赎刑制度,是指一定范围的官僚贵族犯流刑以下罪时,依法可以缴纳资财代刑。这些官僚贵族主要指三种人:一是应该"八议"、"上请"、"官当"之人,二是九品以上官员,三是应"例减"之官员的近亲属。此外还包括"五品以上妾犯非十恶者,流罪以下听以赎论"。

赎刑的金额标准,法律有明文规定,例如流刑是铜80斤到100斤,徒刑是铜20斤到60斤,杖刑是铜6斤到10斤;笞刑是铜1斤到5斤。死刑在皇帝特旨赦免时也可以赎,赎金是铜120斤。

《唐律》也规定有些情形不得赎刑:加役流、反逆缘坐流、子孙犯过失流、不孝流、会赦犹流五种情形不得赎刑;对于期亲尊长、外祖父母、夫、夫之祖父母父母犯过失杀伤之罪应处徒刑者不得赎刑;故意殴伤他人致残应流刑者不得赎刑;男人犯盗罪应处徒刑以上、妇女犯奸罪者,不得赎刑。

(5) 官当

所谓官当，是指一定范围的官员和有爵者犯罪，依法可以官或爵抵当徒刑。

《唐律》规定：官员以官爵当徒刑时，若系私罪，五品以上官可以抵当二年徒刑，九品以上官可以抵当一年徒刑；若系公罪，可以各加当一年，即五品以上官当三年徒刑，九品以上官当二年徒刑。

流刑也可以官当，三等流刑都视同徒刑 4 年，用官爵当之。

如果官爵和刑罚之间有"差额"怎么办？唐律规定："罪轻不尽其官，留官收赎；官少不尽其罪，余罪收赎。"① 官当者并非永远丢官，而是"期年以后，降先品一等叙"。

《唐律》还规定，有职事官（含散官、卫官）、勋官两种官职者，先以职事官职中的高品级职务来当，然后再以勋官来当。"若有余罪及更犯者，听以历任之官当"②，就是用两种官职当完以后还有罪没有当尽，或者官职当完以后又犯新罪，还可以用过去"历任之官"来抵当。

唐代律令规定的官僚贵族法律特权远远不止以上几条。除此之外，其他法律优遇尚有：

不得擅自拘禁和审问。《狱官令》规定："诸职事官五品以上、散官二品以上，犯罪合禁，在京者皆先奏；若犯死罪及在外者，先禁后奏。其职事官及散官三品以上，敕令（收）禁推（问）者，所推之司皆复奏，然后禁推。"即使是皇帝下旨特令收禁审讯的官员，承审官还须"复奏"，即再次向皇帝奏报后才可以拘审。

允许"责保参对"。《狱官令》规定："诸应议请减者，犯……公坐流、私坐徒，责保参对。其九品以上及无官应赎者，犯徒以上……款定，皆听在外参对。"所谓"责保参对"，大约相当于今日取保候审。

不得拷讯。《断狱律》规定："诸应议、请、减者……并不合拷讯。"

散禁、锁禁而不必戴枷杻。《狱官令》规定，"诸应议、请、减者，犯流罪以上，若除、免、官当者，并锁禁……其九品以上即无官应赎者，犯徒以上，若除、免、官当者枷禁，公罪徒并散禁，不脱巾带。"

唐律中的议、请、减、赎、当等制度所确定的法律特权由大到小，享受特权的人也由少到多，构成了一套前所未有的、系统严密的特权保障体系。清代

---

① 《唐律疏议·名例三》。
② 《唐律疏议·名例二》。

第七章　隋唐时期的法律制度

法律学家薛允升称唐律为"其优礼臣下，可谓无微不至矣"①。这些特权制度的出现，把贵族官僚地主的犯罪处罚特权法定化、系统化，充分反映出唐律维护封建统治阶级利益的鲜明性质。当然，这些法定化、系统化的特权制度，也在一定程度上限制了贵族官僚的恣意妄为，同时也有利于皇帝行使最高司法权，牢牢地控制住贵族官僚。

2. 区分公罪与私罪

《唐律》继承《开皇律》区分公罪与私罪的原则，规定："缘公事致罪而无私曲者"为"公罪"；"不缘公事，私自犯者"，或"虽缘公事，意涉阿曲"的行为为"私罪"。一般来说，"公罪"多为过失犯罪，处刑从轻；"私罪"多为故意犯罪，处刑从重。

3. 老幼废疾减免刑罚

《唐律》根据行为人的年龄和身体状况，将承担刑事责任的程度分为四个等级。凡年满15岁以上至70岁以下，身体无残疾者，应负完全的刑事责任；其他三种情形则减免刑罚：第一，70岁以上、15岁以下及废疾者，犯流罪以下，收赎；第二，80岁以上、10岁以下及笃疾者，犯反逆、杀人罪应处死刑的，上请；盗窃及伤人者，收赎；其余犯罪皆不论。在这两种情况下，行为人负相对的刑事责任；第三，90岁以上、7岁以下，虽犯死罪不加刑，即完全不负刑事责任。

值得注意的是，《唐律》还明确规定，如果是有人教唆90岁以上、7岁以下者犯罪，只"坐其教令者。若有赃应备，受赃者备之"，即只惩办教唆者，并由接受赃物者退还。"诸犯罪时虽未老、疾，而事发时老、疾，依老、疾论。"从刑事责任的时效角度来看，这一规定也是很宽宥的。

4. 自首减免刑罚

《唐律》有"诸犯罪未发而自首者，原其罪"的规定，即犯罪人作案后，在未被发觉前向官府交代，才是"自首"；如果已被发觉后再去交代，只能视为"自新"。这就将自首同自新区别开来，只对自首者免予追究刑事责任。对此，《疏议》解释："过而不改斯成过矣。今能改过，来首其罪，皆合得原。"但自首者所得赃物必须如数偿还。此外，对于自首不尽（未彻底交代所犯罪行）或自首不实（未如实交代所犯罪行实情）者，不能完全免除刑事责任，只可从轻处罚；对于"谋反"等严重危害国家的犯罪，自首也不能减免刑罚；对于伤害、强奸、损坏官文书、官印等无法挽回后果的犯罪，也不适用"自首原罪"原则。这些规定既显示唐律鼓励犯罪人自首，又严格防止犯罪人利

---

① （清）薛允升：《唐明律合编》。

用这一法律规定侥幸谋取私利。

5. 同居相隐不为罪

《唐律》继承了汉律以来"亲亲得相首匿"的制度，贯彻了儒家"亲亲相隐"的法律原则。《唐律·名例律》规定："诸同居，若大功以上亲及外祖父母外孙，若孙之妇，夫之兄弟及兄弟妻，有罪相为隐。部曲奴婢为主隐，皆勿论；即漏露其事及擿语消息，亦不坐。其小功以下相隐，减凡人三等。若谋叛以上，不用此律。"这一条，可以视为《唐律》"亲属容隐"制度的原则。其含义是：所有同居亲属（不论服制）均可相隐，不同居的大功以上亲属亦可相隐，不同居小功以下亲属相隐也可减轻处罚。所谓"同居"，并不局限于亲属之间，但凡"同财共居"者，"不限籍之异同"，即使无服制亲属关系，也可以相隐；部曲、奴婢也可为主人隐。但犯谋反、谋大逆、谋叛三种重罪，"不用相隐之律，各从本条科断"。

6. 共犯区分首从

《唐律》把二人以上共同犯罪称为"共犯罪"，并区分首犯与从犯。其区分原则是"以造意为首，随从者减一等"。所谓"造意"，是指"倡首先言"，即最先提出犯罪意图者为首犯，从重处刑。而从犯则可减轻刑罚。但在家庭成员构成的共同犯罪中，以家长为首犯；在职官共同犯罪中，以主管长官为首犯；而不论家长或长官是否是造意者。唐律维护"夫为妻纲"的儒家精神，规定"尊长谓男夫者，假有妇人尊长，共男夫卑幼同犯，虽妇人造意，仍以男夫独坐"，女子始终屈从于男子。

7. 数罪并罚重罪吸收轻罪

《唐律》规定："诸二罪以上俱发，以重者论；若一罪先发，已经论决，余罪后发，其轻若等，勿论；重则更论之，通计前罪，以充后数。"凡一人构成两个以上犯罪，实行重罪吸收轻罪、刑不累加原则。两罪轻重不等，只科重罪，不计轻罪；两罪相等，从一罪处刑。如一罪先发而且判决，后又发现他罪，若二罪相等，维持原判；若后罪重于前罪，则通计前罪以充后数。《唐律》关于数罪并罚的处理原则，在古今中外刑法史上是最宽松的。

8. 累犯加重

《唐律》规定："诸犯罪已发及已配而更为罪者，各重其事。"犯罪已被立案起诉或判决执行，又犯笞刑以上新罪，实行累犯加重处罚，即累计前后所犯罪行，合并执行数罪并罚。但对连续三次以上犯盗罪，处罚更为加重："诸盗经断后，仍更行盗，前后三犯徒者，流二千里；三犯流者，绞。"第三次犯徒刑罪，改处流刑；第三次犯流刑罪，改处绞刑。可见《唐律》虽然宽宥，但对屡教不改者，则严惩不贷。

第七章 隋唐时期的法律制度

9. 断罪无正条实行类推

《唐律》规定:"诸断罪而无正条,其应出罪者,则举重以明轻;其应入罪者,则举轻以明重。""出罪"即免除或减轻行为人的法律责任,"入罪"即追究或加重行为人的法律责任。这条规定适用的前提是"无正条",即法律上未作明文规定的行为。对于应减轻处罚者,则列举或比照重罚处刑的规定从轻处断。如按法律规定,夜间无故入民宅者,主人出于自卫将其杀死,不负法律责任;若主人将其殴伤,"无正条"规定,但比照前条自然应免予刑事责任。对于应加重处刑的犯罪,则列举或比照轻罚处刑的规定从重处断。如按法律规定,子孙谋杀祖父母、父母,即处死刑;若将祖父母或父母杀死,"无正条"规定,但比照前条自然应处死刑。根据这一类推原则,可以对《唐律》未明确规定的犯罪行为提供处罚依据。

10. 化外人案件的处理

唐朝经济繁荣,文化发达,世界各国前来进行文化交流或贸易活动的人络绎不绝,涉外案件也相应增加。《唐律》对处理此类案件作出明确规定:"诸化外人,同类自相犯者,各依本俗法;异类相犯者,以法律论。"这里的"化外人"即外国人。根据这条法律规定,在中国的同一国籍的外国侨民之间相互侵犯构成犯罪,按其本国法律处断,实行属人主义原则;不同国籍的外国侨民之间相互侵犯构成犯罪,则按《唐律》处刑,实行属地主义原则。这一规定既维护了唐朝的国家司法主权,又给予合情合理的灵活处理,表现出早在1300多年前,我们的先人已有相当成熟的处理涉外案件的水平。

(三) 主要罪名

案例:

房强谋反缘坐案[①]

会有同州人房强,弟任统军于岷州,以谋反伏诛,强当从坐。太宗尝录囚徒,悯其将死,为之动容。顾谓侍臣曰:"刑典仍用,盖风化未洽之咎。愚人何罪,而肆重刑乎?更彰朕之不德也。用刑之道,当审事理之轻重,然后加之以刑罚。何有不察其本而一概加诛,非所以恤刑重人命也。然则反逆有二:一为兴师动众,一为恶言犯法。轻重有差,而连坐皆死,岂朕情之所安哉?"更令百僚详议。于是玄龄等复定议曰:"……今定律,祖孙与兄弟缘坐,俱配没。其以恶言犯法不能为害者,情状稍轻,兄弟免死,配流为允。"从之。自是比古死刑,殆除其半。

[①] 《旧唐书·刑法志》。

1. 十恶

《唐律》继承隋《开皇律》，首重"十恶"之罪，列于律首，加重打击。《唐律·名例律》规定国家必须重惩的"十恶"是："一曰谋反：谓谋危社稷。"即阴谋推翻君主和政权。"二曰谋大逆：谓谋毁宗庙、山陵及宫阙。"即阴谋破坏皇家建筑设施。"三曰谋叛：谓谋背国从伪。"即阴谋叛国投敌。"四曰恶逆：谓殴及谋杀祖父母父母，杀伯叔父母、姑、兄姊、外祖父母、夫、夫之祖父母父母。"即最严重的忤逆杀伤尊亲属。"五曰不道：谓杀一家非死罪三人，支解人，造畜蛊毒、厌魅。"即最残忍的杀人行径。"六曰大不敬：谓盗大祀神御之物、乘舆服御物；盗及伪造御宝；合和御药，误不如本方及封题误；若造御膳，误犯食禁；御幸舟船，误不牢固；指斥乘舆，情理切害，及捍对制使而无人臣之礼。"即对皇帝的不敬。"七曰不孝：谓告言、诅詈祖父母父母。及祖父母父母在，别籍异财，若供养有阙。居父母丧身自嫁娶，若作乐，释服从吉；闻祖父母父母丧，匿不举哀。诈称祖父母父母死。"即对父母祖父母有悖孝道。"八曰不睦：谓谋杀及卖缌麻以上亲，殴告夫及大功以上尊长、小功尊属。"即对同族尊长有伤害或告诉。"九曰不义：谓杀本属府主、刺史、县令、见受业师，吏卒杀本部五品以上官长；及闻夫丧匿不举哀，若作乐，释服从吉，及改嫁。"即在下位的人严重违反尊卑之义。"十曰内乱：谓奸小功以上亲、父祖妾，及与和者。"即亲属内乱伦行为。

重惩"十恶"，作为刑事制度，所谓"重惩"，主要包含以下内容：（1）惩及于"谋"（如谋反、谋叛、谋大逆、谋杀祖父母父母、谋杀缌麻以上亲），即惩罚预备犯乃至思想犯。(2)"十恶"罪犯本人处以比一般罪行显重的刑罚（多为死刑）。(3) 株连亲属。［如"诸谋反大逆者，皆斩；父子年十六以上皆绞，十五以下及母女、妻妾（子妻妾亦同）、祖孙、兄弟姊妹，若部曲、资财、田宅并没官，伯叔父、兄弟之子皆流三千里，不限籍之同异。"］株连邻伍、官司（知情不告或不即时追捕者）。(4) 常赦所不原（宥），即一般大赦时不得赦免。(5) 决不待时，即"十恶"中的死刑犯处决一般不必受"断屠月"、"禁刑日"之类限制（但特殊情形下还有限制）。(6) 不适用"八议"请减优待，即犯"十恶"者死罪不得上请，流罪不得例减。

"十恶"作为《唐律》中的重点打击对象，其所列犯罪行为主要包括三大类，一是危害君权和国家的行为（如重惩谋反、谋叛、谋大逆、大不敬），二是危害父权及家庭伦常秩序的行为（如恶逆、不孝、不睦、内乱），三是严重违反传统道义（如不义、不道）的行为。对这三种犯罪的着重处罚，正体现了封建国家法制的基本精神。

第七章 隋唐时期的法律制度

2. 危害人身安全与公共安全罪

首先,《唐律》依据行为人的主观状态和具体行为,将杀人罪分为六种情况,称为"六杀":一为谋杀,指二人以上的合谋杀人,或一人事前预谋而实施的杀人行为,"谋杀人者,徒三年;已伤者,绞;已杀者,斩"。二为故杀,指无预谋的故意杀人行为,"斗而用刃,即有害心,及非因斗争,无事而杀,是名故杀,各合斩罪"。三为斗杀,指"元(原)无杀心,因相斗殴而杀人"的行为,处以绞刑。四为戏杀,指行为人主观上无杀人动机,因游戏或玩笑致死对方的行为,比照斗杀罪减二等处罚,流 2500 里。五为误杀,指因"斗殴而误杀伤旁人"的行为,其处刑"以斗杀伤论;至死者,减一等",流 3000 里。六为过失杀,指行为人因过失造成他人死亡的行为,如"耳目所不及,思虑所不到",置人于死地,"各依其状,以赎论",允许以钱赎罪。这类区分,今天看来或不无交叉重叠,但在当时反映了刑事立法的高度技术。

其次,《唐律》规定有伤害罪,大都因斗殴行为所致。唐律一般根据实施伤害的手段、伤害的程度、是否故意、斗殴双方的身份地位等情况,对伤害罪处以不同的刑罚,并且规定了伤害保辜制度。《唐律·贼盗律》规定:在斗殴伤人、伤势不明因而罪刑难定的情形下,实行"保辜":"诸保辜者,手足殴伤人限十日,以他物殴伤人者限二十日,以刃及汤火伤人者三十日,折跌支体及破骨者五十日。限内死者,各依杀人论;其在限外及虽在限内以他故死者,各依本殴伤法。"这就是说,法律对于这类情形规定 10~50 天的期限,受害人在期限内死亡,加害人则以杀人罪(斗杀)论罪定刑;受害人在期限外死亡,或在期限内因别的缘故死亡,加害人则以殴伤罪定罪量刑。"保辜"限内康复可以减轻处罚,"诸斗殴折跌人支体及瞎其一目者,徒三年;辜内平复者,各减二等"。这一技术处理原则,至今西方国家刑法还有适用者。①

此外,唐律还禁止其他可能危害公共安全的行为。如禁止"于城内街巷及人众中无故走车马"、"向城及官私宅若道径射"及"不修堤防"、"盗决堤防"、"失火"等行为,违者严惩。

3. 侵犯官私财产罪

案例:

裴景仙贪赃案②

武强令裴景仙犯乞取赃积五千匹,事发逃走。上大怒,令集众杀之。朝隐执奏曰:"裴景仙缘是乞赃,犯不至死。又景仙曾祖故司空寂,往属缔构,首

---

① 参见 1810 年《法国刑法典》第 309 条;1975 年《法国刑法典》第 316 条;1994 年《法国刑法典》第 222-11 条。
② 《旧唐书·李朝隐传》。

第七章 隋唐时期的法律制度

预元勋。载初年中，家陷非罪，凡有兄弟皆被诛夷，唯景仙独存，今见承嫡。据赃未当死坐，准犯犹入请条。十代宥贤，功实宜录；一门绝祀，情或可哀。愿宽暴市之刑，俾就投荒之役，则旧勋斯允。"手诏不许。朝隐又奏曰：有断自天，处之极法。生杀之柄，人主合专；轻重有条，臣下当守。枉法者，枉理而取，十五匹便抵死刑；乞取者，因乞为赃，数千匹止当流坐。今若乞取得罪，便处斩刑，后有枉法当科，欲加何辟？所以为国惜法，期守律文，非敢以法随人，曲矜仙命……又景仙曾祖寂，草昧忠节，定为元勋，位至台司，恩倍常数。载初之际，被枉破家，诸子各犯非辜，唯仙今见承嫡。若寂勋都弃，仙罪特加，则叔向之贤何足称者，若教之鬼不其馁而？舍罪念功，乞垂天听……伏乞采臣之议，致仙于法。古乃下制曰："罪不在大，本乎情；罚在必行，不在重。朕垂范作训，庶动植咸若，岂严刑逞戮，使手足无措者哉？裴景仙幸藉绪余，超升令宰，轻我宪法，蠹我风猷，不慎畏知之金，讵识无贪之宝，家盈黩货，身乃逃亡。殊不知天孽可违，自怨难逭，所以不从本法，加以殊刑，冀惩贪暴之流，以塞侵渔之路。然以其祖父昔预经纶，佐命有功，缔构斯重，缅怀赏延之义，俾协政宽之典，宜舍其极法，以窜遐荒。仍决杖一百，流岭南恶处。"

《唐律》把侵犯官私财产的犯罪行为分成受财枉法、受财不枉法、受所监临财物、强盗、窃盗、坐赃六类，称为"六赃"。其中强盗罪与窃盗罪的犯罪主体为一般主体，受财枉法罪、受财不枉法罪、受所监临财物罪及坐赃罪的主体是国家各级官吏。

强盗罪是指"以威若力而取其财"，即以暴力或暴力相威胁；不论"先强后盗"，"先盗后强"，"俱为强盗"。强盗不得财者，徒二年；得财价值一尺"徒三年，二匹加一等，十匹及伤人者绞，杀人者斩"。如持杖作案，加重处罚，虽不得财，也要流三千里；得财"五匹绞，伤人者斩"。

窃盗罪是指"潜形隐面而取"，即秘密占有不属于自己的官私财物。窃盗"不得财笞五十；一尺杖六十，一匹加一等；五匹徒一年"，五匹加一等，五十匹加役流。

受财枉法罪是指"受有事人财而为曲法处断"，即收受当事人贿赂而利用职权曲法枉断，为其牟取不正当利益，或为其开脱罪责。其受财价值"一尺杖一百，一匹加一等，十五匹绞"。

受财不枉法罪是指"虽受有事人财，判断不为曲法"的行为。受财价值"一尺杖九十，二匹加一等，三十匹加役流"。

受所监临财物罪是指"监临之官不因公事而受监临内财物"的行为，一般是主管某一事项的官员私下接受所部吏民的财物。收受价值"一尺笞四十，

第七章 隋唐时期的法律制度

一匹加一等；八匹徒一年，八匹加一等，五十匹流二千里"。主动向官员送礼的"与财之人，减监临罪五等，罪止杖一百"。如果监临官主动"乞取"财物，比照前款规定加一等处刑；若有"强乞取"情节，则比照受财枉法罪处刑。

坐赃罪是指监临主司以外的其他官员"因事受财"构成的犯罪，泛指以上五者以外的非法所得。如官吏非法科敛，官吏向部下百姓借贷，官吏与百姓不公平交易，借钱物过契约期限不还，擅自役使百姓，私自经营公产得利，受部下酒肉供馈者，都坐赃论。赃值"一尺笞二十，一匹加一等；十匹徒一年，十匹加一等，罪止徒三年"；给予财物者，减五等处罚。因为行为人本身非直接主管官员，处刑相对监临主司官员而言要轻一些，但具体处理差别很大。

4. 渎职罪

渎职罪的主体只能是国家各级官吏。为了提高国家机器的工作效能，唐朝在赋予国家各级官吏等级不同的法律特权的同时，也严格要求他们必须尽职尽责，否则往往处以刑罚制裁。

首先，严格定员定编，禁止各级国家机关随意增加机构或员额。"诸官有员数，而署置过限及不应置而置"，主管官员即构成"置官过限"或"不应置而置"罪，超编一人主管官员杖一百，三人加一等，至十人徒二年。后任主管官员发现前任存在超编现象而不予纠正者，减一等处罚。

其次，要求官吏必须勤政。如规定必须按期赴任，否则即构成"限满不赴"罪，迟到一天笞十，最重可判徒一年；地方州县官员到任后，非因公事不得离开辖区，违者构成"私出界"罪，处刑杖一百；官吏"应直（值）不直，应宿不宿"者各笞二十，"通昼夜者"笞三十；官吏无故不上班或当班不到者，假满未及时到任消假者，都要追究法律责任，每延误一日笞二十，三日加一等，超过三日杖一百后，十日加一等，最重徒一年半；如果是边塞要地官员，加一等处罚。

最后，官吏不得滥用职权或失职。第一，凡应奏请皇帝裁决的事必须奏请，不须奏请的不能擅自奏请，"应奏而不奏，不应奏而奏者"，杖八十；"应言上而不言上，不应言上而言上及不由所管而越言上，应行下而不行下及不应行下而行下者"，各杖六十。第二，必须严守国家机密，"漏泄大事应密者，绞"；即使漏泄"非大事应密者"，也要处一年半徒刑；若漏泄给"藩国使者"，则加一等处罚。第三，严格限制兵权，"诸擅发兵"者，10人以上处一年徒刑，每百人加一等，达到1000人处绞刑。但不按规定时间发兵及"乏军兴"者，不论出于故意还是过失，一律处斩。第四，兴造工程必须上报，批准后才能施工，以免劳民伤财。"应言上而不言上，应待报而不待报，各计庸，坐赃论减一等"处罚；若"非法兴造及杂徭役，十庸以上，坐赃论"。其他如"贡举非其人"或"应贡举而不贡举"等，也要追究其法律责任。

三、民事法律内容

（一）民事主体制度

唐代的民事主体法制，主要体现在社会不同阶层作为民事权利主体的身份差异，及不同年龄层次者的民事主体身份差异问题上。

1. 士农工商四民的民事主体身份问题

四民既然都是良民，理论上讲都有完全民事主体身份。但事实上，士、农二者是完全民事权利主体，"工商"作为民事权利主体是有一定限制的。唐《选举令》规定："身与同居大功以上亲自执工商，家专其业者，不得仕。"《户令》也规定"工商之家不得预于士"。

2. 奴婢、贱民的民事主体身份问题

贱民可以作为民事权利主体，但不完全。唐代的贱民，主要指"官贱"（官户、杂户、番户、工户、乐户、太常音声人）和"私贱"（部曲、客女）等。他们的子孙世代承袭贱民身份，为官府和私人服役，不得擅自离去。他们可以拥有自己的家庭和财产，可以看做民事主体。主人虽不得出卖他们，但可以合家转让给别人（受让人必须向原主支付"衣食"之资）。他们（太常音声人除外）没有与良民通婚的权利，只可"当色为婚"。至于奴婢，法律直接将其视为财产，所谓"奴婢贱人，律比畜产"，没有正常民事主体资格。主人可以随时买卖转让奴婢，其婚配必须有主人指定配合，不得与其他阶层结婚，其子孙世代为奴，为主人财产。但是，《户令》也规定奴婢可以财产自赎，说明奴婢可以拥有自己的财产，奴婢可以有家庭。唐《户令》还规定主人可以释放奴婢为良人，也可以释放为部曲客女。其释放程序由主人家长亲自书写文书，由主人的长子以下亲属连署，并报当地官府后生效。

3. 卑幼和未成丁者的民事主体资格问题

《唐律·户婚律》规定："诸同居卑幼私辄用财者，一匹笞十，十匹加一等，罪止杖一百。"《疏议》说："同居之内，必有尊长。尊长既在，子孙无得自专。"这标明唐律视同居卑幼（即使已成年）为不完全民事主体或限制民事行为能力人。唐《户令》规定的成丁与否也是民事主体资格的依据。依《户令》，3岁以下为"黄"，15岁以下为"小"，20岁以下为"中"，21岁以上为"丁"，60岁以上为"老"。实际上以18岁为成年。18岁以上的"中"和"丁"可以受田，有完全的赋税徭役义务，故也有完全民事主体资格；15岁以下和60岁以上一般不受田或须还田，不承担全额赋税徭役，故可以视为限制

第七章　隋唐时期的法律制度

民事行为能力人，系不完全民事主体。

(二) 物权法

唐代的物权，我们这里主要介绍唐令关于土地所有权、遗失物、漂流物、埋藏物等的一般规定。

唐朝土地所有权分为国有和私有两种形式，受到法律的严格保护，唐律严厉打击违法侵权行为。

第一，严禁盗耕种公私田。私自耕种他人土地，就是侵犯他人对土地的所有权。凡有这种行为者，按亩量刑，一亩以下笞三十，五亩加一等，至杖一百以上，每十亩加一等，最重徒一年半；荒田可减一等；"强者，各加一等"。

第二，禁止妄认公私田。妄认即冒认，同样是对他人土地所有权的侵犯。凡妄认并"盗贸卖"，一亩以下笞五十，五亩加一等，至杖一百以上，十亩加一等，最重徒二年。

第三，禁止在官侵夺私田。倚仗职权侵夺私人土地者，一亩以下杖六十，三亩加一等，至杖一百以上，五亩加一等，最重徒二年。如果侵夺的是园圃，加一等量刑。

关于拾得物的物权归属，《唐令》规定："诸得阑遗物，皆送随近县。在市得者，送市司……所得之物，皆悬于门外，有主识认者，检验记，责保还之。经三十日无主识认者，受掌，仍录物色目牓村坊门。经一周年无人认者，没官。没入之后，物犹见在，主来识认，证据分明者，还之。"《唐令》规定无人认领者收归官府，基本上不考虑拾得人可以获得或分享部分遗失物物权的可能性。《唐律》甚至规定"得阑遗物不送官"者以丢失财物或"坐赃"论罪。

关于漂流物的物权归属，《唐令》规定："诸公私竹木暴水漂失，有能接得者，并积于岸上，明立标牓，于随近官司申牒。有主识认者，江河五分赏二，余水五分赏一。限三十日，无主认者，入所得人。"这里明确承认拾得漂流物的人可以获得原物40％或者20％的报酬，亦即承认可以取得部分所有权。如无人认领，则取得全部所有权。

关于埋藏物的物权归属，《唐令》规定："诸官地内得宿藏物者听收。他人地内得者，与地主中分之。即古器形制异者，悉送官酬其值。"这里明确规定，在公地里获得埋藏物，取得完全所有权；在私人地里获得埋藏物，与地主各得一半所有权；若系古代文物之类，则由官府收购。《唐律·杂律》规定，"诸于他人地内得宿藏物，隐而不送者，计合还主之分，坐赃论减三等。若得古器形制异，而不送官者，罪亦如之"。

此外，《唐令》还就添附物所有权作出了规定。"诸田为水侵射，不依旧流,新出之地,先给被侵之家。若别县界新出,依收授法。其两岸异管,从正流为断;若合隔越受田者,不用此令。"

(三)债权法

关于唐代的债权法,我们主要介绍唐令关于买卖、借贷、典卖等契约关系以及侵权损害之债、无因管理之债等问题的一般规定。

关于买卖契约,《唐令》规定了多方面的制度。一是大宗买卖必须立"市券",即必须使用官式(税讫后盖官印的)契约文书。《唐令》中记载了这样的规定:"凡买卖奴婢、马牛,用本司本部公验以立券。"《唐律·杂律》规定:"诸买卖奴婢、马牛驼骡驴等,已过价,不立市券,过三日笞三十,卖者减一等。"这就是大宗买卖必须以"要式契约"进行。二是瑕疵责任问题,《杂律》规定:"立券之后,有旧病者,三日内听悔。无病欺,市如法。违者笞四十。"这里实际上已经包括了买卖标的物有瑕疵时可以变更或撤销合同的规定。三是亲邻先买权制度。玄宗天宝十四年(755年)制:"天下诸郡逃户,有田宅产业妄被人破除,并缘欠负租庸,先已亲邻买卖,及其归复,无所依投,须加安辑。"这说明先前已经有"亲邻先买权"存在。五代后,周法令规定:"如有典卖庄宅,准例房亲、邻人合得承当;若是亲邻不要,及著价不及,方得别处商量,和合交易。"这一规定显系从唐代的类似规定继承而来。

关于借贷契约,《唐令》也规定了多方面的制度。一是关于抵押借贷的规定,《唐令》规定:"收质者,非对物主不得辄卖;若计利过本不赎,听告市司对卖,有剩还之。"这就是规定须由债权债务双方当面(相对)出卖质押物,市场管理官员监督,超过本利的价值必须归还债务人。二是关于放贷利率的规定,《唐令》规定:"诸公私财物出举者……每月收利不得过六分。积日虽多,不得过一倍。若官物及公廨,本利停讫,每计过五十日,不送尽者,余本生利如初,不得更过一倍。"这就是后世著名的"积日虽多,不过一本一利"制度的前身。但是又特别提高公家(官府)放贷利率上限(一本两利)。三是关于"牵掣"即债权人私力救济的规定。《唐律疏议·杂律》规定:"诸负债不告官司,而强牵财物过本契者,坐赃论。"《疏议》曰:"谓公私财物,违契不偿,应牵掣者,皆告官司听断。若不告官司而强牵财物,若奴婢、畜产,过本契者,坐赃论。"依此规定,若先告官而牵掣债务人财物,或牵掣财物不超过债务,都是合法的。

关于典卖契约,唐代也有规定。唐宪宗元和八年(813年)敕:"应赐王公、公主、百官等庄宅、碾硙、店铺、车场、园林等,一任贴典货卖。其所缘税役,便令县府收管。"所谓"贴典货卖",就是典卖,就是一种附回赎权的降价活卖。

第七章 隋唐时期的法律制度

关于侵权损害之债,《唐律·杂律》规定,因马惊骇,力不能制,而于城内街巷"杀伤人者,减过失(杀伤人罪)二等,听赎。其(赎)铜各入被杀伤之家。"这里的赎铜"各入被杀伤之家",相当于今天民法的侵权损害赔偿。

关于无因管理之债,唐律也有涉及。《唐律·户律》"养子舍去"条《疏议》说:"(收养三岁以下异姓小儿)如是父母遗失,于后来识认,合还本生;失儿之家,量酬哺乳之直。"这里规定应该补偿一定数量的抚育费,实际上相当于后来民法中所讲的无因管理之债。

关于对债权的保护,《唐律》作出了一般规定:"诸负债违契不偿,一匹以上违二十日,笞二十;二十匹加一等,罪止杖六十。三十匹加二等;百匹,又加二等。各令备偿。"

资料:

唐咸亨四年(673年)西州前庭府杜队正买驼契

咸亨四年十二月十二日,西州前庭府队正杜□□交用练拾肆匹,于康国兴生胡康乌破延边买取黄敦驼壹头,年十岁,其驼及练即交相付了,若驼有人寒盗者,一仰本主及保人酬当,杜悉不知。叁日不食水草,得还本主。待保未集,且立私契;保人集,别市契。两和立契,获指〔为〕验。

驼主:康乌破延

买驼人:杜

保人:都护人毅

保人:同乡人康莫遮

知见人:张轨端

(四)婚姻制度

唐朝实行一夫一妻制,禁止一夫多妻。"诸有妻更娶者,徒一年;女家,减一等。若欺妄而娶者,徒一年半;女家不坐。各离之。"但当时并不禁止纳妾,实际是一夫一妻多妾制,而且禁止随意变乱妻妾之位。"诸以妻为妾,以婢为妻者,徒二年。以妾及客女为妻,以婢为妾者,徒一年半。各还正之。"其目的在于明嫡庶之别,维护嫡长子继承制。

关于婚姻的成立,《唐律》强调:

1. 确认尊长对卑幼的主婚权

"诸嫁娶违律,祖父母、父母主婚者,独坐主婚。"但对卑幼在外自行定婚者区别对待,已成婚且合法者,予以承认;尚未成婚,须服从尊长安排;"违者,杖一百"。

2. 以婚书和聘财为婚姻成立的要件

"诸许嫁女,已报婚书及有私约而辄悔者,杖六十";"虽无许婚之书",

但女家已接受男家聘财，亦不得悔婚，否则同样处杖六十；"男家自悔者，不坐"。

3. 实行"同姓不婚"原则

"诸同姓为婚者"，双方各徒二年；非同姓而有五服以内血缘关系的男女也不得通婚，违者"以奸论"。此外，严禁娶逃亡女子为婚，监临官不得娶监临之女为妾，良贱之间不得为婚，违者均处以刑罚。

关于婚龄，唐初规定男子20岁，女子15岁；玄宗时改为男子15岁，女子13岁，实行早婚。

关于离婚制度，《唐律》的规定主要有：

1. 出妻或休妻，即男方单方面离婚

《唐令》以周礼以来"七去"原则为法定休妻理由。唐《户令》规定，"诸弃妻须有七出之状：一无子，二淫逸，三不事舅姑，四口舌，五盗窃，六妒忌，七恶疾。皆夫手书弃之……虽有弃状，有三不去：一经持舅姑之丧，二娶时贱后贵，三有所受无所归。即犯义绝及淫逸恶疾，不拘此令"。这就是《大戴礼记·本命篇》所记"七去"原则在唐代的法律化。据此可知，男子可以凭"七去"或"七出"原因中任何一条休妻，但是如果有"三不去"情形则不可休妻。不过法律又规定，有义绝、淫逸、恶疾三种情形时，"三不去"不适用。如此说来，"三不去"只能对抗"五去"。违反"七去三不去"规定者要受处罚，《户婚律》规定："妻无七出及义绝之状而出之者，徒一年半；虽犯七出，有三不去，而出之者，杖一百。追还合。若犯恶疾及奸者，不用此律。"另外，唐朝"七出"以"无子"为首，更强调婚姻对传传宗接代的意义。

2. "义绝"，即国家强制离婚

《唐律·户婚律》规定："诸犯义绝者离之，违者徒一年。"《疏议》说："夫妻义合，义绝则离。违而不离，合得徒一年之罪。"《疏议》解释："义绝，谓殴妻之祖父母父母及杀妻外祖父母、伯叔父母、兄弟、姑、姊妹，若夫妻祖父母父母、外祖父母、伯叔父母、兄弟、姑、姊妹自相杀，及妻殴詈夫之祖父母父母、杀伤夫外祖父母、伯叔父母、兄弟、姑、姊妹，及与夫缌麻以上亲、若妻母奸，及欲害夫者，虽会赦，皆为义绝。"所谓义绝，实为婚姻双方家族间"伦理之义"已经断绝，此时即使夫妻双方感情尚可不愿分离，也必须离婚。是否构成义绝，不能由自己说了算，要经"官司判为义绝者，方得此坐"。

3. 两愿离婚

《唐律》规定："若夫妻不相安谐而和离者，不坐。"《疏议》说："若夫

第七章 隋唐时期的法律制度

妻不相安谐，谓彼此情不相得，两愿离者，不坐。"两愿离婚为合法，不追究法律责任。

4. 禁止妻妾"休夫"

《户婚律》规定："妻妾擅去者，徒二年；因而改嫁者，加二等。"《疏议》曰："妇人从夫，无自专之道……若心乖唱和，意在分离，背夫擅行，有怀他志，妻妾合徒二年。因擅去而改嫁者，徒三年。"

（五）家庭继承制度

《唐律》根据儒家"父为子纲"、"夫为妻纲"的原则确定家庭制度。"凡是同居之内，必有尊长"，一律由男性家长充任。夫妻之间、父母子女之间的法律地位是不平等的。家长拥有对财产的绝对占有权和处置权，"尊长既在，子孙无所自专"。关于家长权，《唐律》有以下规定：

1. 财产支配权

祖父母父母在，子孙不得别籍异财。只有在家长明令或主持时才可以分家析产。即使父母身故，27个月丧期内也不可别籍异财。同时，卑幼不得擅自使用家财。唐《杂令》还规定："诸家长在而子孙弟侄等不得辄以奴婢、六畜、田宅及余财物私自质举及卖田宅。其有质举卖者，皆得本司文牒，然后听之。若不相本问，违而与及买者，物即还主，钱没不追。"

2. 教令权、责罚权、送惩权

《唐律》规定家长对子孙有教导权、使令权、支配权、责罚权。祖孙不得违反教令，《唐律》规定："子孙违反教令及供养有阙者，徒二年。"《疏议》说："祖父母、父母有所教令，于事合宜，即须奉以周旋，祖孙不得有违……皆须祖父母、父母告，乃坐。"同时，《唐律》规定，"若尊长殴伤卑幼折伤者，缌麻减凡人一等，小功、大功递减一等"。所谓折伤，就是伤成残疾状态。家长责罚子孙只要没有造成残疾，就算合理正当。在子孙违反教令时，父母即使殴杀子孙，不过徒一年半。这里说的子孙违反教令须"祖父母、父母告，乃坐"，实际上是授予家长以"送惩权"：子孙的二年徒刑，完全取决于家长告官与否；官府是否定罪判刑，完全取决于家长一面之词。

3. 主婚权

《唐律·户婚律》规定："诸卑幼在外，尊长后为定婚，而卑幼自娶妻，已成者婚如法，未成者从尊长。违者杖一百。"还规定，"妇人夫丧服除，誓守志，唯祖父母父母得夺而嫁之"。这些大多已经不属于后世民法"亲权"的内容，但的确是当时的亲属法。

关于家长的责任，唐律规定也非常丰富。主要有：（1）祭祀祖先的责任。（2）教养子孙的责任。（3）申告户口的责任。《唐律·户婚律》规定"诸脱户者，家长徒三年。脱口及增减年状，以免课役者，一口徒一年，二口加一等，罪止徒三年"。"诸私入道及度之者，杖一百。若由家长，家长当罪。"(4) 保证田地不荒芜、输纳租税的责任。《唐律·户婚律》规定："诸部内田畴荒芜……户主犯者，亦计所荒芜五分论，一分笞三十，一分加一等。"又规定"户主课税不充者，笞四十"。(5) 主婚责任。《户婚律》规定："诸嫁娶违律，祖父母父母主婚者，独坐主婚。"(6) 家人共犯时独担罪责。《唐律·名例律》规定："诸共犯罪者……若家人共犯，止坐尊长。于法不坐者，归罪于其次尊长。尊长，谓男夫。"

关于子孙的孝敬赡养义务，唐律规定的主要有：必须服从父祖教令；不得骂詈祖父母父母；祖父母父母在不得别籍异财；有能力供养祖父母父母时不得供养有阙；在为父母祖父母服丧期间不得嫁娶、作乐、释服从吉；不得隐匿祖父母父母丧讯或者诈称其死亡；不得告发祖父母父母，必须隐匿其犯罪（十恶除外）。唐律对宗祧、爵位等身份实行嫡长子继承制，并严格嫡庶之别。立嫡必须依法进行，"立嫡违法者，徒一年"；以庶冒嫡，徒二年；违法立异姓为嗣，徒三年。这些法律规定都是为了保障家庭血统的纯正，防止继承权的旁落。而财产继承，仍实行诸子平分制。

案例：

房孺复妻杀婢案①

（房）孺复，（房）琯之孽子也。少黠慧，年七八岁，即粗解缀文，亲党奇之。稍长，狂疏傲慢，任情纵欲。年二十，淮南节度陈少游辟为从事，多招阴阳巫觋，令扬言已过三十必为宰相。德宗幸奉天，包佶掌赋于扬州，少游将抑夺之。佶闻而奔出，少游方遣人劫佶令回，孺复请行，会佶已过江南，乃还。及少游卒，浙西节度韩滉又辟入幕。其长兄宗偃先贬官岭下而卒，及丧柩到扬州，孺复未尝吊。初娶郑氏，恶贱其妻，多畜婢仆，妻之保母累言之，孺复乃先具棺椟而集家人，生敛保母，远近惊异。及妻在产蓐三四日，遽令上船即路，数日，妻遇风而卒。孺复以宰相子，年少有浮名，而奸恶未甚露，累拜杭州刺史。又娶台州刺史崔昭女，崔妒悍甚，一夕杖杀孺复侍儿二人，埋之雪中。观察使闻之，诏发使鞠案有实，孺复坐贬连州司马，仍令与崔氏离异。

四、经济法律内容

（一）土地制度

因唐代实行"均田制"，授予百姓的土地分为口分田、永业田两部分。口

---

① 《旧唐书·卷一百一十一·列传第六十一》。

第七章 隋唐时期的法律制度

分田,少壮受田,老死后要还给官府;永业田可以继承。二者理论上讲都不可自由买卖,《户婚律》规定有"卖口分田"之罪。但《疏议》又说卖口分田可以卖充宅及碾硙、邸店,自狭乡迁往宽乡时可以卖;永业田在家贫无以供葬时可以出卖。因此,唐朝有两种土地所有制形式,即国家所有和私人所有。国有土地主要有口分田、职分田和公廨田,职分田是为官吏提供俸禄的用地,公廨田是为各国家机关提供办公经费的用地,也严禁私自买卖。私有土地主要有永业田和部分宅地。由于唐朝常将大量土地赏赐给贵族勋臣,因此,国家可用以授田的土地并不多,农民授田普遍不足,大量土地掌握在贵族官僚地主手中。

为控制土地占有的两极分化,唐律禁止"占田过限",违者一亩笞十,十亩加一等,至杖六十以上,二十亩加一等,最重徒一年。但人少地多的宽闲之处,允许占田过限,目的是多开垦荒田。不过,"仍须申牒立案",不得隐瞒不报脱逃赋税义务,"不申请而占者"是要治罪的。

(二)赋税制度

唐朝前期继承隋制,以均田制为基础,实行租庸调法。租是田赋,每丁每年纳粟二斛、稻三斛;调是按户征收的人口税,每户每年纳绢二匹、绫、絁二丈,或布二丈四尺、绵三两、麻三斤,"非蚕乡则输银十四两";庸是按人丁摊派的徭役,每丁每年服役20天,逢闰年增加2天,不服役者"输庸代役",每丁每日折绢三尺。国家有事延长服役时间,加役25天免调,30天租调全免。"差科赋役违法及不均平,杖六十。"

唐朝中期以后,均田制受到破坏,租庸调法亦难以实施。德宗在位期间,推行两税法,按每户的土地面积征收地税,按财产多寡确定的户等征收户税,每年分夏秋两季征收。对商人则按其资产征收1/30的财产税。这种税制不再以人丁为征税依据,而以土地和财产的多少征税,相对有利于土地财产较少的贫穷百姓,也有利于国家的赋税收入。

(三)工商贸易制度

唐朝社会经济繁荣,工商业也较前代发达。官营手工业的主管机关是工部、少府监、将作监,工部"掌城池土木之工役程式",少府监"掌百工技巧之政",将作监"掌土木工匠之政"。官营手工业工匠中,一部分是徒刑罪犯及受到株连的罪犯亲属;另一部分是番户、杂户,其身份属于贱籍,且子孙世袭服役,不得转行;还有一部分身份较为自由,可以领取部分酬金。

为了防止随意兴造劳民伤财,《营缮令》规定:修城郭,筑堤防,兴起人功,有所营造,均须"计人功多少申尚书省听报,始合役功"。唐律规定:"诸有所兴造,应言上而不言上,应待报而不待报,各计庸,坐赃论减一等";

"诸非法兴造及杂徭役，十庸以上，坐赃论"。工匠一旦被征用，必须立即赴任报到；若"稽留不赴"，延误一天笞三十，三天加一等，最重可杖一百。工匠必须严格按照工程质量标准生产或施工，如"辄违样式，有不如法者"，笞四十；滥用原材料、冒领经费或多计工日，笞五十；"若事已损费，各并计所违赃庸重者，坐赃论减一等"。工匠不认真劳动，粗制滥造，致使产品质量有问题，也要受到刑事制裁："诸造器用之物及绢布之属，有行滥、短狭而卖者"，各杖六十；"得利赃重者，计利，准盗论"。管理部门或地方长官"知情"而不制止，"各与同罪"；即使没有发觉，也要减二等治罪。

唐朝对商业贸易的管理也相当严格。如唐律规定：买卖奴婢或牲畜，须经国家设立的市场管理机关许可，并及时"立券"，即签订书面购销合同；超过3天不"立券"者，买方笞三十，卖方减一等。"买时不知"，"立券"后3天内发现奴婢或牲畜"有旧病者"，允许反悔。买卖双方不能协商一致，买方"强执其市，不许外人买"者，杖八十；"已得赃重者，计利准盗论"。市场管理机关评估物价"不平"，主管官吏"计所贵贱，从赃论"；主管官吏利用职权贱买贵物，"以盗论"。

度量衡器具的准确与否，关系到市场交易能否公平进行。"诸私作斛斗秤度不平，而在市执用者"，笞五十；"因有增减者，准盗论"。度量衡器具须经官署"校勘"，才允许用于市场交易，违者笞四十。

唐朝初年，为迅速恢复和发展经济，对商业征税较轻。中唐以后，国家财政拮据，陆续对盐、酒、茶等生活必需品实行国家专卖。尤其是盐业实行专卖后，税收收入最多时竟占全国财政收入的一半。由于贩盐能够获利较高，私盐贩卖也较严重。为此，国家不断加大打击力度，德宗贞元（785~806年）年间规定，"盗鬻两池盐一石者死"。

唐朝中原地区同周边少数民族及外国的贸易也相当活跃。交易须由双方市场主管机关议定物价，交易场所及时间也有严格规定："诸外蕃与缘边互市，皆令互官司检校。其市四面穿堑，及立篱院，遣人守门。市易之日卯后，各将货物畜产俱赴市所。官司先与蕃人对定物价，然后交易。"有些商品，如丝织品、金银珠宝、铁器、兵器等，不经国家批准不得出口。

五、行政法律内容

（一）国家行政体制

1. 中央行政体制

在行政体制上，主要是在以皇帝为中心的基础上，不断完善中央三省六部体制，以强化专制主义中央集权制度。自战国以来，封建国家的统治已经历了

第七章 隋唐时期的法律制度

一千多年，统治经验的积累日益丰富，隋朝开创重新统一的局面后，皇帝制度在新形势下又有了发展，在三国两晋南北朝时期初步形成的中央三省基础上，重新制定了中央官制，确立了以三省六部二十四司为核心的中央行政管理体制，这是封建政治制度的一个重要发展。

唐代的三省六部制，三省即中书省、门下省、尚书省。唐朝沿袭隋制，"以三省之长中书令、侍中、尚书令共议国政"，即以三省长官组成集体宰相。其职责是"佐天子总百官、治万事"。中书省掌草拟诏书、政令；门下省掌审查诏令、奏章，封驳违失；尚书省掌行政。三者之间既相互制约，又相互配合，共同组成政事堂会议商议国政，在皇帝领导下管理中央政权。三省的办事流程，大致是"每事先经由中书省。中书做定将上，得旨再下中书，中书付门下。或有未当，则门下缴驳，又上中书。中书又将上，得旨再下中书，中书又下门下。事若可行，门下即下尚书省。尚书省但主填'奉行'而已。故中书之权独重"。① 这是宋人朱熹对唐中后期三省办事情形的描述。可见本来是中央最重要的辅政决策机构的尚书省（唐初是所有事情先经尚书省），其地位已经渐渐为中书、门下所取代，中书省变得最为重要了。

尚书省下设吏、户、礼、兵、刑、工六部，分别掌人事、财政与民政、教育与礼仪、军事行政、司法行政与大案复核、水利与营造等各项行政事务。他们协助尚书省长官共同组成国家最高行政执行机构，行使国家的行政管理权。六部下面分置二十四司处理政务，二十四司的具体设置经常会有微调，其中每个部均设置有一个与该部名称相同的司，称为本司，其职责相当于现在各部门的办公厅，本司郎中在各司郎中中最高。

唐朝中央还设有三师（太师、太傅、太保）、三公（太尉、司徒、司空）等地位很高但并无实权的顾问职位，另设有九寺（太常寺、光禄寺、卫尉寺、宗正寺、太仆寺、大理寺、鸿胪寺、司农寺、太府寺）、五监（国子监、少府监、将作监、军器监、都水监）。九寺相当于汉朝的九卿，但因六部权力较大，九寺地位有所下降。五监也成为六部的附属机构。

2. 地方行政体制

唐朝加强京畿地区的治理，在长安设京兆府，以京兆尹为长官，地位高于外地各州刺史。地方设州、县两级，州置长官刺史，县置长官县令，下置各类官吏负责具体政务。县以下的基层机构，乡设乡正，里设里正，除协助官府完成各项行政任务外，还负责协助维持地方治安。

---

① （宋）朱熹：《朱子语类》。

(二) 官吏管理制度

1. 官吏的选拔与任用

唐朝选拔官吏的主要途径是科举考试。所谓科举，亦即"设科举士"，始于隋朝。唐代参加科举考试有各级官学的学生，经学馆考试合格者，称为生徒；又有地方州县的贡生，经州县考试合格的，称为乡贡。生徒和乡贡到尚书省参加礼部主持的科举考试。唐朝科举科目繁多，有秀才、明经、进士、俊士、明法、明字、明算等。经过科举考试中第者，只取得做官资格，要得到录用，还必须通过吏部考试。吏部考试是以身、言、书、判四项为考试内容。先考书、判，即为笔试，既要看书法，又要看判答；合格者再察声、言，即为口试。通过吏部试者，可以做官。吏部任命官员，都要定期进行考试，试毕根据考试成绩，再综合考察该官的德、才、劳等诸项，评定品级，予以正式委任，然后报送门下省和中书省审批，最后由皇帝以制敕裁定。对司法官的任用，则吏部须与刑部尚书共同研究决定，然后注拟。选拔武官另有武举考试，由兵部主持并任用。此外还有门荫制度，高级官僚子孙可以免予科举考试，凭借家庭出身直接取得做官资格。

2. 官吏的考核与奖惩

唐朝对各级官吏，每年要进行一次考核，由本部门长官或地方州县长官主持；每四年要进行一大考，四品以下官吏由吏部考功司负责，三品以上由皇帝亲自考核。考核范围包括德、清、公、勤四个方面，德是道德高尚，清是清正廉洁，公是公正公平，勤是勤劳尽职。有一项合格为一善，四项都合格者为"四善"，四项均不合格者是"无善"。另外还有"二十七最"，即根据不同部门的工作性质，分别提出27条具体专业要求，每合格一项为"一最"。考核结果按官吏获得"善"与"最"的多少，评定为上、中、下三等九级，分别予以奖励或惩罚。奖励方式有加禄、晋级，惩罚方式为夺禄、降级，平平者保持原俸禄待遇。如果有违法犯罪行为，则依据唐律的有关规定追究刑事责任，或罢免其官职。

3. 官吏的休假与致仕

唐朝官吏每工作10天，可有1天休假，称为"旬假"；逢中秋、七夕、重阳、冬至等亦可休假，称为"节令假"；因病、因事可请假，称为"事故假"；家中有婚丧大事，可给予"婚丧假"。但不得超假，否则减俸或夺俸。在任期间，连续请假超过百日者，必须"停官"，即停职，以免贻误公事。唐朝规定"职事官七十听致仕"，致仕即退休。五品以上官吏致仕，须上表奏请皇帝批准；六品以下，也要申报尚书省批准。未满70岁，因病"不堪公务"者，准其提前致仕。官吏致仕后，给予一定俸禄或继续享有某些待遇。

第七章　隋唐时期的法律制度

（三）行政监察制度

1. 台官制度与职责

唐朝除通过吏部对官吏进行考核监督外，还设有专门机关御史台行使行政监察权。御史台官员称为台官，是加强吏治的主要队伍。在总结前代经验的基础上，唐朝的监察机构更加完备。其职能有二：一是行使行政监察权，相当于现在的监察部；二是行使法律监督权，相当于今天的检察院。御史台最高长官是御史大夫，"掌以刑法典章纠正百官之罪恶"①，地位仅次于宰相，下设台院、殿院、察院。台院主要监督朝中文武百官，参与审理重大案件；殿院主要是肃正朝仪，监督百官的君臣之礼；察院主要巡按州县，监督地方官吏奉公尽职。三院各司其职，相互配合，协助御史大夫共掌监察大权。

2. 谏官制度与职责

唐太宗深知君主决策关系重大，为减少失误，除设置门下省掌封驳权外，还专门设有谏官，包括左右谏议大夫、左右拾遗、左右补阙等。他们不仅对国家的决策者与执行者进行监督，甚至可以对皇帝进行劝谏、批评。这在君主专制国家中，是对最高权力的一种制约机制，有利于社会的正常发展。

魏徵（580～643年2月11日），字玄成。汉族，隋唐时期巨鹿人，唐朝政治家。曾任谏议大夫、左光禄大夫，封郑国公，谥文贞，为凌烟阁二十四功臣之一。以直谏敢言著称，是中国史上最负盛名的谏臣。著有《隋书》序论，《梁书》、《陈书》、《齐书》的总论等。其言论多见《贞观政要》。其中最著名，并流传下来的谏文表——《谏太宗十思疏》。他的重要言论大都收录于《魏郑公谏录》和《贞观政要》两本书里。

第四节　唐律的特点、历史地位与影响

一、唐律的特点

唐朝是我国历史上一个繁荣昌盛的封建王朝，特别是李世民即位以后，总结隋朝灭亡的教训，励精图治，采取了许多加强中央集权统治的政治措施，促

---

① 《新唐书·志第三十八·百官三》。

第七章　隋唐时期的法律制度

使唐朝的农业、手工业、商业、对外贸易、科学文化等方面得到空前发展。唐朝成为继两汉之后强大的封建王朝，也是当时最大的文明国家。《唐律》就是在这样历史条件下制定的，它是我国古代封建政治经济文化繁荣发展时期的产物，从《唐律》的篇章结构和主要内容，可以看出《唐律》具有以下四个主要特点：

（一）以刑为主，诸法合体

《唐律》继承了中国封建法律以刑为主、诸法合体的传统，在《唐律》中，制裁各类犯罪的刑法规范仍然是其主要内容，同时，兼有民事、经济、行政、军事、诉讼等方面的法律规范。《唐律》对许多涉及婚姻、债务、财产、继承以及经济、行政上的违法或过错行为也都以刑罚手段予以惩罚。中国自第一个统一的封建王朝建立以来，一直实行中央集权制的政治制度，因此必然需要借助于各级司法行政机关实行严厉的镇压，以维持统治秩序的安定，而强化立法正好顺应了这一要求。

（二）科条简要，刑罚适中

中国封建法典的编纂和法律的修订经历了一个从繁杂到简要的发展过程，唐律继承魏晋以来"法令明审，科条简要"的传统，自制定《贞观律》时起，"凡削繁去蠹变重为轻者，不可胜纪"，[①] 形成了科条简要、宽简适中的立法特点，共12篇502条，律文之下附有准确而严密的注疏，是中国封建法典中最为简要、精练的一部，成为后世历代封建王朝法典编纂的楷模，反映出唐朝立法技术的成熟。

中国封建刑罚制度也经历了一个从残酷、繁杂到轻缓、规范的演变过程。唐朝处于中国封建经济、政治、文化发展的鼎盛时期，高度发达的社会文明在刑罚制度上也有所反映。在中国古代社会中，无论是同以前还是以后的历代相比，《唐律》规定的刑罚（即法定刑）都是最为宽平的。不仅死刑执行方式比较文明，而且适用于死刑的条款也大为减少，笞杖徒流刑罚的适用也相对较轻，都体现出了立法者欲以"宽仁治天下"的精神。因此，唐朝堪称为中国古代法制文明的巅峰时代。

（三）依礼制律，礼法合一

自西汉以来，统治者不断积累治国经验，在总结法家"法治"、"重刑"思想的基础上，重点吸收儒家怀柔策略，使法律制度不断儒家化。经过几百年的努力，至唐律"一准乎礼"，即以儒家的礼为法律取舍的唯一标准，真正实

[①] 《旧唐书·刑法志》卷五十。

第七章　隋唐时期的法律制度

现了礼与法的高度统一和有机融合。正如唐太宗所说："失礼之禁,著在刑书。"① 唐朝把封建伦理道德的精神力量与国家法律的统治力量紧密糅合在一起,用法的强制力加强了礼的束缚作用,礼的约束力又增强了法的威慑力,从而构筑了严密的统治法网,有力地维护了唐朝的封建统治。礼法合一这一特点是唐律发展到成熟完备阶段的典型标志,也是中华法系区别于其他法系的最显著特征。具体体现在三个方面:

一是所有条文都以封建的"三纲"为出发点和落脚点,具体为了体现"君为臣纲",规定了一系列严惩危害皇帝安全、尊严和专制统治的犯罪以及议、请、减、赎、当等一整套条款,以确认和维护封建皇权以及相应的官僚贵族特权;为了体现"父为子纲"和"夫为妻纲",规定了对不孝、恶逆、不睦、不义、内乱等行为的严惩以及七出、义绝等一系列原则制度,以确认和维护以父权和夫权为核心的封建家族制度。

二是许多法律条文都直接渊源于礼的规范,如八议、同居相隐、五服制罪等许许多多规定,都将礼的精神与律的形式紧密而完美地结合为一体,真正做到了定罪量刑,"一准乎礼","失礼之禁,著在刑书"。

三是引用儒家经典作为《唐律》条文的"疏议"部分。《唐律》继承了西汉以来礼律融合的传统,使封建的礼教纲常进一步法典化、制度化。

(四) 立法技术空前完善

制定《唐律》时,唐初统治者充分借鉴了以往历代统治阶级丰富的立法经验,继承和吸收了历代法律发展过程中的优秀成果,立法技术臻于成熟、完善。《唐律》虽然仅有502条,但它法律内容丰富,法律逻辑严密,语言精练明确,立法技术高超,在法典体例篇目上,结构严谨,排列有序,篇条之间,联系清晰;在律文内容上,所涉广泛,但多而不乱,文字简约,却保证疏而不漏,不仅基本能调整当时各种纷繁复杂的社会关系,而且许多原则、标准比较周密,可操作性强。如自首、化外人有犯、类推等原则的确立,公罪与私罪、故意与过失等概念的明确,各种量刑标准的规定等。法律概念和术语的使用准确而规范,律文与律疏有机配合,注释确切,举例恰当。总之,《唐律》以结构严谨、立法技术完善而被举世公认,代表了中国封建立法技术的最高成就,在中国法典编纂史上具有里程碑的地位和意义。

二、唐律的地位与影响

由于唐律产生的历史条件,使它在中国古代法律文化发展史上具有重要而

---

① 《新唐书·韦述传》。

第七章 隋唐时期的法律制度

不可替代的作用。它上承战国时期的《法经》,历经秦、汉、魏晋,至唐而集其大成,成为典型的封建律典,从而也使它成为唐以后历代封建律典之楷模,起着承上启下的作用。清代大学问家孙星衍曾说:"不读唐律,不能知先秦历代律令因革之宜。"① 换言之,读了唐律,就能够了解历代律典之嬗递关系和来龙去脉。综观中国历代律典发展变化的事实,诚如孙氏所言。

从纵向角度而言,后世中国的法典,都以唐律为渊源,不再溯及更早的法典和制度。后世中国的法律思想,也多以唐律为基本蓝本而发,很少怀疑唐律的科学性。宋朝"法制因唐律令格式而随时损益"②,《宋刑统》实为照抄《唐律疏议》,变动不过几条。元朝"参照唐宋之制",成《至元新格》,条文多半同于唐律。《唐律》12篇,《新格》同者九篇。明太祖朱元璋确定制律方针"宜尊唐旧",他登基初曾下令"日进二十条"唐律,讲读唐律供制定新律参考,因此《大明律》"与唐律同者十六七"。清人薛允升曾编《唐明律合编》,辨析明律对唐律的继承甚详。清人承袭明律,清律受唐律影响同样大。沈家本《重刻唐律疏议序》言清律"与唐律大同者四百一十有奇;与唐律合者,亦什居三四"。

横向比较而言,唐帝国是当时东方最强盛的帝国,长安是东方政治经济文化的中心,唐律对当时东方各国的影响甚大。就日本来说,日本大化革新后的《近江令》,其篇目内容大多同于唐《贞观令》;701年颁布的《大宝律令》,篇目、顺序与《唐律》全同,仅将"八议"改为"六议"(去议勤、议宾);将"十恶"改为"八虐"(去不睦、内乱);流刑不载里数,分近流、中流、远流三等。而高丽王朝四百余年法制,基本沿袭唐制。现代学者杨廷福先生在《唐律初探》中说:"考察高丽王朝的法律共七十一条,其实是在《唐律》的五百条上撷取六十九条,从唐《狱官令》中摘录二条而成。"李朝《经国大典》,基本上模仿《唐六典》和《明会典》。直至中日战争后十一年(1905年),朝鲜犹参酌《大明律》修订《刑法大全》。越南李朝的《刑书》三卷,陈朝的《国朝刑律》,基本"遵用唐宋旧制";黎氏王朝的《鸿德刑律》,参用隋唐,折中宋元明律。阮朝的《皇越律例》则是直接模仿明律和清律。

所以说,《唐律》是我国封建法典的楷模,在中国法制史上具有重要的历史地位。《唐律》其影响所及不仅限于中国境内,对亚洲许多国家封建法律制度的发展也有重要的示范作用。《唐律》和唐朝高度发达的政治、经济、文化一样,在古代历史上曾大放异彩,在世界法律发展史上也具有重要的地位。

---

① 《唐律疏议》重刻故唐律疏议序。
② 《宋史·刑法志》。

第七章　隋唐时期的法律制度

第五节　隋唐时期的司法制度

一、司法机关体系

(一) 中央司法机关

唐朝皇帝仍掌握一切案件的最后裁决权。凡死刑案件，至少须三次奏请皇帝批准，以体现慎杀原则。对罪犯实行赦免，也须由皇帝决定或批准，大赦令必须以皇帝名义颁布。皇帝还经常通过录囚检查司法机关的工作。

在皇帝之下，中央设置大理寺、刑部、御史台三大司法机关。大理寺由秦汉廷尉演变而来，北齐始将廷尉改称为大理寺，后世沿袭不改。大理寺为唐代中央最高审判机关，以卿和少卿为正、副长官，下设立正、丞、主簿、司直等众多属吏。其职权为负责审理中央百官及京师徒刑以上案件，并对刑部移送的死刑疑难案件拥有重审权。但大理寺对徒、流刑案件的判决须交刑部复核方可生效，对死刑的判决则须奏请皇帝批准。刑部是中央司法行政机关，六部之一。负责掌管狱囚收录，给养供应等司法行政事务，复核大理寺流刑以下案件，及州县徒刑以上案件，并可受理在押犯人申诉。如有疑点，流刑以下案件发回重审或自行复审，死刑案件送大理寺审，上报皇帝批准。

这种隋朝开始以刑部和大理寺共掌司法，在中国古代司法制度发展史上首次出现司法行政与司法审判分立的形象，对社会发展具有重要意义。皇帝极其重视大理寺官员的选拔，出现了一批堪称好官的法官。如张文瓘任大理寺卿，在他死时，大理寺的囚徒一同大哭。

御史台是中央监察机构，又是三大司法机关之一，掌管纠察、弹劾百官违法之事，同时负责监督大理寺和刑部的司法审判活动，遇有重大案件，与上述二司长官共同参与会审，有利于发挥中央的审判监督作用，防止刑狱冤案，保证封建法制的贯彻。

上述三大法司既各有执掌、分别工作，又彼此监督制约，有效地加强了封建司法统治和皇帝对司法权的控制。如遇到重大疑难案件，则由大理寺卿、刑部侍郎、御史中丞共同审理，这种由三大法司主要官员会审重案的制度，称为"三司推事"。地方重案不便解送中央审理的，则指派"三司使"及大理寺评事、刑部员外郎，监察御史前往，就地审判。

(二) 地方司法机关

唐代地方行政区划为州、县两级，其司法机关仍沿袭旧制，由地方行政长官兼理，但是直接管理司法审判事务的属吏较前增多。州以刺史为长官，刺史每岁一巡属县，审录囚徒，纠绳不法县吏，发现疑难狱讼及时上奏皇帝。县最高长官为县令，也须在辖区内，将司法作为重要职责，其下设司法佐和史处理具体法律事务。京师长安的京兆尹与各州刺史、各县县令兼掌辖区内的司法审判权。京兆尹权力很大，有权审理京师百官徒刑以下案件，下设少尹为副职，并设法曹司法参军等官吏协助审理案件。州刺史之下设法曹参军或司法参军，县令之下设司法佐、史等，协助审案。

此外，县以下乡官、里正、坊正、村正有调解处理婚姻、土地等民事案件和轻微刑事案件之权。

二、诉讼审判制度

（一）起诉

唐朝起诉制度仍有两种形式：一是举劾，即由官吏代表国家纠举犯罪，向司法机关提起诉讼。《唐律》规定，监察机关或各级官吏对重大犯罪应举劾而不举劾者，要负刑事责任。二是告诉，即当事人直接向官府控告，或由其亲属代诉。起诉要有按规定书写的起诉书，"诸告人罪，皆须注明年月，指陈实事，不得称疑。违者，笞五十"。① 告诉一般先向县衙提起，然后再由县至州，由州至大理寺。一般案件禁止越诉，越级告诉和受理者处以笞刑。但特殊情况允许越诉。《唐律》还规定有直诉制度，凡有冤情无处申诉者，可以"邀车驾"或击"登闻鼓"向皇帝告诉。但由此而冲撞皇帝仪仗或控告不实者，要受到严厉的处罚。

《唐律》对告诉规定了许多限制性条款，如除谋反、谋大逆、谋叛等罪外，卑幼不得控告尊长，卑贱不得控告尊贵；在押犯人、80岁以上、10岁以下老幼及笃疾者，除控告反、逆、叛或子孙不孝等罪外，也无权控告其他行为。此外，《唐律》还禁止"投匿名书告人罪"，违者流二千里；"诸诬告人者，各反坐"。

（二）审判

唐朝审判制度日趋完善，主要表现在以下五个方面：

1. 严格限制用刑

唐律重视司法官的审讯方法，要求首先运用"五听"方式，考察被讯对象的言辞、表情和陈述的理由，并反复比较、考核、验证，了解案情的有关事实。必须使用刑讯时，应办理立案同判手续，拷讯只能用常行杖，不得超过3次，每次拷讯间隔时间为20天，总数不得超过200下，杖罪以下不得超过应

---

① 《唐律疏议·斗讼》。

第七章 隋唐时期的法律制度

判决执行之数。超过拷讯限度致人死亡者,有关官员处徒刑 2 年。经过法定拷讯程序后,当事人仍不供认,可取保释放。此外,不得对享有议、请、减等法律特权者,70 岁以上、15 岁以下的老幼,孕妇及残疾人进行拷讯。如果不能取得口供,只要有三位与该案无利害关系者作证,就可以据众证定罪;若有三人作出相反证明,则为疑案,不能定罪。

2. 实行法官回避制度

在中国法制史上,《唐六典》首次明确规定了法官回避制度:"鞫狱官与被鞫人有亲属仇嫌者,皆听更之。"以防司法官故意出入人罪。

3. 法官须依诉状问案

法官审理案件,不得超出起诉人在诉状中指控的罪行范围,"若于本状之外别求他罪者,以故入人罪论"。

4. 严格依律令格式定罪

《唐律》明确规定:"诸断罪皆须具引律令格式正文,违者笞三十。"皇帝针对一时一事发布的诏令,凡未经过立法程序上升为法律的"永格",不得引用以为"后比";任意引用致使断罪有出入,故意者以故出入人罪论处,过失者以失出入人罪论。

5. 判决结果必须宣读

案件审理完毕,应向被告及其家属宣读判决,并要听取罪犯本人是否服判的意见:"诸狱结竟,徒以上各呼囚及其家属,具告罪名,仍取囚服辨。"

(三)上诉及复审

被告或其亲属不服判决,可以提起上诉复审;如果仍对复审结果不服,还可逐级上诉,直至皇帝,但禁止越诉。为慎重判案,唐朝进一步完善了逐级复审制度。县一级有权审结笞杖刑案件,所断徒刑案件须送州复审;徒流刑以上案件,由州一级审判后,须申报刑部复核,死刑案件还须上奏皇帝裁决。疑难案件由县、州移送大理寺复审;大理寺不能决,须送尚书省公议,然后奏报皇帝。案件应上报复审而不申报,或不等上级复审结果即擅自决断执行的,故意者按所决罪减三等处罚,过失者再减三等处罚。

(四)死刑复奏制度

唐朝死刑案件的最后判决权严格掌握在皇帝手中。已经判决生效的死刑案件,行刑前还必须奏请皇帝再次核准。唐太宗规定,地方死刑案件须三复奏,即行刑前三次奏报皇帝;京师死刑案件,行刑前须五复奏,即行刑前一天复奏两次,行刑当天再复奏三次,以便提请皇帝慎重决定。但恶逆以上罪及部曲、奴婢杀害主人案件,只须一复奏即可。不待复奏批复而擅自执行死刑,有关司法人员流二千里。

案例：

错杀张蕴古案①

初，太宗以古者断狱，必讯于三槐九棘之官，乃诏大辟罪，中书、门下五品已上及尚书等议之。其后河内人李好德，风疾瞽乱，有妖妄之言，诏按其事。大理丞张蕴古奏，好德癫病有征，法不当坐。治书侍御史权万纪，劾蕴古贯相州，好德之兄厚德，为其刺史，情在阿纵，奏事不实。太宗曰："吾常禁囚于狱内，蕴古与之弈棋，今复阿纵好德，是乱吾法也。"遂斩于东市。既而悔之。又交州都督卢祖尚，以忤旨斩于朝堂，帝亦追悔。下制，凡决死刑，虽令即杀，仍三覆奏。寻谓侍臣曰："人命至重，一死不可再生。昔世充杀郑颋，既而悔之，追止不及。今春府史取财不多，朕怒杀之，后亦寻悔，皆由思不审也。比来决囚，虽三覆奏，须臾之间，三奏便讫，都未得思，三奏何益？自今已后，宜二日中五覆奏，下诸州三覆奏。又古者行刑，君为彻乐减膳。朕今庭无常设之乐，莫知何彻，然对食即不啖酒肉。自今已后，令与尚食相知，刑人日勿进酒肉。内教坊及太常，并宜停教。且曹司断狱，多据律文，虽情在可矜，而不敢违法，守文定罪，或恐有冤。自今门下覆理，有据法合死而情可宥者，宜录状奏。"自是全活者甚众。其五覆奏，以决前一日、二日覆奏，决日又三覆奏。惟犯恶逆者，一覆奏而已，著之于令。

（五）刑罚执行程序

《唐律》规定，刑罚必须依法定程序执行：笞刑击打臀部，杖刑则背、腿、臀部分受；司法官决罚不如法，要负刑事责任。徒刑按年限和配役规定执行，流刑按规定里程执行；稽留不送，劳役不如期，主管官要受刑罚制裁。死刑沿用汉制，非"不待时"案件，采用秋冬行刑；即使是"不待时"案件，逢"断屠月"②及"禁杀日"③，亦不可行刑；违者杖六十。绞、斩不得混淆，"应绞而斩，应斩而绞，徒一年"。五品以上官员的死刑，往往赐其自尽，"若应自尽而绞、斩，应绞、斩而自尽，亦合徒一年"。孕妇犯死罪，须待分娩后百天才能行刑，以保护无罪胎儿，这是法律趋于人道化的表现。

---

① 《旧唐书·刑法志》。
② 《唐律》以每年正、五、九月为停止执行死刑的月份。
③ 《唐律·断狱·立春后不决死刑》："诸立春后，秋分以前，决死刑者徒一年，其所犯虽不待时，若於断屠月及禁杀日而决者各杖六十。"长孙无忌疏议："禁杀日，谓每月十直日：月一日、八日、十四日、十五日、十八日、二十三日、二十四日、二十八日、二十九日、三十日。"

第七章 隋唐时期的法律制度

三、监狱制度

唐朝中央设有大理寺狱，主要关押犯罪的朝廷官员与遵奉皇帝诏令逮捕的要犯。京师长安和东京洛阳皆属要地，分别设有京兆狱和河南狱，是仅次于大理寺狱的重要监狱。尤其是京兆狱，也常关押犯罪的中央文武百官，因而兼有中央监狱性质。各地州县也多设有监狱，主要关押当地罪犯。

唐朝监狱实行等级制管理，不仅男女有别，而且贵贱有差。不同身份等级的人分别关押，待遇有异。死罪案犯要戴枷、杻之类戒具，女犯及流刑以下罪犯可以"去杻"。"居作"者，男子在将作监服役，女子在少府监缝作。囚粮一般由家属供给，《狱官令》规定："囚去家悬远绝饷者，官给衣粮，家人至日，依数征纳。"如患病，由监狱官吏申报，"请给医药救疗"。监狱官吏违反规定，擅自提高在押罪犯待遇，或故意刁难虐待罪犯，要受到法律惩处。情节严重致死在押罪犯者，可处绞刑。

本章习题

一、选择题

1. 唐代的法律形式不包括（　　）
   A. 律　　　　B. 格　　　　C. 典　　　　D. 比

2. 唐代中央监察机构为御史台。下设机构不包括（　　）
   A. 台院　　　B. 殿院　　　C. 廷院　　　D. 察院

3. 对唐律类推原则规定表述正确的有（　　）
   A. 其应出罪者，则举重以明轻
   B. 凡应减轻处罚的，则列举重罪处罚规定
   C. 其应入罪者，则举轻以明重
   D. 其应入罪者，则举重以明轻

4. "十恶"中破坏封建家庭秩序的是（　　）
   A. 内乱　　　B. 不道　　　C. 谋大逆　　　D. 大不敬

5. 《唐律疏议》集中规定了唐律的指导思想、基本原则和刑罚制度，相当于现代刑法典中的总则的是（　　）
   A. 《卫禁律》　B. 《斗讼律》　C. 《杂律》　D. 《名例律》

二、思考题

1. 简述隋《开皇律》继承发展汉魏两晋南北朝立法成就的主要表现。
2. 简述唐初立法指导思想的主要内容及其对唐朝立法与司法的影响。
3. 为什么说《永徽律疏》是中华法系的典型代表？试述其篇章结构。
4. 为什么说唐律"优礼臣下，可谓无微不至矣"？
5. 简述唐律的特点及其历史地位。

三、案例分析

张琇者，蒲州解人也。父审素，为巂州都督，在边累载。俄有纠其军中赃罪，敕监察御史杨汪驰传就军按之。汪在路，为审素党与所劫，对汪杀告事者，胁汪令奏雪审素之罪。俄而州人翻杀审素之党，汪始得还。至益州，奏称审素谋反，因深按审素，构成其罪。斩之，籍没其家。琇与兄瑝，以年幼坐徙岭外。寻各逃归，累年隐匿。汪后累转殿中侍御史，改名万顷。

开元二十三年，瑝、琇候万顷于都城，挺刃杀之。瑝虽年长，其发谋及手刃，皆琇为之。既杀万顷，系表于斧刃，自言报仇之状。便逃奔，将就江外，杀与万顷同谋构父罪者。行至汜水，为捕者所获。时都城士女，皆矜琇等幼稚孝烈，能复父仇，多言其合矜恕者。中书令张九龄又欲活之。

裴耀卿、李林甫固言："国法不可纵报仇。"上以为然，因谓九龄等曰："复仇虽礼法所许，杀人亦格律具存。孝子之情，义不顾命，国家设法，焉得容此！杀之成复仇之志，赦之亏律格之条。然道路谊议，故须告示。"乃下敕曰："张瑝等兄弟同杀，推问款承。律有正条，俱各至死。近闻士庶，颇有谊词，矜其为父复仇，或言本罪冤滥。但国家设法，事在经久，盖以济人，期于止杀。各申为子之志，谁非徇孝之夫，展转相继，相杀何限！咎繇作士，法在必行；曾参杀人，亦不可恕。不能加以刑戮，肆诸市朝，宜付河南府告示决杀。"瑝、琇既死，士庶咸伤愍之，为作哀诔，榜于衢路。市人敛钱，于死所造义井，并葬瑝、琇于北邙。又恐万顷家人发之，并作疑冢数所。其为时人所伤如此。①

结合本案理解我国古代对复仇问题的处理。

---

① 《旧唐书·张琇传》。

第八章　宋元时期的法律制度

【重点提示】

《宋刑统》的主要内容及特点；

宋朝刑事法律内容的主要变化；

宋朝民事经济立法的主要内容；

宋朝司法制度的主要特点；

元朝法律内容与司法制度的主要特点。

唐朝灭亡后，中国社会又经历了半个世纪的五代十国分裂割据状态。960年，后周禁军将领赵匡胤发动陈桥兵变，夺取后周政权，建立宋朝，定都汴梁（今河南开封），史称北宋。1127年，北宋为金政权灭亡，康王赵构继而即位，迁都临安（今浙江杭州），史称南宋，1279年为元朝所灭。

宋朝是在经过五代十国的大分裂和百年藩镇割据之后建立起来的统一政权，鉴于此，宋朝统治者将巩固统一、加强中央集权作为基本国策。同时由于宋朝统治期间，长期面临与多个少数民族政权对峙的局面，两宋疆域远不及汉唐，但中央集权制度的完备程度却超过了汉唐。不过由于宋朝政治环境较为宽松，这为经济和科技文化的发展提供了必要条件。同时，宋朝没有推行唐代的均田制，而是实行了比较彻底的封建地主土地所有制度，采取"不抑兼并"的政策，允许土地自由买卖，使土地所有权的转移空前频繁而集中，导致地主和农民的阶级矛盾处于不断激化的状态，因此，终宋一世，农民起义连绵不绝。农业的发展和大量空闲劳动力的出现为宋朝手工业和商业的发展提供了必要的基础，海外贸易也达到了中国封建社会最辉煌的水平。经济的繁荣也推动了科学技术的发展，造纸、火药、活字印刷、指南针、天文、医学、算学都取得了巨大的成就。在此背景下，宋朝的学术思想也十分活跃，既有代表宋学的程朱理学，也有陈亮等的重商学派，他们不仅对当时，也对后世发挥着重要影响。宋朝所处的特殊历史背景决定了宋朝的法制的特点：一是行政立法不断强化中央集权；二是民事法律得到了显著发展；三是在刑事法律中规定了盗贼重法，划分重法地；四是司法制度上出现了鞫谳分司。总而言之，宋朝所处的历史背景使其立法不囿于旧律，司法不囿于旧制，崇尚务实，多行变革，因而在立法上出现了专门化的趋势，在司法上创立了一系列新制度，在法学上则产生了许多传世的不朽之作。可以说两宋法制在中国法制史上是继唐之后成就最辉煌的朝代。

至元八年（公元1271年）蒙古贵族忽必烈建元，是为元世祖，定都大都（今北京）。顺帝至正二十八年（公元1368年）为明所灭。顺帝北逃，史称北元。如果自元太祖成吉思汗于1206年建蒙古国算起，历十四帝，163年（如自世祖建元后算，历十帝，98年）。有元一代，其中枢体制对明代有直接影响，在法典结构与用刑原则等方面对后世影响深远。元代作为历史上第一个少数民族大一统的帝制政权，其民族性统治政策在法律上的实践对清代也有影响。

第一节 宋代的立法思想与立法活动

一、中央集权的强化与两宋主要法律思想

经唐末五代十国长达200年的分裂动荡后，至北宋建立，中原始重归统一。惩唐末五代之弊，宋初统治者对国家分裂所造成的灾祸感受尤深，如何避免成为第六代的短命王朝是宋太祖赵匡胤面临的首要问题。而且赵匡胤靠政变夺取天下，难免担心"黄袍加身"的历史重演，虽然也有征北汉、灭南唐之举，但和汉武帝、唐太宗相比，他缺乏李世民那样一战而使四夷咸服的英武和威望，也不具备刘彻那样远征异域的雄心与胆魄，因此其重心在文治而不在武功。

据史料记载，宋太祖赵匡胤为王朝的长治久安曾向赵普问计，赵普道："唐季以来，战斗不息，国家不安者，其故非他，节镇太重，君弱臣强而矣。今所以治之，无他奇巧也，惟稍夺其权，制其钱谷，收其精兵，天下自安矣。"① 赵匡胤采纳了赵普的建议，吸收了唐五代以来的"弊政"的历史教训，"事为之防，曲为之制"，② 制订了一整套集政权、兵权、财权、司法权于中央的"祖宗家法"，严密防范文臣、武将、女后、外戚、宗室、宦官六种人专权独裁，基本上消除了造成封建割据和威胁皇权的种种因素，使宋朝的中央集权达到了前所未有的程度。这些措施的确为统一政治局面的形成和经济、文

---

① （宋）司马光：《涑水记闻》卷一。
② （宋）李焘：《续资治通鉴长编》卷十七。

第八章 宋元时期的法律制度

化的高度发展创造了良好的条件，对有宋一代的立法及法律形式的多样化产生了深远的影响。但同时，由此而产生的弊端，南宋时已为时人诟病，如朱熹就曾对学生评论道："本朝鉴五代藩镇之弊，遂尽夺藩镇之权。兵也收了，财也收了，赏罚刑政一切收了，州郡遂日就困弱……靖康之役，虏骑所过，莫不溃散。"①

同时，宋代以科举取士，重文轻武，遂摆脱了前代门阀、武臣的羁绊，朝政议论呈现出前所未有的活跃局面。与此同时，中国的社会经济获得了迅速的发展，并开始进入一个全面跃进的时期，从而导致了政治、思想上较为自由的风气，这种风气也影响到法律思想方面。

因此，宋朝的法律思想主要包括以下三个方面：

（一）加强控制，重视法制

宋初统治者将削弱地方割据势力，恢复政治经济秩序，建立统一的高度中央集权国家作为基本政策，采取了一系列专制主义集权措施，将兵权、政权、财权、司法权统归中央，集权于君主。

首先，宋太祖解除禁军将领兵权，重新编配禁军，将藩镇所辖精锐兵力收补到中央禁军之中，并以文臣替代武将，定期调整将帅，使"兵无常帅，帅无常师"，将禁军完全掌握在皇帝手中。此后，又剥夺节度使全面掌管地方军事、行政、财物的权力，将其统领的州郡直属京师，使节度使成为虚衔。

其次，由朝廷直接派遣知州，另设通判牵制和监督知州，并在路一级派遣转运使、提点刑狱公事等，加强对地方的控制和监察，使地方权力掌控在皇帝手中。同时，太祖、太宗要求各州除地方财政所需之外，每年的收入全部送缴京师，将财权也集中到中央，使地方无法聚积财富与中央抗衡。

最后，皇帝加强立法权与司法权的控制，除重视制颁法律并不断提高编敕、编例的地位外，还将重大案件的裁决权收归皇帝，甚至常常亲自"御笔断罪"。

宋代是中国封建社会法制成就最高的朝代。这一方面是由于中国封建社会法制在唐代奠定了较好的基础；另一方面也是由于宋朝统治者重视法制。宋王朝应该是懂法的皇帝最多的一个朝代。宋太祖说："王者禁人为非，莫先法令。"② 仁宗则认为："法制立，然后万事有经，而治道可必。"③ 在此思想指导之下，宋代在法律的修订和司法制度、诉讼程序的设置上都多有建树。宋代

---

① （宋）朱熹：《朱子语类》卷一百二十八。
② 《宋大诏令集·政事》第两百卷。
③ 《宋会要辑稿》。

立法活动频繁，有宋一代共制定法典 221 部，7955 卷，为历史上少见。宋太宗倡导经生明法，法吏通经，"明法科"终宋不废。宋代把司法官吏的人选视为"天官选吏，秋曹谳狱，具为难才"，极为重视，各州重要的司法官司理参军都由皇帝亲选。同时对司法官吏明定"以三年为任"，以避免其因频繁调动"而决词讼则鲜肯究心，视公局则尤同传舍，簿书案牍，首尾罕详，吏缘为奸，民受其弊"①的恶果。因此，有人认为宋朝与其说是行政官兼理司法，不如说是司法官兼理行政。

（二）崇文抑武，强调慎法

宋朝立国后，为防止军阀割据，对武将防范戒备甚严。宋太祖认为，百个儒臣贪污之弊，不抵一个武将的威胁。因此，采取崇文抑武政策，限制武将权力，派文臣掌管军事和地方行政。在司法官员任用上，更是注重儒士，重视法律教育和考试，由于科举取士，选择儒臣治狱，削弱了武将的权力，改变了五代时期军阀执掌司法的状况。

为了消除五代以来苛政酷刑的影响，宋朝立法崇尚宽平，强调恤政慎刑，宽缓刑罚，并且创立折杖法，以减轻刑罚。宋朝皇帝常常亲自审录囚犯，加强对司法活动的检查控制，同时纠正一些冤狱。

（三）受程朱理学和功利学派的影响

唐末至五代的连绵动乱，在使社会生产力遭受极大破坏的同时，伦常纲纪也日趋败弛。对此局面，一些儒家学者亟于谋求挽救之道，创造出融合佛教哲学及道家思想地新儒家学派——理学。试图以此收归人心，重整纲纪，为君主专政政治树立永恒的精神支柱和法则。理学家张载所言："为天地立志，为生民立道，为往圣继绝学，为万世开太平。"②他们以"理"或"天理"的概念作为世界本源的概括。违犯纲常名教的思想言行都是与"天理"水火不相容的，必须用强制手段加以制裁，在这种思想支配下，"德主刑辅"的正统法律思想常常变形。统治者一面强调教化，一面主张"严刑"。以"存天理，灭人欲"为指导，宣扬人人生来具有原始的罪恶。因此，针对社会上的犯罪，特别是农民的反抗，实行重刑主义，主张恢复肉刑，提出"严刑以为威""惩其一以戒百"。

中国古代社会以农为本，统治者一向推崇重义轻利的传统观念，采取重农抑商政策。进入两宋时期，由于宋初实行"不立田制""不抑兼并"的土地政策，允许土地自由买卖，随着土地私有制的深入发展，社会经济发生了前所未

---

① 《宋大诏令集·政事》第一百六十卷。
② 《张子语录》。

第八章 宋元时期的法律制度

有的变化，从而对传统观念形成了冲击。而由于冗官、冗兵向辽、西夏纳捐、纳银，造成国家财政匮乏，宋朝统治者也认识到，商品经济与富国强民息息相关，统治者也一改传统的"重农抑商"思想，开始推行"义利并用"的思想。太宗曾下诏"令两制议政丰之术以闻"，① 神宗也曾颁布"政事之先，理财为急"。② 于是，"贵义贱利"逐渐转向义利并举，从官僚士大夫到民间百姓开始言财谈利。因此，功利主义思想在士大夫中间占有一席之地。他们反对理学空谈道德、性命等抽象问题，认为"功到成处，便是有德、事到济处，便是有理"，③ 主张"义利双行""王霸并用"。宋朝重视经济的发展，促进了民事法律关系及民商事立法的活跃。

二、主要立法活动和法律形式

（一）《宋刑统》的刻印颁行

宋朝立国之初，仍然沿用唐末的律、令、格、式及五代时期的法律。太祖建隆四年（963年），命工部尚书判大理寺窦仪主持制定《宋建隆重详定刑统》，简称《宋刑统》，并下诏大理寺刻板摹印，颁行天下，成为中国历史上第一部刻板印行的封建法典。

《宋刑统》作为宋朝的基本大法，其内容源于《唐律疏议》，体例源于唐宣宗时首创的《大中刑律统类》，并在后周《显德刑统》的基础上参酌详定而成。《宋刑统》共12篇、30卷、213门、502条。虽然其篇目、条数与唐律完全相同，内容的差异也极为有限，但仍然有其自身的变化和特点。

1. 改称"刑统"之名

宋朝以前的重要法典，基本称为"律"。《宋刑统》则继承唐末五代的法典编撰形式，将法典改称为"刑统"，使中国古代的法典名称发生了重大变化。

2. 分门类编内容

《宋刑统》将各篇予以分类，在每篇之下，依据条文顺序、内容、性质，将律文分为若干门，门下再分条，确立了分门别类编排律文的形式。

3. 刑律统类体例

《宋刑统》将唐朝开元二年（714年）至宋初建隆三年近250年的敕、令、格、式中的刑事规范，审定选取177条，经皇帝批准后，每条前均冠有

---

① 《宋史·食货志下》。
② 《宋史·食货志下》。
③ （宋）陈亮：《止斋文集·答陈同甫》。

"准"字,附于相关律文之后,确立了刑律统类的新体例。

4. 增设"起请条"

所谓"起请条",是窦仪等人修订《宋刑统》时,根据社会变化及专制统治的需要,对原有律文和敕、令、格、式等予以审订,就一些具体内容提出调整变动建议,奏请太祖批准后,收入《宋刑统》的新增条款。起请条共32条,每条前均冠以"臣等参详"字样。

5. 总汇类推条文

唐律有"余条准此"内容44条,分别列在各有关律文之后,属法律类推性质。《宋刑统》将其总汇为一门,冠以"一部律内余条准此条"之名,集中列在《名例律》中,便于适用。

6. 删去篇首疏议

《唐律疏议》每篇篇首都有疏议,内容包含篇名的渊源、变化、地位等,虽然具有一定意义,但对律文规范的实施并无实质影响,不存在任何法律效力问题。《宋刑统》删去了每篇篇首的疏议。

《宋刑统》颁行后,曾进行过几次修改,但改动内容不大,它始终是两宋时期广泛沿用的一代大法。

(二)编敕及其他法律形式的特点

1. 编敕

《宋刑统》制定颁行于北宋初年,有些内容很难适应后来的社会变化。因此,两宋政权不断通过编敕弥补刑统之不足,编敕也就成为宋朝经常性的立法活动。正如《宋史·刑法志》所载:"宋法制因唐律令格式,而随时损益则有编敕。"

敕的本意是尊长对卑幼的一种训诫。南北朝以后敕成为皇帝诏令的一种。宋代的敕是指皇帝对特定的人或事所作的命令。敕的效力往往高于律,成为断案的依据。依宋代成法,皇帝的这种临时命令须经过中书省"制论"和门下省"封驳",才被赋予通行全国的"敕"的法律效力。

编敕是将一个个单行的敕令整理成册,上升为一般法律形式的一种立法过程。编敕是宋代一项重要和频繁的立法活动,神宗时还设有专门编敕的机构"编敕所"。从太祖时的《建隆编敕》开始,大凡新皇帝登极或改元,均要进行编敕。编敕的特点是:(1)仁宗以前基本上是"敕律并行",编敕一般依律的体例分类,但独立于《宋刑统》之外。(2)神宗朝敕的地位提高,"凡律所不载者,一断于敕",敕已到了足以破律、代律的地步。(3)敕主要是关于犯罪与刑罚方面的规定,所谓"丽刑名轻重者,皆为敕"。

2. 条法事类

由于编敕是以时间先后为序，将散敕综合统编，往往同一内容散见于不同篇目中，适用起来很不方便。到南宋时期，又将相关的敕、令、格、式等依事项分门别类综合编纂，创制了"条法事类"的新形式。这种立法既加强了敕令格式的内部协调，又便于司法官吏检索适用。孝宗淳熙年间曾编有《淳熙条法事类》。宁宗庆元年间（公元1195～1200年）开始编撰的《庆元条法事类》，于嘉泰二年（公元1202年）完成，次年颁行。分为职制、选举、文书、禁榷、财用、库务、赋役、刑狱等16门，每门之下又分若干类，每类载敕、令、格、式、申明等。它原有80卷，现残存48卷，是研究宋朝法律制度极有价值的史料。

3. 例

神宗以后，法律形式变化较大，不仅编敕地位提高，而且出现了编例，成为宋朝重要的立法活动和法律形式。例分为条例和断例两类。条例是皇帝或中央机关下达的指示命令，亦称指挥；断例是判案成例。编例就是由专门机构将条例和断例加以整理统编，使其上升为具有普遍效力的法律形式。

编例始于北宋中期，盛行于南宋。如仁宗时有《庆历断例》，神宗时有《熙宁法寺断例》、《元丰断例》，哲宗时有《元符刑名断例》，高宗时有《绍兴刑名疑难断例》，宁宗时有《开禧刑名断例》等。宋朝规定，例的适用是有限制的，只有常法无正条规定时，才可引例判案定罪。但在司法实践中，官吏却常常依例断案，甚至"引例破法"，造成了司法状况的混乱。编例作为一种新的法律形式，也影响了后世的立法活动。

第二节 宋代的法律内容及其特点

一、行政法律

两宋的行政体制正处在由唐向元、明、清过渡这一历史时期，使得有宋一代行政律法十分庞杂。历朝均对行政律法有所编纂，如至今尚可见到的《吏部七司法》残卷及《景定吏部条例》等，但终宋之世却没有一部像《唐六典》或明清《会典》那样的集一代行政法之大全者。

两宋的行政律法仍以职官为纲目编制，故对官吏的铨选、考课、奖惩仍为其主要内容。此外对文书管理的规定趋于完备，在中央由中书省、门下省和枢密院分掌。行政与司法进一步结合，行政处分与刑罚相辅而行。尤其是随封建商品经济，发展有关手工业、商业方面行政律法日渐增多。

(一) 行政机关的调整

1. 中央"二府"与"三司"机构及其相互关系

(1) 中书

宋代中央最高行政机关是中书门下（简称中书）。历来中书省取旨、门下省审议、尚书省施行三权在宋代渐归于中书，使三省形同虚设。以"中书门下平章事"行宰相事，一般设二三人，无定员。中书有权对下级行政机关发布命令，下级机关也直接向中书报告工作，形式上是所谓"佐天子，总百官，平庶政，事无不统"①。而宰相实权却一分为三：军权划归枢密院，财权给了三司使，所剩行政权也多因奏请皇帝而大受限制。相权的削弱，反衬出皇权的加强。

(2) 枢密院

宋承五代旧制，以枢密院为中央最高军事行政机关，《宋史·职官志》规定："掌军国机务，兵防、边备、戎马之政令，出纳密令，以佐邦治。凡侍卫诸班直，内外禁兵招募、阅试、迁补、屯戍、赏罚之事，皆掌之。"其长官为枢密使，其下有副使、知枢密院事等官。枢密院的设立既分割了相权，又收兵权于中央。所以神宗改革官制时，唯枢密院不变。但枢密院虽有发兵权，而掌兵之权却分属三衙（殿前司、马军司、步军司），以便于皇帝驾驭。

中书与枢密院号称二府。虽相互牵制，便于皇帝分别控制的作用，但二府"所言两不相知，以故多成疑贰"②的弊端，影响到军政事务的统一执行与相互配合。尤其战时，常出现"中书欲战，密院欲守，何以令天下"③的矛盾局面。到南宋宁宗时，朝廷外矛盾激化，以宰相兼枢密使遂成定制。但有宋一代毕竟同战乱频仍的五代不同，所以枢密院地位较中书稍低，其长官为当然的副宰相。

(3) 三司

地位仅次于二府的三司（盐铁、度支、户部司）为中央最高财政管理机关，总揽全国贡赋和钱粮出纳，权任甚重。其长官三司使、副使地位待遇与二府长官相同，被称为计相。

两宋政权、军权的集中，使官僚机构日益臃肿，军力反而减弱；财权的集中更加速了统治集团的腐化。

2. 地方政权机构及其与中央的关系

宋初，地方分州、县两级，后为加强中央对地方控制，又于州上设路，作

---

① 《宋史·职官志》。
② （宋）王明清：《挥尘后录》卷一，中华书局1961年版。
③ （宋）王明清：《挥尘后录》卷一，中华书局1961年版。

第八章 宋元时期的法律制度

为地方最高一级行政机构。而原来的节度使一职仅成优宠官僚贵戚的空衔。

宋代的路不仅是一级行政机构，同时还具有监察区的性质。路的权力一分为四，称帅司（经略安抚使）、宪司（提点刑狱使）、漕司（转运使）和仓司（提举常平使）。它们分别管理一路军政、司法、财赋与边防，以及监察、赈灾或专卖等政务。四司之间互不隶属，彼此监督，直接对皇帝负责。宪、漕、仓三司又称"监司"，并确立了独具特色的监司巡检制。以此来加强对地方州县的控制。时人将其与御史台对称为"外台"。

路下有府、州、军、监，属同级政权，其中以州为主。其长官由皇帝直接任命中央文官担任，防止地方官拥兵自重。并在官衔上加"权知"二字，以表示"名若不正"，"任若不久"。以后还规定"三年一易"，本地人不得在本地为官。此外，设有"事得专达"皇帝的通判一至二员，以分知州职权。凡一州兵民财刑诸政，皆须通判签署方能生效，故有"监州"之称。以后演变成州的副长官。

州以下的县设知县，由皇帝任命文官担任。大县设丞、簿、尉，小县设簿、尉，辅佐知县掌赋税、诉讼和镇压盗贼等。乡里设有里正等官，专管治安与税收。

有宋一代，不仅地方官的任免由皇帝直接控制，且将州、县的行政权、财权、司法权尽收朝廷，所谓："收乡长、镇将之权悉归于县，收县之权悉归于州，收州之权悉归于监司，收监司之权悉归于朝廷。"① 中央对地方的控制达到了前所未有的程度。

3. 行政监察制度

宋朝统治者出于强化中央集权的考虑，加强了行政监督工作，推动了监察制度的发展。

沿袭唐制，宋朝设置御史台为最高监察机关，下分台院、殿院和察院。御史大夫是虚职，御史中丞为实际长官。与唐代相比，宋代御史台的职权有所扩大：可以谏责皇帝，参议朝政；参与百官管理；尤其是在司法职权方面，不仅监察监督各级司法审判，而且可以受理不直上诉案、承旨审理诏狱、平反冤假错案、判决重大疑难案件。御史乃天子耳目之臣，因此宋代改变了唐代宰相任用御史之制，废除了宰相荐举御史之权，凡御史中丞及其副贰的选任，"当出圣意"，必须由皇帝委任，并且宰相与现任御史之间不得有亲嫌关系，御史台官员直接对皇帝负责，成为牵制宰相等政府官员的重要力量。往往当宰相欲有

---

① （宋）范仲淹：《范太史集》卷二十二，又见《范文正公集》，《四库全书》荟要本。

所作为时，台谏官便纷纷议论，结果是宰相"志未伸、行未果、谋未定，而位已离矣"。①

宋代还加强了对地方的监察。路一级以监司行监察之权，州则由通判监察，延边和战事地区以走马承受行使监察权，形成了以监司为主、辅以通判、走马承受等的地方监察体系，在加强皇权、澄清吏治等方面，起到了不可低估的作用。

为了保证监察官履行其职责，宋朝规定了相关的法律、法规，如宋徽宗时期的《诫约监司体量公事怀奸御笔手诏》、《庆元条法事类》的《职制敕》、《厩库敕》、《职制令》等，都对监察官吏的监察职责作了严格规定。

（二）职官管理制度

1. 考选与任用

苏东坡曾对自古以来选拔人才的方式有所概括，指出："三代以上出于学，战国至秦出于客，汉以后出于郡县，魏晋以来出于九品中正，隋唐至今出于科举。"② 宋初仿唐制，至英宗时改为3年一科举，遂成定制。

和唐朝相比，宋代的科举有显著的变化：第一，录取和任用的范围较宽。以进士科为例，宋时每次录取的名额是唐时的10倍左右，多时能达到五六百人。唐代录取只是取得了做官的资格，实际授予官职还须经过吏部身、言、书、判的考试，而宋代一经录取便可以任官。宋代不限制应试者的出身，甚至僧道之人也可以参加科举。第二，皇帝3年一次亲自殿试考选被制度化。由此，考生一律成为天子的门生，避免考生与主考官之间以师生为名结成同党。第三，创造了"糊名"（弥封）、"誊录"和"回避"等考试方法和规则，以防止考场舞弊，做到公平竞争。但是，这种阻挠权贵子弟渎法干进的封弥誊录等制度，自始就受到人为的破坏。如封弥制推行之初的天圣元年（公元1023年）开封府试，就有考官"擅拆举人卷首，择有名者居上"③。南宋时则愈演愈烈，在封弥盖印上作手脚，"有全不印在封弥处者"。第四，鼓励更多考生报考"明法"科。史载太宗很有意"使经生明法，法吏通经"。《文献通考·选举》卷三十二记载，在雍熙三年曾诏曰："应朝臣，京官及幕职、州县官等，今后并须习读法……当令于法书内试问，如全不知者，量加殿罚。"神宗时对明法科进行改革：考试内容上，取消经、疏内容，改"试律令、《刑统》大义、断案"；考中者，地位在进士科之上，一跃成为最荣耀的一科。由于新

---

① （明）王夫之：《宋论》。
② （宋）苏轼：《论养士》。
③ （宋）李焘：《续资治通鉴长编》卷一百一。

第八章 宋元时期的法律制度

科明法成为获得高官厚禄的重要途径,所以很快改变了人们轻视法律的观念,"务从朝廷之意而改应新科者,十有七八"。宋代出现了选拔法官的专门考试——试刑法,考中者出任高级司法官员。

此外,宋代还分贡举、恩荫、摄署、流外、从军五种任官制度。其中以恩荫法最为宽滥,凡皇族宗室和高官子弟亲属,均可以此授官。多至一家可恩荫数十人,往往未成年的儿童也有官职。这在一定程度上造成冗官冗员,甚至导致吏治败坏。

两宋对官吏的铨选(任用)初由中书省、审官院分掌。神宗元丰改制后,文官归吏部铨选,武官归兵部铨选。

宋代日趋完善的科举制度使得庶族中大量才华横溢的知识分子脱颖而出,被延揽入统治者行列,为宋代统治阶层注入新鲜活力,同时也缓和了统治阶层和被统治阶层之间的矛盾。

2. 考课与奖惩

宋代官员任满1年为一考。《纲鉴易知录·宋》卷六十五载:"初,帝虑中外官吏清浊混淆,命官考课,号磨勘院,至是改为审官院,掌审京朝官;其幕职州县官,别置考课院主之。"考绩分三等,居上者提升或减磨勘(试用)年限;居中者无升降;居下者降职或增磨勘年限。而实际上则往往是一旦入官,便不问贤愚劳逸,文官3年一迁,武职5年一升。神宗时有考守令的"四善四最"之制。绍兴年间又有"以七事考监司"之制。① 但宋代考课重视年资,一般在任期内无过错即予升迁,故官吏大多不求有功,但求无过,使看来完备的考课奖惩制,实际上多为一纸空文。

3. 致仕

两宋官吏冗员惊人,仁宗之后,俸禄之优厚史所罕见。宋初统治者以为"俸禄薄而责人以廉,其无谓也,与其冗员而重费,不若省官以益俸"。② 遂颁行许多"增俸诏"和"省官诏"、"省吏诏",而实际是"官"没"省"下来,"俸"却都"益"了上去。为此,不得不用致仕来缓解这一弊端。特别是到北宋中后期,"大夫七十而致仕,其礼见于经,而于今为成法"③,致仕已成为带强制性的制度。规定"凡文武官致仕者,皆转一官,或加恩其子孙"④。不仅致仕者本人升职、加衔、领取俸禄,并且按官品高低,荫补一定名额的子孙为

---

① 《宋史·职官志》。
② 《宋太诏令集》卷一百六十。
③ (宋)王安石:《王临川集》卷五十三,上海世界书局1935年铅印本。
④ (清)徐松辑:《宋会要辑稿·职官七十七》,中华书局1957年缩印本。

官。对贪恋禄位拒不致仕者，则由谏官弹劾，或由官府按籍处理。

二、民事法律

随着商品经济的快速发展，宋朝民事法律关系异常活跃，交易活动普遍契约化，民事法律内容不断成熟完善，这成为宋朝法律制度的一大特色。

（一）租佃契约

宋朝以前，租佃关系建立在超经济强制的基础上，佃农与地主之间并不是契约关系，而是人身依附关系。根据法律规定，佃农不得随意离开土地，也没有换佃的权利和自由。唐末五代以来，人身依附关系逐渐削弱，一些佃农的身份地位有所提高。宋朝建立以后，将全国居民按有无土地分为主户与客户两大类，佃农被编入客户，成为国家的编户齐民，不再是地主豪强的私属户口；也有一些农民因开辟荒地，编入有土地的主户。于是，以契约形式为基础的租佃关系开始发展起来，并得到宋朝法律的承认与保护。

太宗太平兴国七年（982年）规定：租佃双方应"明立要契"，"俟收成，依契约分，无致争讼"。倘若佃农违约，不按期交纳地租，地主可向官府控告，要求合法保护。但北宋初年，人身依附关系与契约关系二者并存，佃农要想离开地主，必须取得主人的"凭由"。至仁宗时规定，佃农依据契约交完地租后，即可与地主商量去留，而不需要取得主人的"凭由"，地主不得干涉阻拦，否则可告官论断。同时，宋朝法律还严禁地主私自处置或伤害佃农。这种租佃契约关系，在保护地主阶级权益的前提下，也有利于佃农身份地位的某种改善。

（二）典卖制度

宋朝的买卖形式有绝卖和活卖之分。绝卖是随买卖关系的成立，所有权也彻底转移。活卖又称典卖，即以物品或人身质贷以钱财，其所有权并不因典卖关系的成立而转移。在约定的期限内，业主可从典主手中回赎原物；如逾期不回赎原物，典主即可自行处置。

典卖在唐朝以前即已出现，南朝一些城市或寺院就设有质库（当铺），人们常以财产抵押"质钱"。唐朝典卖又称典贴。但典卖成为普遍现象，并上升为制度，则是进入宋朝以后。为了规范典卖制度，《宋刑统·户婚律》专设《典卖指当论竞物业》一门，具体规定如下：

1. 契约为凭

业主与典主双方达成协议后，必须签订契约，"当面署押契贴"，并经官府批准认可，"皆得本司文牒，然后听之"。宋朝典当田宅须持红契，契约一式四份，由双方当事人、纳税机构和县衙各执一份，缴纳税钱，交割完毕，官

第八章 宋元时期的法律制度

府验明入案。红契不仅是被课税钤印，而且体现了官方对民事契约的认证管理，既保证契税的征收，又减少民事纠纷的发生。

2. 典权归家长

家庭财产的典权权属于家长，"诸家长在，而子孙弟侄等不得辄以奴婢、六畜、田宅及余财物私自质举"。如违反规定，卑幼欺瞒尊长，"专擅典卖、质举、倚当，或伪署尊长姓名，其卑幼及牙保引致人等，并当重断，钱业各还两主"。

3. 典卖顺序

按该"问帐制度"规定，"应典卖、倚当物业"，必须"先问房亲，房亲不要，次问四邻，四邻不要，他人并得交易"，但允许典卖给出价高者。如虚抬价格，或互相欺诈，则要"并据所欺钱数，与情状轻重，酌量科断"。

4. 严禁一物两典

"有将物业重叠倚当者，本主、牙人、邻人并契上署名人，各计所欺入己钱数，并准盗论；不分受钱者，减三等"论罪定刑，并且要"征钱还被欺之人"。

5. 典物时效

凡典卖契约保存完好，原业主可在约定期限赎回原物；原业主身亡，其子孙骨肉在世，且"证验显然者，不限年岁，并许收赎"。超过赎典期限，"经三十年后，并无文契，及虽执文契，难辨真虚者，不在论理收赎之限"，可由典主自行处置。

《宋刑统》有关典卖制度的规定，是宋朝商品经济日趋活跃，货币流通不断扩大，民事法律关系空前发展的结果。但是，当时的典卖业主多为生活困苦的贫穷农民，他们以低价典卖土地财产后，往往无力收赎。因此，典卖制度成为土地兼并转让的一种手段，促进了土地的迅速集中，加速了财产私有权的转移。

(三) 婚姻制度

宋承唐律，规定："男年十五，女年十三以上，并听婚嫁。"违犯成婚年龄的，不准婚嫁。宋律禁止五服以内亲属结婚，但对姑舅两姨兄弟姐妹结婚并不禁止。另外，《宋刑统》还规定："诸州县官人在任之日，不得共部下百姓交婚，违者虽会赦仍离之。其州上佐以上及县令，于所统属官亦同。其定婚在前，任官居后，及三辅内官门阀相当情愿者，并不在禁限。"

在离婚方面，仍实行唐制"七出"与"三不去"制度，但也有少许变通。例如《宋刑统》规定：夫外出三年不归，六年不通问，准妻改嫁或离婚。但是"妻擅走者徒三年，因而改嫁者流三千里，妾各减一等"。如果夫亡，妻

"不守志"者，宋《户令》规定："若改适（嫁），其见在部曲、奴婢、田宅不得费用。"严格维护家族财产不得转移的固有传统。

（四）继承制度

案例：

兄弟一贫一富拈阄立嗣①

叶秀发无子，本县援经据法，谓孙与吴皆异姓，不应立，只当于同宗昭穆相当者求之，可谓名正言顺。若论昭穆相当，则容之、咏之皆秀发堂弟，而容之子慧孙、咏之子寄孙皆可立也。今乃各以其子争欲立秀发后，容之谓已立慧孙三年，咏之亦谓立寄孙三年。但其亲兄瑞之亦无后，容之谓寄孙系已立为瑞之之子，咏之亦谓慧孙系已立为瑞之之子。二说交驰，争欲以其子为秀发后，而不愿为瑞之后。及详其母孙氏供，初不曾经官府除附，则是所立本无定议，明矣。大义所在，亲兄瑞之之无后，重于堂兄秀发之无后，舍亲就疏，此其意为义乎？为利乎？盖秀发生理颇裕，瑞之家道侵微，容之、咏之循利忘义，遂阋于墙而不顾，讼于官而不耻，甚至诬其母以偏受（爱），人情至此大不美。官司若不早与平心区处，非特瑞之、秀发身后俱失所托，而容、咏手足之义，参商益深，甚非所以慰母心而厚风俗也。欲唤上容之、咏之，当厅以慧、寄二名焚香拈阄，断之以天，以一人为瑞之嗣，以一人为秀发嗣，庶几人谋自息，天理自明，存亡继绝，安老怀少，生死皆可无憾。

《宋刑统》在继续沿用唐朝继承制度的同时，适应社会变化的需要，专门增加了"户绝财产"、"死商钱物"门，分别对一般财产继承、户绝财产继承、死亡客商财产继承作了详尽规定。

1. 一般财产继承

宋朝实行不分嫡庶的众子均分法，即父母去世，其财产由诸子平均继承。其中未娶妻者可另分得一部分聘财；非婚生子曾与生父同注于户籍并有证据，也享有继承权；养子一般与亲子权利相同。兄弟间已亡故者，可由其子代位继承。女子一般没有继承权，在室女（未出嫁女）只能获得一份嫁妆，而且数额仅是未成婚兄弟所获聘财的一半；南宋时期有所变化，在室女可继承兄弟应继承份额的一半。养女一般与亲女权利相同。守寡无子的妻妾有权继承丈夫的全部财产，但不得出卖，并应为亡夫立嗣，称为立继子；死后财产由嗣子继承，若改嫁则丧失继承权。别居无户籍的妻妾及其子女无继承权。

---

① 《名公书判清明集·卷七·户婚门》。

2. 户绝财产继承

户绝是指无男性子嗣之户，户绝财产继承分为法定继承和遗嘱继承两种。法定继承顺序为在室女、近亲、官府。户绝财产除用于丧葬费外，全部由在室女继承；出嫁女只能获得1/3财产，其余入官；归宗女被休或无夫无子，在娘家居住的，与在室女待遇相同。无女则归近亲，无近亲则入官。南宋时，归宗女的户绝财产继承权下降，仅为在室女份额的一半。宋朝法律允许近亲尊长为夫妻双亡的绝户立嗣，称为命继子；命继子可继承部分财产，但少于在室女与归宗女。法律也允许以遗嘱的方式继承财产。仁宗天圣四年（1026年）颁布的《户绝条贯》规定："若亡人遗嘱，证验分明，依遗嘱施行。"南宋时期，有关规定更为明确。遗嘱继承的前提条件是既无男性子嗣，也无女性继承人。遗嘱继承人的范围比较广泛，不受同宗身份的限制。但遗嘱必须经族人见证、官府审批，否则无效。遗嘱的诉讼时效为10年。

3. 死亡客商财产继承

宋朝商业贸易发达，客商居于他乡，死于异地，其财产的处理较为复杂。《宋刑统》新增"死商钱物"一门，准用唐及五代有关敕令规定：死商有父母、妻、子、兄弟、未嫁姊妹、未嫁女和亲侄等随行者，任其继承收管；无上述亲属相随，其钱物先由官府保管，待继承人确定后依数酬还；如无继承人，钱物充公。此外，客死在中国的外国商人的直系亲属，可认领其遗留的财产。

宋朝财产继承制度的完善是前所未有的，对女子继承权的确认是最早的，对外商遗产的处理原则也是往代所未及的，充分反映了宋朝民事法律规范的成熟与完备。

三、经济法律

宋代是商品经济十分活跃的一个时期。土地的商品化和租佃制的普遍确立使劳动者的生产积极性高涨，社会生产力大幅度提高，商业、手工业都有了前所未有的发展，全国不仅有开封、临安这样人口百万的大都市，还有遍及各地的"草市"、"集市"。城市中，原有的坊市制度被打破，形成了比较近代化的市场，贸易自由，不受限制。商品经济的繁荣，使宋代开始大量使用纸币，"每一交易，动即千万"，并形成了一大批与官府争夺商业利益的富商巨贾。官府则运用法律的手段，限制富商巨贾的经济实力，尽可能地占取商业利润。在这样的背景下，从官府到士大夫，争相言财言利，传统的"重农抑商"思想观念开始变化。

面对商品经济与国富民强息息相关的客观事实，以李觏、陈亮、叶适为代表一批士大夫反对空谈仁义道德，讲究功利，提出"义利双行"的主张。陈亮曾为"义利"问题与理学家的代表人物朱熹进行长达3年的辩论,有人总结他的思想是"功到成处,便是有德,事到济处,便是有理"。这种朴实的价值观念在当时有很大的影响。农商并重、发展生产、繁荣经济、尽快扭转贫弱局面成为社会普遍的共识。朝廷通过变法等措施调整经济政策,增加财政收入。同时,对工商业采取一定的保护措施,避免竭泽而渔,宋朝的经济立法也有所加强,主要有禁榷立法、货币立法、市易法、市舶条法、会计审计立法等。

(一) 禁榷立法

禁榷又称专卖,是国家对某些商品的生产或销售进行垄断经营的制度,又分为全部专卖制与部分专卖制。前者从生产到销售的全过程,包括"民营官卖",统归国家独占经营;后者是商人在国家直接控制下进行购买和销售。

宋朝为解决财政危机,扩大了汉唐以来的禁榷范围。除盐、茶、酒以外,还有矾、香药、铁、石炭(煤)、醋等多种商品。从宋初开始,就对盐、茶、酒等产品进行控制,明令规定:私自煎盐3斤、酿酒3斗、造酒曲15斤、炼矾10斤,均处极刑。两宋期间,制定有专卖法规严加管制,尤以盐、茶两项立法最为重要。盐的生产由国家统一管理控制,私人不得擅自经营。官家及商人经营,要有"盐引"或"盐钞"。否则,依成盐斤两定罪量刑。盐的分销有"官鬻"与"通商"两种形式,前者为官营运销,后者为商贩运销。经营者须按规定在产盐地批发食盐,在指定地区贩卖;若入禁地贩食盐10斤或碱盐3斤以上,依法处死。

茶的专卖与盐法大致相同。在江淮一带产茶区,由专门机构统一掌管生产经销。茶农除以茶折税外,还要将茶卖给官府;匿不送官及私卖者,茶叶没收,按值论罪。主管官吏私以官茶贸易,价值一贯五百即被处死。私自将茶叶卖给少数民族地区,按军法治罪。后人评价"历代榷酤,未有如宋之甚者"[①]。

(二) 货币立法

宋朝以前,主要流通金属铸币,包括铜钱和铁钱。宋朝货币仍以铜铁钱为主,其制造、发行、流通、兑换、币值等均由官府统一掌管,严禁民间私自铸钱。《宋刑统·杂律》"私铸钱"明确规定:凡私自铸钱或组织谋划者,一律处绞刑并决杖一百;从犯或容留犯人者,加役流并决杖六十;铸钱地邻保配徒一年,里坊村正决杖六十。此后,两宋政权还陆续颁行诏敕,对钱币的规格、毁损、私运、境外贸易等作了详细规定。

随着商品经济的发展,交易流转的加快,宋朝发明了世界上最早的纸币交

---

① (清)赵翼:《陔余丛考·宋元榷酤之重》,中华书局1984年版。

第八章 宋元时期的法律制度

子。交子最初产生于四川地区。北宋初期四川行用铁钱，比值低，分量重，不便于商旅携带和民间日常使用。真宗时，成都府16户富商用财产作保证金，以纸制交子进行结算，并可随时兑换。由于印交子利润很大，假交子纷纷出笼；更由于准备金不足，在交子的兑现中不能偿所负，遂起争讼。仁宗天圣元年（1023年），在转运使薛田的建议下，始设益州交子务，将交子的印刷、发行收归官府控制，并制定了相应的管理法规，大致内容有：（1）交子印行用"益州交子务"铜印，并盖益州观察使印记；（2）发行交子，皆"上书出钱数，自一贯至十贯文，合用印过，上簿书押"，交由监官收掌；（3）人户将铁钱到务，"依例准则，交纳置库收销，据合同字号，付给人户，取便行使"；（4）"回纳交子，逐旋回抹合同历簿"，并将旧交子销毁。交子的发行有法定的限额和面值，交子的流通有固定的期限和领域，交子与铁钱的兑换有法定的比例，并有相当数量的准备基金，对伪造交子者，依法治罪。交子不但是川峡诸路市场上的通货，而且可用于租税、商税、官税之输，由于发行交子的准备金充足，那里的交子的信用一直较高。

南宋高宗初年，还曾印制关子和会子。高宗初年，因江西屯兵用钱，而钱重难至，印制关子应付军需。关子可换取茶、盐引或兑取现钱，也可用于民间官私贸易。会子始造于民间，后收归官府统一印行。绍兴三十二年（1162年），定"伪造会子法"："凡伪造者皆处斩，告发者赏钱千贯。"并印在会子票面上。

随着两宋货币经济的发展，票据也发达起来，据《文献通考·钱币》中载："开宝三年置便钱务，令商人入钱者诣务陈牒，即日辇致，左藏库给以券。仍敕诸州，凡商人赍券至，当日给付，不得住滞，违者科罚。自是毋复停滞。"宋代的这种便钱是沿用唐代的飞钱，相当于现代的汇票，为商旅长途贩运提供了方便。宋代还有帖子、盐券之类的有价证券，帖子相当于现代的支票，即柜坊受人寄付金钱或财物，寄付人为支付他人金钱，以柜坊为付款人，发行帖子交与收款人，收款人持帖子到柜坊受领款项。宋代统治者为实现禁榷专利收入，吸引游资赚取利润，采取了发行钞引的办法。宋代的钞引，主要有盐、茶、矾、香药及现钱等各种钞引，既有价值，亦代货币行用，具有官办金融的性质。

两宋货币立法，对保障多种形式的货币流转起了积极作用，虽说纸币是官府为弥补财政亏空采取的一种手段，但在促进商品经济的发展和流通，适应市场经济的需要上，发挥了不可否认的积极作用。两宋的货币立法，对明清的货币立法亦产生了深刻的影响，成为明清钱法的重要渊源。

（三）市易法

北宋神宗时期，为扭转财政入不敷出的困难局面，起用王安石进行变法。熙宁五年（1072年），开始施行市易法，先后在京师和全国各地设置21个市易务，收储各种货物；商人可用金银财产作抵押，从市易务赊购货物售卖；半年后，加收利息10%；一年后，加收20%；过期不还，每月另加收2%罚金。外来客商可将无法脱手的货物卖给官府，并允许在市易务售卖，也可折换官府其他物品。市易法的推行，限制了富商大贾垄断市场交易，操纵物价，牟取暴利的投机活动，减少了中小商贩及居民过多的利益损失，客观上有利于商业繁荣。同时，也使官府从平抑物价和商税方面获得丰厚利润，增加了国家财政收入。不过，王安石被免职后，新法也陆续被废止。

（四）市舶条法

两宋时期对外贸易反展迅速，给国家带来了丰厚的利益，深受朝廷的重视，颁布了大量的管理海外贸易、鼓励外商来华、奖励有功官员的法规，史称为"市舶条法"。其内容主要有：第一，无论官府、私人进行海外贸易，都必须报请朝廷批准，太宗时诏，自今商旅出海外蕃国贸易者，须于两浙市舶司陈牒，请官给券，以行其违者，没入其宝货。市舶司是负责对外贸易的专门机构，除两浙外，广州、泉州等沿海地区都设有市舶司。第二，海外贸易应遵守官府的有关禁令，如出于国防需要，禁止前往某些地区，出境物品应上报清楚，不得夹带榷禁物品和制造武器的原料。第三，外商靠岸后，必须先由市舶司进行检查，征购其中的榷禁物品，对其他货物抽取1/10的税金，然后允许其上岸交易。第四，以礼优待前来贸易的外商，市舶司于外商到来和离开之际，设宴慰劳、送别成为常例。第五，对所有在对外贸易中的有功人员实行物质奖励或晋升官职。第六，禁止官员利用职权妨碍正常的贸易活动，如直接购买外商货物，或接受馈赠，或克扣货物。法律允许外商越级投诉，犯者计赃论罪。

（五）会计审计立法

两宋时期，重视财政管理和会计审计立法，建立了系统的财政管理体制，并制定了相应的法律规范。

中央设有三司专掌财政，其中户部司掌财政收入，度支司掌财政预算和支出，盐铁司掌工商税收。三司下属的都磨勘司、专勾司等为审计机关。神宗熙宁二年（1069年），王安石主持变法，又在三司之上设三司条例司，专掌财经立法。元丰五年（1082年）改革官制，撤销三司，并入户部。南宋改专勾司为审计司，各州县也有审计司，后又设立审计院。这是我国正式以审计命名的机构。

两宋对仓库、薄账管理人员的监督更为严格，州官到任必须亲阅账籍，主管库吏3年一换，以防连任生弊。当时还编纂《会计录》，严格规定了会计簿账的编造、格式、记录、报送、审核等。文簿籍账出现问题，有关人员依法治罪。据《宋刑统·杂律》规定："凡是官物，皆立簿书。"主守人员遗失簿书，致使物品发生差错，以主守不觉盗罪论处，五匹笞二十，十匹加一等，罪止徒二年。主管人员更换离任，要将文案账籍整理移交，违失者杖一百。而伪造或篡改文案账籍者，更要视其情节从重处置。

四、刑事法律

（一）刑罚制度的变化

1. 创立折杖之法

宋朝的刑罚制度，基本沿用隋唐以来的五刑制度。但鉴于唐末五代刑罚过于苛重，不利于新政权的稳定，建隆四年（963年），吏部尚书张昭等奉诏创立了一种变相减轻刑罚的折杖法，列入《宋刑统》中。

折杖法作为一种代用刑，是将五刑中的笞、杖、徒、流四种刑罚折成相应的臀杖或脊杖，使"流罪得免远徙，徒罪得免役年，笞杖得减决数"①。《宋刑统·名例律·五刑门》规定了折杖法的具体内容，其中加役流决脊杖二十，配役三年；流三千里至二千里，分别决脊杖二十、十八、十七，均配役一年；徒三年至一年，分别决脊杖二十、十八、十七、十五、十三，杖后释放；杖一百至六十，分别决臀杖二十、十八、十七、十五、十三；笞五十决臀杖十，笞四十与笞三十决臀杖八，笞二十与笞十决臀杖七。

折杖法是一种"折减"性质的新刑制，对于缓和社会矛盾具有一定作用。但其适用范围有限，死刑及反逆、强盗等重罪不适用此法。因此，折杖法的创立并未改变宋朝刑罚不断加重的趋势。

2. 配役

配役刑渊源于隋唐的流配刑。推行折杖法之后，为补死刑与折杖后的配役刑刑差太大，有轻重失平之弊，朝廷遂增加配役刑的种类和一些附加刑，使配役刑成为一种非常复杂的刑名。

配役刑在两宋多为刺配，刺是刺字，即古代黥刑的复活；配指流刑的配役。刺配是对罪行严重的流刑罪犯的处罚。刺配缘于后晋天福年间的刺面之法。宋初刺配并非常行之法，《宋刑统》也无此规定。太祖时偶一用之，意在补推行折杖法后，死刑与配役刑之间刑差太大的弊病。但仁宗以后，刺配的诏

---

① （元）马端临：《文献通考》卷一百六十八。

赦日多，刺配之刑滥用，渐成常制。

宋代刺配刑规定详尽，主要适用于杂犯死罪减赎者和强盗、窃盗及一些累犯罪犯。依所犯罪行种类和轻重，刺面的部位和刺的字或记号都有不同，因配役地区远近，刺的深浅也不一样。细分起来，主要有以下四类：

第一，配役有有无附加刑的区别。配役常附加刺字和杖责二刑。刺字即"黥刑"的复活，所刺部位依情节轻重有耳后、背、额、面之分；所刺标记，有字（一般为罪名）和记号（一般为环形）；所刺深度，有四分、五分、七分等种类。杖责有数量和部位（臀或脊）的不同。如果人犯罪行严重或犯死罪贷命，通常"既杖其脊，又配其人，且刺其面，一人之身，一事之犯，而兼受三刑"①。罪行稍轻的人犯，或可杖而不刺，配而不杖。除"黥刺"和杖责外，有时还附带罚铜、罚金、追毁出身以来文字、勒停、除名、籍没等附加刑。

第二，配役有军役、劳役。前者编入军籍；后者则配往官营工矿处所就役，如煮盐、造酒、烧窑、开矿、冶铁等。

第三，配役有地理远近之别。北宋初沿用五代旧制，将人犯配往西北边区服军役，后改配登州沙门岛、通州海岛和岭南一带。南宋时又有变化，大致分为海岛（沙门岛）、远恶州军（琼州、万安、昌化、朱崖）、广南，三千里外，二千五百里外，二千里外，一千五百里外，一千里外，邻州，本州牢城和本州州城等种类。

第四，配役还有放还时间的差别。凡罪重被判为永不放还的人，在南宋，经过三次郊赦之后方可移向较近地区。如不注"永不放还"，则有放还年限的区分；如果期满或者遇赦，都可以近移或免罪释放。

配役刑两宋使用最多，南宋时被判此刑者一度多达十余万人。配役刑虽然改变了推行折杖法后轻重失平的状况，但也带来不少难以解决的问题。如崇宁年间，蔡京建议仿《周官》推行"圜土"法，将应配人犯禁锢在"圜土"内。但由于经费或管理上的困难而旋行旋罢。

刺配对后世刑罚制度影响极坏，是刑罚制度上的一种倒退，在宋代和后世都曾颇遭非议。

3. 凌迟

北宋仁宗天圣六年（1028年），因荆湖（今湖北江陵）地区杀人祭鬼，开始沿用五代时期的凌迟酷刑。凌迟亦称陵迟，俗称千刀万剐，是以利刃零割碎剐肌肤肢体，史书说受刑者往往"身具白骨，而口眼之具尤动，四肢分落，

---

① （元）马端临：《文献通考·刑考》。

第八章 宋元时期的法律制度

而呻痛之声未息"①，在极端痛苦中慢慢死去。神宗以后，凌迟的使用逐渐增多，主要用于镇压危害特别严重的犯罪。至南宋孝宗时，在《庆元条法事类》中，正式将凌迟列为法定死刑之一。此后，元、明、清各朝法定死刑均有凌迟。

《宋刑统》在绞、斩两种法定死刑之外，又以附敕形式准用唐德宗建中三年（782年）施行的"决重杖一顿处死"的酷刑，对一些罪行严重的死刑犯施用重杖活活打死。该刑适用于十恶重罪中的不道、大不恭、不孝、不睦、不义、内乱六种应处绞、斩刑的犯罪。

此外，宋朝还施用许多法外酷刑，如腰斩、枭首、肢解、磔刑、夷族等，以镇压民众的反抗。

（二）刑法打击的主要对象

两宋的刑事法律规范主要是《宋刑统》、敕以及断例、指挥和申明。从现存刑事法律规范来看，两宋刑法打击的主要对象、刑事政策以及刑罚制度都较前代有所变化。

"十恶"、"四杀"（劫杀、谋杀、故杀、斗杀）等犯罪依然是两宋刑法打击的主要对象。除此之外，朝廷尤注重惩治以下三类犯罪：

1. 严惩贪墨之罪

北宋建立之初，为稳定社会秩序，巩固统治，吸取五代吏治腐败和贪墨之风盛行的教训，实行从严治贪的方针，"凡罪罚悉从轻减，独于治赃吏最严"②。北宋太祖太宗之世，数百赃吏或被杖杀朝堂，或被腰斩弃市，或刺配沙门，外增脊杖、籍没等附加刑。如建隆二年（961年），大名府永济主薄郭颙坐赃弃市，将军石延祚坐监仓与吏为奸赃弃市；太宗天平兴国三年（978年），侍御史赵承嗣隐官钱弃市。不仅在刑罚上从重论处，而且限制"请"、"减"、"当"、"赎"等法的适用。一般不以赦降原减，对有赃贪劣迹者禁重入仕途。这些措施有效地阻止了贪赃之风的恶性发展。但自真宗以后，贪赃或监守自盗，虽"罪至极法"，却多被宽贷，统治者对官吏逐渐采取较为宽容的政策。南宋时期，又曾下诏继续严惩贪官污吏。

2. 重惩强盗的《重法地法》与《盗贼重法》

北宋建立之初，为缓和社会矛盾，改变唐末五代以来刑罚苛酷的状态，曾对一般刑事犯罪减轻处罚，但对盗贼犯罪则仍旧重法严惩。《宋史·刑法志》即指出："祖宗仁政，加于天下者甚广。刑法之重，改而从轻者至多。惟是强

---

① 《宋史·刑法志》。
② （清）赵翼：《二十二史札记》，商务印书馆1957年版。

盗之法，特加重者。"这是由于宋朝阶级矛盾与社会问题始终异常尖锐和严峻，农民起义对宋朝统治构成极大威胁。为了镇压广大民众的反抗，宋朝推行重典惩治盗贼的刑事政策。

首先，《宋刑统》作为普通常法，对盗贼犯罪的量刑比唐律明显加重。如强盗罪，唐律根据是否持杖、得赃多少分别处罚：强盗不得财徒二年，得财一尺徒三年，每二匹加一等，满十匹或伤人者绞，杀人者斩；持杖者，虽不得财流三千里，得财五匹绞，伤人者斩。《宋刑统·贼盗律》附敕则规定："擒获强盗，不论有赃无赃，并集众决杀。"再如窃盗罪，唐律规定：窃盗不得财笞五十，得财一尺杖六十，至五十匹罪止加役流。《宋刑统·贼盗律》附敕却规定："捉获窃盗，赃满三匹以上者，并集众决杀。"又如制造妖书妖言或传播惑众罪，唐律规定：影响三人以上者绞，不满三人者流三千里，为害不大仅杖一百。《宋刑统·贼盗律》附敕则规定："有此色之人，便仰收捉勘寻，据关连徒党，并决重杖处死。"

其次，宋朝专门制颁了一系列重典惩治盗贼的特别刑事法规，如《窝藏重法》、《重法》、《盗贼重法》、《妻孥编管法》等，进一步加重惩处盗贼犯罪。仁宗嘉祐六年（1061年），"始命开封府诸县，盗贼囊橐之家立重法"，将该地区划为重法地；凡在重法地犯盗贼罪或包庇窝藏盗贼者，一律按重法严惩。嘉祐七年，正式颁布《窝藏重法》，又将重法地扩大到开封府相邻四州。英宗治平四年（1067年），再度重申《重法》，凡在重法地捉获的强劫盗贼，不论是否当地居民，即使犯在立法以前，也一律适用重法；本人应处死刑者，妻子骨肉送千里外州军编管，家产全部赏给告发人；本人应处徒流刑者，刺配远恶州军牢城，妻子骨肉送五百里外州军编管，家产一半赏给告发人；即使遇有赦令，编管者也不得返回原籍。神宗熙宁四年（1071年），又颁行《盗贼重法》，在继承前代《重法》的同时，扩大了《重法》的适用范围，将重法地扩大到更广泛的地区。神宗元丰年间，全国共有二十四路，其中十路皆为重法地。当时还进一步规定："虽非重法之地，而囊橐重法之人，并以重法论"[①]；"若复杀官吏及累杀三人，焚舍屋百间，或群行于州县之内，劫掠于江海船筏之中，虽非重法之地，亦以重法论"[②]。各地官员如捉捕盗贼不利，也将受到严厉制裁。此后，哲宗、徽宗统治时期，均沿袭《盗贼重法》，严惩盗贼犯罪。

---

① 《宋史·刑法志》。
② 《宋史·刑法志》。

3. 严治传习"妖术"、"妖教"罪和"妖文惑众"罪

两宋时期人们经常以宗教形式秘密结合，图谋反抗。大规模的农民起义也往往与宗教联系在一起。人们的宗教活动，被统治阶级诬为"妖"而严加镇压。"凡传习妖教，夜聚晓散，与夫杀人祭祀之类，皆著于法，诃察甚严。"[①]真宗天禧年间，就将"厌魅咒诅"、"造妖书妖言"、"传授妖术"等罪与"十恶"相提并论。仁宗朝对杀人祭鬼（妖术）的人犯，处以残酷的凌迟刑。徽宗时亦曾一再命令诸路提刑按察州、县对此类犯罪务必做到"止邪于未刑"。不仅对犯者"加之重辟"，而且对不觉察者加等坐罪。朝廷还规定对这类犯罪不能以赦降原免。

此外对严重伤"理"害"义"的行为，特别是诈伪行为也严加惩治，量刑也较前代加重。

第三节 宋代的司法制度

宋朝高度的中央集权统治也表现在司法制度方面。司法权统归中央，皇帝直接控制司法，诉讼审判制度进一步发展，使宋朝的司法制度具有显著特色。

一、司法机关体系

（一）中央司法体制

宋朝沿袭唐制，中央仍以大理寺、刑部、御史台为三大司法机关，各机构职责相沿未改。太宗淳化二年（991年），为加强对司法审判权的控制，朝廷于宫禁中增设审刑院，置知院事1人、详议官6人。全国上奏案件，须先经审刑院备案，再发交大理寺审理和刑部复核，然后由审刑院详议，并奏请皇帝裁决。这实际是在刑部之上又增加了一级复审机构，剥夺了大理寺和刑部的部分权力，使审判和复核程序复杂化。神宗元丰三年（1080年）改革官制，裁撤审刑院，将其职权归还刑部。此后，凡奉皇帝诏命所立案件，由朝官临时组成制勘院审断；由中书省下令所立案件，由诸路监司及州军等派官临时组成推勘院审断，从而保证了皇帝对重大案件的直接控制。

此外，枢密院有权参与军政案件的审判监督，三司及户部有权参与财政赋税案件的司法审判。

---

① 《宋史·刑法志》。

（二）地方司法体制

宋朝地方实行州（府）、县两级制，仍由行政长官兼理司法。各县有权审判杖刑以下案件，徒刑以上案件须将审理意见报送州府判决。各州有权审判徒刑以上案件，但死刑案件须上报提刑司复核，重大疑难案件要上报刑部，由大理寺审议，或经皇帝裁决。在京畿地区，由开封府和临安府负责司法审判活动。

太宗淳化二年（991年），在州县之上增设路一级提点刑狱司，作为中央派出机构，主要监督本路司法审判活动，复核州县重大案件，监察劾奏州县长官违法行为，以加强中央对地方司法审判权的控制。

二、诉讼审判制度

（一）诉讼时效与审判时限

宋朝对民事和刑事诉讼案件的审理已有明确区分，并分别规定了具体的诉讼时限。

1. 民事诉讼时限与时效

为了保证农业生产正常进行，宋朝制定了关于民事诉讼时限的"务限法"。所谓"务"，即指农务；入务指农忙时期，务开指农闲时期。根据《宋刑统》"婚田入务"条规定，每年农历二月初一至九月卅日为务限期，州县官府不得受理民间田宅、婚姻、债负等民事诉讼案件；如有民事纠纷，应在十月初一至次年正月卅日递交诉状，官府须于三月卅日之前审理结案；逾期不能结案，必须上报原因。为防止有人趁入务之限阻拦业主赎回出典土地，宋朝法律补充规定：侵夺财产案件，虽在入务期限，"亦许官司受理"。

对判决不服，可逐级上诉，直至中央户部。为防止诉讼久拖不决，宋朝规定了审理民事案件的词诉结绝时限。孝宗乾道二年（1166年）规定，州县半年内未结绝者，即可上诉。宁宗庆元年间规定，简单民事诉讼，当日结绝；需要证人证言的，县衙限五日审结，州限10日，监司限半月。

关于民事诉讼时效，太祖时规定，因战乱出走而返回认领田宅者，超过15年，官府不再受理。《宋刑统》规定，田地房屋纠纷，事后家长、见证人死亡，契书毁乱超过20年，不再受理；债务纠纷，债务人、保人逃亡过超30年，不再受理。南宋高宗时规定，买卖田宅满3年后发生纠纷，不得受理。民事诉讼时效的规定，有利于维护依法形成的民事关系和社会的稳定。

2. 刑事案件的听狱之限

对于刑事诉讼案件，宋朝按大、中、小事分三类规定了"听狱之限"，要求司法官在限内结案。如太宗时规定，大理寺分别限25日、20日和10日，

第八章 宋元时期的法律制度

审刑院分别限 15 日、10 日和 5 日，各州分别限 40 日、20 日和 10 日。哲宗时，按案卷纸张多少，明确划分大、中、小事的三类标准：二十缗以上为大事，十缗以上为中事，不满十缗为小事。同时规定：大理寺、刑部复审案件，大、中、小事分别为 12 日、9 日和 4 日；京师及八路地区复审案件，分别为 10 日、5 日和 3 日。对一些不能按正常程序审判的特殊案件，两宋规定有特殊的断狱时限，体现了灵活变通的特点。

（二）皇帝躬亲狱讼

宋朝皇帝对司法权的控制，首先表现为直接介入司法审判活动。太祖、太宗等都曾亲自决断案件，徽宗也常以"御笔手诏"断罪。凡御笔断罪案件，不准向尚书省陈诉冤抑，否则以违御笔罪论处；承受此类案件的官府，也不得以常法"阻拦延误"执行；否则，延误一时杖一百，一日徒二年，二日加一等，三日以上以大不恭罪论处，罪止流三千里。其次，皇帝还经常亲自录囚。开宝二年（969 年），太祖曾下令两京和诸州长吏督促狱掾，每五日一录囚。太宗重申此制，并要求每十日向皇帝奏闻一次，后又将十日一录囚定为常制。太祖、太宗还亲录开封在押囚犯，使数十人获得赦免。南宋孝宗、理宗不仅每年大暑审录决遣，而且实行"大寒虑囚"。

（三）鞫谳分司制度

鞫指审理，谳指判案，鞫谳分司就是将审与判二者分离，由不同官员分别执掌。正如高宗朝的周林在《推司不得与法司议事札子》所说："狱司推鞫，法司检断，各有司存，所有防奸也。"宋代除县令审判民事及杖罪以下轻刑，不设法司，只有胥吏协助审理外，州府以上审判机构，皆由鞫司审清案情，法司检出适用法条，然后判决。各级司法机构中，推直官、左右推、推勘官、录事参军、司录参军、司理参军，均属鞫司，亦称推司、狱司；检法官、检法案、司法参军属于谳司，亦称"法司"。

其审判程序，以州一级为例，鞫司审明案情，再由另外的法官录问核实，转法司检出适用法条，再由其他官员拟判后，经同级官员集体审核，呈长官判决。在审判进程中，禁止录问、检法与鞫狱官相见，否则各杖八十，检出适用法条后，录事、司法参军都要签名，检法有不当者，与主典同一科罪。法司有责任在检法时对鞫司的审理情况进行复核。在边远小州，司法官员配备不足，往往有录事参军兼司法参军的现象，则用增置司法官员或改由其他幕职官兼任，以维持鞫谳分司的原则。高宗朝右司郎中汪应辰在《论刑部大理寺谳决当分职札子》中说："鞫之与谳者，各司其局，初不相关，是非可否，有以相济，无偏听独任之失。"鞫谳分司强调两司独立行使职权，不得互通信息或协商办案，有利于互相制约，防止舞弊行为。另外，宋朝法律形式复杂多样，条文内容繁多，设立专职官员检详法条，也有利于正确适用法律。但是，鞫谳分司制度并不是解决司法腐败的根本办法，而且这种审者不判、判者不审的审判方式，也不符合司法制度的基本原则。

（四）翻异别勘制度

翻异别勘源于唐末五代，是指犯人在录问或行刑时推翻口供（翻异）提出申诉，案件必须重新审理。宋朝录问是对徒刑以上案件判决前的例行程序，受审者可借此获得申诉机会。在行刑前的"过堂"或行刑时，被执行人也可提出申诉。对于这种申诉称冤案件，官府必须重新审理，称为翻异别勘。

宋朝的翻异别勘制度，分为原审机关内的"移司别勘"和上级机关指定重审的"差官别推"两种形式。前者是在原审机关内将案件移交另一司法部门重审，又称"别推"。宋朝中央及地方司法机构中，都设有两个或两个以上的审判部门，如刑部左、右厅，大理寺狱左、右推；案犯不服判决提出申诉，即移交另一部门重审别推。后者是对移司别推后仍翻异者，由上级机关差派司法官员前往原审机关主持重审，或指定另一司法机构重审。哲宗以后，翻异别勘制度有所变化。凡在录问前或录问时翻异者，应移司别推；在录问后翻异，则要申报上级机关差官别推。

为了防止囚犯反复翻异，《宋刑统·断狱律》规定，翻异别推以三次为限，超过三次仍翻异者，便不再别推。南宋以后，将其放宽到五推为限。

（五）重视勘验证据

宋代社会经济特别是商品经济的发展，以及科学文化的巨大成果，必然使与文明程度相关联的诉讼证据制度相应地发展。无论是言词证据，还是实物证据，在宋代都进一步得到完善。尤其是检验——这一要求用专门科学知识和技能来收集鉴定证据的制度，更是日臻完善。

《宋刑统·诈伪律》有"检验病死伤不实"门，《庆元条法事类》也有"检验"门及"检验格目"、"验尸格目"等敕令格式，具体规定了检查勘验制度。

第一，法律明文规定，在哪些情况下，司法人员必须检验或不必检验。

第二，法律规定了检验人员的组成及其责任。"州差司理，县差县尉，以此差丞、簿、监当"等，被差人员应按照检验的范围、时间，如实进行检验，不许受贿舞弊，违者论罪。

第三，检验必须经过报检、初检、复检三个程序。一旦发生杀伤案件，地邻、地保有义务向州县官府报检；所在地的官府进行初检，复检由上级或相邻州县进行。复检的目的就是检查初检官有无情弊和错误，起监督作用，所以宋法严格规定复检官与初检官不得有任何关系，初检官再牒请复检的公文中不得

第八章 宋元时期的法律制度

写明致死原因,以免复检官照搬。如果初检、复检的结果不同,还要进行聚检。

第四,检验必须做笔录,并及时申报主管机关,不得延误。宋代最初的笔录形式是验状,淳熙元年(1174年)郑兴裔所奏《检验格目》被中央采纳并推行全国适用。《庆元条法事类》中保存了宋代初、复检《检验格目》的完整形式,检验官员根据其要求将检验结果如实填写,随同验状一起当日申报完毕。因为大多数百姓不识字,所以检验人员可能在填写时弄虚作假,为了避免这一缺陷,嘉定四年(1211),又下令颁发湖南提刑徐似道制作的《检验正背人形图》,与《检验格目》并用。《检验正背人形图》是将人的正面、背面所有的部位全部标出,要求勘验人员"以伤损去处依样朱红书画横斜曲直,检验时唱喝伤痕,众无异词,然后署押"。① 尽可能避免官吏利用文字徇私舞弊。

宋朝重视勘验工作,也推动了法医学的发展。湖南提点刑狱宋慈(1186~1249年),在长期的司法审判活动中,意识到"狱事莫重于大辟,大辟莫重于初情,初情莫重于检验",② 总结历代法医检验技术,结合自己的法医学实践经验,编著了世界上第一部比较系统的法医学专著《洗冤集录》,成为官员司法检验的指南。该书提供了大量的检验实例,介绍如何根据尸体不同的外部表征来鉴定死因,此外记载了现场勘验所要注意的各种问题。《洗冤集录》不仅被后来的元、明、清奉为圭臬,视为"金科玉律",成为检验人员手头必备之书,而且在明代被译为朝鲜、日本、法国、英国、德国、荷兰等数国文字出版,流传于亚洲、欧洲,比欧洲第一本法医学著作《关系医学》早了350多年。

(六)讼学和讼师

宋代民风好讼。《宋史·地理志》载:京东东路、江南东西路、荆湖南北路、福建路的民众都好讼。"州县之间,顽民健讼,不顾三尺,稍不得志,以折角为耻,妄经翻诉,必侥幸一胜。则经州、经诸司、经台部,技穷则又敢轻

---

① 《宋会要辑稿·刑法六》。
② (宋)宋慈:《洗冤集录》。

易妄轻朝省，无时肯止。甚至陈乞告中惩尝未遂其意，亦敢辄然上渎天听，语言妄乱，触犯不一"①。官私文献中有许多记载表明宋代各地好讼。民间好讼之风的结果就是出现了一种专门教人打官司的学问与职业，即讼学与讼师。沈括记载："世传江西人好讼，有一书名《邓思贤》皆讼牒法也。其始则教以侮之，侮之不可得，则欺诬以取之；欺之不可得，则求其罪以劫之。邓思贤，人名也，人传其术，遂以之名书，村校中往往以授生徒。"②沈括生活于北宋中期，可见从那时起江西已出现讼学。袁州地区由于地接湖湘，俗杂吴楚，更是人繁而讼多，编户之内，学讼成风，乡校之中，学律为业。学习律文诉讼的人除了成年人外，还有儿童。江西州县，有号为教书夫子者，聚集儿童，授以非圣之书，有如四言杂字，名类非一，方言俚鄙，都是关于诉讼之语。广南海丰的儿童也是"庭白是非无愧恐"。另外，在江南民间也出现了专以指点词讼和替人辩理为业的讼师，在史料中又被称为"珥笔之民"、"佣笔之人"、"茶食人"、"健讼之民"、"讼师官鬼"与"哗魁讼师"等。他们请托官府，教唆词讼，目的是获取诉讼费。虽然他们不可能像现代律师那样，成为诉讼活动的主体，但他们为当事人出谋划策，想尽各种办法以取得胜诉。讼学的兴盛，习讼活动的普遍，再加上讼师的助讼活动，冲击了儒家追求"无讼"的理想，丰富了宋朝法律文化宝库。

（七）断狱理论著作的出现

受传统民本思想的影响，再加上商品经济的发达以及伴随而来的商人地位的提高，宋代以士大夫为主体的各级官员重视听讼断狱，将其视为有关朝廷纲纪的大事。除了认真收集证据，细心审断外，一些官员将多年的审理经验加工整理，出版发行，以为后人借鉴所用。典型代表就是郑克及其《折狱龟鉴》。在这本书中，郑克以20门、计395事介绍治狱之道、定案之法和破案之法，有些条目之末，还附有他的按语，内容就是他通过对各种破案、治狱的经验加以比较分析后所归纳出的断狱理论，主要包括：

第一，审案必经的两条途径：据证和察情。所谓据证，就是收集与案情有关的各种证据，尤其是物证，他反复强调物证在审案过程中的重要作用，并注意到物证在一定程度上比证人证言的证明力更强："证以人，或容伪焉，故前后令莫能决；证以物，必得实焉，故盗者始服其罪。"所谓察情，就是察其情理气貌，包括古人所提出的"五声听狱"之法，注意观察心理的外在表现。郑克提出这两者须兼而用之，互相参照，互相补充，才能做到万无一失。

---

① 《宋会要·刑法》（二），第137页。
② （宋）沈括：《梦溪笔谈》。

第二，收集证据应该用正、谲之术，反对刑讯。在他看来，刑讯乃是愚蠢无知的表现，主张利用"正"、"谲"二术，前者指正面的调查核对，后者指诈术，即设置圈套引诱罪犯就范。当然，这二者也应配合使用，"谲非正也，然事有赖以济者，则亦焉可废哉？抑又闻之，正不废谲，功乃可成；谲不失正，道乃可行"。

资料：

张举，吴人也，为句章令，有妻杀夫，因放火烧舍，称"火烧夫死"。夫家疑之诉于官，妻不服，举乃取猪二口一杀之一活之而积薪烧之。活者口中有灰，杀者口中无灰。因验尸，口果无灰也。鞫之服罪。[①]

第四节 元代的法律制度

元朝是中国历史上第一个由少数民族建立的多民族统一国家。蒙古贵族入主中原后，参照唐宋旧制积极进行法制建设，同时仍沿袭原有的民族传统。由于他们以征服欧亚大陆者自居，怀有强烈的民族优越感，因而采取了民族歧视和民族压迫政策，形成了独具特色的法律制度。

一、立法概况

（一）立法指导思想

蒙古族游牧部落时期，主要以习惯法调整社会关系。成吉思汗创建蒙古国后，主张遵循祖宗旧制，仍以习惯法为主。忽必烈即位后，不断扩大征服区域，并入主中原建立元朝统一国家，开始加速本民族的封建化进程。受到汉族政权的法制影响，他逐渐接受旧臣汉儒的建议，明确提出了"祖述变通"、"附会汉法"、"参照唐宋之制"等立法指导思想，既吸收唐宋法制，又保留蒙古旧制，实行民族分治，形成了元朝独特的法制特点。

（二）蒙古国立法活动

蒙古国建立后，成吉思汗曾采纳金国降将郭宝玉建议，制颁《条画五章》。其大体内容包括出军不得妄杀，刑狱重罪处死，其余杂犯量情笞决，具体条文十分简单。这是蒙古国立法的开端。

随着蒙古帝国的发展与扩张，成吉思汗的权力不断强化，他所发布的各种命令成为不可触犯的法令，被编写在纸卷上，称为"札撒"。1225年，成吉思汗西征归来，下令编纂颁布"札撒和训言"，史称《大札撒》。其内容十分庞

[①] （南宋）郑克：《折狱龟鉴》。

杂，包括刑事、民事、军事、宗教、审判、治安等各个方面。凡违反"札撒"者，要受到处罚，甚至处死刑。成吉思汗还要求后继者，即位时必须隆重宣读并严格遵守《大札撒》。"札撒"对元朝立法也产生了很大影响。其民族性与准军事化特征，在元朝历代成文法中都有体现。成吉思汗的部分语录与训令，在后来不断纂修新法律时，也以"诏制"形式固定下来。

蒙古国入主中原之后，《大札撒》已不能适应新的社会环境，蒙古新汗窝阔台曾制颁《条令》。忽必烈继位后，开始适用仿照唐律修订的金代《泰和律》。至元八年（1271年），忽必烈改国号为"大元"，下诏禁用金代《泰和律》，着手制定元朝法律。

（三）元朝主要立法

元朝统一政权建立以后，开始进行大规模立法活动，先后编撰了多部综合性的法律汇编。

第一部是世祖至元二十八年（1291年）颁行的《至元新格》。它汇辑了元朝建立以来的条格、成例等法律法规，内容包括公规、选格、治民、理财、赋役、课程、仓库、造作、防盗、察狱等十个方面。

第二部是仁宗（1312～1320年在位）编辑的《风宪宏纲》，这是一部关于纲纪、吏治方面的法律汇编。"风宪"原指风纪法度，中国古代常指监察官员整肃吏治。延祐二年（1315年），曾参照元朝历代条格编纂法律，包括诏制、条格、断例三部分。第二年纂成，但未颁行。后将现行格例、条画中有关风纪的内容汇辑成《风宪宏纲》，作为专门的监察条令予以颁行。

第三部是英宗至治三年（1323年）完成的《大元通制》。它汇集世祖以来的条格、诏令和断例编纂而成，是元朝最系统完备的法典，包括诏制94条，条格1151条，断例717条，令类577条，共2539条。

第四部是英宗时期由地方官府编辑的《大元圣政国朝典章》，简称《元典章》。这是一部世祖以来50多年间政治、经济、军事、法律等各方面圣旨、条画的汇编，内容共有60卷，分诏令、圣政、朝纲、台纲、吏部、户部、礼部、兵部、刑部、工部10类，下分373目，目下又列有条格。《元典章》按六部行政机关分类的体例，直接影响到《明律》的篇目结构，并为《清律》所继续沿袭。

最后一部是元末顺帝至正六年（1346年）颁行的《至正条格》。它基本沿袭了《大元通制》的编辑体例，其内容共2909条，分为诏制150条，条格1700条，断例1059条。

（四）元朝立法特点

元朝立法受两宋编敕、编例的影响较大，经常将皇帝敕令及成例加以整理

第八章 宋元时期的法律制度

编辑，具有刑事、民事、经济、行政各种法规汇编的性质，而且其中诏制、条格、断例占有很大比重，往往是一事立一法，因而律条庞杂，结构松散，致使法律内容很不规范。

二、法律内容的主要特点

元朝保留本民族的传统旧制，对不同民族实行不同政策，确立了民族不平等的法律地位，并赋予僧侣特殊的法律特权，形成了元朝法律的显著特点。

（一）公开肯定民族间的不平等

案例：

女孩儿折烧埋银①

至元二十四年，江西行省据袁州路申：潘七五打死张层八。除犯人因病身死，据合征烧埋银钱钞。责得犯人亲属谢阿扬状供：除伯潘七五生前上有小女一名，及第屋三间、陆田山地一段计二亩七分系兄弟潘七八等四分承管外，别无事产人口头匹。若将前项田产尽数变卖，尚不及数。合无将潘七五小女一名，钦依元奉圣旨事意，给付苦主。乞明降事。省府相度，即是潘七五名下事产变卖，不及合征烧埋钞数，即将潘七五小女孩一名钦奉圣旨事意，就便断付苦主，收管施行。

元朝建立以后，推行野蛮的民族歧视和民族压迫政策，以法律形式公开肯定民族间的不平等地位，将不同民族分为四等：第一等是蒙古人，第二等是色目人（西夏、回回、西域人），第三等是汉人（原金统治下的北方汉人、女真、契丹人），第四等是南人（南宋统治下的汉人和西南地区各族）。不同等级的民族之间，其政治、法律地位是截然不同的。

在政治上，蒙古人地位最高、最优越。如官员选任，中央丞相必须是蒙古勋臣；大宗正府由清一色的蒙古王公贵族执掌；刑部、御史台主要控制在蒙古官吏的手中；各道提刑按察司（肃政廉访司）都以蒙古人为正职。地方路、府、州、县均设达鲁花赤（断事官），主要由蒙古官吏垄断；蒙古人无合适人选，则由色目人充任，与汉人、南人无缘。汉人、南人冒充蒙古人而被委任的，以"违制"罪严加惩处。在科举考试方面，蒙古人、色目人为一组，只考两场；汉人、南人为一组，要考三场。同是科举出身，汉人、南人要降级使用。为了防止汉人、南人的不满和反抗，元朝颁布大量禁令进行限制和防范。如严禁汉人、南人私造、私藏兵器，违者处死，甚至不得制造一切铁制器物；

---

① 《元典章》，中国书店 1990 年版，第 637 页。

禁止汉人、南人习武或聚众狩猎，严禁私养私用马匹。在反元斗争激烈的江南地区，还长期实行宵禁制度，夜间禁止行人上街，居民不许燃灯，不准集众祠祷或聚众买卖，违者予以治罪。

在法律上，元朝公开维护蒙古族特权，对不同民族实行同罪异罚。例如一般人犯盗窃罪，初犯刺左臂，再犯刺右臂，三犯刺项；对蒙古人则不准刺字，司法官若"辄将蒙古刺字者，杖七十七，除名"，并"将已刺字去之"。蒙古人殴打汉人，汉人不得还手，只能告官申理，否则将治罪。蒙古人"因争及乘醉殴死汉人者"，只需"断罚出征，并全征烧埋银"；而汉人殴杀蒙古人，则立即处死，还要向其家属征烧埋银。蒙古人犯轻罪，一般不被监禁；必须收监的逃犯或重犯，单独关押，不受拷打，并由官府提供饮食。汉人、南人犯罪，则备受拘捕、监禁、拷打等各种折磨，并由家人提供饮食。

（二）极力维护僧侣的特殊地位

元朝以喇嘛教为国教，其僧侣不仅享有法律特权，甚至可以干预司法。元世祖封名僧八思巴为国师和帝师，由他掌管全国宗教事务及藏族地区政务，其法旨在西土地区（今西藏、青海一带）与皇帝诏敕并行。此后，元朝各代皇帝都尊封帝师，帝师的弟子等也被封为国师、国公等，享有种种法律特权。

元朝寺庙是一种经济实体，占有大量土地和劳动力，其土地的主要来源之一就是皇帝"赐田"。元朝法律严格保护僧侣财产所有权，许多寺庙有皇帝颁赐的"护持"诏书，僧尼凭此享有免税免役的特权。

元朝僧侣常常干预司法，最突出的是以"修佛事"、"作功德"为名，要求朝廷释放在押重犯。《新元史·刑法志》即指出："赦令历代所同，独以修佛事而释重囚，则惟蒙古有之。"据文献记载，从元贞元年（1295年）到至顺二年（1331年）的36年间，国师奏请释放罪囚567名，其中死刑犯181名，其他各类人犯386名。历代大赦通常由皇帝颁发，而元朝宗教领袖获得这项权力，是对国家司法权的干预。

元朝僧侣享有司法特权，他们违法犯罪，一般不受普通司法机关的管辖。至元二十五年（1288年），正式设立宣政院，管理宗教事务，并负责审理僧侣的重大案件。由于僧侣凭借特权飞扬跋扈，直接危害到统治者的根本利益，成宗以后开始对僧侣加以制约。一些重大案件，改由御史台与宣政院共同审理。

（三）继续保留蒙古传统旧制

元朝法律制度在不断进化的过程中，难免受到蒙古传统的影响，因而继续保留其原有的习惯法。

首先，元朝法律继续维护奴隶制残余，允许蒙古贵族占有和役使大量奴隶，并强化主奴之间的不平等关系。例如俘虏、因债务无力偿还者、一部分罪

第八章 宋元时期的法律制度

犯及其亲属等往往成为奴隶，奴隶的子女也永远为奴隶，导致奴隶数量不断增加。元朝称奴隶为"驱口"、"驱丁"等，并有官奴、私奴之分。元朝法律虽然强调奴隶犯罪归官府审断，主人不得擅杀，但因奴隶殴骂，主人将其殴伤致死者，法律不予追究；主人故意杀死无罪奴婢，仅杖八十七。相反，奴隶杀伤主人，则处死刑；故意杀死主人，凌迟处死；甚至控告主人，也要处刑。奴隶与一般良人的地位是不平等的。良人因斗殴杀死他人奴隶，杖一百零七，征烧埋银五十两；因嬉戏杀死他人奴隶，杖七十七，征烧埋银五十两；而奴隶杀死良人，一律处死。

其次，元朝法律维护地主与佃户的不平等关系，允许地主对佃户进行奴役。元朝法律规定杀人者死，但杀死佃客却不包括在内；地主殴死佃客，只杖一百零七，征烧埋银五十两。法律禁止佃户私逃，但地主却可随意撤佃，并将佃户与土地同卖；而且地主犯罪，可由佃客替主人入狱服刑。

再次，元朝法律保留原有的一些婚姻习俗。元朝不拘泥于儒家纲常礼教的束缚，在婚姻制度方面，对蒙古和汉人适用不同习俗和规定。例如，法律允许良贱之间通婚，良男与婢女所生子女为良人，良女与男奴所生子女为奴隶；蒙古人父、叔、兄、弟死后，允许子、侄、弟、兄"收继"庶母、婶母、嫂、弟媳为妻；对居丧期间或亲属之间的相奸行为，处刑也较轻，如"居父母丧，奸收庶母者"，仅杖一百零七。

最后，元朝刑罚制度也明显受到传统习俗的影响。元朝基本沿袭唐宋五刑制度，但死刑增加了凌迟，并新增了劓、黥、醢、剥皮等酷刑；又以"天饶他一下，地饶他一下，我饶他一下"为由，将隋唐以来的笞杖刑改为以七为尾数，分为笞七至五十七共六等，杖六十七至一百零七共五等。元朝刑罚往往株连亲属，重罪除本人处死外，妻女强行改配他人，甚至"族灭"。

三、司法制度

元朝推行民族歧视压迫政策，司法制度也受其影响，带有民族色彩和多元化特征。

（一）司法机关

元朝司法机关变化很大，机构多重设置，互不统摄，体系杂乱，与唐宋时期形成了显著区别。

1. 中央司法机关

元朝废除大理寺，新设大宗正府为中央司法审判机关，主要审理蒙古宗室、王公贵族及京师地区蒙古、色目人犯罪或诉讼案件。刑部作为司法行政机关，除拟议刑名律令、掌管刑具狱政外，还负责审理复核重大案件、谳录系因、审辨冤讼疑罪等诉讼审判事务。宣政院负责审理宗教僧侣重大案件纠纷。枢密院与中书省负责审理涉及军事机密的重要案件。中政院有权审理宫内人员的违法犯罪案件。道教所也可兼理与道教有关案件。元朝中央司法机关交错重叠，各部门同时兼理司法，各领其事，不相统摄，造成了司法机构的多重性与适用法律的混乱。

2. 地方司法机关

元朝地方设十个行中书省，简称"行省"，作为中央派出机构。地方重案须通过行省上报中央，刑部判决也经行省下达执行。行省之下设路（道）、府、州、县，均置达鲁花赤一人为监临官，凌驾于各路总管及府、州、县行政长官之上，有权干预或直接参与案件的审理。各路设有推官，专掌刑狱。府、州、县仍由行政长官兼理司法。

元朝地方司法权，也同样由军、政、教等不同机构分别掌管。军人、军户案件由各管军官奥鲁审断；佛教僧侣案件，州有僧正司，县有都纲司或寺院住持自行审理；道教案件由道观职事审理。

（二）监察制度

元朝御史台仍是全国最高监察机关，同时监督司法机关的诉讼审判活动。元朝在地方设有江南、陕西两个行御史台，简称"行台"，是中央御史台的派出机构。它们统辖全国二十二道监察区，每道设提刑按察司，后改称肃政廉访司，监察地方行政与司法事务。从御史台经由行御史台，到各道提刑按察司（肃政廉访司），构成了一整套行政监察与司法监督体系。

本章习题

一、选择题

1. 宋代颁行的条法事类流传至今的是（　　）
A.《淳熙条法事类》残本　　B.《淳祐条法事类》残本
C.《庆元条法事类》残本　　D.《淳化条法事类》残本

2. 元代地方官吏自行编制的一部法律汇编是（　　）
A.《至元新格》　B.《大元通制》　C.《经世大典》　D.《元典章》

3. 唐代制定、宋代沿用的，现存关于遗嘱继承的最早的法规是（　　）
A.《户绝法》　B.《丧葬令》　C.《宋刑统》　D.《唐律疏议》

4. "鞫谳分司"的司法审判制度始于（　　）

第八章 宋元时期的法律制度

A. 秦朝　　　　B. 汉朝　　　　C. 宋朝　　　　D. 元朝

5. 世界最早的法医学著作是（　　）

A.《开皇令》　　B.《洗冤集录》　　C.《新律》　　D.《唐六典》

6. 宋朝为加强对盗贼的处刑，所立的专门法规有（　　）

A. 盗贼重法　　B. 重法地法　　C. 折杖法　　D. 刺配之法

二、思考题

1. 简述《宋刑统》的立法特色。
2. 简述宋朝重典惩治盗贼的主要内容。
3. 简述宋朝司法制度的主要变化。
4. 简述元朝法律内容的主要特点。

三、案例分析

熙宁元年七月，诏："谋杀已伤，按问欲举，自首，从谋杀减二等论。"初，登州奏有妇阿云，母服中聘于韦，恶韦丑陋，谋杀不死。按问欲举，自首。审刑院、大理寺论死，用违律为婚奏裁，敕贷其死。知登州许遵奏，引律"因杀伤而自首，得免所因之罪，仍从故杀伤法"，以谋为所因，当用按问欲举条减二等。刑部定如审刑、大理。时遵方召判大理，御史台劾遵，而遵不伏，请下两制议。乃令翰林学士司马光、王安石同议，二人议不同，遂各为奏。光议是刑部，安石议是遵，诏从安石所议。而御史中丞滕甫犹请再选官定议，御史钱顗请罢遵大理，诏送翰林学士吕公著韩维、知制诰钱公辅重定。公著等议如安石，制曰"可"。于是法官齐恢、王师元、蔡冠卿等皆论奏公著等所议为不当。又诏安石与法官集议，反覆论难。

明年二月庚子，诏："今后谋杀人自首，并奏听敕裁。"是月，除安石参知政事，于是奏以为："律意，因犯杀伤而自首，得免所因之罪，仍从故杀伤法；若已杀，从故杀法，则为首者必死，不须奏裁；为从者自有编敕奏裁之文，不须复立新制。"与唐介等数争议帝前，卒从安石议。复诏："自今并以去年七月诏书从事。"判刑部刘述等又请中书、枢密院合议，中丞吕诲、御史刘琦、钱顗皆请如述奏，下之二府。帝以为律文甚明，不须合议。而曾公亮等皆以博尽同异、厌塞言者为无伤，乃以众议付枢密院。文彦博以为："杀伤者，欲杀而伤也，即已杀者不可首。"吕公弼以为："杀伤于律不可首。请自今已杀伤依律，其从而加功自首，即奏裁。"陈升之、韩绛议与安石略同。会富弼入相，帝令弼议，而以疾病，久之弗议，至是乃决，而弼在告，不预也。

八年，尚书省言："诸获盗，有已经杀人，及元犯强奸、强盗贷命断配之人，再犯捕获，有司例用知人欲告、或按问自首减免法。且律文自首减等断遣者，为其情非巨蠹，有改过自新之心。至于奸、盗，与余犯不同，难以例减。

请强盗已杀人,并强奸或元犯强盗贷命,若持杖三人以上,知人欲告、按问欲举而自首,及因人首告应减者,并不在减等例。"初,王安石与司马光争议按问自首法,卒从安石议。至是,光为相,复申前议改焉。乃诏:"强盗按问欲举自首者,不用减等。"既而给事中范纯仁言:"熙宁按问欲举条并得原减,以容奸太多,元丰八年,别立条制。窃详已杀人、强奸,于法自不当首,不应更用按问减等。至于贷命及持杖强盗,亦不减等,深为太重。按《嘉祐编敕》:'应犯罪之人,因疑被执,赃证未明,或徒党就擒,未被指说,但诘问便承,皆从律按问欲举首减之科。若已经诘问,隐拒本罪,不在首减之例。'此敕当理,当时用之,天下号为刑平。请于法不首者,自不得原减,其余取《嘉祐编敕》定断,则用法当情,上以广好生之德,下则无一夫不获之冤。"从之。①

请结合阿云之狱理解宋代法制的特点与发展状况。

---

① 选自《宋史·刑法志》。

第九章 明朝时期的法律制度

【重点提示】
明朝的立法思想及《大明律》篇章体例结构的重大变化；
明朝的行政法律制度；
明朝刑事法律制度的发展变化；
明朝司法制度的重要变化。

元末爆发的红巾军大起义，摧毁了元朝的统治。红巾军首领之一的朱元璋利用这一时机，在兼并了其他反元武装和一些地方割据势力后，于1368年建立明朝，并几经征战，至1387年统一全国。

明王朝处于中国封建社会的后期，从1368年朱元璋在南京即皇帝位，建立大明，到1644年李自成农民军攻入北京，末代皇帝朱由检也就是崇祯在煤山自缢，前后历经16个皇帝共276年的统治时期。

明王朝是我国封建历史上重典治国的典型时期。在立国之初，朱元璋就根据复杂的社会形势确定了"重典治世"的法制指导思想。在此思想指导下，明朝制定了《大明律》和《明大诰》等严酷的法律，一方面严厉镇压危害封建统治秩序的行为，另一方面严惩贪官污吏，加强中央集权，稳定统治基础。同时，继续用儒家伦理钳制人们的思想。1380年朱元璋废中书省，使中国历史上延续一千多年的宰相制度和七百多年的三省制度宣告完结。其政权机构远取法于汉唐，近沿袭于宋，特别是受宋、元旧体制的影响，并适应现实需要而有所增减，形成了封建社会后期具有代表性的一代体制。在民事经济领域，针对资本主义萌芽在中国的出现，既保护经济的繁荣发展，又用重法将这种发展限制在小农经济的范围里。在司法领域，宦官干预司法的现象导致明朝的司法更加黑暗，也加速了明朝的灭亡。

明朝是高度发展的君主专制中央集权国家。它继承发展唐宋时期的立法成就，建立起一套更为完善的法制体系，直接或间接地影响着后世的清朝以及周边东南亚诸国的法制发展。明朝取得的立法成就，是继唐朝之后的又一个高峰，在中国古代法制发展史上占有重要的历史地位。

第九章　明朝时期的法律制度

第一节　明代的立法概况

一、立法思想

明代立法思想集中体现了明太祖朱元璋治理国家的宗旨。

（一）重典治国

"重典治国"的立法思想，源于西周时期"刑新国用轻典，刑平国用中典，刑乱国用重典"的刑罚世轻世重的刑事政策。这一思想在明朝的确立，与朱元璋本人的经历密切相关，也有着深刻的社会经济原因，是明太祖朱元璋在总结了以往统治经验教训的基础上，结合明朝的社会现实而提出来的。

首先，明太祖朱元璋出身下层贫民，亲身经历了元末的残暴统治及农民起义。他认为，元朝灭亡的主要原因在于法制废弛、吏治腐败，"朝廷暗弱，威福下移"，因此极力主张"立国之初，当先正纲纪"。明太祖朱元璋明确指出："胡元以宽而失，朕收平中国，非猛不可。"[1] 由此奠定了刑乱世用重典的基础。

其次，明朝建立之初，东南沿海常有倭寇侵扰，国内经济遭长期战争破坏，陷于崩溃边缘，地主与农民的阶级矛盾十分尖锐，社会秩序混乱。而在明朝统治的270多年里，不仅封建经济继续发展，而且资本主义经济开始萌芽，国内阶级矛盾尖锐。因此，不仅朱元璋视明初为"乱世"，提出"吾治乱世，刑不得不重"的重刑思想，而且这种主张在明朝特定的历史条件下贯穿始终，以实现用重典惩治"奸顽"，使"主权归于朝廷"，巩固中央集权的目的。

明朝重典治国首先表现在重典治吏方面，即以重刑维护统治集团内部的纪律、团结和统一。重典治吏是朱元璋对历代治国经验的总结，是强化君主专制皇权的重要措施。朱元璋认为，元朝之所以灭亡，就是由于中央集权统治削弱，吏治腐败。特别是随着宋元以来商品货币经济的发展，地主豪绅、贪官污吏的盘剥和掠夺达到了疯狂的程度，这也是激起农民起义的重要根源。因此，朱元璋试图通过重典治吏达到强化中央集权统治的目的。他曾告诫群臣说："昔在民间时，见州县官吏多不恤民，往往贪财好色、饮酒废事，凡民疾善，视之漠然，心实怒之。故今严法禁，但遇官吏贪污蠹害吾民者，罪之不恕。"[2] 因此在历史上，朱元璋是一个以惩治贪官而著称的皇帝，不仅《大明律》比

---

[1] （明）刘基撰：《诚意伯文集》，何镗编校，商务印书馆1936年版，第3页。
[2] 《明太祖实录》，"中央研究院"历史语言研究所校勘1962年影印本，第800页。

第九章 明朝时期的法律制度

唐律对官吏犯罪的惩罚明显严厉,取消了唐宋律"官当"、"除免"等优待官员的制度,特设不少针对官员侵害皇权行为的罪名;而且朱元璋还亲自指导编纂了以惩治官吏赃罪为主要内容的刑事特别法规——明《大诰》,以大量的严刑峻法打击贪官污吏。如洪武十三年(1380年)的胡党案,因左丞相胡惟庸谋反,株连追究10年整,前后杀3万多人;洪武26年"蓝党"案,以凉国公蓝玉谋反,株杀其部属15000多人。

重典治国的另一表现是重典治民,即严厉镇压民间一切敢于犯上作乱的行为。明朝初年,由于经过元末战乱,奸盗盛行,淳朴民风已失,加之土地和赋税等问题引起的矛盾冲突加剧,一些参加反元起义的农民转而对抗新建立的明朝。针对这一严重威胁,为了稳定封建统治秩序,朱元璋主张用重刑严惩那些敢于反对明朝统治的"顽民",以达到"欲民畏而不犯"①,"使人知所警惧,不敢轻易犯法"②的目的。

明初统治阶级推行"重典治国"的主张,在短时间内对改良吏治、稳定社会起到了一定的积极作用,为明朝前期的繁荣奠定了基础。但"重典治国"带来的消极影响,也不能低估。一方面,重典治吏不能从根本上解决吏治腐败的问题,正如朱元璋自己所说:"我欲除贪赃官吏,奈何朝杀而暮起。"而且,重典治吏造成了官吏人人自危、朝不保夕的危机感,大大挫伤了官吏行政的积极性和主动性。"时京官每旦入朝,必与妻子决,及暮无事,则相庆以为又活一日。"③另一方面,重典治国思想的推行,把中国封建时期刑罚由轻(唐朝)入重(宋朝)推向极致,真正形成封建社会后期严刑峻法的历史。

(二) 礼法结合,明刑弼教

"明刑弼教"一词最早见于《尚书·大禹谟》中"明于五刑,以弼五教"之语。

明朝统治者虽然采用重典作为基本的治国之术,但并未放弃礼仪教化的手段,相反,在宋明理学的影响之下继续沿袭了中国传统的礼法结合的法制指导思想。朱元璋清醒地认识到,仅靠严刑峻法一味镇压,只能取得一时成效,不能从根本上解决问题。他曾说:"秦有凿颠、抽胁之刑,参夷之诛,而囹圄成市,天天怨叛。未闻用商、韩之法,可至尧、舜之治也。"④ 在颁布大明律时,

---

① 《大明律·序》。
② 《明太祖实录》卷二百三十九。
③ 赵翼:《二十二史札记》卷三十二。
④ 《明史》卷94,《刑法二》。

朱元璋更明确地指出："朕仿古为治，明礼以导民，定律以绳顽，刊著为令"，① 主张对一般人民应当用儒家的礼仪来教化，使之自觉遵守封建社会秩序；对不听教化而决意进行反抗的"顽民"，则用法律强制手段予以严惩，以消除对封建政权的威胁。

在对百姓进行教化方面，明初有很多创新措施。如洪武五年在各地乡间建"申明亭"，由本里百姓推举正直的里甲老人主持，亭内设立板榜，定期公布本地有过错的人的姓名及其过错行为，并由"老人"主持轻微诉讼的调解，以此"申明教化"。皇帝还经常发布以教化百姓为目的的法令，称"教民榜文"，也在申明亭公布。明太祖还曾发布"孝顺父母，尊敬长上，和睦乡里，教训子孙，各安生理，毋作非为"的圣谕，要求"老人"每日摇铜铃在乡间巡行诵唱。明太祖还在民间推行儒家经典所记载的西周"乡饮酒礼"，规定每年的正月十五和十月初一由州县长亲自主持"乡饮酒礼"，本州县已致仕退休的官员、城乡各里的"年高有德之人"到场，依照辈分、长幼安排坐次，接受州县长官的祝酒，被特邀的一些有过罪错前科的人到正席前肃立聆听。

德主刑辅、礼法结合一直是中国传统的法制指导思想，但明初统治者的侧重点在于使用法令手段推行教化。教化与刑罚不分主辅，而是并列的统治手段，并非必须"先教后刑"，也可"先刑后教"，发挥刑罚的威慑力，以辅助教化，"明刑弼教"。明太祖曾说："君子养民，五刑五教焉。"② 其后，明惠帝也说："明刑所以弼教。"③ 对于严重违背礼教的行为予以严惩，就足以使小民趋善避恶，至于一般违背礼教的行为，可以网开一面。

（三）法贵简严

即立法必须简明严厉。"简"指法律应简易明了，使人一读就懂。法律条文也要精简，不必面面俱到，而应突出重点，着重打击重大犯罪。明太祖称为："网密则水无大鱼，法密则国无全民。"④ "严"指法律处罚要严厉，强调法律的威慑作用，使百姓尊法、守法，不敢轻易以身试法。

明初统治者认为元朝统治集团在法制方面没有采用传统的以法典为主的形式，而是以各类单行法规、法规汇编为法律的主体，结果造成了法律过于复杂和混乱，连司法官员都无法全部掌握，普通百姓更是不知如何操作，这却非常便利贪官污吏从中徇私枉法。因此，朱元璋认为制定法律应该简单、严厉，这

---

① 《明史·刑法志》。
② 《御制大诰·民不知报》。
③ 《明史·刑法志》。
④ 《明史·刑法志》。

样官员就不能舞文弄法,老百姓就不敢轻易犯法。朱元璋指出:"今立法正欲矫其旧弊,大概不过简严,简则无出入之弊,严则民知畏而不敢轻犯。"①

二、立法活动

明朝继承和发展了唐宋时期的立法成就,法律体系更趋完善,法律内容更加丰富。

(一)《大明律》的制定与颁行

《大明律》是明太祖朱元璋在建国初年开始编修,于洪武三十年完成并颁行天下的法典,共计7篇30卷460条。它一改传统刑律体例,更为名例、吏、户、礼、兵、刑、工七篇格局,用以适应强化中央集权需要。《大明律》在法制史上具有重要地位。其律文简于唐律,精神严于宋律,成为终明世通行不改的基本法典。《大明律》的制定经过了四个阶段:

第一阶段是吴元年的草创阶段。1367年,朱元璋称吴王后,令左丞相李善长等本着"法贵当简,使人知晓"的原则制定律令,当年12月完成。这次编订律285条,令145条,合称吴元年律令。吴元年律令颁布后,又编撰《律令直解》为其注释,以便于百姓周知通晓。吴元年律是《大明律》的雏形。律文按唐律取舍编订,依《元典章》体例按六部顺序编订,其中"吏律十八,户律六十三,礼律十四,兵律三十二,刑律一百五十,工律八",为以后的《大明律》奠定了基础。

第二阶段是洪武六年的更定阶段。洪武元年(1368年),朱元璋称帝后,命令儒臣四人会同刑部官员,每天给他讲解唐律20条,作为修订明律的参考。洪武六年冬,朱元璋下令刑部尚书刘惟谦等草拟《大明律》,至洪武七年2月成书,编目仍依唐律12篇,但将《名例律》放在最后,律文也增至606条,内容繁于唐律。经朱元璋"亲加裁酌"后颁布,《大明律》正式制定。

第三阶段是洪武二十二年的整齐阶段。洪武九年以后,《大明律》又经过数次修改。至洪武二十二年,朱元璋命令大臣进行全面整理修订,将《大明律》改定为7篇,30卷,460条,又改《名例律》为首篇。经过这次整理修订,《大明律》基本篇章体例内容基本定型。隋唐以降(元代例外)沿袭800年的法典结构至此改变。基本条款仍同唐律,只是明律"轻其轻罪,重其重罪"。在立法技术上较唐更为精细,体例也更趋完备和科学。以后又将洪武十八年和二十年的《大诰》,选出147条附于律后。

第四阶段是洪武三十年的正式颁行阶段。洪武三十年(1397年),明太祖

---

① 《明太祖实录》卷二十二。

认为经过三十年的"重典"治理,天下已初定,可以实施"中制"的《大明律》。下令将原《洪武二十二年律》略加修订,附上《大明律诰》一起颁行天下,史称《洪武三十年律》。大明律至此完全定型,以后再未修改,一直沿用到明亡。

《大明律》是明统治者总结了自唐宋以来,特别是明初三十年的统治经验而精心制定的。其历经30年的反复修改补充,扭转了元朝落后的立法习俗,重新确立了中华法系的立法传统,成为我国君主专制社会后期一部具有代表性的成文法典。其主要变化和特点,一是简明扼要。《大明律》全律共7篇,30卷,460条,是此前历代法典中最简明扼要的一部。二是变更体例。《大明律》按吏、户、礼、兵、刑、工六部的国家机关分工编目,改变了以往法典分立篇目的原则和传统,是中国古代立法制度史上的一大变化,同时也体现了朱元璋废除宰相制后,利用立法手段强化君主专制中央集权的意图。《大明律》的反复修订,反映出明初统治者非常重视立法,也代表了当时较高的立法水平。因此,《大明律》直接影响了清朝和东南亚各国的封建立法。

(二) 明《大诰》的颁行

洪武十八年至二十年,在制定《大明律》的同时,为了整顿吏治,警戒臣民,扭转世风,朱元璋还亲自编纂并先后颁布了《御制大诰》74条、《御制大诰续编》87条、《御制大诰三编》43条和《大诰武臣》32条等四编《大诰》,共236条,具有与《大明律》相同的法律效力。

《大诰》由严惩官民犯罪的典型案例、新的峻令和朱元璋对臣民的训导等内容组成,是以判例形式出现的、带有特别法性质的重刑法令,是明前期《大明律》之外最重要的法律。

明《大诰》充分体现了朱元璋以重典"治乱世"的立法指导思想。其最大的特点是"法外用刑"。与《大明律》相比,明《大诰》有着明显的区别:

1. 用刑加重

明《大诰》列举的案例,绝大多数是轻罪重刑。有的犯罪在《大明律》中已有规定,但明《大诰》则加重处以非常之刑。如违限不纳夏粮,《大明律》止杖一百,明《大诰》却改处凌迟。

2. 法外处刑

明《大诰》的许多规定,是《大明律》所没有的。如几位有气节的文人,因应征不到、拒绝做官、不食皇粮,明《大诰》即将其处死,并株连亲属。

第九章 明朝时期的法律制度

3. 酷刑繁多

明《大诰》推行重典治国原则，其酷刑之多在中国历史上可以说是空前绝后的。不仅规定了《大明律》中所没有的一些酷刑，如断手、刖指、挑筋等肉刑，并扩大了《大明律》中大辟、凌迟、枭首、刺字、阉割、枷号等酷刑的适用范围。

4. 重典治吏

在明《大诰》236条中，治吏之条占80%以上，有关惩治贪官污吏和豪强作恶的案例尤多。朱元璋试图通过打击贪官污吏和豪强作恶，改善吏治状况，强化专制统治的整体效能，通过治吏达到治民的目的。

《大诰》也是中国法制史上空前普及的法规。朱元璋对自己所编的四部《大诰》极为重视。为了保证《大诰》的贯彻执行，他利用皇权采用法律手段在民间强制推行，要求"一切官民诸色人等，户户有此一本，若犯笞、杖、徒、流罪名，每减一等；无者各加一等"。① 同时命令各级学校讲授《大诰》，科举要考《大诰》，一切乡民集会之处还要有人宣讲《大诰》。朱元璋死后，《大诰》被束之高阁，失去法律效力，明成祖永乐十九年（1421年）四月，四编《大诰》正式废止。

案例：

阻挡耆民赴京案②

洪武十九年（1386）三月二十九日，嘉定县百姓郭玄二等两人，手里拿着《明大诰》上京控告，告发本县弓兵杨凤春等人欺压民众。他俩经淳化镇的时候，镇上的巡检何添观故意刁难，致使弓兵马德旺借机敲诈，假装说派人送他俩来京，索取贿赂，百般阻挠和破坏。皇帝获悉此事后，下令将马德旺枭首示众，巡检何添观处斩双脚，枷号示众，并说："今后敢有如此者，罪亦如之"。

本案中，地方官吏对手持《大诰》上京控告的百姓刁难敲诈，首先是漠视了《大诰》的权威，因为当时规定，对于持《大诰》进京者，无需路引，关津得一律放行，不许留难。妄想挑战一个统治者极力想让臣民服从的规则，其后果是不言而喻的。其次，此种官吏犯罪正是明初重点打击的对象，对于那些掌管钱粮而监守自盗，掌管刑名而出入人罪的官员，朱元璋的态度就是

---

① 《大诰·颁行大诰第七十四》，参见杨一凡：《明大诰研究》，江苏人民出版社1988年版，第252页。

② 选自赵晓耕主编：《中国法制史教学案例》，北京大学出版社2006年版，第171~172页。

"此等官吏，果可容乎！"因此，最后的处理结果是弓兵马德旺被施行诛杀、将首级悬挂示众，巡检何添观处斩双脚、枷号示众也就不足为怪了。

(三)《问刑条例》的编修

明孝宗弘治十三年（1500年），取其经久可用者，编成《问刑条例》297条，颁行天下，与大明律并行。这是明朝单独编订审判用定罪科刑事例的开始，确立了律例并重的制度。武宗正德年间（1506年至1521年）又增44条。世宗嘉靖二十八年（1549年）重修《问刑条例》为249条；三十四年又增89条。神宗万历十三年（1585年）再次重修《问刑条例》共382条，并以"律为正文，例为附注"，将条例与《大明律》合编刻印，称为《大明律附例》，形成律例合编的新体例。以后续修成385条。

(四)《大明会典》的编纂

明朝的主要立法，除了《大明律》和明《大诰》外，还仿照《唐六典》的体例编纂了《大明会典》。

《大明会典》于明英宗正统年间开始编纂，至孝宗弘治十五年（1502年）成书，共180卷，但未及颁行天下，明孝宗驾崩。其后武宗、世宗、神宗三朝都重加校刊增补，编有《正德会典》、《嘉靖续纂会典》和《万历会典》。但只有《正德会典》和《万历会典》传之后世。

《大明会典》取材于官修律、令、礼、式、宪纲和各司档案书籍，"以官统事，以事隶官"，其体例、内容和性质都与《唐六典》相似。全书以六部官职分卷，其下记载与其有关的律令、条例，分述各行政机构的职掌、建制、沿革、管理制度以及礼仪、礼制及其他制度。内容汇集了明朝的典章制度和行政法令，属于调整封建国家各机关活动规则的行政法典。

《大明会典》体系完备，内容丰富，为清朝会典的制定奠定了基础。

三、法律形式

明朝的法律形式主要有律、令、大诰、榜文、例、会典等，其中律是主要法律形式，其他法律形式是律的补充，但在司法实践中，其他法律形式也分别发挥着相当重要的作用。

(一)律

律，是明朝的主要法律形式，是明王朝的基本法典，具有稳定性。立法代表即《大明律》。朱元璋在颁布《大明律》后，严令"定律不可轻改"，"子孙守之，群臣有稍议更改，即坐以变乱祖制之罪"。因此，洪武以后的君臣对《大明律》"历代相承，无敢轻改"。

第九章 明朝时期的法律制度

(二) 令

令是律的补充,主要指《大明令》,它是我国唯一一部完整保存至今的古代令典,也是我国法制史上最后一部以"令"命名的法典。《大明令》也按照朝廷六部分篇,有《吏令》20条、《户令》24条、《礼令》17条、《兵令》11条、《刑令》71条、《工令》2条共145条。这部令典一直沿用到明亡,没有经过任何修改。

明太祖在颁布《大明令》的"圣旨"中称:"律令者,治天下之法也。令以教于先,律以齐于后。"令仍为国家政治及社会生活各方面的制度。

律的效力高于令,依律科断,在没有律条规定的情况下,才能按令处置。

(三) 大诰与榜文

为了贯彻"刑乱国用重典"的方针,明太祖朱元璋特创"大诰"与"榜文"的法律形式。在他统治时期,大诰与榜文是最重要的法律形式,具有最高的法律效力,大明律、令几乎被架空。

1. 大诰

大诰作为一种文体,源自《尚书·大诰》。《尚书·大诰》是周公东征殷遗民时对臣民的训诫。

大诰是明初以判例形式出现的一种特别刑事法规,在明太祖时期,其效力优于《大明律》。明太祖死后,"大诰"不再有法律效力。

2. 榜文

榜文主要指"教民榜文",也是明初一种特别刑事法规。它一般是皇帝的谕旨或经皇帝批准的官府告示、法令、案例,文前题有"为禁约事",或"申明教化事",悬挂于各级衙门门首及各地申明亭中,教导人们遵纪守法、保全生命、共享太平。明太祖、成祖时期颁布了大量的"榜文",其效力也高于明律,也包含有一些苛求的罪名,也使用大量的法外酷刑,是"重典治世"的产物。明成祖死后,"榜文"这种特别刑事法规被逐渐废除。

(四) 例

明朝的例,又称条例,是明律之外最重要的单行法规。宋元时"例"一般指重要的判例"断例",由司法部门编订发布,但明朝的例一般由司法机关根据案例拟订条文,由皇帝批准颁布,就其实质而言,与宋代的"敕"相近。

条例是明朝制订、修改较频繁的法律形式,是律、诰以外最为灵便的法律武器。

明初就有"条例"这种法律形式,主要规定赏罚的等级与细则,如《充军条例》、《真犯、杂犯死罪条例》、《捕盗赏银条例》等。

关于律与条例的关系,明太祖曾经指出律作为正式法典,具有普遍的永久的效力，而条例则是权宜之法，只在一定时期、一定地域有效。根据这一原则，明朝前期一百多年中，每年皇帝发布的条例只是该朝临时性单行法规，新君即位就下诏废除前朝条例，规定司法审判只能援引《大明律》。但是由于明太祖在《祖训》中规定后世子孙对《大明律》不能更改，僵化的大明律已经不能解决后世发生的新问题，只能采用"以例辅律"的办法，至明孝宗弘治十三年制定颁行《问刑条例》297条，并规定通行天下，永为常法，条例这一单行刑事法规汇编由此成为永久性法规，与律并行，不再只是一朝"权宜之法"。以后正德、嘉靖、万历年间曾多次修订，在司法实践中日益重要，其法律效力不断提高，从"以例辅律"演变为"例律并行"、"律例合编"，甚至出现"以例破律"、"以例代律"的现象。

例主要是弥补常法的不足，防止法外遗奸。但总体而言，因为例是君主因人因事随时作出的判决，它往往是君主意志随意性的体现，因此汇编的例也不能保障法的健康发展。它不仅能补律，也能破律、代律，使律成具文，而且数量太多，导致"人不知律"。

（五）会典

它是以朝廷六部官制为纲的各类行政法规的汇编，体制仿自《唐六典》。《大明会典》是其主要代表。

第二节 明代的行政法律

引例：

胡惟庸案[①]

胡惟庸案起于明洪武十三年（1380年），终于二十五年。明初，朱元璋对丞相胡惟庸专权擅政、结党营私、骄横跋扈的举动极为不满，采取种种方式对其限制。洪武十三年正月，有人上书告胡惟庸谋反，朱元璋遂以"枉法诬贤"、"蠹害政治"等罪名，将胡惟庸和涂节、陈宁等处死。胡惟庸死后，其谋反"罪状"逐渐暴露。朱元璋肃清谋反的党羽，株连杀戮者达3万余人。前后延续达10年之久，朱元璋并作《昭示奸党录》通告天下。因"胡党"而受株连至死或已死而追夺爵除的开国功臣有李善长、南雄侯赵庸、荥阳侯郑遇春、永嘉侯朱亮祖等1公、21侯。胡惟庸被杀后，朱元璋遂罢丞相，革中书省，

[①] 选自赵晓耕主编：《中国法制史原理与案例教程》，人民大学出版社2009年版，第231页。

第九章 明朝时期的法律制度

并严格规定嗣君不得再立丞相;臣下敢有奏请说立者,处以重刑。丞相废除后,其事由六部分理,皇帝拥有至高无上的权力,中央集权得到进一步加强。

一、行政管理体制的变化与发展

(一)中央行政管理体制的变化与发展

明初的行政管理体制沿袭元朝旧制,中央设中书省,统领六部,管理全国一切行政事务;另设都督府(元为枢密院)管理军事,御史台职掌监察,统称"三大府"。在这种体制下,虽然皇帝掌握着政策、法令、制度的制定权和官吏之任免权,但是中书省和都督府的长官也掌握着较大的事权。这种体制在一定程度上妨碍了皇帝事权的行使,同时也在一定程度上削弱了皇帝其他方面的权力,使皇权和相权之间的矛盾日渐突出。因此,朱元璋采取了一系列强有力的措施,以强化皇权。

1. 废除宰相制度,建立内阁制

洪武十三年(1380年),朱元璋以左丞相胡惟庸谋反为借口裁撤中书省,废除宰相,将宰相之权收归皇帝,由皇帝直接统辖六部。但是,毕竟一人独理万机非常辛苦且常常力不从心,所以在洪武十五年(1382年),朱元璋模仿宋朝制度设立华盖殿、武英殿、文渊阁、东阁等大学士,决定从翰林院等机关中选调官员加给殿阁大学士衔,负责起草诏书,并充当皇帝的顾问,但是不得过问政事。太祖时期,内阁不过是皇帝的办公厅或秘书处,"侍左右,备顾问而已"。[①] 内阁成为中央的重要机构,始于成祖。《明史·职官志·内阁》载:"成祖即位……阁臣之预务自此始。"明成祖时期,命令翰林院侍读、编修、检讨等文学侍从官员入值文渊阁,正式称为阁臣,并参与机务。内阁大学士官职一般不过五品,职权也仅仅是遵命办事,不同于中书省。明宣宗时期,为了便于内阁大臣行使职权,提高行政效能,命令兵部尚书杨士奇、工部尚书杨荣等入阁,兼内阁大学士,并从此成为制度。由六部尚书入阁兼领内阁大学士,内阁的职权逐渐增强,最终跃居六部之上,形成了首辅制度。但是内阁大学士始终处于辅臣的地位。这种由于习惯而形成的制度是造成明代党争的重要原因之一,而且内阁制度的发展受到了统治腐败和宦官专权的制约。

阁臣的任用,初由皇帝直接任命,谓之"特简",后由廷臣推荐,叫作"廷推"。阁臣由廷推任用,嘉靖以后渐成为制度。首辅"十余人之多",相当于宰相,而其余阁臣则相当于唐、宋之参知政事,同平章事。明代内阁阁臣人数没有定数,少则一二人,多则十余人,和唐代设置宰相的情况类似。到崇祯

[①] 《明史·职官志·内阁》卷七十二,第1733页。

时"辅相至五十余人"。

2. 在军事方面，设立五军都督府

洪武十三年（1380年），为实现将军权集中于自己手中，朱元璋废除统管全国军事的大都督府，分中、左、右、前、后五军都督府，每府设左右都督2名，分别管理京师及各地卫所和都指挥使司，以中军都督府为五军断事官。

都督府的职权与兵部有明确的分工。兵部有颁发军令、铨选军官的权力，但不能直接统率军队。都督府负责军队的管理和训练，但无权调遣军队。每逢战事，由皇帝亲自任命军事统帅，兵部发布调遣令，都督府长官奉命出征。战事结束，军归卫所，主帅还印，这样二者互相制约，军权集于皇帝一身。

在军队的编制和训练上，朱元璋和刘基研究了历代兵制，创立了明代所特有的卫所制度。这种制度特点是：军籍世代沿袭，实行耕战结合，平时既屯耕，也训练。卫所制分卫、所两级，在全国军事重地设卫，次要的地方设所。

3. 监察方面，改组御史台

洪武十五年（1382年），朱元璋将御史台改组为都察院，劾察百官，提督各道。

至此形成了以六部（吏、户、礼、兵、刑、工）、五军都督府、都察院为主体的中央行政管理体制。

4. 特设通政使司

通政使司始设于太祖洪武十年，主要负责统一收发各部门与皇帝之间的奏章文件。内外大臣的章奏，须经通政使司转到内阁，由内阁进行票拟之后、送司礼太监转呈皇帝朱批，批好后再由太监拿出来转交内阁。因此，通政使司和内阁的地位是不能相比的，两个机构的性质也不尽相同。由于宋朝曾经设置专掌接受章疏的机关——银台司，故而通政使司也有"银台"之称。

（二）地方行政管理体制的变化与发展

1. 省

在废除宰相制度的同时，明太祖也废除了原来权力过于集中的行中书省，设承宣布政使司为省一级的行政区划组织，作为地方最高一级行政机构。至宣宗朝，共设有13个承宣布政使司。每个承宣布政使司各设布政使司主管民政和财政、提刑按察使司主管司法、都指挥使司主管军政，合称为"三司"。

三司共同管理一省政务，但彼此地位平等，互不统属，又互相牵制，直接隶属中央，受皇帝领导，对皇帝负责。三司制度的设立，不仅使地方机关职权趋向专一化，有利于提高行政效率，而且使三机关彼此牵制，分散了省级行政长官的职权，以便于中央对地方进行操控，因此，在地方行政管理体制改革中具有重要意义。

第九章 明朝时期的法律制度

一省内又分为若干"道",作为监察区而非一级行政机构,以加强中央对地方的控制和监督。提省辖若干道,一道辖若干府。道可分为"分守道"和"分巡道"两种,分守道负责行政和民事监察,分巡道负责刑事监察。

2. 府

省以下设府,为明代第二级地方行政机构。府设知府为其长官,统掌所辖行政、司法等事务。知府之下有同知、通判、推官等属官。

直隶州隶属于省,其地位与府相似,下设若干县。其长官为知州,另有同知、判官等官职。

北京的顺天府和南京的应天府直隶于中央,其长官称府尹。

3. 县

县是明代第三级地方行政机构。县设知县为长官,统掌所辖行政、司法等事务,其下有县丞、主簿、典史各一人,明代共有1171县。

县下设乡,实行里甲制度。其作用主要是征收赋税和维护地方治安。

府属州地位与县相似,又称散州,其长官为知州。

明初地方行政机构的改革,消除了元朝行省所拥有的独立的大权,也避免了宋朝地方机构权势过弱的倾向,最终达到了地方集权于中央,中央集权于皇帝,将君主专制的中央集权制度推向了一个新的发展阶段。

二、职官管理制度

为了保证官僚机构有效地运行和更好地服务于君主专制制度,从朱元璋开始明朝统治者就非常重视官员的选拔、考核和管理,使之分职任事,充分发挥自己的作用。

(一)职官的选任

明代选官方法比较多,包括学校、科举、荐举和捐纳等。由学校和科举而入仕,称为正途。由荐举、捐纳、恩荫等任官,称为杂流。

学校是明初选拔人才的一种重要方法。朱元璋非常重视学校教育,从其建立明政权开始,即着手在全国建立官学。经过明初几十年的努力,终于建立了包括国子学、府学、州学、县学的比较完善的官学体系。明初大量的人才从国子监中选拔出来,经过短期的行政培训被派到各部工作。

明朝统治者继续沿用唐宋以来通过科举考试选择官吏的做法,科举取士仍然是明代知识分子进入仕途的主要途径。但是,明代的科举制度与前代相比,在程序和内容上都发生了很大的变化,体系发展至基本完善。首先在考试程序上,每3年举行一次,分乡试(省试)、会试(京试)、殿试(廷试)三级。府、州、县考试中者为生员,俗称"秀才",生员学习四书五经,但不能补

第九章 明朝时期的法律制度

官。每3年省城会考一次，在各省布政司考试，由生员参加，称为乡试，中者称举人，可以补小官。乡试后的第二年春天由礼部主持会考于京师，称为会试。会试及格，再经一次复试，复试地点在宫廷，所以叫廷试，也叫殿试，由皇帝亲自主持。廷试考中者分三甲，一甲3名赐进士及第，二甲若干名赐进士出身，三甲若干名赐同进士出身，有资格由吏部选任知县。其次，在考试内容上，确立了八股取士制度，即各级考试专用四书五经命题，答题者必须模仿古人语气，不得言及时事，不得自由发挥。"八股"指答题的格式，要求文章在形式上从起股至束股均有两股相互排比的文字共八股。

荐举制度是明朝尤其是明初的一项重要的选官制度。明初，百废待兴，急需用人，朱元璋下令不拘一格用人才，多次下诏求贤，同时还规定凡举荐不当，荐举人要负连带责任。为了保证荐举的人才质量，《大明律》沿袭唐宋律的规定，设立了"贡举非其人"罪。法律还规定不能荐举曾经有过错而罢职的官员。

捐纳也是明代的一种选官制度。明代宗时，因宣化、大同一带马草不敷应用，纳草1500束者可以被选用做官。嘉靖八年（1529年），为备灾荒制定了《劝纳法》，给仗义进纳者冠带正七品至正九品散官。这样捐纳成为一种法定的选官方法。

明朝考生经由礼部取士、吏部选官之后，任官还有两点制度方面的要求：一是籍贯回避制度。即规定官吏不得在本省任官。洪武年间"定南北更调之制"，即南方人任北方官，北方人任南方官。后来渐渐不再有严格的南北限制，但仍"不得官本省"。二是年龄搭配制度。对于地方年50岁以上的官吏，责令有关机关选任25岁以上有学识能干的年轻人，"与年老者参用之"，这样既可以利用年老官吏的丰富经验，培养锻炼年轻官吏，又可以避免年老官吏精力衰退的问题，使"十年以后，老者休致，而少者已熟于事。如此则人才不乏而官使得人"。[①]

明朝官吏与前朝一样，也是实行致仕（退休）制。一般官吏致仕的年龄定为60岁。孝宗弘治四年（1491年）又规定：凡告疾官员，年55岁以上者，冠带致仕。65岁以上官员不再铨选任用。致仕的待遇物质方面多为给原官俸之半，但非人人都有。一般四品以下官员致仕，可升一级。致仕的官员除皇帝特准留京者外，一般均告老还乡。致仕官员死亡后多会得到皇帝的赠官、赐谥和褒奖。

---

① 《明史·选举制》。

(二) 职官的考核

明朝对职官的考核制度更趋严格。考核分两种：考满和考察。

1. 考满

考满是由上级主管官员对任期届满的下级官员进行考察评定，通过考察官员在一定任期内完成本职工作的情况，决定是否给予加级、进俸、升降职的制度。

无论内外官，任职满 3 年为初考，6 年为再考，9 年为通考。按官吏级别和所属衙门进行。不同级别的官员考满的标准和程序不同，但都非常重视任职的年限。考核结果分为称职、平常和不称职三类。根据这一结果，决定官员的升降和奖惩。称职者升官，平常者复职（在同一级别内转任其他官职），不称职者降级调用。

2. 考察

考察是指在特定时间对内外官员的德行和能力进行考察，以决定其去留的考核制度。考察目的是区分官吏优劣，重在审查、处理有贪酷行为的官吏，定期举行，分为京察和外察。

京察是指对京官的考察，由都察院主持，每 6 年举行一次。外察又称朝觐考察，是指京官以外的官员为对象的考察，每 3 年举行一次。京察和外察在内容和目的等方面基本一致，主要是按"八法"纠察违法失职官员。所谓"八法"，即官吏八种违法失职行为：贪、酷、浮躁、不及、老、病、罢（疲沓）、不谨。触犯"八法"者，即上报皇帝分别处以降级调用、勒令致仕、冠带闲住、为民等处分，甚至送刑部判罪发落。考察中发现官吏有营私舞弊行为，按保举连坐法严惩。

明朝对地方官的考核不仅是为了保证吏治清廉，也是强化中央集权的表现。因为考核由中央院部主持，甚至由皇帝亲自裁决，而地方官的评语只起参考作用。另外，中央特派的巡按等在地方考核中起关键作用。明初考核制度执行得比较认真。洪武十八年（1385 年），对 4000 余名地方官吏考核时，称职者只占 1/10，平常者 7/10，不称职者 1/10，贪污及品德卑鄙者 1/10，"帝令称职者升，平常者复职，不称职者降，贪污者付法司罪之，耄耋者免为民"。① 但从明朝中叶开始，考核制度逐渐流于形式，吏制日趋腐败。

三、监察制度

明朝十分重视监察，中央有都察院和六科给事中，还有既监察中央又监察

---

① （清）张廷玉等撰：《明史·选举制》，中华书局 1974 年点校本。

地方的十三道监察御史，地方还有提刑按察使司，由此形成了庞大而严密的监察体系。

（一）都察院

都察院是明代最高监察机关，统领全国监察事务。

明代初期，御史台仍为明代最高监察机关。洪武十五年（1382年），明太祖朱元璋正式创设都察院，取代御史台最高监察机关的位置。都察院设左、右都御史，正二品；左、右副都御史为正三品，左、右佥都御史，正四品。左、右都御史为都察院最高长官，与各部尚书并称为"七卿"。都察院对内有权纠察、弹劾百官、巡察各司衙门；对外有权作为皇帝的代表，"代天子巡狩"，进行各种监察工作，并且可以参加对重大疑难案件的审理和复审工作，监督法律的执行。

（二）六科给事中

六科给事中与都察院并列，直接向皇帝负责。

为进一步监督六部，明朝还创设了具有独立监察权的六科给事中组织，即于六部之内分设吏、户、礼、兵、刑、工六科给事中，各科设给事中一人，左、右都给事中各一人，负责"侍从规谏"，向皇帝进言；"稽查六部百司之事"，监督六部官吏，封驳六部奏章。所有六部奏请皇帝的事项，都必须经过给事中审查，如给事中认为不当可以驳回。即便是六部奉旨执行之事，也必须在给事中处登记记录，以便于检查执行的情况。可见，六科给事中主要是为了钳制六部的活动，同时也分化了都察院的监察权。

明代的给事中制度与往昔相比已发生了很大的变化，不仅其组织得到了扩张，其职权也远远超过了唐代。它不仅仅只是言谏之官，更拥有纠举官邪、监察百官的职权，因而在明代政治生活中的地位也更加重要。

（三）十三道监察御史

为强化中央对地方的控制，明朝在全国范围内按省区设十三道监察御史，作为中央行政监督机构的派出单位，主管所辖区域的行政监督工作。

监察御史总的职掌是"主察纠内外百司之官邪，或露章面劾，或封章奏劾"。① 和历代御史制度相比，明代御史制度的监察范围大大扩张，他们不仅管辖所属地方的监察事务，还协管两京（北京、南京）直隶衙门，甚至其主管部门都察院也被包括其中。而且监察御史所监管的本监卫所和中央直属机关都有明确的分工，即每个监察御史都有固定的监察单位。

十三道监察御史通过审查文书档案、巡按、亲临现场督察等方式，对中央

---

① 《明史》卷七十三，《职官二》。

第九章　明朝时期的法律制度

和地方的官员进行了全方位的监察，凡是国家行政所及的地方都有御史进行监督。

十三道监察御史在组织上隶属都察院，但独立性很强，只对皇帝负责，"大事向上奏裁，小事则可立断"。行使职权时，可以不受都察院的牵制。监察御史虽为正七品，但其实际权力极大，即使五品的郎中、四品的知府也自叹不如，真正体现了朱元璋以小制大、以内制外的用意。

(四) 提刑按察使司

明代地方行政机构为省、府（州）、县三级制。每省设布政使司，主要负责民政、财政等行政事务；提刑按察使司，简称按察司，掌管监察、刑政；都指挥使司，统率军政，合称"三司"。提刑按察司又称"行在都察院"、"外台"，《明史·刑法志》认为"按察名提刑，盖在外之法司也"，它既有显赫的职权，又有相对的独立性，是明代地方最高监察机关，除掌一省刑名之事外，还负责按劾官邪，以振扬风纪，澄清吏治。

另外，从朱元璋开始，明朝历代统治者制定并完善了监察法规，为一部正式的监察法规的出台奠定了基础。公元1439年正式颁布了《宪纲条例》，对监督官的地位、职权、选用、监督对象及行使权力的方式和监察纪律作了详细的规定，成为明代有深远影响的监察法规，并为弘治时《大明会典》的出台打下了坚定的基础。

第三节　明代的民事法律

明代有关民事方面的法律散布在律、令、条例等法律法规中，与宋元时期相比，这个时期民事法律总的特点是比较简易，政府放松了对单纯民事领域的干预，集中法律力量维护君主专制统治。

一、民事主体与民事客体

(一) 民事主体的类型

1. 一般民事主体

(1) 户

户是中国古代社会最基本的民事主体。

明初，朱元璋十分重视户口版籍。洪武二年下令："凡军、民、医、匠、阴阳诸色户，许各以原报抄籍为定，不许妄行变乱，违者治罪，仍从原籍。"①

---

① 《明令典》卷一九，《户部》六，《户口》一。

《大明律》修订时,在《户律》中专列"人户以籍为定"条,规定:"凡军、民、驿、灶、医、卜、工、乐诸色人户,并以籍为定。"洪武十四年(1381年)开始推行黄册制度,并沿用至明终。黄册制度是令职能部门每年将先一年各户人口及其生死增减、事产、田塘、山地及其买卖和产权的转移登录在册,以便及时掌握其消长变动,进行税粮过割。《大明律》"脱漏户口"条规定,人丁必须附籍,否则要承担相应的法律责任。可见,明朝的户籍登记制度是相当严格和细密的。

明朝实行匠籍制度。按职业将户籍分为军、民、匠、灶、医、卜、工、乐等诸色人户。军户世代承担兵役;民户世代承担钱粮差役,按亩交赋;匠户世代从事官营手工业生产;灶户世代从事官营盐业的生产等。并且还规定诸色人要各安其业,不得随意流动。军户、匠户、灶户有事外出必须使邻里周知;如有死亡逃匿,于原籍递补;私自脱籍者称"逃军"、"逃匠"、"逃灶",会受到法律严厉的制裁。由于诸色人户的职业不同,因此,作为民事主体所从事的民事活动也有所不同,所建立的民事法律关系也有所区别。

(2)地主

明朝的地主是民事法律关系的积极主体。他们利用政治上或经济上的优势,大肆兼并土地。随着土地交易的发展,经营获利的扩大,他们又追逐"市井之利",参与工商业活动,成为独立的商品经营者。

(3)自耕农

自耕农在民事法律关系中占有重要地位。作为土地所有者,他们享有对自耕土地的占有、使用、收益、处分的全部权利。他们可以劳作于自有土地上,享受劳动所得;在经营有方、勤俭致富、土地数量扩大之时,可将土地租佃给别人耕种;在遇到天灾人祸、生计难以维持之时,又可典当、出卖其所有土地。自耕农作为权利主体参加民事活动的另一内容是进行手工副业的生产和交换。

(4)商人

商人是明代商品流通领域的主要民事主体,还间或参与其他领域的民事活动。中国古代由于采用重农抑商政策,商人的权利受到不少限制;自宋朝以后,这种情况有所改观;明中叶以后,地主、官僚、士人加入商人行业,从而提高了商人的地位。但明代商人内部是有等级的,既有大商巨贾、缙绅官贾,也有小商人。前者资金雄厚,往往与政权相结合,享有各种经营特权;而大部分小商人从事小买卖,只能维持生计。

(5)手工业者

手工业者是指具有一技之长并拥有一定资产的工匠。明代把手工业者编入

第九章 明朝时期的法律制度

匠籍，但工匠已不像在元代那样长年累月服务于官府，他们在服役时间之外，可以"自由趁作"。这期间制作出的产品通常进入流通领域，手工业者作为商品的所有者成为民事主体。

(6) 佃农

佃农也称佃户，是明代农业生产的主要承担者之一，其主要来源有逃亡流民、半破产的自耕农和佃户子孙等。他们通过契约方式同地主签订土地租佃合同，进行土地耕作，以维持基本的生活需要。佃农依其与地主的人身依附关系，可以分为自由佃农与佃仆，前者有人身自由，而后者则与佃主有着严格的人身依附关系。但不论是自由佃农还是佃仆，他们参与的民事关系主要在租佃领域。佃农与地主之间形成的民事关系往往是不平等的。尽管如此，与元代佃客相比，佃农对地主的人身依附关系有所削弱，法律地位有所提高。自由佃农与地主的租佃关系依契约而定，一般而言，今年佃种，明年可以弃而不种，佃农具有缔约权。至明中后期，由于"永佃制"的出现，佃农获得了更多的自主权。

(7) 雇工

雇工是指无恒产而不得不出卖劳动力为生的人。明代雇工具有法定的主体地位。雇工参与民事活动、行使民事权利的主要方式是接受雇佣，与雇主建立雇佣关系。尽管雇主与雇工之间还有"主仆名分"，但雇工一般都较自由，不称心于此，则另觅于彼，辗转求生于四方。

(8) 奴婢

与元代相比，明代奴婢数量大大减少，大部分奴婢恢复了人身自由，提高了社会地位。明代奴婢享有一定的民事权利，如拥有代主从事一定工商业经营的代理权和婚姻权。因此，明代奴婢已不再像唐代奴婢那样简单地被"律比畜产"了。

2. 特殊民事主体

(1) 国家

明代封建国家因拥有官田和其他财产而以民事主体的身份参与民事活动。其民事主体的身份是以各级官吏为代表而体现的。各级官府在法律允许的场合，代表国家同个人或非国家组织发生租佃、借贷、买卖、侵权赔偿等民事关系。

(2) 皇店

皇店即皇帝私人开设的店铺。其最早出现于正德年间，开设经营情况以正德、嘉靖、万历三朝为典型。

（3）宗室

明代宗室，一方面占有大量庄田，独立经营土地；另一方面拥有相当数量的店肆、场房，从事商业活动，因而成为独立的民事主体。

（4）宗族

宗族为同姓同宗同祀一个祖先的血缘团体。发展到明代，不仅其组织相当严密，在一些大族内设族长、房长、户长和各种管事，等级分明，各有特权，而且还立族规家法，调整宗族组织内部的民事关系。宗族往往通过多种方式建立和扩展族产，独立财产的拥有是宗族成为独立民事主体的基础。宗族不仅同自己的成员，也同其他宗族发生民事关系。

（二）民事权利能力和民事行为能力

1. 民事权利能力

依等级而划分的个人的民事权利能力存在差异性，不同社会地位和身份的民事主体享有不同的民事权利。个人民事权利能力的差异性还表现在家族组织内，家族成员之间的民事权利能力是不平等的。家族中的尊长具有完全的民事权利能力，而卑幼的权利能力则受到严格的限制；族产的主置人与一般族人的民事权利能力也不平等。

2. 民事行为能力

据《明史·食货志》记载："民始生籍其名曰不成丁，年十六曰成丁。成丁而役，六十而免。"可见，明朝以年龄作为取得民事行为能力的标准，16岁至60岁为成丁，具有民法意义上的行为能力，有能力承担差役。此年龄外则为限制行为能力或无行为能力。

另外，个人的民事行为能力不仅受年龄、废疾情况的限制，还受民事权利能力的影响。如家族成员由于权利能力不平等，其行为能力也必然存在差别。

明代的个人民事权利能力和民事行为能力深深地打上了宗法等级制的烙印，因而官级爵位制和五服制在民事法律关系中具有重要意义。深受宗法等级制的影响，是中国古代民法的一个特点。但是，我们也要看到，正如前文所述，明代的人身依附关系较之前代有所削弱，佃农、雇工、奴婢的社会地位、法律地位有所提高，他们从事民事活动的自主权利相对有所扩大。

另外，民事权利能力和民事行为能力的不平等性并非绝对固定，随着个人社会地位、家庭地位的变迁，土地所有关系的变化而处于动态之中。权利能力和行为能力的不平等性在变化中获得了相对的平等性。

（三）民事客体

明代民事法律客体较之前代，其范围更为广泛，其规定更为具体。物是民事活动中最为普遍的客体，劳务行为成为重要的民事客体，官职爵位是特殊

第九章 明朝时期的法律制度

客体。

1. 物

法律意义上的物,是指民事主体能够实际控制或支配的具有一定经济利益的财产。明代法律对物已有大致区分。

(1) 田宅与财物、畜产

明代沿袭了将财产区分为田宅与财物、畜产的传统,并在法律上更加明确这种区分。《大明律》在《户律》中专列《田宅》门以示与财物、畜产的区别;而在另外的有关法条中多次出现财、物或财物以及畜产的称谓。

田宅,相当于现代民法上的不动产,主要是土地和建筑物。根据有关史料,土地具体是指田、地、屋基田地、园林、塘、山、场、井等。宅主要包括房屋和碾磨。财物、畜产,相当于现代民法上的动产,种类繁多,包括钱币、生产工具、生活用品、六畜甚至妻子、奴婢等。

明律将财产区分为田宅与财物、畜产的法律意义在于法律调整的方式方法不同。田宅是生活和生产不可缺少的主要物质条件,尤其是土地,它在明代不仅是私人财产的重要组成部分,而且是国家课税的主要来源,在社会经济和政治生活中具有特殊重要的地位,因此,以田宅为民事客体而建立的民事法律关系须经特别程序才能成立。如其买卖、典押应当税契、过割,"凡民间贸田宅,必操契券请印,乃得收户",否则追究相应的法律责任。对此《大明律》明确规定:"凡典买田宅不税契者,笞五十,仍追田宅价钱一半入官。不过割者,一亩至五亩,笞四十,每五亩加一等,罪止杖一百,其田入官。"而以动产为客体的民事法律关系的建立相对来说要简单得多。一般都由双方当事人自由决定,甚至还免去书契的订立。如动产的买卖一般不另写书契,只有某些特殊动产诸如奴婢、妻子、马牛的买卖才订立契约。另外,法律在田宅上设立的物权种类多而且效力强,诸如所有权、占有权、永佃权、典权、质权等,而对于动产法律一般只保证"物归其主"。

(2) 流通物与限制流通物

明代由于商品经济的发展,政府的许可,流通物的范围较之前代要广泛得多,对于一般手工业产品和农副产品诸如丝、绸缎、布、棉、陶瓷、糖、纸、染料、粮食、蔬菜、瓜果、药材、农器、舟车等,法律是允许在民事主体之间自由转让的。

但明代法律也对某些物的流通给予一定的限制甚至禁止占有。根据明律的规定,不得占有物主要有:第一,"古器、钟鼎、符印异常之物",以及玄象器物、应禁之书及历代帝王图像、金玉符玺等物。第二,应禁军器,包括马甲、傍牌、火筒、火炮等物,以这些物为客体进行民事活动不仅得不到法律的

— 250 —

承认，而且还要承担相应的法律责任。

盐、茶等是明律令规定的限制流通物，由国家专管专卖。商人的介入必经特许程序。

（3）原物与孳息物

明律在调整钱债关系时，有明确的"本"、"利"之分；并且规定"本"之所有权人有收取法定之"利"的权利。"本"即原物，"利"则为孳息物。明代律令中所见的孳息物还有：地租（有"子粒"、"子粒银"、"佃头银"等多种称谓）、租金（又称"雇赁钱"）、孳畜、瓜果、典息等。与之相对的原物分别为：土地；车船、店舍、碾磨；马牛等母畜；果树、典物等。区分原物与孳息物的法律意义在于决定物的归属问题。在明代的律令中，孳息物的所有权一般都归原物的所有权人或合法占有者，如私借官车船、店舍、碾磨之类物，除承担刑事责任外，还要验日追雇赁钱入官。①

2. 劳务行为

随着商品经济的发展，生产和交换对劳务的需求越来越大，尤其是明中叶以后，农业和手工业等领域雇工现象普遍，甚至形成了劳动力市场。

还有在运输契约的法律关系中，是以揽运人将货物运达指定地点的劳务行为为客体的。甚至还有田主雇人服役，从而形成一种以劳务为客体的民事法律关系。

在明代，以劳务行为为客体的民事活动的范围是比较广泛的。

3. 官职爵位

除上述物、劳务行为外，官职爵位也是一项特殊客体。它首先是继承的主要客体；其次，官职爵位还是一项特殊的买卖客体。大约自正统以后，因国库空虚而开始卖官鬻爵，根据官爵的高低规定纳银纳粟的多少，致使"仕途如市"。官爵明码标价，成了一种公开、自愿的买卖关系的客体。明王朝衰亡的教训告诉我们：当一个社会的官爵也进入买卖市场的时候，其政治和法制的腐败已濒入崩溃的危险境界了。

二、物权与债权

（一）物权

明律中虽无"物权"一词，但物权的实质性内容是客观存在的。唐宋以来，私有财产的规模越来越大，特别是土地的私有自两宋起，得到官府的广泛承认。以皇庄、宗族、地主、自耕农等为主体，形成了较为复杂的所有、占

---

① 《大明律·户律二·田宅·私借官车船》。

第九章 明朝时期的法律制度

有、用益和处理权关系。

1. 所有权

（1）所有权取得

在所有权的取得方面，强调先占原则。

一是对于无主土地按先占原则归开荒耕种者所有。为了发展农业、促进土地开垦，明太祖在建立明朝的当年就宣布：凡是在战乱中被废弃荒芜的土地，允许垦荒者占有和开垦，即获得土地的所有权。如果原来的主人归来，由官府就近划拨荒地抵充，不得从垦荒者手中夺回原有土地。垦荒者只承担归还坟墓、房屋给原主的义务。洪武二十七年（1394年）又宣布山东、河南、陕西等省农户，如有余力垦荒，所垦荒地即为永业田，获得其所有权，并且官府永远不对这些垦荒田地征收赋税，号为"永不起科"。

二是在拾得遗失物的归属上，明律一改传统，着重保护拾得人的利益。《大明律·户律六·钱债》"得遗失物"条规定："凡得遗失之物，限五日内送官。官物还官；私物召人识认，于内一半给予得物人充赏，一半给还失物人。如三十日内无人识认者，全给。"即拾得人负有送官的义务，但失主认领原物后，要将其一半付给拾得人。30日内无人认领，拾得人就可获得该物的全部所有权。

三是在埋藏物的归属上，明朝法律规定，个人发现埋藏物，一般归发现者所有；但若系应禁之物，须报送归官。《大明律·户律六·钱债》"得遗失物"条也作出了类似的规定："若于官私地内掘得埋藏之物者，并听收用；若有古器钟鼎、符印异常之物，非民间所宜有者，限三十日内送官，违者杖八十，其物入官。"埋藏物由掘得者收用，改变了唐宋律与地主平分的规定；但对古器钟鼎、符印之类的异常之物则归封建官府，且官府对发掘人无任何奖励表示，这也与唐宋律之相关规定不同。

在所有权上强调先占原则，保护先占人的所有权，反映了明代社会财产私有权观念的深化，也反映了力求促进有效使用土地、财产的立法意图，以及防止民间为争夺财产而烦扰官府，力求实用、简便的立法思想。

另外，关于所有权的取得方式，明朝和历代一样，还可以通过诸如继承、赠与、赏赐、买卖等方式取得。

（2）土地所有权

土地所有权是古代所有权制度的核心和基本形式，也是明代法律重点调整的对象。

明代的土地占有形式主要包括官田、民田和宗族所有的土地三种形式。

①官田

明朝，国有土地称官田，即由以皇帝为代表的封建政府控制并享有收益、处分权的田地。明代国有土地主要包括宋元以来原有官田，战乱中的抛荒地，战后籍没敌对集团的土地，开国后抄没官民罪犯的土地以及江河湖海冲射泥沙淤积而成的新地等。明代国家行使土地所有权的主要方式有：第一，将土地交由各级官府，租佃给农民耕种，官府收缴租税。第二，朝廷以钦赐方式，将土地交由贵族、功臣经营。这些赏赐的土地可以世袭，但不可以自由买卖。第三，屯田。荒地、沙滩等属于封建国家所有，官府资助军、民、商开垦，到一定年限向国家缴纳租税。官田属于国家所有，法律禁止买卖私占；民田则听其"自买自卖"。

明代政府控制的官田数量远比民田要少。明中后期，随着土地兼并的加剧，明初钦赐给勋臣贵戚的大量土地多数已转为这些官宦贵族的私产，屯田也遭到破坏，政府实际控制支配的官田越来越少。

②民田

除属于封建国家的土地外，一切归属于个人的土地均属民田。明代民田数量之巨，为前代所无。民田分属于不同的阶层和个人。具体包括：

第一，贵族、勋戚所有的土地。贵族、勋戚通过钦赐、奏讨、纳献、夺买和直接掠夺等手段，广置田庄，占据大量土地。

第二，官僚、缙绅所有的土地。官僚、缙绅也通过各种手段将大量土地据为己有。

第三，庶族地主所有的土地。明代庶族地主占有相当规模的土地，且分布甚广，人数也很众多。

第四，商人所有的土地。在农耕社会，土地是财富的象征，因此，商人在经商致富后，大多将过剩资金投入土地。至明代，随着商品生产的发展，地域分工的扩大，促进了手工业原料和粮食的商品化，这又刺激了一部分商人对土地产生兴趣。所以明代商人占有土地，为数不少。

第五，自耕农所有的土地。明代自耕农占有一定数量的土地，虽然每户占地不多，但队伍庞大，遍布山村乡野。

③宗族所有的土地

宗族所有的土地称为族产，以义庄、祠田、族田、祭田等为主要存在形式。族田可"备粮备役备荒年"，带有族内公益福利的性质，明代宗族共有土地不论南北各地都很盛行。明代族产的来源主要有政府赐予祭田、众存族产、族人捐献、利用买卖典当等手段兼并私产等。通过种种途径建置起来的宗族土地，既是宗族组织的经济基础，又是使宗法关系强化的催化剂。其土地所有权

第九章　明朝时期的法律制度

的行使，或按族规管理，或由族长左右，或轮流管业，或由族产合约约定，但不管哪种方式，一般将族产租给族人或其他农户耕种，宗族收取田租；并且不许析分，也不允许盗卖，只进不出，这是宗族土地所有权与私人土地所有权的不同所在。

2. 永佃权

永佃权即以交租为代价永远佃种所有权人田地的权利，为用益物权的一种。佃农在按租佃契约交纳地租的条件下，可以无限期地耕作所租土地，并世代相承。

永佃制度具有如下特点：

一是永佃权是存在于他人土地上的物权，地主按时向佃农收取地租，而和自己的土地没有直接联系，地主的变动也不影响佃户的地位，即所谓"换东不换佃"、"倒东不倒佃"。

二是如"永佃"之名，佃农具有经营土地的自主权，并可以"不限年月"，永远耕作，耕作时间非常长。

三是在永佃关系中，地主与佃农之间的依附关系松懈甚至消失，佃农有独立的地位，较之其他封建租佃关系，佃农的地位有所提高。

一般认为，永佃权最早出现于宋代，在明代得到逐步发展，流行于江浙、江西、安徽、福建等东南省份的某些地区。但明代的永佃权与前代有所不同，它不仅仅是土地的永久占有、使用和收益，而且出现了一田二主制或一田三主制。

明中叶以后，土地所有权发展的一个重要特点是出现了地权分化，即出现了"田面权"与"田底权"分离的现象，这就形成了"一田两主"的所有权形式，即一份土地同属于原土地所有者与佃户两个主人，原主所有权称田底权，佃户所有权称田面权。田底权即所有权，田面权即永佃权。佃人之田，可以继承、转卖、自由处置，在田面上可以行使各种权利。明代的永佃还有"一田三主"的情况，甚至佃户还可转佃，再转佃，永佃权关系因此更趋复杂。"一田两主"、"一田三主"是明代永佃关系进一步发展的结果，这种发展既有利于土地改良，也有利于缓和封建人身依附关系。

3. 典权

典权就是典主占有出典人的不动产并使用收益的权利。中国古代，"典"又带有"质"的某些特点，因此，典权具有用益物权和担保物权的双重属性。

较之前代，明代典权制度的最大特点是正式入律，法律把这种权利义务关系规范化和条文化，并且将"典""卖"进行了明确的区分，这是明朝对典权制度发展的两个重要贡献。

— 254 —

第九章　明朝时期的法律制度

（1）大明律第一次将典卖田宅纳入正式律文，规定了典卖田宅的程序、原则，确定了典卖制度的基本内容[①]

《大明律·户律·典卖田宅》规定："凡典、卖田宅不税契者，笞五十，仍追田宅价银一半入官。不过割者，一亩至五亩，笞四十，每五亩加一等，罪止杖一百，其田入官。若将已典、卖与人田宅，朦胧重复典、卖者，以所得价计赃，准窃盗论，免刺，追价还主，田宅从原典、买主为业。若重复典、买之人及牙保知情者，与犯人同罪，追价入官，不知者不坐。其所典田宅、园林、碾磨等物，年限已满，业主备价收回取赎，若典主托故不肯放赎者，笞四十，限外递年所得花利追征还主，依价取赎；其年限虽满，业主无力取赎者，不拘此律。"这是中国古代法律的正文中第一次对典卖制度所作的最详细的规定，清律也基本上沿袭了这些规定。从《大明律》的上述规定可以看出：一是在明代，典卖田宅以"税契过割"为条件；二是明承唐制，严格禁止重复出典；三是在回赎时规定以典价为限，对典主故意刁难以阻止出典人回赎予以严惩；四是以刑代民，对于重复出典，不肯放赎等行为都用刑法予以规制。

（2）《大明律》在中国历史上第一次在法律正文中对典和卖作了区分

《户律·田宅门》规定："盖以田宅质人而取其财曰典，以田宅与人而取其财曰卖，典可赎也，而卖不可赎也。"自此典与卖在立法上得以分离而成为了一种独立的制度。但必须注意的是虽然在明代典与卖在立法上已有了区分，但典与质的区分却仍不明了。上述规定中以质释典，即是明证。

另外，明代法律对典权的回赎期限没有做出明确规定，典权可以不约定回赎期限，体现了对出典人利益的保护；法律明文规定了典卖的标的物只能是物而不能是人。

（二）债权

《大明律》新创《钱债篇》，在明代立法者的观念中，债已含有借贷之债、侵权之债和不当得利之债的意义，这在中国古代民法立法史上无疑是一大进步。借贷财物一般通过契约的形式实现，因此，借贷之债即是契约之债，契约制度在明代得到进一步发展和完善，成为债的主要发生根据。

1. 契约之债

明代债权关系的表现形式进一步丰富，出现了借贷契约、买卖契约、典当契约、租佃契约、租赁契约、雇佣契约、运输契约等；民事债权法律规范方面，也发生了一些变化，相关法律进一步规范化和制度化。

[①] 孔庆明、胡留元、孙季平等：《中国民法史》，吉林人民出版社1996年版，第531~533页。

第九章 明朝时期的法律制度

(1) 买卖契约

与宋元时期的法律相比,明代法律大大简化了土地、房屋买卖方面的制度。明代废除了自唐末以来土地、房屋买卖"先问亲邻"的法定程序,也废除了元代土地房屋买卖要先经官府批准的规定。明律"田宅"门仅规定土地、房屋买卖必须订立书面契约,契约必须经过官府加盖官印并缴纳契税,以及将土地的赋税负担过户到买方的"过割赋税"这两项程序。这样的契约称为"红契",具有法律效力。契税的税率为2%。明代规定每10年各地官府要重编一次户口及土地赋税簿册(前者因以黄纸印制,称"黄册";后者因画有地块图样,块块相连,形成鱼鳞,称"鱼鳞图册"),每当宣布开始编造黄册和鱼鳞图册的2个月内,在这10年内进行了土地房屋买卖的买方必须到官府进行登记,缴纳契税,过割赋税;官府在契税后粘连"契尾",骑缝加盖官印,发给买方收执。

(2) 借贷契约

明朝规定,借贷必须订立契约,写明借贷双方姓名、籍贯、借款原因、数量、日期和利率,并附保证条款,最后由借贷双方及中人签字画押。《大明律·户律六·钱债》"违禁取利"条规定,借贷利息不得超过月利3%,累计利息总额与本金相等即停止计息,利息最高不得超过本金的100%,违者处笞刑四十;债务人欠债不还,五贯以上,满3个月者,也要追究刑事责任,最高杖六十。在债务担保方面,禁止债权人强夺债务人的财产抵债,违者杖八十;并禁止债权人"虚钱实契",夺取债务人的土地房屋,违者由笞五十至杖八十、徒二年。

2. 侵权赔偿之债

明代和其他封建朝代一样,法律中并无近代意义上的侵权概念,但对给他人造成财产损失或人身伤害的,明律规定,加害人要承担法律责任。

(1) 侵害财产的法律责任

侵害财产指非法侵占、损坏他人合法财产而致使他人财产权益受损的行为。明代法律规定的侵害财产的行为主要有:盗卖田宅、盗耕种官民田、弃毁器物稼穑等、擅食田园瓜果、损坏仓库财物、各种情形的杀伤畜产、官私畜产毁食官私之物、盗窃、侵占街道及妨碍行为等。关于侵害官私财产,明律规定的民事责任主要有:排除妨碍、恢复原状、返还财产、赔偿等。如《大明律·工律·河防》"侵占街道"条规定:"凡侵占街巷道路而起盖房屋及为园圃者,杖六十,各令复旧。"《大明律·户律·田宅》"弃毁器物稼穑等"条规定:"若毁损人房屋墙垣之类者,计合用修造雇工钱,坐赃论,各令修立。官屋加二等。误毁者,但令修立,不坐罪。"《大明律·兵律·厩牧》"宰杀马牛"条规定:"若官私畜产毁食官私之物……畜主赔偿所毁食之物。若放官私畜产损食官私之物者……各赔所损物。若官畜产,毁食官物者,止坐其罪,不在赔偿之限。"

(2)侵害人身的赔偿责任

侵害人身,明律规定了加害人的刑事责任,同时规定了加害人的民事赔偿责任,主要包括:医药费、烧埋银、养膳费等。明律继承了元代在处以刑罚之外附带民事赔偿责任的法律制度,但是所采取的赔偿标准和元代法律不同,主要是以加害人的家产,而不是以受害人所受损害为标准来确定赔偿的数额。如《大明律·刑律·人命》规定:"凡杀一家非死罪三人及支解者,凌迟处死,财产断付死者之家。"

三、婚姻、家庭与继承制度

(一)婚姻

明朝关于婚姻方面的法律规定,基本沿用唐宋旧律。如父母的婚姻决定权;缔结婚姻要报婚书、送聘财,同姓不婚,良贱不婚;解除婚姻以七出、义绝为主,以和离为补充等。但与唐宋律相比,明律内容更加详密,且在违法婚姻适用刑罚上,明律又有所发展和变化。

1. 结婚的条件

由于法律确认家长的主婚权以及强迫包办、买卖婚姻的合法性,因此,青年男女不存在自主恋爱的婚姻自由。《大明律·户律·婚姻门》明确规定其时的结婚条件:"男女定婚之初,若有残疾、老幼、庶出、过房、乞养者,务要两家明白通知,各从所愿,写立婚书,依礼聘嫁"。为此,已报婚书而自悔,男女双方同罪,比唐律只惩罚辄悔的女方,在立法上更进了一步。另外,与唐律不同的是,对亲民官、豪势之人的婚娶设专条约束。明律增设"娶部民妇女为妻妾"、"强占良家妻女"等专条,严禁府州亲民官在任内娶部民妇女,以及豪势之人强夺奸占良家妻女为妻妾的行为。违者亲民官处杖至徒刑,豪势之人处绞。虽然两种情节处理轻重失平,但表明了朝廷对加强吏治和抑制豪强的措施在法典上得到多方面的强调。此外,不得收留在逃女囚为妻妾,否则依法治罪。

在违律婚姻的处刑方面,明律量刑比唐律略有减轻。如"同姓为婚者",唐律规定"各徒二年",而明律规定只"各杖六十"。

2. 妻妾制度

明律虽形式上规定平民实行一夫一妻制,但"庶人四十以上无子,许选娶一妾",即"妻妾"制作为补充。根据身份与特权,明律规定亲王可娶妾媵

第九章　明朝时期的法律制度

十人,世子及郡王可娶四人,长子及各将军可娶三人。这种形式上的限定,并不可能解决特权人物随意纳妾的社会问题,从而使女性,特别是出身低微的女性陷于悲惨的境遇而不可自拔。

(二) 家庭

在家庭关系方面,明律继续维护封建家长的支配权。封建家长拥有惩戒子女的权力,子女必须服从。子女擅自动用家财,要受到相应的处罚。明律规定:"凡同居卑幼不由尊长私擅用本家财物者,二十贯笞二十,每二十贯加一等,罪止杖一百。"另外,夫妻关系也不平等,如明律规定:"其夫殴妻"、"至死者绞"、"凡妻殴夫"、"至死者斩"。明律全力维护家长对子女的支配权,丈夫对妻子的支配权,意在稳定封建统治的社会基础,防止非礼的"犯上作乱"行为的发生。

此外,明律承袭元律,新列一些唐律没有的婚姻条款。诸如"典雇妻女"、"逐婿嫁女"、"娶乐人为妻妾"、"僧道娶妻",及"蒙古色目人婚姻"等,都是其时社会婚姻家庭关系复杂化的现实反映。同时也表明了明律对社会婚姻家庭关系调整的进一步强化。

(三) 继承

在爵位和宗祧继承方面,仍实行嫡长子继承制。如无嫡子,可立嫡长孙,或立庶长子,违者处刑。明律规定:"立嫡子违法者,杖八十";对"乞养异姓义子以乱宗族者,杖六十"。

在财产继承方面,仍实行诸子均分制。明律规定,嫡庶子男,不问妻妾婢生,只以子数均分;对户绝财产,无同宗应继者,由所生亲女承受;无女儿,财产入官。妻子是特殊顺序的继承人,寡妻如有子,由寡妻掌管家产,并不发生析产问题;如无子守志,寡妻应与族长择同宗应继之人立为亡夫嗣子;如无子而招进赘婿,必须为死者另立嗣子,家产均分。

可见,关于继承,明朝仍坚持身份继承的嫡长子继承制和财产继承的诸子均分制,但较之前代又有两大发展。一是立嗣制度更为灵活。明朝的主嗣制度中,有"应继"和"择继"之分。应继是按照法律的规定,无子人家可以从同宗近支或同性的卑亲属中择立嗣子,但应昭穆排列次序相当,不得尊卑失序。择继是指若"应继"嗣子不尽孝道,不为所后者亲,立嗣者可以告官另立。"择立贤能及所亲爱者……若义男、女婿为所后之亲喜悦者,听其相为依倚……"[①] 这样既体现了法律规范的要求,又尊重了立嗣者的情感和意志。二是非婚生子女的继承权上升。在唐宋时期,非婚生子女没有继承权,而在明

---

① 《问刑条例·户律一·户役》"立嫡子违法条例"。

朝，则赋予非婚生子女一定的继承权。具体规定了三种情况，首先，"依子量与半分"，即比照婚生子拥有一半继承权。其次，若别无子而立嗣，非婚生子女则与嗣子"均分遗产"，即与嗣子拥有同等的继承权。最后，若无应继之人，非婚生子女可继承全部遗产。

明继承法较前朝详密，反映了封建社会后期，由于商品经济的发展所带来的财产关系上的复杂性。

案例：

滕同知断庶子产案①

明朝北京顺天府香河县，有一乡官知府倪守谦，家资颇丰，足有数万。倪守谦有一正妻，生有一长男倪善继；有一小妾梅先春，生一小子倪善述。长子善继为人吝啬贪财，小子善述方年幼。

倪守谦病重，将众人唤至床前嘱托善继以嫡长子身份掌理家事，并写遗嘱将契书账目家资产业全部分给善继，又告诉大家说善述长大后，分给他一所房屋、数十亩田地，让他免受饥寒即可。梅先春若愿改嫁，随其自便。见梅先春发誓不再改嫁，便将一幅画轴交给她，说日后若长子不分财产给弟弟，便将此画交给官府，不必写立词状，便可使次子善述大富。

善述十八岁，请求哥哥分给他家财。哥哥不仅不给，且不认其弟弟为亲父之血脉。梅先春便将画轴送给本府同知滕志道衙门，请其处断。滕同知虽不是清廉之官，但是个明白之人，听罢梅先春的叙述，展开画轴，映入眼帘的是一幅倪知府端坐椅上，一手指地的画像。左思右想，不解其意，便退了堂。再三琢磨，扯开画轴，有一纸跃然而出，原来是遗书一封。上书："老夫生嫡子善继贪财忍心，又妾梅氏生幼子善述，今仅二岁，诚恐善继不肯均分家财，有害其弟之心，故写分契将家业并新房屋二所尽予善继，唯留右边旧小屋与善述，其屋中栋左间埋银五千两，右间埋银五千两、金一千两，都与善述，准作田园。后有廉明官看此画，猜出此书，命善述奉银一百两酬谢。"

滕同知一看有如此多银两，眼前一亮，心生一计。他找来梅氏，故作神秘地说，要分尔等家产，须到家里亲视。等到宅中，进得厅堂，故作礼貌谦恭的样子，好像在跟故去的倪知府说话。让周围人觉得倪知府显灵了，说要将此屋及屋中财产归善述所有，善继在惶恐中点头应诺。又说倪知府说屋中有金银埋藏，命人挖出足足万两白花花的银子，上千两黄澄澄的金子。并说，倪知府说

---

① 摘自吴丽娟、杨士泰等：《中国法制史案例教程》，中央广播电视大学出版社2007年版，第235~237页。

要把一千两黄金送给他作酬谢。梅先春母子千恩万谢，将一千两黄金送给了滕同知。

第四节　明代的商事、经济法律

出于维护专制统治的需要，明朝法律的一个重要内容是力图控制社会经济。

一、商业管理

（一）商业管理

明朝有关商业管理的立法有所加强，并增添了不少新的内容。这可以通过店历、路引、审编铺户和买等法规体现出来。

客店是商人居住和贮货的地方，洪武二年（1369年）制定"店历"法令："凡客店，每月置店历一扇，在内付兵马司，在外付有司，署押讫，逐日附写到店客商姓名人数、起程月日，月终各赴所司查照。如有客商病死，所遗财物，别无家人亲属者，告官为见数，行移招召父兄，子弟或已故之人嫡妻，识认给还。一年后无识认者，入官。"① 这条法令，旨在维护商人的财产权，使其经济利益不受他人侵害，但在实际施行过程中，却产生了有利于官府管理商人的客观效果。

路引是远行外地者持有的由官府颁发的通行证。明王朝为了防止人口自由流动，从而逃避赋役和随意外出经商，建立了路引制度。《大明律》规定："若军民出百里之外，不给引者，军以逃军论，民以私度关津论。"凡外出经商者事先须向当地官府呈递申请，说明外出事由、去向及体貌特征，官府审核批准，发给路引。领取路引，还要交纳路引费。路引制度增加了国家经济收入，也通过对商人外出经商的审批、盘验、督察，加强了对经商者的管理，为商业发展提供了法律保障。明中叶以后，路引制度仍在继续推行，但奸吏借此敲诈勒索，任意刁难，让商人怨声载道，从而阻碍了商业的顺利发展，路引制度的正面效应也就丧失殆尽。

审编铺户是明朝商业管理的又一条途径。明政府为了便于对商人进行控制和盘剥，命令所有在城镇开业的铺户要取得居住与营业的合法权利，必须到有关的主管衙门登记注册，建立铺籍档案，由主管官吏定期调查他们的资本数目、营业状况和盈利收入，然后划分等第，造册备案，作为征调科敛的依据。

---

① 《大明令·户令》。

第九章 明朝时期的法律制度

如果商人没有"市籍"或逃籍，就禁止违法开业。铺户经审编记录在案后，必须接受官吏的监督管理，合法经营，并承担各种繁重的义务。编审铺户，对工商业的发展，起到了一定的约束作用。

和买制度由来已久，是官府以购买为名掠夺商人财物的一种变相赋税。明代官僚机构所需要的一切物品，除了官手工业制造以及通过"岁办"的方式直接取之于民外，其余部分则通过"和买"取得。和买的方法是由铺行按月如实向官府申报时价，由主管官吏评议审核，立案备查，并申报上司。官府所需物品，则按审议价格，向商家购买。从表面上看给钱购物，公平交易，但实际上是廉价收买，有时甚至肆夺民产。尽管朝廷采取积极措施，制止和买扰民现象发生，但由于封建政府与民众的经济利益截然对立，因此，和买伤民事件仍屡禁不止，政府有关和买的诏令、法规的效力只是暂时的或微弱无力的。

（二）市场管理法制

由于商业的快速发展，为了保证商贸活动的正常进行。明王朝直接运用法律对市场进行干预，市场管理立法初具规模，较前朝更为完善，包括对商品价格的估定、度量衡的规范、牙商的管理、不正当经商行为的处置等都有专门的法律条文。

1. 物价监制

明政府为加强市场管理，建立了平抑物价的法律制度。商品价格由官府职掌评估，按月颁布统一的物价标准，并申报上司备案，官民依时价进行公平交易，防止商人抬高物价或官吏压低价格收购，破坏市场正常的交易秩序。在京城与外府州、县专门设立市场管理机构，明确其平抑物价的法律责任，对任意增减物价者，依《大明律》治罪："凡诸物行人评估物价，或贵或贱，令价不平者，计所增减之价，坐赃论。入己者，准窃盗论，免刺。"

2. 度量衡管理

度量衡是衡量物品数量多寡的客观标准，是商贸活动中不可缺少的工具。为了防止不法商人伪造度量衡器具，侵害购买者的经济利益，牟取私利，明王朝通过立法形式加强对度量衡器的管理。度量衡严格按国家审定的式样生产，经检验合格后方许使用。民间通用的度量衡，须与官府制造的保持一致，官府检验符合规格后烙印，其使用的合法性才得以确认。明朝法律不仅对私造、伪造斛斗秤尺予以治罪，甚至对符合官方格式，却未经检验印烙者，也处以笞刑。具体管理度量衡的官吏失职，则追究其应负的法律责任。《大明律·户律》"私造斛斗秤尺"条文规定："凡私造斛斗秤尺不平，在市行使，及将官降斛斗秤尺作弊增减者，杖六十，工匠同罪。若官降不如法者，杖七十。提调官失于较勘者，减一等；知情与同罪。其在市行使斛斗秤尺虽平，而不经官司较勘印烙者，笞四十。"

3. 牙行管理

牙行，指中国旧时城乡市场中为买卖双方说合磋商贸易，并从中收取佣金的店铺，简称为行；经营这种店铺或单纯从事买卖的中介者，或称为牙商、牙人。埠头，指掌管码头交易的人。明代首创牙行、埠头管理法规，根据明律的规定，只有依法设立的牙行才具民事法律主体的资格，并且要依法进行民事活动，否则，不仅取消资格，还要承担法律责任。《大明律·户律》"私充牙行、埠头条"规定："凡城市乡村，诸色牙行，及船埠头，并选有抵业人户充应。官给印信文簿，附写容商船户，住贯姓名，路引字号，物货数目，每月赴官查照。私充者，杖六十，所得牙钱入官。官牙、埠头容隐者，笞五十，革去。"牙商、埠头由有家业者充任，并经官府批准，由官府发给牙帖，牙帖的有效期为1年，期满，须申请换帖。牙行、埠头领取官府发给的印信文簿，如实登记客商船户的身份和经营情况，每月向官府呈报一次，对集市交易的客商有监督的责任。不经官府批准而私充牙商、埠头者，处以杖刑，牙钱由官府没收。官牙、埠头隐瞒包庇非法经商者，处以笞刑，革职停业。

二、专卖法制

专卖，指盈利额较高的盐、茶等物品产销由国家垄断，限制经商者私人经营，攫取高额商业利润，削弱国家的经济实力，对国家形成经济上的对抗与威胁。因此，中国历代王朝对盐、茶等都实行垄断经营。

明朝第一次将"盐法"、"茶法"纳入国家正式法典。明朝《大明律·户律五·课程》首次设立"盐法"及"私茶"专条，确立国家对盐、茶经营的垄断地位，且禁止私盐、私茶的严厉程度更甚于前朝。

（一）盐法

明代盐法主要有《大明律》之"盐法"12条、"监临势要中盐"1条、"阻坏盐法"14条，另有《盐引条例》和《盐法条例》。

盐的专卖实行盐引法，盐商向官府交纳一定的钱、粮，取得运输销售许可证——盐引，凭盐引才可将盐贩至指定地点出售。食盐从生产到运输、销售整个过程都严禁私盐，犯私盐定罪较唐宋盐法偏重。

洪武初年制定《盐引条例》，其中规定犯私盐者绞，有军器者斩。《大明律》在《户律》中设有"盐法"专条，是根据《盐引条例》修订而成，但处罚较《盐引条例》有所减轻。《大明律》"盐法"第12条规定："凡犯私盐者，杖一百，徒三年。若有军器者，加一等；拒捕者，斩……凡买食私盐者，杖一百，因而货卖者，杖一百，徒三年。"

除上述盐法律文之外，有关盐法的法律规定还以"例"的形式大量产生，从而构成律例并行，以例补律的模式，极大地丰富了盐业立法。如《问刑条例》规定："凡豪强盐徒，聚众至十人以上，撑驾大船，张挂旗号，擅用兵仗响器，拒敌官兵，若杀人及伤三人以上者，比照强盗已行得财律，皆斩。为首者仍枭首示众。其虽拒敌，不曾杀伤人，为首者依律处斩；为从者俱发边卫充军。若止十人以下，原无兵仗，遇有追捕拒敌，因而伤至二人以上者，为首依律处斩；下手之人，比照聚众中途打夺罪人因而伤人律，绞；其不曾下手者，仍为从，论罪。若贫难军民，将私盐肩挑背负，易米度日者，不必禁捕。"

在食盐专卖制下，凡诡名转卖、聚众反叛、越境兴贩巨额余盐、伪造盐引、收盐作弊、诈害盐商等犯罪行为，都将受到法律的严厉制裁。

（二）茶法

明代茶法主要有《大明律》之"私茶"专条和《问刑条例》中的"私茶条例"，其内容与盐法基本相同。明代，茶有官茶与商茶之分，对茶叶实行征税和禁榷专卖制度。

官府对茶生产者课征以易马匹的茶叶，称为官茶。官茶行于陕西汉中和四川地区，政府在这些地区设置茶马司，专门主管征茶易马事务。政府征购之外的余茶，允许商人持引贩卖。商茶，主要通行于江南地区，政府通过向园户征收茶课和向商人征收引税来控制商茶。商人要贩商茶，必须先向官府买"茶引"（每引可贩茶100斤），按引向当地茶户买茶，贩运到外地出卖。无引贩茶为私茶罪，与私盐罪一样处罚。

明政府对西北、西南边境的茶叶走私防范甚严，定期派遣官员巡查关隘，捕捉贩运私茶者。对私茶出境和关隘失察，处惩相当严厉。《大明律》"私茶"专条规定："凡犯私茶者，同私盐法论罪。如将已批验截角退引，入山影射照茶者，以私茶论。"洪武三十年（1397年）订立禁约："诏榜示通接西番经行关隘并偏僻处所，着拨官军，严谨把守巡视，但有将私茶出境，即拿解赴官治罪。不许受财放过。仍究何处官军地方放过者，治以重罪。"① 凡把守关隘官军，放私茶出境，即依法治以重罪。永乐六年（1408年），进一步加重了对私茶罪的处罚，诏令规定："各关把关头目军士，务设法巡捕，不许透漏缎匹布绢私茶青纸出境。若有仍前私贩，拿获到官，将犯人与把关头目，各凌迟处死，家迁化外，货物入官。有能自首免罪。"② 明中期颁布的《问刑条例》中有"私茶条例"，对贩卖私茶者与关隘失察之官军，发配充军，其处罚已比明

---

① 《明会典·户部·课程》"茶课"。
② 《明会典·户部·课程》"茶课"。

第九章 明朝时期的法律制度

初法令有所减轻。

明朝的官营专卖制度，反映了封建国家对经济关系干预的加强，虽然可以增加国家收入，但却限制了商品经济的发展，阻碍了资本主义经济的萌芽。

三、对外贸易法制

对外贸易是中国古代商业活动的一个重要组成部分。唐宋时期，对外贸易受到封建王朝的高度重视，中国与海外各国和各地区建立了密切的商贸关系，商贸交往频繁，商品交易数额不断提高，从而增加了国家的财政收入，推动了国内经济的发展。明代政权建立以后，对外贸易政策发生了重大变化，严守海禁，限制朝贡贸易成了明朝对外贸易立法的主旋律，但随着政治经济状况的变化，法律也随之出现了一张一弛的改变。

（一）海禁

明朝一改宋元以来的传统，对民间海外贸易活动采取了严格管制、直至严禁的政策。从洪武元年发布第一个禁止民间海外贸易的法令，至隆庆元年（1567年）宣布"弛禁"，两百年间明朝曾数十次发布禁海令，禁止私人进行海外贸易。《大明律·兵律·关津》规定："凡将马牛、军需、铁货、铜钱、缎匹、绸绢、丝绵，私出外境货卖及下海者，杖一百。挑担驮载之人，减一等。物货船车，并入官。于内以十分为率，三分付告人充赏。若将人口、军器出境及下海者，绞；因而走泄事情者，斩。"①

长期海禁并没有断绝一切民间海外贸易活动，只是使民间海外贸易脱离了正常的、法制的轨道，走向畸形的走私贸易方式，导致沿海地区社会秩序难以稳定，陷入长期受私商、海盗侵袭的局面。但1567年开放海禁后，也没有全国统一的海外贸易法规，只是由各地海防府制定一些地方性法规。如漳州府规定每年出海船舶不得超过88艘，要向官府缴纳引税、领取引票后才可出航，并按船只大小征"水饷"，输入货物要缴纳"陆饷"。

（二）朝贡贸易

明朝官方控制的海外贸易为"朝贡贸易"，即海外诸国与明贸易必须以朝贡为先决条件。明朝的朝贡贸易是受到严格限制的政治性贸易。通商国家要受明朝的册封，经明朝廷发给朝贡"勘合"（盖有骑缝印章的证明文件）才可来中国朝贡，同时允许附带与中国商人贸易。朝贡一般限制每3年一次，每次朝贡船舶不得超过3艘，人员不得超过200人。朝贡船舶进港后，使团及所携贡物、货物都由中国官方护送，送至京城。朝贡的贡物由皇帝几倍、十几倍的

---

① 《大明律·兵律·关津》"私出外境及违禁下海"。

"回赐"。货物在北京会同馆与中国商人交易，予以免税优待。

朝贡贸易制度的这些特性，使它成为明朝财政的重大负担，并严重限制海外贸易的发展，完全不适应社会发展的要求，但明朝仍顽固地坚持这一落后制度，直至灭亡。

四、货币法制

明朝资本主义萌芽已经出现，货币经济与自然经济的矛盾十分尖锐，货币在社会经济领域占据了越来越突出的地位，并成为推动商品经济向前发展的重要因素。明朝货币有铜钱、纸钞和银钱三种。明初，用钞不用钱，禁用金银交易，后改为钱钞并行，钞主钱辅，后来随着纸钞的贬值，一切以银钱支付。

对复杂的、不停变化的货币形式，明政府力图通过立法加强对货币的统一管理，货币立法成为明朝经济法制中富有时代特色的一个重要组成部分。

（一）钱法

为了保障商品的流通，改变元末"皆以物货相易"的情况，明朝早在朱元璋称王时期就开始铸造铜钱"大中通宝钱"，明朝建立后又改铸"洪武通宝钱"。铜钱一律由官府铸造，并以行政手段推广使用。同时严禁民间私铸铜钱。

明朝对钱币流通制定了专门的法规。《大明律·户律·钱法》规定："洪武通宝铜钱与大中通宝及历代铜钱，相兼行使"，依钱币面额价值流通，民间一切交易不得拒绝收受，"若阻滞不即行使者，杖六十"。《大明律·刑律·诈伪》"私铸铜钱"条规定："凡私铸铜钱者，绞。匠人罪同。为从及知情买使者，各减一等。告捕者，官给赏银五十两。里长知而不首者，杖一百；不知者，不坐。若将时用铜钱剪错薄小，取铜以求利者，杖一百。"

（二）钞法

明朝钞法确立于明初洪武年间。洪武七年（1374 年）设宝钞提举司，掌管宝钞的印刷和发行。第二年，发行"大明通行宝钞"。这是明代发行的唯一一种钞票，是我国也是世界上迄今为止票幅最大的纸币。

大明宝钞以桑树的枝皮为钞纸原料，尺寸长短有法定的标准，四周有龙纹花样，上额横题"大明通行宝钞"六字，花纹内两边有两行篆文："大明宝钞，天下通行"，中间有线贯图样，其下标明："中书省奏准印造大明宝钞与铜钱通行使用，伪造者斩，告捕者赏银二十五两，仍给犯人财产。"大明宝钞面额有一百文、二百文、三百文、四百文、五百文、一贯六种，每贯相当于铜钱一千文，或白银一两，或黄金二钱五分。金银只能向政府兑换钞票使用，禁止以金银直接交易，违者治罪。告发者就以其物给赏。洪武十年（1377 年）

第九章 明朝时期的法律制度

规定，商税课征，钱钞兼用，七成用钞，三成用钱，一百文以下的数目用铜钱支付，形成钞主钱辅的格局。洪武二十二年（1389年）加发小钞，分十文、二十文、三十文、四十文、五十文共五种，以便与铜钱一样进行找补。

为了保障宝钞正常流通，《大明律·户律》设有"钞法"专条，明确规定："凡印造宝钞，与洪武大中通宝及历代铜钱相兼行使。"宝钞是明朝法定货币，任何人不许拒绝使用。使用中在纸钞背面注明使用姓名及私人印记，以凭稽考。收受伪钞，处杖刑，加倍追赔所纳钞贯。伪造宝钞，触犯刑律，其处罚比私铸铜钱更重，《大明律·刑律·诈伪》"伪造宝钞"条规定："凡伪造宝钞，不分首从，及窝主若知情行使者，皆斩，财产并入官。告捕者，官给赏银二百五十两，仍给犯人财产。里长知而不首者，杖一百；不知者，不坐。其巡捕、守把官军，知情故纵者，与同罪……"此外，倒卖宝钞，从中牟取暴利，也属不法行为，受到法令的禁止。

明王朝采取各种措施，确立宝钞的货币主体地位。但由于发行宝钞既无钞本，又无限额；纸币流通发行多，回笼少，兑换破旧钞票秩序混乱，新旧钞价格悬殊，加上宝钞制作简陋，伪造方便，市场上的纸币越来越多，大大超出了社会的实际需求量，造成通货膨胀，宝钞日渐贬值。另外，明朝钞法缺乏必要的权威性、稳定性和连续性。先是规定唯钞是用，随后又钱钞并行。钞法朝立夕改，出尔反尔，效率低下，让人无所适从，很难保障宝钞的信誉和价值。因此，从洪武末年开始，出现了重钱轻钞的趋势，钞一贯在南方仅值钱一百六十文。正统年间，新钞一贯只值十钱，旧钞仅值一二钱，宝钞已很少通行。到万历时，钞十贯仅值钱一文，实际上自弘治以后，宝钞已失去了其货币意义，民间支付的是银和铜钱，钞票停止流通，钞法也就形同具文。

（三）白银制

明初推行宝钞，虽禁用金银，但大明宝钞仍有对金银的比价，而且商税渔课仍是用银，所以白银并没有失去货币的地位，民间则从未中断过用金银交易，后来由于大明宝钞贬值，宣德年间，民间交易，只用金银。英宗即位后，放松了用银的禁令，于是各种物价多用银来表示，白银取得了价值尺度和流通手段两种基本职能，正式成为法定的货币。嘉靖年间确立银钱二元本位制，规定各种铜钱对白银的比价，更强化了白银在货币流通中的主导地位。

为了防止民间伪造白银，维护金融秩序，明律大力打击"伪造金银罪"，《大明律》规定："若伪造金银者，杖一百，徒三年。为从及知情买使者，各减一等。"《问刑条例》也规定："伪造假银及知情买使之人，俱问罪，于本地方，枷号一个月发落。"其处罚比"私铸铜钱"和"伪造宝钞"从轻。

五、赋税立法

(一) 田赋立法

明初依照唐代的两税法,核定天下田赋,其数额列入《黄册》,即户口册,详细登记各地居民的丁口和产业情况,每年审查一次。洪武二十年(1387年)在丈量土地的基础上制定耕地的总清册,将田主的姓名和土地的位置,分别登记,编成《鱼鳞册》,作为征税的依据。

明朝规定对土地所有者按土地面积、土质等级(以农作物收获量为标准)征收田赋。田赋分夏税和秋粮两种。夏季所征称夏税,限当年8月纳完;秋季所征称秋粮,限第二年2月交清。纳税物品,以征收当地田上所产的实物为主,一般是夏税征麦,秋粮征米。也允许根据各地实际情况,以银、钞、钱、绢和其他物产代输。用米麦交纳称为"本色",用银、钞、丝、绢及其他物产折纳称为"折色"。田赋税率号称为收获量的1/10,但实际并不完全按收获量计征,各地税额相差甚大。

田赋必须按期交足,有拖延不纳者,即按"收粮违限"罪论处。《大明律·户律·仓库》"收粮违限"条规定:"若夏税违限,至八月终,秋粮违限,至次年正月终,不足者,其提调部粮官吏典,分催里长、欠粮人户,各以十分为率,一分不足者,杖六十,每一分,加一等,罪止杖一百。受财者,计赃以枉法从重论。若违限,一年之上不足者,人户、里长,杖一百,迁徙。提调部粮官、吏典,处绞。"

(二) 徭役立法

明代徭役分均徭、里甲、杂泛三类。

均徭,是按丁口计算征敛的徭役,旨在相对平均地安排徭役,防止土势家富户转嫁徭役,加重一般民户的负担,使贫富差距进一步扩大化。均徭又分为"力差"和"银差"两种:"力差"即民户亲自服役或雇人充任的差役,如粮长、禁子、巡拦、厨役、铺兵、脚夫等;官府所需的马匹、车船、草料、柴薪、厨料等公用物品,则由民户供给或纳银代输,称为"银差"。

里甲,是"里甲法"颁布后,以户计算,每年由一里长率领10户(充当甲首)服役1年,10年当中每一里长和每户都轮流服役一次,值役里长和甲首的任务是负责一里事务,如督催税粮、办理公事、传达官府命令以及临时编排各种差徭等。为了确保里长、甲首的法律地位,使之正常应役,明律规定:"凡各处人民,每一百户内,议设里长一名,甲首一十名,轮年应役,催办钱粮,勾摄公事。若有妄称主保、小里长、保长、主首等项名色,生事扰民者,杖一百,迁徙。其合设耆老,须于本乡年高有德,众所推服人内选充,不许罢

第九章 明朝时期的法律制度

闲吏卒及有过之人充应。违者,杖六十。当该官吏,笞四十。"①

杂泛,是均徭以外无一定名目的临时性杂役,如治河、修路、运料、筑城等。

徭役,是强迫民户承担的无偿劳动。封建专制王朝往往以国家法律的形式,规定子民服徭役的义务,并对逃避徭役的人,予以严厉的制裁。《大明律》专设"逃避差役"和"隐蔽差役"条对逃避差役、隐蔽差役的行为进行制裁。

(三) 一条鞭法

到明中叶,由于赋役苛重,人民纷纷逃亡,生产受到破坏,国家财政陷入危机。根据赋役出现的症结,出现了种种改革赋役制度的方案,到万历二十年(1592年)内阁首辅张居正通令全国实行新的赋役法——"一条鞭法"。

"一条鞭法"是将各种赋役尽可能归并编为几项货币税的赋役制度。其主要特点是:

1. 赋役合并

一条鞭法把明初以来分别征收的田赋和力役合并为一,力差、银差、里甲、杂泛与田赋的夏秋两税合并编为一条,按实际需要,化繁为简,统筹核计,统一征敛。

2. 以雇役制代替差役制

各州县每年所需力役,由政府先行预算,由官府出钱雇募,原则上不再无偿强征平民亲自应役。

3. 简化杂税

中央政府以前向地方索取的土贡方物,以及上缴京库备作岁需和留在地方备作供应的费用,也都并在一条鞭内课征,不再另征杂税。

4. 计亩征银

一条鞭法确定的征课对象,集中在按田亩计算,由对人丁课税改为对土地课税。纳税手段,除田赋中政府所需的粮食外,一切赋役都折收银两。从而在法定意义上肯定了货币课税在赋役征收中的主导地位。

5. 征收赋役实行"官收官解制"

过去税粮由里甲督催,粮长征解,称为"民收民解制"。其流弊颇多,大户欺小户,耗损公粮之事时有发生。一条鞭法规定改革征收办法,由民户直接向官府交纳赋税。这样,既减轻了农民运输粮食之劳,又避免了粮长收解制度的弊端。

---

① 《大明律·户律·户役》"禁革主保里长"。

明朝中期一条鞭法的颁行，是中国赋役立法史上的一次重大变革。其历史意义首先在于，适应社会经济发展趋势，结束历代以征收实物为主的国家税收方式，从实物税转向货币税。其次，废除了古老的直接役使农民人身的徭役制度，传统的人身依附、强制关系得以松弛。最后，税收制度开始转向以资产（土地）计征，将过去的对人税改为以对物税为主，有利于赋税负担的合理化。

（四）商税立法

商税是明朝税收的另一重要来源。

商税古称"关市之征"，所谓关，指贩运商品通过之关卡；市，指商品贸易之市集。顾名思义，商税主要指国家对商品运输和商品贸易所征之税。明代商税可分为住税和过税两大类。一般来说，住税又可分为手工业产品的营业税和商业营业税，即在生产和销售环节中征收的货物税，如门摊税、落地税等；其征收机关主要是税课司、局，征收对象主要是产制人和坐贾。过税是商品运输途中，向船户和车主征收的国内关税以及向运销商品的客商所征收的商品税，其主要征收机关是工部属下的抽分竹木局和户部属下的钞关，其征收对象主要是船户、车主和行商。

《明史·食货志》评明代商税之征曰："关市之征，宋元颇繁琐，明初务简约，其后增置渐多。行赍居鬻，所过所止各有税。"这从两个方面概括了明代商税征收的基本特点：明代的商税征收呈前简后繁、前轻后苛的趋势；从榷税范围看，明代税网之密，前所未有。

为加强对商税的管理，《大明律·户律五·课程》有"匿税"条规定：凡城镇乡村的商贸集市和海港码头，都由官府设置的人员专门管理；凡客商匿税及酒醋店铺不纳税者，笞五十，货物一半入官。为奖励告发偷税漏税者，还将没收货物的3/10给予告发人。对客商船户发给"印信"、"文簿"，登记其籍贯、户口、货物；若私自交易，逃避检查或纳税的，要处以杖刑，钱货入官。此外，明律要求承办茶盐专卖的商户年终纳齐商税，否则，以不足数额的多少分别给予笞、杖刑的处罚，并强制完税纳官。

第五节　明代的刑事法律

一、刑事政策

一个朝代的刑事政策实质上就是在刑法条文中贯穿的最高统治者的指导思想。朱元璋的刑法思想为后代君王所恪守，成为明朝的刑事政策。

第九章　明朝时期的法律制度

（一）刑罚世轻世重

周代统治者提倡"明德慎罚"，提出了"刑新国用轻典，刑平国用中典，刑乱国用重典"的刑法思想，朱元璋继承并发展了这一思想。他对皇位继承人皇太孙朱允炆说："吾治乱世，刑不得不重。汝治平世，刑自当轻，所谓刑罚世轻世重也。"他在洪武三十年的统治中，把这一刑法思想贯穿于刑法的立法与施行过程中。

明初，面对"乱世"，明太祖朱元璋主张以重典治天下，制定了一系列严刑峻法。吴元年律、洪武七年律和洪武年间颁布的各种条例、法令都体现了乱世用重典的思想，规定对危害封建国家的行为、臣下结党和内外官勾结、贪官污吏等均加重处罚。因谋反及大逆被连坐处死的范围，比前代律法更为广泛。当"重典治乱世"的目的基本达到之后，朱元璋又及时调整刑事政策。朱元璋说重典是"此特权时处置，顿挫奸顽，非守成之君所常用法"。他要求要按照"务合中正"的原则修订一个"传之万世"的《大明律》。朱元璋对制定一个"以垂后世"、"中制"的《大明律》是很重视的。《大明律》从草创到最后完成，经历了30年之久，直到洪武三十年，即朱元璋死的前一年，他才感到满意，诏令作为不准更改的成法命子孙守之。

洪武三十年颁行的《大明律》，在量刑上"重其重罪，轻其轻罪"，由于受明初重典政策的影响，在刑罚上仍是较前代加重，但它与吴元年律、洪武七年律和洪武年间颁布的各种条例、法令相比较，量刑上还是要轻得多，基本上属于"中制"性质。

（二）礼刑并用

"礼法结合"、"德主刑辅"思想是封建社会占统治地位的刑事政策。朱元璋也继承了这一传统。他说，必须"明礼以导民，定律以绳顽"，就是以封建礼教来束缚人民，用封建刑罚来镇压人民。

朱元璋把重刑威慑和礼义教化结合起来，强调法律的讲读、宣传。吴元年十二月，《大明律令》刚刚制定，他便命大理寺卿周祯将这部法律中和人民有关的部分，用口语写成《律令直解》，发给郡县。朱元璋亲自编纂的《大诰》，也可以说是把重刑威吓和说教有机地结合在一起的一个法律文件。

朱元璋在以严刑峻法威慑人民的同时，又大肆宣传"礼义道德"和"守法"。可见，礼刑结合，礼刑并用，是明朝统治阶级的主要刑事政策。

二、刑法原则

明代的刑法原则也就是《大明律》中的犯罪、刑罚、犯罪与刑罚的关系、刑罚的种类及其执行、篇目的分类等问题所赖以确定的基本原则。

第九章 明朝时期的法律制度

（一）等级不平等原则

自从魏晋南北朝时期把"八议"写入具有刑法总则性质的《名例》篇中之后，这种从法律上公开保护贵族、官僚和地主阶级的等级特权，使他们在违法犯罪后得以减轻或免除刑罚的等级不平等原则，就一直是历代封建刑法的重要原则。《大明律》沿用了这一原则，在《名例》中规定了八议："一曰议亲。谓皇家袒免以上亲及太皇太后、皇太后缌麻以上亲，皇后小功以上亲，皇太子妃大功以上亲。二曰议故。谓皇家故旧之人，素得待见，特蒙恩待日久者。三曰议功。谓能斩将夺旗，摧锋万里；或率众来归，宁济一时；或开拓疆宇，有大勋劳，铭功太常者。四曰议贤。谓有大德行之贤人君子，其言行可以为法则者。五曰议能。谓有大才业，能整军旅、治政事，为帝王之辅佐、人伦之师范者。六曰议勤。谓有大将吏谨守官职，早夜奉公。或出使远方，经涉艰难，有大勤劳者。七曰议贵。谓爵一品及文武职事官三品以上、散官二品以上者。八曰议宾。谓承先代之后为国宾者。"对于所列八种人，应于法外优容，故凡有所犯，另加拟议。这是在法律上公开规定等级的不平等，保证统治阶级上层人物享有等级特权。

统治阶级一方面把"八议"作为优待贵族和官僚的规定载入律中，另一方面又竭力掩饰等级不平等的实质。翻开《大明律》就可以看到：八议是切实予以实行的。例如，《名例》中规定的赎罪办法，就是为贵族、官僚和富绅们设立的一种换刑制度。犯罪之后用钱赎罪，实质上仍是统治阶级的特权，贫富不均与法律上的不平等是同步的。

等级不平等原则在犯罪与刑罚中有许多具体表现。例如同样犯杀人罪，奴婢杀主人，处以凌迟刑；主人杀奴婢，则给予轻微处罚，甚至可以作为过失杀奴婢而不受法律制裁。诸如此类的众多条款，是等级不平等原则渗透于明代刑法的证明。

（二）法定罪刑与有限类推并存原则

《大明律》中对于犯罪与刑罚的关系实行了法定罪刑与有限类推并存的原则。

《大明律》中法定罪刑的原则集中表现在"断罪引律令"条上。该条规定："凡断罪，皆须具引律令。违者笞三十。若数事共条，止引所犯罪者，听。其特旨断罪，临时处治，不为定律者，不得引比为律。若辄引比，致罪有出入者，以故失论。"这里明确地规定断罪必须援引有关法律，法无明文规定不能定罪，如果司法官吏违反这一规定，就要追究他的刑事责任。这足以说明《大明律》具有法定罪刑的性质，对于司法官吏的擅断具有一定的约束力。

但是，能否据此就说《大明律》具有罪刑法定的刑法原则呢？不能。因

第九章 明朝时期的法律制度

为同一部法律中又允许法律类推。封建刑法中的类推,是对法律上没有明文规定的犯罪行为,可以按照最相类似的条款、成案和定例比附定罪的一种制度。秦汉以降,有限制的类推就成为一条原则。《大明律》也是如此。其中规定:"凡律令该载不尽事理。若断罪而无正条者,引律比附。应加应减,定拟罪名,转达刑部,议定奏闻。若辄断决,致罪有出入者,以故失论"。这条律文说明两点:一是法律规定允许类推,由司法官员比附律文定罪;二是类推必须经过皇帝批准,因而是有限制的类推。虽然在法律上司法官吏不能自由类推,类推须由皇帝裁定,但皇帝可以擅断一切案件。这也是与法定罪刑相抵触的。

况且,律文中还有"不应为"的罪名,凡是律文没有明文规定的行为,如果司法官员认为是犯罪,就可以加上"不应为"的罪名。这又是与法定罪刑相对立的规定。

总之,《大明律》中的法定罪刑原则与有限类推原则是并存的,二者是互相矛盾的。但由于皇帝在封建司法中充当了最高法官,具有凌驾于法律之上的权力,因此他可以对这两个原则进行调节,把对立的二者统一于明朝刑法体系之中。

(三) 连带责任原则

中国古代刑法中对于一些严重的刑事犯罪规定要予以连坐,这种因他人犯罪而使与犯罪者有一定关系的人连带受刑的制度,是刑法中连带责任原则的体现。明朝刑法进一步发展了这一原则。

明朝刑法在众多的条款中明确规定"缘坐",尤其是在一些严重的刑事犯罪中,一人犯罪,株连族人。例如,《大明律》规定:"凡谋反及大逆,但共谋者,不分首从皆凌迟处死。祖父、父、子孙、兄弟及同居之人,不分异姓,及伯叔父、兄弟之子,不限籍之异同,年十六以上,不论笃疾、废疾,皆斩。其十五以下,及母女、妻妾、姊妹,若子之妻妾,给付功臣之家为奴。"其他犯谋叛、奸党、交结近侍、反狱、邪教等罪的人,都要缘坐他的亲属。受株连的亲属的法律地位非常低下,即使适逢恩赦,也不得与普通犯人一体办理。

犯人的亲属负连带责任的原则是中国古代宗法社会的产物,又被封建统治阶级不断强化,成为防范犯罪的有效方式。明朝的司法状况表明,这一原则的实施范围远远超出了刑法的规定之外,仅仅因"文字狱"受株连的就何止千万,明朝刑法的残酷性、野蛮性、落后性于此可见一斑。

(四) 重其所重,轻其所轻原则

这是明朝政府的刑罚适用原则。明初,政权尚不稳定,小规模的农民起义不断发生,政权内部受元政府贪污腐败风气的影响,官僚阶层腐败严重。因此,朱元璋确定了"重其所重"的原则。

所谓"重其所重"就是明律与唐律相比较，在某些事项上如果唐律处罚比较严厉，那么《大明律》则规定得更加残酷。这些事项主要是涉及盗贼及贪污挪用官府钱财粮物、谋反谋大逆等严重政治性犯罪。唐律一般根据情节轻重作出不同处理，牵连范围相对较狭；而明律则不分情节，一律处以重刑，且扩大株连范围。如唐律规定：凡谋反及大逆者，本人不分首从皆斩。父及子年六十以上皆绞。子年十五以下和祖孙、兄弟、伯叔父、兄弟之子及笃废疾者可免死而处以别的刑罚。但明律规定：凡谋反及大逆者，不仅本人要凌迟处死，其被株连的亲属，包括祖父、父、子、孙、兄弟及同居之人，不分异姓，及伯叔父、兄弟之子，不限籍之异同，亦不记笃疾、废疾，凡年满十六以上者，一律处斩。此外，对谋反及大逆罪，唐律区别首从、虚实于不同情节分别对待，而明律则无论何种情节，一律按最重的刑罚处理。往往是一案株连，动辄数百人，甚至夷灭三族、九族、十族，以致乡里为废墟。再如，唐律对于强盗得财，既区别赃数多少，又区别是否持械，再区别有无杀人伤人，而给予不同的处罚。明律却不问赃数、情节、后果，得财者一律处死。

在实施"重其所重"政策的同时，明政府又确定了"轻其所轻"的原则，即在涉及"礼典及风俗教化"等一般性的犯罪方面，比较唐律，明律处罚较轻。如"闻父母丧匿不举哀"，唐律处流刑两千里，明律改为"杖六十，徒一年"；对于"祖父母、父母在，子孙别籍异财"罪，唐律处徒三年，明律处"杖一百"。由于这些犯罪并不直接危及皇权与国家统治，适当减轻对一般性犯罪的处罚，不仅有利于突出打击某些严重犯罪，而且也有利于缓和社会上的反抗情绪，巩固封建专制统治。所以，明朝统治者在刑罚适用原则上做了这些重要调整。

（五）刑罚从重从新原则

汉唐以来在刑罚适用上强调从轻原则。《大明律·名例》规定："凡律自颁降日为始，若犯在以前者，并依新律拟断。"

（六）确立属地原则

关于外国人在中国触犯法律，唐律的规定是外国人与中国人发生刑事纠纷，按唐律进行审理和判决；外国人之间发生刑事纠纷，按其本民族法律处理。而明律明确规定"化外人"犯罪，一律按照《大明律》处罚。这与唐律属地原则结合属人原则的法律规定不同。

三、主要罪名

（一）罪名种类

明代刑法中的罪名比较多，主要见于《大明律》各篇。此外，《大诰》、

第九章 明朝时期的法律制度

《问刑条例》中也确定有一些罪名。下面对明代犯罪的种类进行简单介绍。

1. 侵犯皇权罪

明代刑法中,关于侵犯皇权罪的规定,主要有谋反逆叛、危害皇帝和亵渎皇帝尊严的大不敬等行为。其中,谋反、谋大逆、谋叛、大不敬等罪被列入十恶之中,作为最严重的刑事犯罪予以最重处罚。

(1) 反叛行为

反叛罪包括谋反、谋叛、造妖书妖言等。

谋反行为是对皇权的绝对威胁,不仅会发生在被统治的广大民众之中,也产生于统治集团内部,无论是农民起义还是奸臣篡位,都要严厉镇压。明初,谋反罪成为皇帝剪除功臣的借口。朱元璋兴"胡蓝之狱"诛杀官吏2万多人,正是定此罪名。

谋叛罪是背叛本朝,私通和投降外敌的犯罪行为。明律对谋叛罪处以极刑,而且反叛朝廷的臣民,虽然没有叛国行为,也要比照谋叛罪定罪量刑。《大明律·刑律·贼盗》规定:"凡谋叛但共谋者,不分首从,皆斩;妻妾、子女,给付功臣之家为奴,财产并入官;父母、祖孙、兄弟,不限籍之同异,皆流二千里安置。知情故纵、隐藏者,绞;有能告捕者,将犯人财产,全给充赏;知而不首者,杖一百,流三千里。若谋而未行,为首者,绞;为从者,皆杖一百,流三千里;知而不首者,杖一百,徒三年。"

造妖书妖言罪是制造或散布对政权不满的言论以及异端邪说的犯罪行为,对此行为的处罚轻者杖一百,流三年,重者发至边卫充军。《大明律·刑律·贼盗》规定:"凡造谶纬,妖书妖言及传用惑众者,皆斩。私有妖书隐藏不送官者,杖一百,徒三年。"

(2) 危害皇帝安全的行为

危害皇帝安全的犯罪行为主要集中在《宫卫》目中,包括"太庙门擅入"、"宫殿门擅入"、"冲突仪仗"、"向宫殿射箭"、"内府工作人匠替役"等。这些犯罪行为有些直接危害皇帝安全,有些间接威胁皇帝安全,有的有威胁皇帝安全的可能性,都要给予处罚。

(3) 亵渎皇帝尊严的行为

亵渎皇帝尊严的犯罪行为主要指大不敬行为。明代对大不敬犯罪行为的处罚并非一概处死,如凡是毁坏大型祭祀活动所用的丘坛者,仅给予"杖一百,流二千里"的处罚。

2. 危害人身安全罪

明代刑法,对于侵犯他人生命与身体的犯罪行为实行"杀人者死和伤人者抵罪"的原则,与同态复仇非常相似。这方面的规定主要集中在《大明律·刑律·人命》中，主要包括杀人罪、伤害罪、诬告罪等。

(1) 杀人罪

明代的杀人罪分为谋杀、故杀和过失杀人三种。

①谋杀

谋杀是指二人或二人以上共同预谋杀人的犯罪行为。《大明律·刑律·人命》规定："凡谋杀人，造意者斩，从而加功者绞，不加功者杖一百、流三千里，杀讫乃坐；若伤而不死，造意者绞，从而加功者杖一百、流三千里，不加功者杖一百、徒三年。若谋而已行、未曾伤人者，杖一百、徒三年，为从者各杖一百，但同谋者皆坐。其造意者，身虽不行，仍为首论。从者不行，减行者一等。若因而得财者，同强盗不分首从论，皆斩。"

根据《大明律》的规定，在审判谋杀犯罪的过程中，司法官员根据被杀者和杀人者身份的不同而加重或减轻处罚。谋杀制使及本管长官，谋杀祖父母、父母等尊亲属，为加重处罚情节；尊长谋杀卑幼为减轻处罚情节。因犯罪者和受害人身份不同而对谋杀罪处以不同的刑罚，是封建刑法公开规定不平等原则的具体表现之一。

②故杀

明代刑法中的故杀是指预谋杀人以外的故意杀人的犯罪行为，一般处以死刑。《大明律·刑律·人命》"斗殴及故杀人"规定："凡斗殴杀人者，不问手足、金刃，并绞。故杀者斩。"但是，为了贯彻因身份等级而不平等的原则，法律规定凡是以上犯下的故意杀人行为，一般减轻处罚；以下犯上的故意杀人行为，一般加重处罚。此外有些犯罪情节十分恶劣的故意杀人，也要加重处罚，如"杀一家三人"条、"采生拆割人"条规定。

明朝刑法对于间接故意杀人，区别情节，予以处罚。

③过失杀人

过失杀人在明代刑法中有较多规定，原则上都从轻处罚。如《大明律·刑律·人命》中的"戏杀、误杀、过失杀伤人"条规定，如果是过失杀人，依据具体的法律规定可以用金钱赎罪，并把赎罪金付给死者家属。

(2) 伤害罪

明代刑法对各种伤害行为区分得非常严格，分为故意伤害、共同伤害和过失伤害；根据犯罪的性质和具体情节加重或减轻处罚。对故意伤害罪，明代刑法一般按照伤害的程度、使用的器具、双方的身份以及犯罪的情节等来确定处罚，如《大明律·刑律·人命》规定，以手足殴打他人而没有造成伤害的笞罚二十下，造成伤害的笞罚三十下；如殴伤各级官吏，被伤害者的官职品位越高，处刑越重，殴伤人者的官职品位越高，处刑就越轻。对共同犯罪区分首从

第九章 明朝时期的法律制度

分别治罪；对过失伤害罪一般减轻处罚，一般情况下可以换用赎刑。

（3）诬告罪

诬告是故意捏造事实向官府控告而使被诬陷者承担罪责的犯罪行为。明代对诬告罪的处罚重于唐和宋。唐代和宋代规定诬告反坐，明代不但要反坐，还要加等处罚，相关法律条文比唐宋时期更加具体和周详。

（4）其他侵犯人身罪

包括强奸罪、贩卖人口罪、限制人身自由罪、骂詈等犯罪行为。

据《大明律·刑律·犯奸》规定，用暴力或暴力威胁奸污妇女者绞，未成者杖一百、流三千里；奸十二岁以下的幼女者，"虽和，同强奸论"。强奸罪根据被害人的伤害程度和双方的身份地位来确定处罚。

贩卖人口罪又分为卖良人为奴婢和卖子孙亲属两类，根据情节予以处罚。

限制人身自由罪在明代称为"威力制缚人"，即以暴力胁迫而限制他人人身自由的行为。

骂詈，即辱骂他人的犯罪行为，在明律中有八条规定，根据双方身份确定处罚办法。如凡是以卑幼辱骂尊长，均要处以刑罚，直至处以死刑；而尊长辱骂卑幼不承担刑事责任。

3. 侵犯财产罪

明代侵犯财产罪主要包括强盗、窃盗、毁坏财物、诈骗财物等类型的犯罪行为。法律根据不同的情节给予不同的处罚。

（1）强盗罪

强盗罪是以暴力威胁抢劫夺得财物的犯罪行为，主要根据所得财物多少和伤人程度来决定刑罚。根据《大明律·刑律》中的"强盗"条规定："凡强盗已行而不得财者，杖一百、流三千里。但得财者，不分首从皆斩。若以药迷人图财者，罪同。若窃盗临时有拒捕，及杀伤人者，皆斩。因盗而奸者，罪亦如之。"

（2）窃盗罪

窃盗罪是秘密窃取他人财物的犯罪行为，一般根据窃得财物的多少定罪。但是监守自盗、盗制书、盗印信、盗内府财物等犯罪行为，情节严重者可以判处死刑。盗窃亲属财物和同居之人的财物则可以减轻处罚。

（3）毁坏财物罪

毁坏财物罪包括毁坏私人财物和毁坏官府财物两种。毁坏官府财物的行为一般是职务犯罪，如管理牛马不当、以官物借人等。毁坏私人财物的犯罪类别较多，一般根据毁坏程度给予处罚。

（4）诈骗财物罪

诈骗财物罪即用计谋欺诈官府或私人以牟取财物的犯罪行为，《大明律》中专门规定有"诈欺官私取财"条，其量刑比照窃盗罪。

4. 危害公共安全罪

明代设立的危害公共安全罪比较多，主要集中于《大明律·刑律·杂律》。其中设有"放火故烧人房屋"、"失火"、"盗决河防"、"失时不修提防"等条，对危害公共安全的犯罪行为作了专门的规定。

法律对故意危害公共安全的犯罪行为处罚较重。如故意放火烧毁自己的房屋者，杖一百；殃及官民房屋和财物者，杖一百、徒三年。其他犯罪行为主要根据其社会危害性大小定罪量刑。

5. 妨害管理秩序罪

妨害管理秩序罪主要包括政治上的诈骗、伪造、盗用文书和印信、犯奸、赌博、走私、私盐、私茶、私度关津等。在《大明律·刑律·诈伪》中设定有诈为制书、诈传诏旨等12条罪名。《大明律·刑律·犯奸》对和奸、亲属相奸、良贱相奸、官吏宿娼等犯罪行为分别作了规定。对于走私、私茶、私盐等犯罪行为，处罚也非常严厉，情节重者均处以死刑，并附带有经济处罚。

6. 职务犯罪

明代统治者非常重视对官吏的管理，以重典处罚官吏的犯罪行为，从法律上对官吏职务犯罪作了非常的规定。大致可以分为贪污行为、擅权行为、渎职行为、违反军纪、执法犯法等类型。

严惩官吏的贪污受贿是明朝刑法的特点。贪污行为在《大明律·刑律·受赃》中进行了详细规定，共设立了11条官吏职务犯罪行为，如官吏受财、坐赃致罪、事后受财、有事以财请求、在官求索借贷人财物、家人求索、风宪官吏犯赃、因公擅科敛等。其周详完备超过历代法典。

明代在继承唐宋旧制的基础上，在《大明律》的"职制"门中设立了许多有本朝特色的、官吏擅权方面的罪名，如"大臣专擅选官"、"上言大臣德政"、"交结近侍官员"等。

明代在"公式"门、"户役"门和"仓库"门中对官吏渎职行为进行了众多的规定，处罚也十分严厉。《大明律·刑律·断狱》和《大明律·兵律·军政》分别对司法官员渎职和军官渎职的犯罪行为，作了详细的规定。

（二）明代罪名内容的发展

1. 严惩谋反、大逆，强化封建统治

明律规定凡谋反、大逆，不分首从一律凌迟处死。祖父、父、子、孙、兄弟、及同居之人，不分异姓，及伯叔父兄弟之子，不限籍之同异，年十六以

第九章 明朝时期的法律制度

上,不论笃疾废疾,皆斩;其十五以下,及母女妻妾姊妹,若子之妻妾,给付功臣之家为奴。财产入官。

2. 严惩强盗、窃盗,强化社会治安

对强盗、窃盗的处刑比唐律重。

《唐律·贼盗律》:"诸强盗人,不得财,徒二年;一尺徒三年,二匹加一等;十匹及伤人者,绞;杀人者,斩。"

《大明律·刑律·强盗》:"凡强盗已行而不得财者,皆杖一百、流三千里;但得财者,不分首从,皆斩。"

3. 创设奸党罪,严防臣下结党

奸党罪是朱元璋为了防范臣下的不轨行为而创设的罪名,在中国古代法律史上是首创。对犯奸党罪者,一律处斩,且株连广泛。常见的奸党罪名有"擅勾属官"、"交结近侍官员"、"上言大臣德政"、"大臣专擅选官"等。

设立"奸党罪"的目的在于强化封建中央君主集权,防止臣下篡权变乱。这种犯罪具有刑法上的不确定性,很容易成为封建统治者随意杀戮功臣宿将的任意性规范。终明一代,政府屡兴大狱,肆意杀戮朝廷重臣与封疆大吏,大多基于朱元璋重惩"奸党罪"的法律规定。"奸党罪"的设立导致明代冤狱丛生,官僚阶层内耗严重,终致统治集团内部危机四伏,影响了统治效能的发挥。

案例:

蓝玉案[①]

蓝玉,早年随朱元璋起兵,勇敢善战,功绩显赫。他曾参加伐蜀、北征、讨西番、平云南之战。官拜大将军、凉国公。但蓝玉恃功骄横,多占民田,多行不法行为。洪武二十六年,锦衣卫告其谋反,结果被族诛,牵连致死者达一万五千余人。公侯、宿将、重臣坐奸党被杀,几无幸免。通过蓝玉案,朱元璋加强了对军队的控制,皇权得到了空前的强化。

4. 严法惩治贪官,加强封建吏治

明朝重惩贪官污吏的法律规定,集中表现在《大明律》和明《大诰》。

《大明律》不仅对唐律中的监守盗、常人盗、受财枉法、受财不枉法、窃盗和坐赃这"六赃"罪名完全继承,而且还作为仅次于十恶的罪名,置于罪首,详细罗列各种赃罪的具体量刑规则,从重惩处。此外,《大明律·刑律》

[①] 选自吴丽娟、杨士泰等:《中国法制史案例教程》,中央广播电视大学出版社2007年版,第206页。

还专设"受赃"一门，共计11条，从各个方面规定了官吏受赃的情形，根据情节轻重分别作出处罚规定。《大明律》对赃罪的量刑也比唐朝明显加重。如对受财枉法，唐律规定十五匹绞，而明律规定八十贯绞；监守盗，唐律规定三十匹绞，而明律规定不分首从，并赃论罪，一贯以下杖八十，四十贯就处以斩刑。

除了《大明律》外，朱元璋还制定了许多重惩贪官污吏的特别刑事法规。如以惩治官吏赃罪为主的《大诰》，以惩治公侯赃罪为主的《铁榜》等。明《大诰》的236条中，属于惩治贪官污吏的就有150条之多，其用刑也更加残酷。

四、刑罚体系

明代刑罚体系由五刑二十等级及凌迟、充军、迁徙、枷号、刺字、廷杖等组成。

（一）五刑

明朝的法定刑沿用隋唐的五刑，在《大明律》的《名例》中和《大明令》的《刑令》中规定了笞、杖、徒、流、死五种刑罚。同时也承袭了元代法律，规定徒、流一律附加杖刑，徒一年附杖六十，每等递加十下，徒三年以及流刑三等都附杖一百。

笞刑是用笞杖捶打犯人，是五刑中最轻的一种刑罚，分为五等：自笞一十至笞五十，每一十为一等加减。《大明令》中对笞杖的规格有明确规定，《大明律》的五刑图中亦有规定。

杖刑是用比笞杖稍粗大的常行杖捶击犯人，是稍重于笞刑的一种刑罚，分为五等：自杖六十至杖一百，每一十为一等加减。所用杖的大小规格及捶打犯人的部位都有明文规定。

徒刑是在一定时期内剥夺犯人的自由并强迫犯人从事劳役的刑罚。明代的徒刑仍然分为五等。自徒一年、杖六十到徒三年、杖一百，每杖一十及徒半年为一等加减。凡是判处徒刑者，必须先受杖刑，然后再服徒刑。

流刑是将犯人遣送到指定地区强制劳役而不许擅自迁回原籍的一种刑罚，其刑罚的强度仅次于死刑。明代的流刑分为三等：二千里、二千五百里、三千里，皆杖一百，每五百里为一等加减。

死刑是剥夺犯罪者生命的刑罚，分为绞、斩二等。绞、斩刑虽然都是死刑，但在司法中二者的差别具有重要的意义。一般真犯死罪判处斩刑者，难有活命的机会，而杂犯死罪判处绞刑者，通常都不处死，而是在朝审、大审等带有缓刑的审判时得以减为流刑。此外，在以赎刑代替死刑时，绞、斩的区别也

第九章　明朝时期的法律制度

有实际意义，二者的赎价是不同的。

（二）凌迟

凌迟是中国古代最残酷的死刑，俗称"千刀万剐"。凌迟之刑始于五代，宋元时期继续沿用。明律的五刑中虽然没有这一刑名，但律文中却规定了13项罪名适用凌迟。《大明律》规定"十恶"中的"谋反、大逆"等最严重的刑事犯罪，可以处以凌迟之刑。因此，凌迟死刑也是明朝的一种法定死刑。

（三）充军

明律在五刑之外，将宋、元创设的充军刑进一步制度化，作为正式的刑名。

所谓充军，就是强迫犯人在戍守地服军役，是轻于死刑重于流刑的一种刑罚。充军按遣放里程分为极边、烟瘴、边远、边卫、沿海、附近六等，均加杖刑一百。充军按期限分为"终身"和"永远"两种。"终身"者服役到本人死亡为止；"永远"者则要罚及子孙，直至"丁尽户绝"为止。

（四）迁徙

迁徙是强迫罪犯全家迁居千里之外的一种刑罚。明律中有3条罪名适用迁徙刑。《大诰》中常采用"迁徙化外"的刑罚。

（五）枷号

明代在五刑之外，增设了枷号刑，并逐渐成为常刑。所谓枷号，也称枷示，即给罪犯戴枷示众的刑罚，枷上写明罪犯刑名及罪状，令其在监狱外或官衙前戴大枷示众，以对其进行羞辱折磨。明朝的枷号分为断趾枷令、常号枷令、枷项游历等几种。刑期有1个月、2个月、3个月、半年以至永远枷号不等。枷号不仅是耻辱刑，也是一种致命的酷刑。因为一般枷重20斤至30斤，酷吏往往加重枷的分量，最重达100斤。明武宗时太监刘瑾甚至创设了150斤重的大枷。这样的枷强迫犯人戴上，不日即死。

（六）刺字

刺字为侵犯财产罪的附加刑。明律沿袭元代法律，规定窃盗、监守盗、常人盗、白昼抢夺等犯罪行为，在处以正刑之外一律附加刺字。一般在初犯罪犯的左臂上刺罪名，再犯则刺右臂。凡被刺字的罪犯在刑满后还必须在家乡充当"警迹人"，夜晚巡逻警戒，白天替官府追踪盗贼踪迹，如擒获盗贼或3年不再犯罪，可以起除所刺之字。

（七）廷杖

廷杖即在皇帝的决定与监督之下，在殿廷之上对违抗圣命的大臣直接执行杖刑。由司礼监监刑，锦衣卫施杖。廷杖在隋唐时期已经出现，但仅偶一用之，而明则为常制。明朝的廷杖是朱元璋创立的，他曾将永嘉侯朱亮祖父子杖死于朝堂，工部尚书薛祥也死于杖下。武宗正德年间，一批朝臣谏止皇帝南巡，结果竟有146人受廷杖，杖下毙命者11人。廷杖制度是封建君主施展淫威，强迫臣下服从自己的一种野蛮手段。

另外，明代盛行以役代刑，即自杂犯死罪以至笞、杖罪都允许用罚服劳役来赎罪抵刑，按刑期、役限执行。明代在律令规定的刑名、刑种之外，还有大量的私刑和酷刑。

明代刑罚制度的残酷，是中国封建社会发展到后期，各种社会矛盾更加尖锐激化的必然反应。明朝统治者意图用残酷刑罚来巩固统治，却事与愿违，反而加速了明王朝的灭亡。

第六节　明代司法制度的发展变化

一、司法机构

（一）中央司法机构

中央司法机构为刑部、大理寺、都察院。一改隋唐以降的大理寺、刑部、御史台体系。

1. 刑部

刑部由唐宋时期的复核机关改为中央最高审判机关，专司审判之职。明初下设四司，后扩充为十三清吏司，分别受理地方上的上诉案件，审核地方徒以上重案，审理京师地区和中央百官的案件。审判结束后，须将案卷连同罪犯移送大理寺复核。流刑以下的案件，刑部有权处决，在大理寺复核通过后，由刑部具奏行刑。死刑案件，则必须经刑部审理，大理寺复核后，报请皇帝批准才能执行。

2. 大理寺

大理寺由唐宋时期的中央审判机关改为中央复核机关，主要复核刑部和地方判决的徒流刑以上案件。如发现判决不当，可驳回原审机关或改由刑部重审，死刑案件则须奏请皇帝批准。

3. 都察院

都察院掌纠察，是中央监察机关，由唐宋的御史台发展而来，负责纠举弹劾全国上下官吏的违法犯罪，而且对刑部和大理寺的审判、复核工作有权进行驳正。监督法律的执行，并且能够直接参与重大疑难案件的审判工作。设有十三道监察御史。

中央上述三大司法机关统称"三法司"。对重大疑难案件三法司共同会

第九章　明朝时期的法律制度

审,称"三司会审"。因此,都察院、大理寺都具有审判职权。这种将重大案件审判权由刑部、都察院、大理寺三机关共同执掌的制度实质上是一种司法权的牵制与约束,旨在防止刑部独揽审判权,而三法司的相互制约又最终保证了最高权力者皇帝可以有效地控制司法大权。

（二）地方三级司法机构

地方三级司法机构分为省、府（直隶州）、县三级。

沿宋制,省级有专门司法机关"提刑按察使司",掌一省刑名按劾之事,还是府县一审案件的上诉机关。有权判处徒刑以下（包括徒刑）的案件,徒刑以上的案件须报送中央刑部批准执行。另外,省行政机构承宣布政使司,也设有理问所,负责以民事诉讼案件为主的审判事务。

府、县两级仍是知府、知州、知县实行行政司法合一体制,掌管狱讼事务。府、县两级可判决杖刑以下（包括杖刑）案件。

此外,里甲是明朝的基层治安单位。凡是一般的民事诉讼及轻微的刑事案件,必须先有里长、老人在各州县及乡设立的"申明亭"里先行调解。不经里甲裁决,直接诉于州县者要按越诉处理。

值得注意的是,明朝继承元朝军人诉讼审判自成系统的旧例,军事机构中设专职司法官。各省军事机构都指挥使司,均设"断事司"审理本省驻军军人之间的诉讼；军事单位卫指挥使司设"镇抚司",负责审理本卫军人之间的诉讼；基层军事单位千户所设镇抚两员,负责审理本所军人之间的诉讼。形成所镇抚、卫镇抚司、省断事司三级司法机构。

（三）"厂""卫"特务司法机关

这既是明代司法的一大特点,又是明代的一大弊政。"厂"是直属皇帝的特务机关,由成祖时建立的东厂、宪宗时建立的西厂、武宗时建立的内行厂组成。"卫"指皇帝亲军十二卫中最亲信的锦衣卫,朱元璋时期所设。下设镇抚司,由皇帝任命亲信提督厂卫,多由宦官充当。主要负责皇帝出入仪仗和近卫事宜。

厂卫之制是皇权高度集中的产物。厂卫并非国家正式的司法机关,但却几乎凌驾于司法机关之上,享有种种司法特权：

1. 侦查缉捕之权

其侦缉范围主要是涉及国家政权的大要案,对一般刑事案不干预。

2. 监督审判之权

依明律,厂卫有讯问权,无判决权,判决权归法司独有。但实际上法司慑于厂卫得宠于皇帝的淫威,对其所交案件,明知厂卫严刑逼供而定,也不敢改判。

3. 法外施刑之权

厂卫组织直接承旨于皇帝，涉足司法活动的各个环节。

明朝厂卫制度完全破坏了封建社会正常的司法状态，加速了明王朝的灭亡。

案例：

东林党人杨涟受厂、卫司法谋害案①

天启四年（1624 年）六月，杨涟上书弹劾魏忠贤，列举了他的二十四条罪状，从此魏忠贤每日都在谋划陷害杨涟。当年十月，吏部尚书赵南星被罢官，大臣们在朝廷上推举替代他的人选。杨涟以受切责为由自己在家不参加廷推会议。魏忠贤假冒皇帝圣意，指责杨涟明知有廷推圣旨而佯装不知道，躲避廷推，犯了欺骗皇上罪，是"大不敬"，失掉了臣子的礼节，将他和吏部侍郎陈于廷、佥都御史左光斗一起削职为民。

天启五年，魏的党羽、大理丞徐大化弹劾杨涟和左光斗结党袒护、攻击异己，并弄权受贿。捏造杨涟受贿两万两白银，将杨逮捕。待杨涟被关进诏狱后，魏忠贤授意用残酷的刑罚拷打讯问，将他折磨得体无完肤。当年七月，杨涟就在夜里含冤而死。

明朝司法制度的重要特点是出现了厂卫制度。厂卫组织是不受约束的特务司法机构，其所用罪名之重、用刑之广，都达到了登峰造极的地步。厂卫专权，干预司法，严重破坏了明朝中后期的正常法制。

二、诉讼制度

明代诉讼制度大多承袭宋元以来的传统。其主要特点有：

（一）严厉制裁诬告行为

历来的法律都视诬告为严重犯罪，诬告者必须反坐。明律进一步加重处罚，规定诬告加等反坐。《大明律·刑律·诉讼》规定："凡诬告人笞罪者，加所诬罪二等；徒、流、杖罪，加所诬罪三等。各罪止杖一百，流三千里。"而且进一步规定：被诬告人如已被执行徒、流刑，平反改正放回之外，还要向诬告者追征来回路费，赔给被诬告者。被诬告者如因而典卖土地、房屋，诬告者必须备价为之赎回。被诬告者亲属随行配往徒、流地中病死，诬告者处绞刑，家产一半赔给被诬告者。诬告他人死罪，如被诬告者已被处死，诬告者反

---

① 摘选自赵晓耕主编：《中国法制史教学案例》，北京大学出版社 2006 年版，第 177 页。

第九章 明朝时期的法律制度

坐死罪并予以处死；被诬告者若尚未行刑，诬告者杖一百流三千里。

为鼓励告发重大犯罪，明律又极为细致地规定，告发数件罪行，其中重罪真实、轻罪虚假，可免去诬告罪；轻罪真实、重罪虚假，则反坐重罪减去轻罪后所剩的罪名及刑罚，而且罪止杖一百，剩余之罪可用钱财赎罪；轻罪真实、重罪虚假，被诬者已因重罪处死，也只须反坐"剩罪"。另外，被诬告者如反过来诬告诬告者，则双方都反坐，只是不加等处罚，只反坐"本罪"。服罪的罪犯，在行刑后妄诉冤枉、诬告原审官者，加所诬罪名三等；罪犯亲属妄称冤枉者，也按罪犯所犯罪名减三等处罚。

明朝法律为防止诬告，还规定：凡以隐匿姓名文书告发他人罪名者，处绞刑，被告发人无罪。

（二）严禁越诉

越诉指的是军民词讼不依规定程序自下而上陈告，而是越过本管官司辄赴上一级衙门称诉的行为。

州县为第一级的审判机关，但"户婚、田土、斗殴"等事，不能轻易告官，要先经乡老里长调解，如不经调解直接告官，即是越诉。

明朝初年，明太祖为贯彻"重典治吏"，曾鼓励百姓至南京向他直诉贪官污吏，甚至规定百姓对侵扰民间的贪官污吏，可由"高年有德者"持《大诰》率领民众将害民官捆缚上京。沿途官员敢于阻挡，一体治罪。然而这样一来，中央司法机构疲于应付，地方政治状况也混乱不堪，明太祖不得不发布诏令，严禁越诉。明律规定："凡军民词讼，皆须自下而上陈告。若越本管官司辄赴上司称诉者，笞五十。"以后几朝的条例还规定越诉者处以充军。为了保证司法机构的正常运转，成化十七年（1481年）条例还规定：一年之内，县发生十起以上越诉，府十五起以上，省布政司、按察司三十起以上，该县、府、司主官罚俸三个月。

（三）军官军人诉讼一般不受普通司法机构管辖

明朝实行世袭兵制，军人编成军户，部分训练征战，部分屯田耕种。各地驻军军人之间发生奸盗、诈伪、户婚、田土、斗殴纠纷分别由各所镇抚、卫镇抚司、省都指挥使司断事司审理。但人命案件则约会当地司法机构进行检验、审理。军民交叉诉讼，也由军事机构司法官与当地司法官会同审理。

（四）明确地域管辖的原则

对于被告不在同一州县，或被告分居数州县，其诉讼案件如何管辖，明律明确规定了"原告就被告"、"轻囚就重囚"、"少囚就多囚"、"后发就先发"的原则。尤其是《问刑条例》规定：钱债纠纷只能向借钱人现住所地州县衙门起诉，不许向其原籍老家所在州县衙门起诉，否则"原债不还"。被告分居于数州县时,应向其中重罪主犯所在地州县起诉,由该州县衙门发"关文"提审其他轻罪从犯,"以轻就重"。但如相隔在300里以上,为防止长途解送被告困难,各从事发处审理,分别结案。同样,"少囚就多囚"也限于300里以内。如被告分处几个州县,而人数又相等,则以后发现的被告解送先发现的州县审理,也以300里为限。

(五) 重视民间半官方组织的调解"息讼"

从传统的儒家观点来看,理想社会是"无讼";当纠纷发生时,也尽量以不烦扰官府,由民间自行和解息讼为好。明朝法律在这一方面颇具特色。

明太祖在"教民榜文"中曾规定:"民间户婚、田土、斗殴、相争一切小事,不许轻便告官,务要经本管里甲老人理断。若不经由者,不问虚实,先将告人杖断六十,仍发里甲老人理断。"明初在各乡设"申明亭",由本乡人推举公直老人三五名,报官备案。本乡有纠纷小事,由老人主持,在申明亭调解。调解后不愿和息,可再向官府起诉。

明中期后,申明亭及老人制度逐渐废弛,明朝统治者又在各地推行"乡约"制度。每里为一约,设约正、约副、约讲、约史各一人,在本里的空闲大屋中布置"圣谕"及"天地神明纪纲法度"的牌位,每半月一次集合本里人,宣讲圣谕,调解本里半月来的纠纷。一般由约正、约副主持,约史记录。当事人同意和解,记入专设的"和簿",不同意者可向官府起诉。

三、审判制度

(一) 确立逐级复审制度

明朝法律规定了各级司法机构的司法审判权限。根据各项条例、制度,明朝基层司法审判机构州、县可以终审判决杖刑以下案件,府可以终审判决杖一百以下案件,省按察使司可以终审判决流刑、徒刑以下案件。一切死罪案件必须上报中央刑部,再经大理寺复核,报皇帝批准。

明朝司法机构这种审判权限的划分并不等同于现代司法审级划分。实际上,州、县的各上级司法机构一般不直接受理案件,除了大奸大恶、叛逆、重大冤屈之类案件外,这些上级司法机构主要对基层司法机构上报的案件进行复审。州、县的司法机构对没有终审判决权的案件同样必须侦查、预审,搞清全部事实,并对应适用何种法条以及如何进行判决提出建议,称为"拟律"。然后,将被告及全部案卷移送上一级司法机构。府级司法机构对案件进行复审后,如无权终审判决,知府只是对州、县的"拟律"提出意见,如同意州、县"拟律",案件向上转送;如不同意或被告翻供,则驳回原审机构再审,或将案件移送其属下的另一州、县再审。这种案件逐级上报复审的审判活动,并

第九章 明朝时期的法律制度

非出于原告、被告当事人的意思表示，而完全是明朝司法制度的固有程序，所以不同于现代的上诉复审制度。

在明朝以前，已出现这种逐级复审、分层审结案件的制度，但这一制度并不严密，也没有得到严格的执行。

（二）会审制度完备

由朝廷官员会同审理疑难案件是中国历代常有的现象，但明朝使之制度化，发展为一整套会审制度，对于应该交付会审的案件类型、会审的参加人员、判决的刑种等皆有明确的规定。它不仅继承了历史上众官会审疑案、大案的传统，也总结了历代"录囚"、"慎刑"等司法经验。这种制度化的会审主要有以下五种：

1. 热审

热审是在暑热季节来临之前对在押未决囚犯进行清理发落的审判制度，始于明代永乐皇帝在位时期。一般每年小满节气后10余日开始，至6月底止。京城监狱在押囚犯由司礼监太监、锦衣卫官会同三法司堂官进行审理，徒流罪犯减等发落，笞杖罪即时行刑，刑毕释放。事实尚未搞清的疑犯，向皇帝具奏请决。各地方司法机构在押未决囚犯，省城内由巡按御史会同布政使、按察使、都指挥使审理；各府、州、县由分巡道会同知府、知州、知县审理。

2. 朝审

朝审是三法司与公、侯、伯等爵高位重者对已经判决的在押囚犯进行会审的一种录囚制度，是古代录囚制度的延续和发展。它起源于明太祖统治时期。洪武三十年，明太祖命令五军都督府、六部、通政司、都察院、六科给事中等机关在霜降后共同审理刑部在押囚犯，称为"会官审录"。永乐十七年又命令在外死罪重囚急送京师会官审录。明英宗天顺二年（1458年）9月，鉴于"人命至重，死者不可复生"，下令"自天顺三年为始，每至霜降后，但有该决重囚，着三法司奏请，会多官人等，从实审录，庶不冤枉，永为实例"。① 从此，朝审被正式确立下来。清代秋审、朝审皆源于此。

3. 大审

大审是一种定期由皇帝委派宦官会同三法司官员录囚的审判制度，开始于明英宗正统年间，到明宪宗成化十七年成为定例，每5年举行一次。这是明朝独有的一种由宦官指挥司法、会审重囚的制度。大审在清朝被取消。

4. 三司会审

三司会审，是明太祖时期在唐代的"三司推事"基础上发展起来的一种

---

① （清）张廷玉等：《明史·英宗纪》，中华书局1974年点校本。

司法审判制度，即遇到一些重大疑难案件由刑部尚书、大理寺卿和都察院都御史这三法司长官共同审理，会审后报请皇帝批准执行。

三司会审旨在防止刑部独揽审判大权，而三法司之间的相互制约又有利于皇帝从中控制司法权。

5. 九卿会审（圆审）

这是由六部尚书及通政使司的通政使、都察院左都御使、大理寺卿九人会审皇帝交付的特别重大案件或已判决但因犯仍翻供不服之案的一种审判制度，判决须奏请皇帝审核批准。

本章习题

一、选择题

1. 下列关于明《大诰》的说法正确的是（   ）

A. 明《大诰》的法律效力低于《大明律》

B. 明《大诰》的法律效力高于《大明律》

C. 明《大诰》在有明一代成为最普及的法规

D. 明《大诰》体现了朱元璋重典治世的思想

2. 明朝法律形式主要有（   ）

A. 律　　　　B. 诰　　　　C. 例　　　　D. 典

3. 明太祖创制的《大诰》包括（   ）

A. 《大诰武臣》　　　　B. 《御制大诰》

C. 《御制大诰续编》　　D. 《御制大诰三编》

4. 中国法制史上最后一部以"令"为名的法典是（   ）

A. 《唐令》　B. 《宋令》　C. 《大明令》　D. 《大清令》

5. 中国历史上丞相制度的建立与废除分别是在（   ）

A. 秦朝　清朝　　　　　B. 汉朝　明朝

C. 秦朝　明朝　　　　　D. 秦朝　汉朝

6. 撤销中书省的朝代是（   ）

A. 唐朝　　　B. 隋朝　　　C. 元朝　　　D. 明朝

7. 以下关于明朝"废行省，设三司"的评价，正确的是（   ）

A. 是我国古代行政区制度的划时代的变革

B. 通过分散地方的权力来加强中央权力

第九章 明朝时期的法律制度

C. 有利于加强明朝边境地区的军事力量

D. 政府各部门相互牵制，减轻了农民负担

8. 明朝（　　）是监督法律执行、维护封建吏治的最高监察机关

A. 刑部　　　　B. 法部　　　　C. 御史台　　　　D. 都察院

9. 六科给事中始创于（　　）

A. 元　　　　B. 明　　　　C. 前清　　　　D. 清末

10. 明朝制定了许多经济方面的法律，如在明律中详列（　　）

A. 钱法　　　　B. 钞法　　　　C. 盐法　　　　D. 茶法

11. 下列（　　）犯罪，明律量刑比唐律为重

A. 贼　　　　B. 盗　　　　C. 别籍异财　　　　D. 闻父母丧匿不举哀

12. 为防止臣下结党，最早设置奸党罪名的是（　　）

A. 宋刑统　　　　B. 北齐律　　　　C. 大明律　　　　D. 唐律疏议

13. 明朝创设的耻辱刑是（　　）

A. 充军　　　　B. 发遣　　　　C. 枷号　　　　D. 廷杖

14. 明朝中央审判机关是（　　）

A. 大理寺　　　　B. 刑部　　　　C. 都察院　　　　D. 御史台

15. 明初在各乡设"申明亭"，其主要作用是（　　）

A. 征发徭役　　　B. 征收丁银　　　C. 主持调解息讼　　　D. 考察基层官吏

二、思考题

1. 简述明初确立的法制指导思想及主要立法活动。
2. 简述明《大诰》的内容特点及历史评价。
3. 简述与唐律相比，明律在刑事、民事、经济、行政立法方面的变化。
4. 简述明朝司法体制的重要变化。

三、案例分析

太祖惩贪设皮场①

明太祖严于吏治，贪赃至六十两以上者，枭首示众，仍剥皮实草。府、州、县、卫之左特立一庙，以祀土地，为剥皮之场，名曰皮场庙。官府公座旁，各悬一剥皮实草之袋，使之触目惊心……所谓革前元姑息之政，治旧俗污染之徒也。

结合本案理解明初重典治吏的思想和法制实践。

---

① 《廿二史札记》卷三十三。

第十章　清朝时期的法律制度

【重点提示】
清朝立法指导思想的内容；
中华法系走向衰败的根源；
清朝立法中律与例的关系；
清朝在思想文化领域的专制统治；
清朝的秋审制度；
清朝律学发展的特点及内容。

清朝是以满族贵族为主体建立的中国历史上最后一个封建王朝，也是君主专制、中央集权极端强化的时期，其法律制度可以说是中国封建社会集大成者。清朝法制史不仅是清史中的一个重要内容，更是全部中国古代法制史的一个总结性篇章。清朝入关后，为维护其统治秩序，缓和阶级矛盾、民族矛盾，在"详译明律、参以国制"的立法思想指导下，建立了独具特色的法律制度。清朝的法律制度，在整体上继承了明朝的法律制度，体现了儒家传统法律文化的基本精神，保证了中国封建法律制度的延续发展；同时又结合自身特点及社会现状加以修改完善，使之适合清朝统治需要，突出了其民族统治的特色。清朝历268年之久，在法律制度方面遗留下大量丰富的文献档案资料，值得我们认真研究和梳理。

第一节　清代立法概况

一、立法思想

从清太祖努尔哈赤建立后金政权开始，统治者就在思考如何制定新的法律。天聪七年（1633年），文馆大臣宁完我曾就修改《大明会典》一事明确提出了"参汉酌金"的概念："《大明会典》虽是好书，我国今日全照它行不得……况《会典》一书，自洪武至今，不知增减改易了几番，何我今日不敢打动它一字？他们必说律令之事非圣人不可定，我等何人，擅敢更议？此大

第十章 清朝时期的法律制度

不通变之言,独不思有一代君臣,必有一代制作。"他提出"参汉酌金,用心筹思,就今日规模,立个《金典》出来"。所谓"参汉",就是参考以明朝法制为代表的汉族封建法典;所谓"酌金",就是根据时代的进步,斟酌吸收满洲族固有的习惯法。也就是在适合民族传统的土壤上适当地嫁接汉族较为先进的法律制度。"参汉酌金"一经提出,便引起了皇太极的共鸣,一再声称遵循"古圣王之成法"和"古制",即"详译明律,参以国制",他表示:"夫知其善而不能从,与知其非而不能省,俱未为得也。"① 可见,他提倡封建等级伦理道德观念,不断革除满族落后的习俗,从而逐步制定了一系列特色鲜明的法律制度。

二、主要立法活动

(一)《大清律例》

清入关前即有"盛京定例"之说,但内容比较简略,刑罚以大辟、鞭笞为主。入关后,面对尖锐复杂的阶级矛盾、民族矛盾,迫切感到过去的简法旧律无法满足统治的需要,因而于顺治元年(1644年)6月,先行进驻北京的摄政王多尔衮下令"自后用刑准依明律"。② 次年,世祖下诏让"修建官参酌满汉条例,分别轻重差等,汇成一编进览",顺治四年(1647年)编成,文中附有小注,这是清代第一部完整的成文法典。世祖对其非常重视,要求子孙臣民,世世不得修改。但由于制定匆忙,《大清律集解附例》几乎全部照搬明律,凡涉及与满族习惯法相冲突的领域,就不可避免地遭遇到强有力的抵抗和阻挠,满族传统势力依然非常顽固。而且该律是以汉文刊刻颁行,当时多是满族官员把持审判,他们或不通汉文,或不晓法律,以致律中虽有明文,却常常得不到执行甚至更代之以满俗。顺治十三年(1656年)颁行《满文大清律》。

圣祖玄烨继位后,刑部奏请校正律文,康熙十八年(1679年)命刑部将所有旧条新例重新酌定,次年编成《刑部现行则例》,与律并行。③ 康熙二十八年,台臣盛符升就10年实践中暴露出的律例并行的矛盾,上奏说"律例需扫一贯,乞重加考订,以垂法守"。④ 之后,鉴于律例并行的矛盾,康熙下诏将《现行则例》分门并入大清律内,但没有正式颁行,只是为雍、乾二朝制定完善的大清律提供了重要的基础。

---

① 《清三朝实录采要·太宗》卷十八,第13页。
② 《清太祖实录》卷五。
③ 《清史稿·刑法志》。
④ 《清史稿·刑法志》。

世宗继位后，命大学士朱轼等为总裁，以"析异同归，删繁就约，轻重有权，宽严得体"为原则着手修订清律。雍正五年（1727年）颁布《大清律集解》。这部律以顺治律为基础，体例没有变化，重点是对律后的条例作了修订。将顺治律中的321条条例编为"原例"；将顺治、康熙年间所颁条例299条编为"增例"；而雍正年间颁行的204条条例编为"钦定例"，并规定了适用的顺序："刑官遇事引断，由钦定而增例、而原例、而正律。"世宗重视法律宣传，要求《大清律集解》刊布中外后，官员要认真研读，而且自通都大邑至僻壤穷乡，州县官要为父老子弟讲解，使之畏法而重自爱，这样就可以达到听断明于上，谍讼息于下，风俗可正、礼让可兴的统治效果。

高宗继位后，命三泰等为总裁，重修大清律例，对原有律例逐条考证，重加编辑，同时详校定例，折中损益，统名之为条例，并经高宗亲自裁定，于乾隆五年（1740年）完成，定名《大清律例》，刊布中外，永远遵行，成为中国历史上最后一部封建法典。《大清律例》在结构上同于《明律》，分名例律、吏律、户律、礼律、兵律、刑律、工律七律30篇，47卷，30门，律文436条，由于例逐渐增多，遂删去了原例、增例、钦定例的名目，全部分门别类按年代排列于律文之后，共有1049条。律文颁布后不再修改，只用新增例来弥补律文的不足。因此条例不断增加，不可避免地出现了前后抵触，或律外加重，或因例破律，或一事设一例，或一省一地方专一例，甚至因此例而生彼例的现象，为解决上述弊端，乾隆十一年（1746年）确定了5年一小修、10年一大修的修例原则，迄同治九年（1871年）例已增至1892条。此后，国势衰微，内忧外患纷至沓来，定期修律的制度也陷于废弛。

（二）《大清会典》

清朝沿袭明朝制度编纂会典，前后修订了五部。康熙二十三年（1684年），圣祖为了加强行政管理，使国家机关的活动有典有则，在总结行政管理经验的基础上，下诏编写清会典。历时六年完成，史称《康熙会典》。按以官统事、以事隶官的体例分列宗人府、内阁、吏、户、礼、兵、刑、工六部、理藩院、都察院、通政使司、内务府等机构，具体规定了各机构的职掌。职官、办事细则等，后面还附有相关的则例。之后，雍正、乾隆、嘉庆、光绪年间又分别修订了会典，统称为《大清会典》。乾隆时期，为使典例不相混淆，将附于会典各条之下的则例分出编订，编成《乾隆会典》和《乾隆会典则例》，嘉庆、光绪沿袭此变化。至《光绪会典》，有正文100卷，事例1220卷，附图270卷，形成规模宏大、体例严谨的一部典章制度的全书。

（三）各部院则例

则例是指衙门中经办的由一定典型性并经诏准的章则事例，是各衙门办事

第十章 清朝时期的法律制度

的依据和重要法律形式。清朝为使各部院政务活动规范化，责成各部院纂修则例，是清朝行政法律的另一重要成就。重要的则例有以下数种：

《钦定吏部则例》，是官员清朝中央行政机关的职掌和职官任用管理方面的法规，雍正十二年（1734年）编成，乾隆、嘉庆等朝都有修订。

《钦定户部则例》，是关于户部的职掌和清朝的户口、田赋、库藏、仓庚、漕运、盐法、参课、钱法、关税、禀禄、兵饷、蠲恤、杂支等方面的法规。乾隆四十一年（1776年）编成，后来有多次修改。

《钦定礼部则例》，是关于仪制、祠祭、主客、精膳等国家礼仪方面的法规。乾隆三十五年（1770年）编成，嘉庆、道光时增修，同治、光绪两朝又有续修。

《钦定中枢政考》，是关于军事行政管理方面的法规。康熙十一年（1672年）由兵部编成，主要内容是武职品级、升迁和军政事宜。雍正、乾隆时期修订，嘉庆时按内容分为《八旗则例》、《绿营则例》、《处分则例》三部，道光朝又有修订。

《钦定工部则例》，是关于营缮、船政、河防、水利、军器等方面的规定。乾隆十四年（1759年）编成，嘉庆、光绪朝又有修订。

此外，清代还有《理藩院则例》、《宗人府则例》、《兵部督捕则例》、《钦定学政则例》、《钦定赋役全书》、《科场条例》等多种则例类型的法规。

（四）少数民族地区立法和省例

清朝作为少数民族入主中原建立的政权，非常重视统治其他少数民族地区，在吸收和借鉴其他朝代管理少数民族经验的基础上，清朝确立了以蒙古部落为屏藩，"因俗而治"、"不设边防"的指导思想，在立法上强调"修其教不易其俗"，尊重少数民族的习惯风俗。法典主要有在北方蒙古族聚居区适用的《蒙古律例》、在西北回族聚居区适用的《回疆则例》、在西南苗族聚居区适用的《苗律》、在宁夏、青海、甘肃地区少数民族适用的《西宁番子治罪条例》、西藏地区适用的《钦定西藏章程》等，其中最重要的是嘉庆十六年（1817年）在《蒙古律例》的基础上编纂的《理藩院则例》，6年后刊刻颁行。理藩院前身是崇德三年（1638年）成立的蒙古衙门，主要是负责蒙古族的行政事务，同六部、都察院合为八大衙门，随着对西北西南各地区的政治统一，其管理逐步由蒙古扩大到新疆、青海、西藏、四川、云贵等少数民族地区，有权处理这些地区的行政、司法、贡纳、文字等事务。

《理藩院则例》共64卷，713条，分通例和旗分两大部分。通例分上、下两卷，规定了理藩院及其所属和下属机构的编制与职掌；旗分有五十门，包括旗分、品秩、袭职、职守、设官、擢授、奖惩、比丁、地亩、仓储、征赋、俸

第十章 清朝时期的法律制度

银、俸缎、禀饩、朝觐、贡输、宴赉、扈从、仪制、印信、婚礼、赐祭、旌表、优恤、军政、会盟、邮政、边禁、人命、强劫、偷窃、发冢、犯奸、略买略卖、首告、审断、罪罚、入誓、疏逃、捕亡、监禁、递解、留养、收赎、遇赦、限期、杂犯、喇嘛事例、西藏通例、俄罗斯事例，其主要内容是有关蒙古民族事务的规定和西藏、西北地区的民族事务的规定。《理藩院则例》是清朝民族立法中内容最为丰富的一部民族法规，也是使用地区最广泛的一部以行政法为主体，诸法合体的民族法典，堪称中国民族立法史上的集大成之作。

清朝民族立法，具有非常明显的特点：第一，在继承历代民族立法的基础上，体系更为严整，内容更为规范，作用更为明显，可以说是中国封建时代民族立法发展的顶峰。第二，贯彻因地制宜、缘俗为治的原则，不同地区、不同时期的立法，各有明确的针对性，因而也各具特色。第三，以加强中央集权为主线，用法律的形式强化清政府对少数民族聚居地区的行政管辖、军事管辖、司法管辖，将中央与地方的权利义务关系，纳入法制的轨道，形成了前所未有的巩固的统一多民族国家。

清朝统治时期幅员广大，各地经济发展极不平衡，风俗民情也有很大差别，因此，省例应时而生。现存省例有《治浙成规》、《西江政要》、《福建省例》、《广东省例》、《粤东省例》、《江苏省例》、《四川通饬章程》、《湖南省例成案》等数十种。作为补充律例的一种独立法律形式，省例的地位和效力得到清朝中央政府和当地社会的普遍承认，在各地司法、行政活动中具有重要作用。

三、清代法制的基本特点和历史地位

清朝经过康、雍、乾三朝100余年相对稳定的统治，无论经济、政治、文化都取得了超越前朝的明显发展。与此相适应，清朝法制最基本的特点就是法律的完备性，主要体现在以下几个方面：

首先在立法上，随着统一多民族国家的稳定，在全国范围内建立了空前统一的法律秩序。其立法之详密，制度治完备，程序之健全，均达到了中国封建法治史上的高峰。

其次在法律内容上，全面维护和加强专治主义统治，确保以皇权为枢纽的国家机器的运转，除此之外，法律调整的范围也从政治到军事，从经济到文化，从生产到生活，从家庭到个人，从宗族到民族，从学校到寺庙，无一不包罗其中。

最后在司法制度上，从中央到地方形成了完备的司法机关体系，审级清晰，管辖分明，并深入少数民族的聚居地区。就诉讼而言，建立了一套严密的

程序。就审判而言，死刑的复核复审，达到了相当完备的程度。在民事诉讼和轻微刑事案件的调处息讼，也已规范化，并占据很高的结案比例。清朝也发展了以例断案的传统。但是，条例纷繁也便于官吏任意援引，以行其司。还在康乾盛世，就出现了"则例纷纭，胥吏欲轻则有轻条，欲重则有重款，事同法异，总缘多立名色，便于高下其手"①的现象。康乾以后，尤为严重。

1840年以后，中国处于社会大转折时期。封建法制在封建经济基础已经动摇的条件下逐渐解体，外国法通过不同的渠道开始输入中国。它所引起的变化集中表现为19世纪末20世纪初的变法修律上。因此可以说，清朝的法律建设不仅是传统的封建法制的最后形态，而且开创了近代法制历史的先河。

第二节 清律的主要发展变化

一、行政立法

（一）行政管理体制

1. 中央行政管理体制

清朝中枢决策机构，先是内阁，后被军机处取代。顺治十五年（1658年），参照明制，正式改内三院即内翰林国史院、内翰林秘书院和内翰林弘文院为内阁，其职责主要是充当皇帝的顾问，为皇帝草拟旨令、处理公文，将皇帝的旨令随时报转六科，抄发各部院执行，操办隆重的典礼和祭祀活动以及组织修书整理档案等。为避免内阁权力过大，康熙时设有南书房以牵掣内阁。雍正继位后，因西北用兵而设立军机房，作为处理军务的临时机构，但战争结束后，不但没有撤销军机房，反而改为军机处，成为代替议政会议、凌驾于内阁之上、直接听命于皇帝的御用机构。军机处的建立，不仅侵夺了内阁对重大政务票拟批答的职权，而且有权修改内阁的票拟。军机处起草的诏拟，有的先下内阁，以次及于部院，称"明发"②；有的不经过内阁由军机大臣封缄严密、由驿传递直达督抚，称"廷寄"③。地方督抚的奏章也经由军机处直达皇帝。军机处既无公署，又无专官，其官吏是在满、汉大学士、尚书、侍郎等官员中特选，皇帝召见时，值班防范严密，不得有太监在侧。总之，军机处是封建专制主义中央集权制高度发展的产物。

---

① 《康熙实录》卷三十三。
② 《清稗类抄·爵轶类》，第21页。
③ 昭梿：《啸亭杂录》卷一，第13页。

此外，清朝也沿用了前朝的六部、六寺、二监和三院等机构。六部即吏、户、礼、兵、刑、工部，分设满、汉尚书各一人，满、汉侍郎各二人，还有郎中、员外郎、主事等官吏，但实权掌握在满族官吏手中。六部的长官对皇帝负责，只有奏请皇帝颁发诏谕的权力，不能向地方官吏直接发布命令。三院即都察院、翰林院、理藩院。都察院主要掌握监察各级官吏的违法事宜；理藩院主要管理少数民族事务；翰林院负责稽查史书、科举考试等。寺包括负责复查和审核案件的大理寺、主管宗庙祭祀和礼乐的太常寺、负责外廷宴会和祭品的光禄寺、掌管马政的太仆寺以及承担殿廷朝会和外交的鸿胪寺。监即国子监和钦天监，前者为贡生读书的最高学府，后者是天文科学机关。此外还有专管皇族事务的宗人府、专管宫廷事务的内务府和皇太子的参谋机构詹事府，三府都是直接服务于朝廷的事务性机构。

2. 地方行政管理体制

清朝地方政权机关分为省、道、府、县四级。省为地方最高一级的行政单位。最高长官为总督和巡抚。和明朝临时委派不同的是，在清朝督抚已经正式成为省一级的最高行政官员，并多由满人担任此要职。在全国共设 10 个总督，每个总督管辖二省或三省；总督之下设巡抚，一省派遣一员。督抚之下设有管理全省民政财政的布政使司和掌管全省司法刑狱的按察使司。

省之下设道。长官称为道员，或尊称"观察"，分为"守道"和"巡道"。守道由道员驻守在一定的地方，专管钱谷政务；巡道是由道员分巡某一片地方，职掌刑名案件。道员有权节制境内都司以下的武职官员，负有监察地方府以下各级行政机关的权力。此外还因事设有专职性道员，如粮储道、盐法道、海关道、茶马道、兵备道等。

道下为府，行政长官是知府，管辖所属州县，宣布国家政令，考核所属官吏，治理百姓，职掌司法，征收赋税等。与府同级的有厅和州。由于知府以下的各官经常被派出专管某地，其办公处所"厅"也随之演变成一个固定的行政单位，另外在不宜设州县的少数民族聚居地区也设厅作为变通之策。厅分直隶厅和散厅两类。前者直属于布政使、按察使和道；后者隶属于府，与州县平级。州是根据当时的客观需要而设置的一个府属行政单位，有直隶州和散州之分。

府下为县。设知县职掌全县的政令、赋役、户籍、诉讼、文教。知县下设县丞、主簿、典史等属官，县下辖最基层的乡、里。

3. 监察机关

清代沿袭明制，中央最高监察机构仍为都察院。乾隆十三年（1748 年）以左都御史（满汉各一人）和左副都御史（满汉各两人）执掌都察院，右都

第十章 清朝时期的法律制度

御史和右副都御史作为地方总督、巡抚的兼衔。都察院统管全国行政监察，下辖六科、十五道、五城察院和御史处。六科给事中和十五道（清末因省区增加而有二十二道）监察御史合称"科道"。雍正元年（1723年），由于六科官员经常沿用明末陋习，结党营私，干预朝政，雍正皇帝力排众议，下令将六科并归都察院管辖，自唐朝以来"台"、"谏"并列的体制，至此合而为一。五城察院设于顺治朝，是专司稽查京都的机构，长官为巡城御史。京都御史处包括宗室御史处和稽察御史处，前者专门负责稽察宗人府的事务，后者主要负责督察内务府各寺、院的钱粮数目、库存资财等。

（二）职官管理制度

1. 职官的铨选

清朝仍以科举考试作为选官的正途。参加科举考试取得举人或进士头衔者，只是取得了做官的资格，文、武官员还要分别通过吏部和兵部的考试，才能取得实际的官位官品。考试内容沿用明代死板、僵化的八股文，统治者"非不知八股文为无用，特以牢笼人才，舍此莫属"。在正科外，根据社会的需要，增加特科，如"博学鸿词科"、"经济特科"、"孝廉方正科"等。除科举外，还有两种非正途的入仕方式：捐纳和荫生。捐纳即捐钱买官的制度，可以捐在任的官缺，也可以捐国子监的贡生和监生出身，或捐官衔、封典等荣誉。捐纳可以捐金银，也可以捐粮、草料或捐牛马、骆驼等。捐纳在为政府带来巨大财政收入的同时，也加速了吏治的腐败，正如当时人所言："因捐一州县，所费无多，有力者子弟相沿，争为垄断，无力者贷而至，易于取偿。官不安于末秩，士不安于读书，众志纷然，群趋于利，欲其自爱，其可得焉？""捐途多而吏治益坏，吏治坏而世变益亟，世变亟而度支益蹙，度支蹙而捐途益多，是以乱召乱之道。"荫生分恩荫、难荫和特荫三种。恩荫是依靠父祖的功劳而获得官位的制度，主要适用于三、四品以上的高级官员的子孙；难荫是指殁于王室的官员，可荫一子入监读书，期满根据父辈的品级授予官职；特荫指功臣子孙或无官职，或品级卑微，可以送部引见加恩赐官。①

2. 职官的考核

清初曾模仿明代实行考满法，康熙四年实行清代的考绩法，分京察和大计两种。京察是对京官的考核，每3年举行一次，根据官员品级的高低分等进行。三品以上的官员以及各地总督和巡抚先由官员本人自陈，再由吏部填写履历列题，等候皇帝决定。四品以下的官员，先由各衙门注考，然后由吏部会同大学士、都察院、吏科、京畿道实行复议，决定其考绩等第，再造册上报皇

---

① 《清史稿·选举志》。

帝。大计是对外官的考核，也是每3年一次，布政使、按察使是朝廷派驻地方的重要官员，由督抚考核后，送吏部会府具题造册审察，然后上奏皇帝。府尹以下官员，先由府尹分别考绩，上报所属的督抚官员，然后再上报吏部，由吏部汇总送都察院复审，并报知皇帝。州县官由州、县正官申送本府、道考核，教官由学道考核，转呈布、按复考，督抚核定，咨达部、院。

无论京察与大计，考核的标准是统一的，均为"四格"、"六法"。所谓四格是才（长、平、短）、守（廉、平、贪）、政（勤、平、怠）、年（青、中、老）。所谓六法是不谨、罢软无为、浮躁、才力不足、年老和有疾。京察的结果合格者分为三等：称职、勤职和供职；大计的结果合格者分为两等：卓异和供职。卓异指政绩突出，凡"无加派、无滥用、无盗案、无钱粮拖缺、无亏空仓库银米，境内民坐所得，地方日有起色"者，均可定位卓异。供职是指无功无过，政绩平庸者。定为卓异者，要特报督抚，并转呈吏部，上报皇帝，给予奖赏和晋升。考核不合格者，对不谨、罢软者给以革职处分，对浮躁者降三级调用，对才力不及者降二级调用，对年老有疾者令其退休，为官贪、酷者，令其治罪。个别情况还有罚俸的处分。

3. 职官的致仕

清朝的致仕年龄为60岁，未及60岁但因父母年老请求致仕者，名为终养。官员致仕，有世职者，照品给俸，无世职者，仍给半俸。但因疾辞仕者，不给俸。对于国家重臣退休，则给全俸。大臣告老休致，朝廷或升秩加衔，或赐袍服文绮、御制诗篇，或官其子孙，以奖励官吏为国家效忠。

二、刑事立法

清朝统治者继承了汉代以来德主刑辅、明刑弼教的刑法指导思想，依然遵守"八议"等级特权制度，但是却缩小了"八议"的范围，并且极力维护满族贵族的特权。

（一）刑罚制度的变化

清朝依然沿用隋朝以来笞、杖、徒、流、死的五刑制度，但具体适用上有一些变化。笞杖刑可折为板责，顺治时，以五折十，康熙时又改为以四折十，并减去不够五的零数。这样，笞十至五十，依次折责为四、五、十、十五、二十。杖六十至一百依次折责为二十、二十五、三十、三十五、四十。徒刑的执行一般是"发本省驿递，其无驿县，分拨各衙门充水火夫各项杂役，限满释放"。① 徒刑一年至三年五等，分别附加杖六十至一百，每等递增十杖。流刑

---

① 《清史稿·刑法志》。

第十章 清朝时期的法律制度

二千里至三千里三等，每等附加杖一百。乾隆年间编订了《三流道里表》，详细规定了流犯应发往何省何府属安置，应如何计算里数，限定地点等，从而使流刑的适用更为明确。死刑无论绞或斩都分立决和监候两种情况。前者是指一经皇帝批准，立即执行，又称决不待时，后者是指留待秋后，经秋审大典再决定是否执行死刑。

除正刑外，清朝还利用一些法外酷刑。主要有充军、发遣、迁徙、枷号、刺字及凌迟、枭首、戮尸等。充军是明朝创立的，清朝继续沿用，重于流刑，分为五等，即附近（二千里）、近边（二千五百里）、边远（三千里）、极边、烟瘴（均四千里）。发遣为清朝所创，重于充军，即将罪犯发往边疆地区，为驻防官兵充当奴隶。迁徙是将罪犯强制迁往千里之外安置。被处以这三种刑罚的罪犯可以带家属前往服刑，不遇恩赦准许，终生不能返回原籍。枷号是一种侮辱体罚性质的附加刑，主要适用于犯奸、赌博、逃军、逃流或窃盗再犯等罪，是让犯人带上重枷站在城门、衙门等公众聚集或来往之地以示众。枷重者达35斤，枷号时间由三五日至半年、一年。刺字刑也是一种侮辱性的附加刑，起初只适用"窃盗"与"逃人"，后来范围逐渐广泛，所刺内容有事由、地方等，并有分刺满、汉文字者。刺字的部位也因犯罪的性质不同而有所不同，所谓"初刺右臂、次刺左臂、次刺右面左面"。死刑方面依然沿用了前代的凌迟、枭首、戮尸等酷刑。

（二）刑罚原则的特点

清朝作为满洲贵族建立的封建王朝，必然会赋予旗人各种法律特权。《大清律例》规定旗人犯罪享有"换刑"、"减等"的特权。所谓换刑即"凡旗人犯罪，笞、杖、各照数编责。充军、徒、流，免发遣，分别枷号。徒一年可换成枷号二十日，每等增加五日；流二千里可换成枷号五十日。每等也增加五日；充军附近者，枷号七十日，近边、沿海、海外者，八十日；极边烟瘴者九十日"。皇族亲贵犯笞杖轻罪可换成罚养赡银；若犯枷、徒、流、充军重罪可换成板责加圈禁。减等是指在审判量刑时可以直接减一等处刑。例如旗人犯死罪应该斩立决的可以减为斩监候。此外，在刑罚的执行上，满族犯人与其他民族的犯人也区别对待，满人不入普通监狱，一般满人入内务府监所，宗室贵族则入宗人府空房。

在明朝重视思想专制的基础上，清朝进一步加强了思想文化领域内的专制统治。清初刑事政策的矛头直指思想文化领域。由于是少数民族政权，所有清政府钳制汉族士大夫的思想文化，扼杀任何可能出现的反清思想，以巩固本民族统治。一方面在科举考试内容上提倡僵化的程朱理学，遏制知识分子自由思想的出现；另一方面大兴文字狱，搜缴各类所谓"反清"或"异端悖逆"的诗作及书籍，对作者及干系人施以重刑，严禁汉族士人结社订盟及聚社讲学。

历史上将因著书、作文、吟诗、上疏等在文字上触犯了统治阶级而招致灾祸，被捕入狱，甚至被处死、戮尸、株连亲属的案件称为"文字狱"。清康熙、雍正、乾隆三代大兴文字狱，仅有案可查的就有上百件，被处死刑者200多人，受株连而被处刑者不计其数。兹举数例：

康熙二年（1663年）"明史案"。明朝相国朱国桢系浙江吴兴县人，著有《明史》。明亡后，朱氏家道中落，其家人以稿本质千金于当地富商庄廷龙。为求文名，庄获稿后改署自己名字而刊刻发行，并补崇祯一朝事，其中多有指斥满人的话。康熙二年，吴兴知县吴之荣因错罢官，为图再起，谋以告奸邀功，因向将军松魁告发。由于该书是明朝人原著，记载了满族新兴时的一些情况，以及当时满族和明朝廷的关系，如记载满族首领努尔哈赤（清太祖）曾为明建州卫左都督等。案发后，庄廷龙虽已死，但仍被剖棺戮尸，"寸斩其尸"，子侄18口被斩首，为此书作序的旧礼部侍郎李令哲被处死并及其4子，此案株连被杀者达70余人，被发遣充军的有700家。

康熙五十年（1711年）"南山集狱案"。戴名世系安徽桐城人，早年聪颖，好读史书，尤留心有明一代史事，访明季遗老，考求故事，兼访求明季野史，参互考订，以期后来成书而藏之名山。康熙四十一年，其门人刊刻其平生所著文稿行世，名曰《南山集》。其中收有桐城方孝标所著《滇黔纪闻》及门人余湛所书明末桂王时之史事。7年后，戴名世在殿试中获一甲第二名，授翰林院编修。康熙五十年，左都御史赵申乔据《南山集》参奏戴名世"私刻文集，肆口游谈，倒置是非，语多狂悖"。经刑部审讯，查得"戴名世书内，欲将本朝年号削除，有大逆等语"，应即行凌迟。已故方孝标《滇黔纪闻》内亦有大逆等语，应戮其尸骸。其年16岁以上的男性亲属都被斩首，女性亲属及16岁以下的男性俱为奴，此案牵连达数百人，是康熙朝最大的文字狱案。

雍正六年（1728年）"曾静案"。湖南永兴人曾静著《知新录》，发挥浙江人吕留良《晚村文集》反清、反君主专制的思想，并派遣徒弟张熙去游说陕甘总督岳钟琪反清，被岳告发。雍正亲自主持此案的审理，将审讯记录与曾静的悔过书等编为《大义觉迷录》，逐条批驳吕留良、曾静的学说，发行全国，以图肃清影响。吕留良早已病死，开棺戮尸。族人、学生牵连受刑，孙辈发遣为奴。曾静、张熙以悔过不杀，但乾隆帝登基后立即处死两人，并收缴《大义觉迷录》。

乾隆四十二年（1777年）"字贯案"。江西人王锡侯著《字贯》，对《康熙字典》有所评改，并开列了康熙、雍正、乾隆三朝皇帝的名字。被告发后，乾隆帝亲批"此实大逆不法，为从来未有之事，罪不容诛"。王锡侯被判斩立

第十章 清朝时期的法律制度

决,为《字贯》作序、刊行者均被株连,两江总督以下各级官员都因为未能及时发现而遭到弹劾。

乾隆帝虽多次自诩"不以语言文字罪人",但事实上乾隆一朝正是清代文字狱的高峰,往往一字一语锻炼成狱。由于清律中并无适用文字狱的法律条文,而是引用"大逆"的条例定罪,因此,一案构成,就意味着毁家灭族的惨祸,即使案发时未出世的子孙,也要世代为奴。所以清代的士子们不敢轻易发表观点,只好关起门来,埋首经史考据,思想界毫无生气。

此外,乾隆朝时还借修《四库全书》的名义,大肆搜查民间藏书,触犯忌讳的文字,被大量删削、伪造、歪曲和篡改,甚至大规模销毁。据不完全统计,这一时期下毁书令24次,毁书3000种、六七万部,企图加强在思想文化领域的专制主义统治。

为了防止汉族人民利用宗教或结拜兄弟等形式聚众反抗,乾隆定例:"凡异姓人歃血订盟结拜兄弟者,照谋叛未行律,为首者拟绞监候,为从,减一等。若聚众至二十人以上,为首者绞决,为从发云贵、两广极边烟瘴充军。其无歃血订盟焚表情事,只序齿结拜兄弟,聚众至四十人以上,为首者拟绞监候,四十人以下二十人以上,为首者杖一百,枷号两个月,为从,各减一等。"这是少数民族政权为维护统治必然采取的措施。

清朝仿明制,严禁内外官员交结。规定凡内外官员,除非至亲好友世谊乡情以外,禁绝来往交结。即使各族王公所属人员,现居外官因事来京,也不许谒见本管王公,违者从重治罪,该管王公也一并惩罚。此外还禁止京官与家资富厚之人滥行接纳。定为"奸党"罪者,仿明制一律处斩刑。显而易见,这些都是着眼于加强专制主义中央集权,严防威胁皇权的权臣奸党。

清朝统治者还吸取明代宦官专权而误国的教训,严禁宦官参与政事以及和大臣朋党。早在顺治时就特立铁牌,太监如接纳官员,擅奏外事者凌迟处死。同时,允许地方官员监督外出的太监,如乾隆时热河巡检张若瀛杖责不法太监,特旨擢升七级。以后继位的皇帝都严防宦官擅权,终清之世,除晚清个别时期外,太监没有像明代那样把持朝政。

雍正七年(1729年),清朝第一次颁布禁烟令,规定贩卖鸦片烟者照收买违禁货物例,枷号一个月,发近边充军;私开鸦片烟馆引诱良家子弟者,照邪教惑众律拟绞监候,为从杖一百,流三千里。嘉庆年间,先后颁布了10余道有关禁烟的法令,规定了吸收鸦片的罪名和罚则,禁止外商进行鸦片交易。道光元年(1821年),为防止外商交易中夹带鸦片走私,规定:"凡洋艘至粤,先由行商出具所进黄浦货船并无鸦片甘结,方准开舱验货。其行商容隐,经事后查出者,加等治罪。"道光十九年(1839年)5月,经大学士、军机大臣会同宗人府及各衙门详议奏闻，真宗批准，颁行《严禁鸦片烟章程》，总结了自雍正以来反鸦片立法的经验，是中国禁烟运动的法律武器，可惜鸦片战争的失败，使得这个法规也化为一纸具文。

三、民事经济立法

（一）民事法律规范

从西周奴隶制民法初型确立算起，到清朝康乾盛世修订具有单行民法性质的《户部则例》，中国古代民事制度的产生与发展已近三千年之久。清朝民法既是中国古代的最后形态，又是向现代民法转型的过渡形态，因而在中国刑法史上具有承前启后、继往开来的重要地位，并且呈现出一些新的特点。

1. 民事法律的渊源

尽管封建的清王朝没有制定出一部单一民法典，但以朝廷和地方各级制定法为主，以习惯法为辅，形成了一个多层次、多方位、内容宽泛的民事立法体系。其民法的法律渊源主要有制定法和习惯法。制定法主要包括《大清律例》、《五朝会典》、《户部则例》、《谕示》，地方性法规如《福建省例》、《晋政辑要》等；习惯法具有属人、属地的特性，反映了历史的延续性和浓厚的乡情、亲情，所以在适用上较之国家制定法更富有针对性，而且易为群众所接受，调整更为有效，内容主要有族规、乡规民约、民间习惯、行会惯例等。

2. 各阶层法律地位

（1）特权阶层

特权阶层主要包括贵族、官僚士大夫、缙绅地主及旗人。满洲贵族有宗室和觉罗。宗室是努尔哈赤的本支子孙，系金黄色带子为标志，觉罗是努尔哈赤叔伯兄弟的子孙，系红色带子。汉族功臣贵族在清初曾封"王"，自平定"三藩"之乱后则只有公、侯、伯、子、男等爵位，其中孔府衍圣公地位煊赫。贵族享有种种特权，并封以一定地区的赋税收入。

贵族宗室以下，满、汉职官形成了一个庞大的官僚集团，他们享有种种法定特权，以民事诉讼为例，凡"争论婚姻、钱债、田土等事，听令家人告官对理，不许公文行移，违者笞四十"。除现任官外，"以理去官"的非现任官、致仕官、赴部候补官、封赠官等，均属于官僚缙绅之列，与现任官一样享有法定特权。

缙绅地主是指取得功名的举、贡、生、监或捐有虚衔，但没有出仕的大地主阶层，在法律上享有特权，如赋役方面。他们虽不直接出仕，但可以通过其他途径插足官场事务。他们或与同年故旧联络声援，或与地方官结纳，成为不可忽视的地方势力。地方官府的钱粮、词讼、是非评判等，往往由缙绅实际操

— 301 —

第十章 清朝时期的法律制度

纵,正如时人李在其《牧沔纪略》中所评论的那样:"绅士视官不足轻重,是以地方公事之权均在绅士之手,官不过为绅监印而已。"

关外时期满族人被编为正黄、正红、正蓝、正白、镶黄、镶红、镶蓝、镶白八旗。八旗是一种军事、行政、生产合一的制度,战则分旗出征,居则按旗农耕。其成员统称为"旗人"。入关后,旗人成为特权阶层。军事上废除明代"军户"制,改由八旗子弟充任的"八旗兵"为驻防部队,驻守京师地区及全国重要城市。政府在各地圈占土地供给旗人耕种,号为"旗地"。政治上汉人必须通过科举才能步入仕途,而满人无此要求。为保证满族贵族的优势,又实行官缺制,有"满官缺"和"汉官缺",不同的官缺由不同民族的人来担任,满官可以补汉官缺,而汉官不可补满官缺。一些重要部门,如理藩院、宗人府、储存火药、兵器、钱粮的府库等全为"满官缺",地方督抚司道也多为"满官缺",而一些地方卑微的官职,如迎来送往的驿丞等则全为"汉官缺",并严格实行以满官监督汉官的制度。

(2) 平民阶层

平民阶层包括庶族地主、自耕农、佃农、雇工和商人等。庶族地主是清代的中、小地主,是地主阶级中数量最众的一个阶层,其在法律上属于不享有特权的凡人,即享有完全的民事权力能力。他们财产的积累一般都经历了一个较为漫长的过程。经过明末农民大起义之后,清初的土地占有关系发生了新的调整,一部分自耕农凭借优势跃为地主阶层。清朝实行鼓励垦荒政策,使自耕农的数量大大增加,扩大了参与民事活动主体的范围,在商品经济的冲击下,自耕农更多地参与到典卖、抵挡、借贷、买卖等民事法律关系中。佃农是农民阶层中人数众多的阶层,他们一般可以离开土地,自由迁徙,不再牢固地附着于土地。他们与地主在法律上是平等的纳租者和收租者的契约关系,"平日共坐同食,彼此平等相称,不为使唤服役,素无主仆名分"。① 雇工主要是失去土地或部分失去土地的农民,因无法维持其生产的经济和基本生活,必须靠出卖劳动力过活,雇工对雇主没有人身依附关系,双方之间可以自由选择,雇工的工作、工钱以及雇佣时间长短都由双方议定,是一种较自由的买卖关系,雇工出卖的是劳动力而不是人身。清代商人也属凡人之列,是民事法律关系的主体。尽管清朝没有也不可能彻底改变重农抑商的传统政策,但现实中国家财政对工商业的依赖,又使他们不得不重视工商,如雍正所言:"朕视民商,皆属一体,士农工商,虽各异业,皆系国家子民,理当一视。"乾隆帝亦有"商民皆为赤字"的御言。统治者对商人政策的宽容,使得大商人取得了日益

---

① 《大清律例·户律·私债》。

显赫的社会地位，而且出现了一批较大的商号；而小商人阶层在清代也发展迅速。

(3) 贱民阶层

据《大清会典》记载："奴仆及倡优隶卒为贱"；"凡衙门应役之人……其皂隶、马快、步快、小马、禁卒、门子、弓兵、仵作、粮差及巡捕营番役，皆为贱役。长随亦与奴仆同。"此外，个别地区的惰民、丐户、九姓渔户、疍户、世仆等，也被当作贱民，列入贱籍。他们没有人身自由，法律地位极为低下，尤其是奴婢，"律比畜产"，听凭主人任意役使和处置。即使因某种原因被允准解除奴籍、收入民籍的奴仆，与一般民人仍有一定区别。如科考方面规定，奴仆为民人后，其本人仍不能参加科举考试，更不能为官，至子孙辈方准许。雍正废除了乐户、蜑户、惰民、丐户、户籍，将贱民身份一次取消，让他们成为与其他良民平等的平民。对于奴婢，康熙允许八旗内部放奴为民，把奴婢的户籍转为地方民籍，允许奴婢赎身为民。乾隆皇帝后来也规定在主家服役三代以上的奴婢世仆，可以放免。到清末宣统时期，清政府规定要求放出奴婢，禁止奴婢买卖，无力赎身的以雇工论，奴婢的解放好像慢了半拍，但毕竟作为中华民族国粹的贱民制度，终于敲响了丧钟。

3. 物权

和前朝相比，清代物权的不同之处主要是两个方面：

(1) 设置和保护旗地旗产

清初为解决大量涌入关内的满族贵族及八旗官兵对土地的需求，顺治元年（1644年）十二月下令在京城附近圈占土地："我朝建都燕京，期于久远，凡近京州县民人无主荒田，及明国皇亲、驸马、公、侯、伯、太监等死于寇乱者无主田地甚多，尔部可概行清查，若本主尚存，或本主已死而子弟存者，量口给予，其余田地，尽行分给东来诸王、勋臣、兵丁等。"① 顺治二年、四年又两次下令圈地，并将圈占范围扩大到距京城方圆数百里之内。虽然名义上只圈占无主荒田和前明贵族之田，但实际上大量民田被圈占或被强行调换。

圈占所得土地即赐予满洲贵族、官员、兵丁，通称"旗地"。旗地名义上属于国家，原则上不许随意转让，尤其禁止汉人买卖、典当旗地。康熙、雍正等都发布上谕禁止买卖旗地，"八旗地亩，原系旗人产业，不准典卖与民，自有定例"②。清律还规定了"私相授受"罪，处罚典买旗地旗产的犯罪行为，对已典卖的旗地，由官府出钱将其赎回，交与原主；若赎回而又复卖者，则将

---

① 《大清律例·户律·田宅》。
② 《清朝文献通考·天赋考·八旗田制》。

第十章 清朝时期的法律制度

地亩入官,归国家所有。随着满汉之间的经济交往日益频繁和满汉民族的相互融合,加之一些旗人日益腐化没落,难以维持生计,不得不典卖田产。咸丰二年(1852年)颁行《旗地买卖章程》,规定"除奉天一省旗地盗典盗卖,仍照旧例,严行查禁外,嗣后,坐落顺天、直隶等处旗地,无论老圈、自置,亦无论京旗屯居及何项民人,俱准互相买卖,照例税契升科;其从前已卖之田,业主、售主均免治罪"。从此,旗民交产的禁律只是在大清律中保留,实际上废弛不行。

(2)典权制度的发展

清代进一步明确了典的性质。乾隆十八年(1753年)条例规定:"嗣后民间置买产业,如系典契,务于契内注明回赎字样;如系卖契,务于契内注明永不回赎字样。"并规定在这之前旧有契约如果没有明确注明是否回赎,30年以内的可以回赎或由典权人再向原业主支付一次"找价",所有权转归典权人;30年以上的,尽管没有写明是绝卖或注明回赎,仍不得再请求找价或回赎,从而确定以是否允许回赎为典当与买卖的重要区别标准。另外,在契约成立的程序上也有所不同,规定"凡民间活契典当田房,一概免其纳税",即典契不必经官府加盖官印,不必缴契税,也无须过割赋役。但清末出于财政考虑恢复了对典契征税。

明朝法律对典的回赎年限无任何规定。清乾隆三十五年(1770年)事例规定典当契约以10年为限,10年后如出典人无力回赎,即丧失回赎请求权,不动产转归典权人所有。后被加入《户部则例》中。

清代还明确了房屋出典后的风险责任问题。乾隆十二年(1747年)定例规定,出典的房屋若失火烧毁,在年限未满的情况下,由双方各出价一半合伙重建,典期延长3年,3年后业主仍以原典价赎取;如果业主无力出资,由典主单独出资建造,典期仍延长3年,但3年后业主应按原典价的140%取赎;相反,若典主无力出资,由业主自建,则原定期限满后,业主可以按原典价的60%取赎。在出典年限已满的情况下,典主单独建造,仍加典3年,业主按原典价的140%取赎;业主自建,按原典价的50%取赎。若双方均无力重建,则应将地基出卖,得价的1/3归还业主。

4. 契约之债

清代商品经济的高度发展和财产关系的日益复杂化,使得私人之间订立契约关系已成为社会生活中的普遍现象。清代契约制度已经发展到很高的水平。官版契纸均印有规格样式,只要立约人照格式填写即可。《写契投税章程》规定:"民间嗣后买卖田房,必须用司印官纸写契。违者作为私契,官不为据。"官府特别强调使用官契订立契约,但是民间按照习惯私立契书的现象仍时有发生。对于这种私契，官府的态度是，如果粘贴有契尾并加盖有纳税凭证的印花，一般也对其法律效力予以承认。清代书面契约的成立，还要求有中人或保人的附署。中人主要是买卖、典卖契约中的附署人。在契约成立过程中，中人起介绍引见、说合交易、议定价金的作用，同时起到契约订立的见证人的作用。保人主要是借贷、租赁契约中的附署人。在契约订立和履行的过程中，其作用是保证契约的履行。如义务人不能按所订契约履行义务，保人负有督促的责任，或代为履行契约义务的责任。契约签订后，还要履行税契程序。买方将契约呈报官府，交纳契税，取得官府颁发的纳税凭证契尾和加盖的官印，即为履行了税契程序。乾隆初年新定税契之法，规定凡民间投税，布政使颁发给民契尾格式，粘在手写契纸之后，契尾上编列号数，前半幅照常细书业户等姓名、买卖田房数目、税银若干，后半幅于空白处预钤司印，以备投税时将契价税银数目大字填写钤印之处。令业户看明，当面骑字截开。前幅给户业收执，后幅同季册汇送布政使以备查看。

清代的契约主要有不动产契约、借贷契约、租佃契约、租赁契约、雇佣契约及合伙契约等。

5. 婚姻、家庭与继承

清入关以后，为了缓和民族矛盾，淡化汉人的反抗情绪，曾为降清的汉官赐婚满洲，也曾将公主嫁给汉族显官子弟，但在《户部则例》里明确规定"在京旗人之女不得嫁与民人为妻，倘有许字民人者，查系未经挑选之女，将主婚之旗人，照违制治罪。系已经挑选及例不入选之女，将主婚之旗人照违令例治罪。聘取之民人，亦将主婚者一例科断，仍准完配，将该旗女开除户册。若民人之女嫁与旗人为妻者，该佐领旗长详查呈报，一体给与恩赏银两，如有谎报冒领情弊，查出从重治罪"。至于宗室觉罗，更是严禁与汉人联姻。宗室娶汉女，虽离异，犹加遣。《大清律例》还规定福建、台湾地方民人，不得与番人结亲，违者，离异。民人照违制律杖一百，土官通事减一等，各杖九十。该地方官如有知情故纵，题参，交部议处。其已娶生有子嗣者，即安置本地为民，不许往来番社，违者，照不应重律杖八十。这是为了避免番、汉联合起来结成抗清势力，一直到光绪元年（1875 年）才废除上述禁令。

清朝在宋以来历代法律的基础上加强对宗族的保护，默认宗族以及"乡绅"有限度的"自治"，拥有裁断、处理族众纠纷的权力，有意识地让宗族的族规、乡约成为整个法制体系的组成部分。雍正年间定例，在民间推广宗族组织，允许宗族对于"劝道风化以及户婚田土争竞之事"有调处、裁决的权力，"事之大者"才报官处分。赋税、治安、巡逻等事项也可以委托宗族。《大清律例》也对一些轻微罪名、妇女犯罪规定责成宗族管束训诫，对于一些婚姻、继承之类民事纠纷也规定可由宗族处理，同时也加强对族产的保护，子孙盗卖宗族祀产不到50亩，发边充军；50亩以上者按照盗卖官田律加重二等处刑。在清法律的保护和鼓励下，宗族组织有很大发展，其族规也成为"国法"的重要补充。

唐宋法律都禁止嫡长子或独子出继，但《大清律例》中规定"如可继之人亦系独子，而情属同父周亲，两厢情愿者，取具阖族甘结，亦准其继承两房宗祧"。当出继对象是独子的情况下，如果确实是同祖的侄子辈，在全族具结书面保证无异议之后，一人可继承两房宗祧，即"兼祧"，民间俗称"两房合一子"。所谓"小宗可绝，大宗不可绝"[①]。独子兼祧是清朝的创制，据《俞楼杂纂》记"一子两祧为国朝乾隆间特别之条"。立嗣关系成立之后，如果随意解除，杖一百，但如果嗣子不孝或继亲不睦，允许重立。

（二）经济立法

1. 赋役立法

清朝入关以后，鉴于明末赋敛无度导致农民起义的教训，明令废除三饷加派，并仿效明制编订《赋役全书》，于顺治十四年（1657年）颁布，主要内容是记载土地、人丁的等级及数量，计算和确定田赋、丁银的数量，是清代征派赋役的主要法律依据。标志着清代地方财政经济法规日臻完善。随后实行"摊丁入亩"法。《赋役全书》仍然采用明代的"一条鞭法"征收赋税，但因一条鞭法只把部分丁银（人头税）摊入地亩，按地计丁派役，但丁银从未曾废止；加之其赋役是以地亩、人丁的双重标准进行征派，致使赋役征派出现混乱，存在赋役负担不均的问题。为解决这一弊端，清统治者着手改革赋役制度，康熙五十一年（1712年）下诏宣布，以康熙五十年的人丁数为定额征收丁银，今后"滋生人丁，永不加赋"。4年后，广东各州县率先实行"摊丁入亩"，把固定的丁银额按土地亩数平均分摊到田赋中，不再按人口征税。至雍正元年（1723年），又将"摊丁入亩"之制推行到全国，从而简化了征税标准，减轻了农民负担，废除了沿袭两千年的人丁税，削弱了农民的人身束缚。

2. 工商立法

顺治三年（1646年）下令，废除明朝匠籍制度，"除匠籍为民"[②] 匠户编入民籍，与农民一体纳税当差，禁止官府以各种名义无偿役使手工业工人，使其获得了与农民相同的法律地位。同时放宽了国家对手工业的专擅垄断，除武器制造、货币铸造及宫廷所需重要物品由官府经营外，其他行业经过官府批

[①] 《清律集注》。

[②] 《清世祖实录》卷一六。

准,并按规定纳税,都允许民间手工业者经营。为了发展私营商业,清朝废除明末加征的各项税负,并提高了商人的社会地位。江南苏州地区曾经立碑,禁止无偿役使各色工匠,还制定了《督抚部院锦革颜料当官》的地方性法规。① 康熙六年(1667年)又下令,禁止官僚贵族欺压掠夺商贾,以保护商人的合法经营。康熙二十五年(1786年),还曾建立牙行制度,由其代表官府监督商税的征收,管理市场物价,规范市场交易秩序。不过,这些工商立法并没有改变其重农抑商政策的本质,通过广设钞关,重征商税,清朝仍是极力压制民间工商业发展的。清中央户部在全国设立了24关,工部设5关,防止商人逃关漏税。商人若偷税漏税,要受到笞五十,货物一半入官的处罚。清代商税名目繁多,除对盐茶酒矿铁等重要的商品设置专门税项外,一般的商品还要交纳营业的牙税、过关的关税、市场出售的落地税等。

3. 海外贸易立法

清朝初年,为了阻断沿海地区与台湾抗清力量的来往,曾多次颁布禁海令与迁海令。顺治十二年(1655年)规定寸板不得下海,违者按通敌罪论处。顺治十八年(1661年)、康熙元年(1662年)和十七年(1678年),又3次颁布迁海令,强制闽广苏浙沿海居民内迁50里,越界立斩,致使海外贸易遭到彻底禁绝。1683年收复台湾以后,开始解除海禁,允许出洋贸易,并设立广州、漳州、宁波、云台山四个海关,负责征收关税。但是没有统一的海关法规,税率也各不相同。其中浙江与广东海关可以接待外国商船,其他则主要管理国内沿海贸易。至康熙五十六年(1717年)再颁禁海令,停止与南洋的贸易,严禁卖船给外国和运粮出口;"造船人与卖船人皆立斩"。② 外国的商船也须由地方官员严加防范。乾隆二十二年(1757年),又规定"一口通商",外国商船只能至广州港停泊交易。当时严格限制出口货物的种类和数量,凡将牛马、军需、铜钱、铁货、丝棉、绸缎私出外境货卖及下海者,杖一百;受雇挑担驮载之人减一等处罚,货物船车一并入官。若将人口、军器出境及下海者,处以绞刑,因而走漏事情者处以斩刑。此外,清朝还规定,在广州进行的中外贸易,必须通过官府指定的垄断代理商行"十三行"进行,由它充当外国商人的全权代理人,包销进口商品,代缴关税,采购各类出口商品。十三行既是外商在华行为的保证人,也是中国官府与外国商人之间的中介人,外商的一切请求均由行商转达,而中国官府对外国商人的一切政令要求也由行商传达。十三行还在广州城外开始"商馆",供外商作为来华贸易的办事处和住所。中国

---

① 《清朝文献通考·职役考》。
② 《清圣祖实录》卷二七一。

第十章　清朝时期的法律制度

自明初至清末在长达 500 余年的时期内，都奉行"海禁"国策，不惜以最严酷的刑律予以禁止和限制，从而使商业资本难以转化为工业资本。这样，曾经在世界市场中起过很大作用的中国对外贸易，根本无法在本国社会经济中起到良好作用。

第三节　清代司法制度

清代司法审判制度是整个清代法制的重要一环，清代民事、刑事案件均须经由各级衙门加以审判，层级繁多，程序复杂。重大案件从呈控、批词、查验、检验，到传唤、拘提、缉捕、监禁，再到审讯、定拟招解、府司审转、督抚复审、最后到刑部或三法司核拟、皇帝批行，以至于执行死刑，全部审判程序十分烦琐复杂。各级衙门官员都有司法审判职责，司法审判甚至可以说是各级衙门官员的主要工作，中国传统司法审判制度的重要性，于此可见。

一、清入关前司法审判特点

天命时期，努尔哈赤建立了"共议国政"的传统，后金国一切国家政务均由八旗诸贝勒共议，再由努尔哈赤作最后的裁决。"共议国政"表现在司法审判上，即为"合议审判"，这是清入关前司法审判的一大特色。此外，入关前因其政治体制曾多次变革，其司法审判机关

时置时废，各级司法审判机关的权限亦时大时小，变动不已。但一般来说，案件要经过扎尔固齐（或审事官）、理政听讼大臣及诸贝勒"三复审"，皇帝握有司法审判上的最终裁决权。

二、清代司法机关

（一）中央司法机关

清入关后，其司法审判制度迅速采行明制。明代中央司法审判机关以三法司（刑部、都察院、大理寺）为主，清制亦同。除三法司外，清代得兼理司法审判之机关极多，议政衙门、内阁、军机处、吏部、户部、礼部、兵部、工部、理藩院、通政使司、八旗都统衙门、步军统领衙门、五城察院、宗人府、内务府等机关均得兼理司法审判，都属广义之司法审判机关。

1. 刑部

刑部始设于皇太极入关前的天聪五年，凡比较重大的案件多由刑部审拟，再由皇帝裁决。刑部的建立，削弱了诸贝勒、大臣的司法权力，使皇帝掌握最高司法权。

入关以后，刑部作为全国最高司法审判机关，有"刑名总汇"之称，堂官确定为尚书二人（满汉各一），左侍郎二人（满汉各一），右侍郎二人（满汉各一），下设十八司。其职掌主要有复核各省徒罪以上案件、审判京师徒罪以上案件、会同复核各省秋审案件及京师朝审案件。刑部有关司法行政之职掌也极多，其中以负责法律修订事务及监狱事务最关紧要。

刑部的主要职责包括核拟全国死刑案件；办理秋审、朝审事宜；审理京师地区的"现审案件"；批结全国流遣罪案件；主持修订律例及司法行政案件。

2. 都察院

都察院于崇德元年设于盛京，以左都御史为主官，满汉各一人。都察院的主要职能机构为六科、十五道、五城察院，以及宗室御史处和稽查内务府御史处等相关机构。虽然是监察机关，但兼有司法审判和司法行政之职。

都察院虽为"风宪衙门"，但是"凡重辟则会刑部、大理寺以定谳，与秋审、朝审"。① 可见司法事务是其职责的重要部分。《大清会典》规定凡重辟，都察院会同刑部、大理寺以定谳，并参加秋审、朝审。

3. 大理寺

顺治元年沿袭明制，以大理寺为平反刑狱的机关，其长官为卿、少卿。清入关前，原未设大理寺，入关后，迅速接受明朝政府机构，并且加以沿袭，大理寺亦在其中。其堂官为卿二人（满汉各一），少卿二人（满汉各一）。主要职掌为会同复核各省死罪案件、会同审理京师死罪案件、会同复核各省秋审案件及京师朝审案件。三法司在审判过程中，刑部的职权较重，如《清史稿·刑法志》所说："清则外省刑案，统由刑部复核。不会法者，院、寺无由过问，应会法者，亦由刑部主稿。在京狱讼，无论奏咨，俱由刑部审理，而部权特重。"② 从实际情况看，康雍乾时期，加强司法的准确和效率，并非完全流于形式。

（二）地方司法机关

清朝仍然实行地方司法机构和行政机构合一的政策。所以地方上的知县、知州、知府以及督抚都亲掌审判。司法从属于行政，地方各级行政长官兼有司法职能。

1. 县、厅、州

县作为基层政权组织，自秦汉以来，历代没有变化。但清代在一些要冲地带设州，一些边远少数民族地区设厅，其地位大致与县相等。全国共设有县及

---

① 《清光绪会典》卷六九。
② 《清光绪会典》卷六九。

第十章　清朝时期的法律制度

厅州 1500 个左右。

司法刑名是州县的头等大事,也是州县官考评的主要内容,所谓"牧令所司,刑名钱谷二事为先务",① 民事案件,包括轻微刑事或治安案件,州县有全权管辖,称为州县自理案件。

2. 府

清朝在全国设府 80 多个,是州县的上一个审级。主要是复核州县上报的刑事案件,如无异议,则做出自己的"看语",再上报省按察司。如有异议,可驳回。府还接受军民百姓不服州县审判的上诉和申诉。

3. 按察使司

按察使司,除主管一省治安及保甲外,还负责审理案件及主办全省秋审事宜,管理狱政。

4. 总督、巡抚

清朝每省设一巡抚,二三省设一总督。按察使司虽总理全省刑名事物,但并不代表省级最高司法权力,仍须报呈督抚。

督抚的司法职能在于督促查缴地方终审,有权批复按察司复核无异的徒刑案件,对死刑案件,由督抚进行复审,如与司、府、县府共相同,就做出"看语",向皇帝具题,同时抄写副本送交都察院和大理寺。

5. 审理满族案件的司法机关

清统治者为了维护满族在司法上的特权,设立专门机关审理满族人的案件。

宗人府。主要审理满洲贵族宗室、觉罗的诉讼案件。

内务府慎刑司。审理内务府管辖的上三旗(正黄旗、镶黄旗、正白旗)的内廷太监的案件。有权处理笞、杖轻微罪行,徒罪以上移送刑部,死刑案件须会同三法司定拟。

户部现审处。凡满族人的田宅等民事案件,皆由该机关审理。

理藩院。是管理蒙古、西藏、新疆等少数民族聚居区的最高国家机关,也是受理这些少数民族地区上诉案件的最高司法机关。其流刑案件由理藩院理刑司会同刑部审理,死刑案件则由三法司上报皇帝最后裁定。

地方上审理满族人案件的专门机关有:步军统领衙门、负责京师所在地区普通满人案件,杖罪以下,可以自行决定;各省将军、副都统,负责该省普通满人的案件,流罪以上案件,须报中央刑部审定。

---

① 《牧令须知》卷六。

三、刑事诉讼和审判制度

（一）诉讼的限制

清朝律例规定，每年四月初一至七月三十，为"农忙止讼"期，除谋反、大逆、盗贼、人命等重大案件外，官府一律不受理诉讼。在其余的 8 个月中，也尽量限制起诉。清朝各地方官府一般都规定"词讼日"或"放告日"，清初多为每月的逢三、逢六、逢九日，清中后期多为每月逢三、逢八日，实际上，一年可起诉的日子不过几十天。此外，在诉讼形式上给予诸种限制。起诉程序烦琐，清朝规定起诉必须是书面形式，诉状必须由官府指定的"代书"书写，并要盖上官府发给的印戳才有效。对诉状的格式、字数也有严格要求，稍有不符要求就不准状。除了妇女、老幼病残，原告必须亲自到衙门起诉。严格限制讼师参与诉讼。

（二）审级制度

县和与县平行的州为第一审级，有权审决户婚、田土及轻微刑事案件，决定笞、杖刑的适用。州县对人命、强盗、窃盗等应处徒刑或徒刑以上的案件有侦查、缉捕、取证和初审的权力，拟定罪名，呈报上司复审。

府和与府平行的直隶厅、州为第二审级，其司法职责主要是复核州县上报的刑事案件，复审州县解来的人犯。复核后，再上报省按察司决定。民众不服州县判决的上诉案件也由府级司法机构审理。

按察司为第三审级，复核府级上报的刑事案件，对徒刑进行复核，对军流、死刑人犯进行复审。军、流人犯，按察司复审后，就可以把人犯发回原审州县关押等待最后定罪，死刑人犯复审后继续上报督抚复审。

总督、巡抚为第四审级，也是地方上的最高审级。负责批复徒刑案件，决定徒刑案犯的服刑地点。对军流案件复核后，还要转报刑部批复。对死刑案件复审后，要作为专案上报皇帝，同时报送大理寺等中央司法机构复核。

中央刑部为第五审级，但只有判决流刑以下案件的权力，并须送大理寺复核，大理寺认为刑部审理不当，可以驳回重审；如果都察院认为刑部、大理寺错误严重，可以弹劾。至于死刑，确定无疑者，经大理寺复核同意，刑部奏报皇帝批准，即可执行；可疑者，经大理寺同意，刑部有权驳回地方，责令重审或更改原判，但也须奏报皇帝。

四、会审制度的发展

清朝继承并发展了明朝的会审制度，形成了三司会审、九卿会审、热审、秋审和朝审等审判制度。

第十章 清朝时期的法律制度

（一）三司会审

三司会审是在唐代的三司推事的基础上发展起来的，是由刑部尚书、大理寺卿、都察院左都御史会同审理重大案件，但所作裁决，仍须奏请皇帝批准，才具有法律效力。

（二）九卿会审

又称"圆审"，是由中央九个重要部门的主要长官，即大理寺卿、都察院左都御史、通政使司的通政使与六部尚书共同审理皇帝交办的特别重大案件和死因翻供不服的案件，其判决仍须奏请皇帝最后审核批准。

（三）热审

始于明成祖永乐二年（1404年），清沿明制，于每年小满后10日开始，至立秋前一日为止，对非真犯死罪（指不是严重的"决不待时"的死罪）及军、流罪皆酌予减等，笞、杖罪八折决放，枷号者暂行取保释放。

（四）秋审和朝审

朝审制度始于明朝英宗天顺三年（1459年），每年霜降后，由三法司同公、侯、伯会审重囚，至清朝，这一制度演变为秋审和朝审。

秋审制度是在每年秋季对判处死刑监候的案犯进行一次全国范围的复核，始于顺治年间，完备于乾隆年间。具体程序如下：首先由州县做秋审的准备工作。州县先行审核办理秋审案犯的清册，做好将案犯解送省城的准备。案犯解送省城后，先由臬司审录查核案情，并提出处理意见上报督抚。督抚接到臬司的呈文后，即定期审录。审录的结果是将秋审案犯分为情实、缓决、可矜、留养承祀四类。其次由督抚向皇帝上奏题本。皇帝将题本转交以刑部为主的三法司处理。刑部奉旨后，正式开始办理该年中央之秋审，设有总办秋审处。案件分类编册后交给各司司员、秋审处和刑部堂官依次审核，提出刑部的处理意见，最后确定各案的类别，然后将案情概要和处理意见分送参加会审大典的各衙门。秋审大典定在8月的某天举行，地点在天安门前金水桥西。除三法司外，参加者还有军机大臣、内阁大学士和各部、院、寺以及科道的重要官员。会典大审完毕后，刑部领衔以参加会审的全体官员的名义向皇帝呈报各类案件及其处理意见。皇帝审览后，批示可矜、留养的案犯，可免除死刑。批示缓决的案犯，则要继续监押，留待下一次秋审时再决定是否执行死刑。缓决三次者，可减等处罚。批示情实的案犯，在死刑执行前，还要向皇帝复奏。皇帝审核复奏题本后，就批准对情实案犯执行死刑。批准有一定的程序，称为"勾到"，又称"勾决"。勾到仪式举行时，皇帝身着素服，升坐御案，大学士、军机大臣、内阁学士、刑部尚书和侍郎跪于右，记注官立于左，由内阁学士宣读勾到题本，皇帝或亲执朱笔勾到，或命大学士执笔勾到。凡勾到者，即在案犯的名字上画一勾，以示批准执行死刑。凡免勾者，则要留待下一年秋审时再做决定。清代将秋审作为重要典章制度，"上系刑章，下关民命，虑囚时设情法未衷于至当，何以昭弼教之用心"？① 但因众多案件要在一天内结束，参与者又多数随声附和而已，所以司法审判上的形式意义大于实质意义，所谓"徒有会议之名而无核议之实"，屡为时人批评。

朝审和秋审的不同之处，一是在审理对象上，朝审会审的是刑部判决的京城地区的死刑监候案件，而秋审会审的是各省上报的地方死刑监候案件；二是在会审时间上，朝审在霜降后10日进行，而会审于每月秋后8月举行；三是在会审方式上，朝审是将在押囚犯解至当场审录，而秋审采取书面审核的方式。相同之处是会审的机关和人员组成上相同，而且它们有相同的四种审理结果：情实、缓决、可矜和留养承祀。

五、民事审判与调处

凡经准理的民事案件，即由州、县官签发传票，唤被告到庭，或一并传唤乡约地保及证人，同时查验证据。如果是田宅、坟墓之争可由乡保查明或需要官员实地勘查、丈量，然后制图附卷申覆。民事案件的审理，只有州县官才有审理权，如未经特别授权者审理民词，州县官要负连带责任。

审理民事案件要根据诉状推问，不得于本状外别求他事，否则以故入人罪论。结案期限也有明确规定："州县自理户婚、田土等项案件，定限二十日完结"②，以免造成讼累。审理过程中，调处与责成相结合。康熙朝制订的《圣谕十六条》中，便载有"和乡党以息争讼"的内容。由于讼案的多少经常是考核官吏政绩的标准，因此州县官对于自理案件，首先着眼于调处，调处不成时，才予以判决。调处主要适用于户婚、田土、钱债等民事诉讼和轻微的刑事诉讼。方式分州县调处和民间调处两大类。

州县调处是在州县官主持下的调处，是诉讼内调处，带有一定的强制性。根据档案材料，在当事人"吁请"息讼的甘结中，双方都申明自己是"依奉结得"，即遵命和息。州县官还通过不准状的办法，促成双方和解，即不受理案件。有时州县官指令基层保甲长进行调处。虽然大清律中规定一切田土户婚不得问及保甲，但实际上保甲长频繁介入民事调处。

民间调处是诉讼外调处，主要有宗族调处和乡邻调处，而以前者较为普遍。所谓宗族是以血缘关系为基础的族内组织，族内纠纷一般先由族长剖决是

---

① 《清世祖实录》卷一八。
② 《清圣祖实录》卷四四。

第十章 清朝时期的法律制度

非,不得轻易告官涉讼。由于宗族内部成员在身份上有严格的尊卑之分,又有远近亲疏之别,特别是门房的人丁财势有强弱,嫡庶之间法定的权力有高下,因此,族内成员在接受调处时,往往因其在族内的地位而处于不平等的状态,如一味坚持己见,则会被斥为目无尊长,因此,宗族调处也带有某种强迫性。至于乡邻调处,在中国也有深刻的社会基础。中国古代封闭式的经济与政治环境,形成了安土重迁的观念,由此而产生了悠久的、强固的地缘关系。乡邻之间几代人比邻而居,有无相通,患难相扶,因此一旦发生争讼,乡邻调处也可以起到一定作用。

无论是哪一种调处方式,都要遵循以下的原则:调处的范围只是民事案件和轻微刑事案件,超出此范围即为法律所不允许;调处息讼是在州县权力机构的制约下进行的,凡参与调处的乡邻、宗族,都要本着息讼止争、利国利民的目的,不得借机挑讼,从中渔利;调处的基本依据是国法,其他依据如家法、乡规、民约等都不得和国法相悖;传统的礼也可以用作调处的依据,依法调处和依礼调处相互补充。

清代民事案件广泛适用调处不是偶然的。首先,是国家安定的需要,是发展农业生产的需要,也是维护等级社会秩序的需要。其次,有利于发挥封建专制制度所赖以存在的血缘、地缘关系的社会政治作用。再次,不仅可以减轻官府的办案压力,而且是州县官政绩的体现。最后,有助于减轻当事人的经济负担,即所谓"讼累",这是民间接受调处的重要原因。通过诉讼内与诉讼外的适当结合使得民间纠纷得到合理的解决,"乡党耳目之下,必得其情,州县案牍之间,未必尽得其情,是以在民所处,较在官所断更为公允矣"。

民事断决称为"堂断"或"堂谳",大多数是在当事人或监护人、调解人的呈状、保状以及表示悔过、服输、和解的甘结上作出的批示。凡为言辞简约的判决,多为当堂口头宣告,无须公布和送达当事人,只是备案,留待上司查核。但千言以上的判决也并不少见。有些判决是在堂上定谳,晓谕双方之后写成的,并将判词贴于照壁,以示判决的严肃性。由于民事案件实行一审终审制,州县判决后即可执行,而且没有专门的执行机构和执行程序。例如,田宅、钱债纠纷,于当堂交付钱款或文书契据,双方各自具交状、收状、领状存案,以免日后翻异。如不能当堂交付,在甘结中写明交付的具体时间,限期交付。民事判决的当堂执行,是常见的有效执行方式。

推行调处制度,把堂上的审判与堂下的和解结合在一起,调动了各种社会力量投入调处息讼中来。其依据常因事、因人制宜,不拘一格。调处的形式又多种多样,便于州县官在审判中发挥主动性和灵活性。但其负面影响也不小。调处重在息事宁人,是适合封闭的小农经济基础与悠久的血缘地缘关系的反映，而且受到儒家"无讼"论的长久影响，以致忽略查明民事纠纷的事实真相，分清责任，而又常常借势压服一方，损害了当事人的正当权益。更有甚者，每当调处不成，当事人坚持告官审理时，便被斥为"刁民妄滋兴讼成习"，轻则训诫，重则板责，然后再审。由此在民间滋长了普遍的畏讼、厌讼心理，缺乏依法保护自己权益的法律意识。

六、少数民族聚居区的案件管辖

清朝实行"因俗而治"的政策，针对不同的少数民族制定了相应的蒙古律、番例、苗例等，根据这些法律规定，发生在少数民族地区的一般案件，由该族的官吏审理；重大案件或上诉案件，由理藩院所属理刑司负责审判。少数民族和汉族人之间发生法律纠纷，则根据具体情况，或适用大清律，或适用专门法规。如蒙古人和汉人伙同抢劫，则核其罪名，蒙古例重于大清律者，俱照蒙古例治罪；大清律重于蒙古例者，俱照大清律问罪；苗疆地区苗人之间的争讼，依照苗例审结，而苗汉之间的争讼，按大清律治罪；西藏地区，由中央派遣驻藏大臣承办"平议刑罪，拟定法制"等；新疆则由驻防将军、参赞大臣负责该地区的司法。总之，清王朝对于少数民族地区的司法管辖的深入和具体，均为历代所不及。这不仅维护了法律政令的统一，而且对于维护统一的多民族国家起到了十分重要的作用。

七、幕友、胥吏干预司法

清朝选官以八股取士为主，而饱读《朱子集注》的士大夫们任官后，面对千奇百怪的案件和杂沓纷呈的律例，真是瞠目不知所措，而且对当地风俗习惯、水土人情都不了解，至于通过荫袭、捐纳的方式为官者，更是无从下手。而清代法律又要求官吏依律断案，否则治罪，因而不得不求助于幕友和胥吏，在清朝的司法审判中，幕吏擅权是一大特点，也是严重弊政。

所谓幕友，又称幕宾、先生等，俗称师爷，是清代地方官的"参谋"、"助理"。他们受地方主官的雇佣，为主官出谋划策，并从中取得酬金。幕友不是国家官吏，没有品秩俸禄，但依仗主官之威，可自由出入衙门，办理地方公务。与主官的关系是宾主关系，用则干，不用则走。清代从督抚到州、县无不有师爷，只是多少不同而已。地方事务分为刑名、钱谷、书启、账房、征收等项目，所以师爷也分门别类，其中又以刑名师爷最重。师爷大多来自浙江绍兴一带，他们父子相传，师徒相教，有人还专门编写了《刑钱指要》等秘传书，世代袭用，后继有人。刑名师爷实际上代替地方官行使司法权，常以地方主官的名义批语，制作讼词等，"幕客之用律犹秀才之用四子书也"。可见幕

第十章 清朝时期的法律制度

友在进行"断罪引律令"的司法审判中起着何等重要的作用。因此，幕友的品德和水平就直接影响到司法。清代有"尽心尽言"、为民请命的幕友，但更多的是假借刑幕之职，引类呼朋，串通信息，上下交结，庇护富者，玩法弄权，中饱私囊，坑害百姓。

除幕友外，清代胥吏擅权也比较严重，各部、院、司各有胥吏，地方州县衙门设吏、户、礼、兵、刑、工六房胥吏组织，承揽衙门实权，其中犹以刑名书吏揽权虐民为甚。刑名书吏负责开庭的准备和录供、勘验、票稿、办理文牍、收储档案等项工作。各地刑名书吏的人员不等，但一般多于师爷，少则几十人，多则几百人。其中廉洁奉公者不多，而以权谋私者很众。他们常与刑幕勾结，包揽词讼，敲诈勒索，不择手段，"爱之者欲生，恨之者欲死"，实为"讼棍"。即使地方长官廉正，也难免刑名书吏行奸，所以当时流行的谚语是"任你官清似水，难免吏滑如油"。更何况官与吏之间经常是上下其手，共榨民财。由于胥吏无处不在，所以清末的郭嵩焘言"清与胥吏共天下"。幕友不仅是官吏的心腹，更是胥吏的实际操纵者，因此往往幕、吏并提。晚清大臣刚毅曾经指出：地方官"溺于制举贴括之业，苟且简陋，于律令格式每多阙焉不讲，间有博学多闻者亦且鄙为申韩家言，不屑措意"，其结果只能"一委之于幕客胥吏"。①吉同均在《大清律讲义》中也指出："清朝的地方官一遇疑难大事，茫然无所措手，反委于幕府胥吏之手。"② 尽管统治者多方设法防止，开明的思想家也为克服这一痹症大声呼吁，但直到清朝覆亡也没能改变清代的律例比附，向来都是让刑名恶幕主持的现象。

本章习题

一、选择题

1. 清朝第一部完整的成文法典是（　　）

A.《大清律集解附例》　　　　　　B.《大清律例》

C.《大清律解集》　　　　　　　　D.《五朝会典》

2. 清朝的基本法典是（　　）

A.《大清律集解附例》　　　　　　B.《大清律集解》

---

① 刚毅：《审看拟式》自序。
② 《清朝文献通稿》卷一九五。

C. 《大清律例》　　　　　　　　D. 《大清会典》

3. 清朝颁布的《会典》共有（　　）

A. 三部　　B. 六部　　C. 四部　　D. 五部

4. 清朝中央司法机关不管审判，专掌复核的是（　　）

A. 刑部　　B. 大理寺　　C. 都察院　　D. 清吏司

5. 清朝对刑部判决的案件或京师附近的斩监候、绞监候案件进行重审，叫作（　　）

A. 热审　　B. 秋审　　C. 斩立决　　D. 朝审

6. 六科给事中制度创于（　　）朝，当时它是独立于都察院之外的监察机关

A. 宋　　B. 元　　C. 明　　D. 清

7. 清政府设立了（　　），专门负责司法行政

A. 大理狱　　B. 大理院　　C. 大理寺　　D. 法部

8. 清朝地方司法机构分为（　　）

A. 两级　　B. 三级　　C. 四级　　D. 五级

9. 在秋审制度中，案情属实、罪名恰当，但是亲老丁单情形，可申请留养，这种制度称为（　　）

A. 情实　　B. 缓决　　C. 可矜　　D. 留养承嗣

10. 清朝最重要的死刑复审制度是（　　）

A. 大审　　B. 九卿圆审　　C. 朝审　　D. 热审

二、思考题

1. 为什么秋审被称为清朝的"国家大典"？
2. 清朝司法机关有哪些变化？
3. 简述清朝秋审、朝审与热审制度。
4. 简述清律的主要内容和特点。
5. 简述清朝加强思想文化专制统治的政策。

三、案例分析

1. 秋审处嘉庆五年八月初八奉旨：刑部奏江西省民人周德章殴毙十一岁幼孩黄参才，该抚等将该犯问拟情实，声明周德章之母齐氏现年八十岁，家无次丁。可否将该犯改入缓决，准其留养之处奏明，请旨等语。朕详阅此案情节，幼孩黄参才系代母向周德章索欠，该犯斥其不应催讨，黄参才不依，拉住周德章詈骂，该犯随手用烙铁吓打，致伤偏左。黄参才愈加詈骂，仍拉住周德章不放，用头相撞。该犯欲图脱身，复用烙铁吓殴，适伤黄参才脑后左耳根倒地，逾时殒命。是该犯两次随手用烙铁吓殴，衅由逼债，杀出无心。黄参才并

— 317 —

第十章　清朝时期的法律制度

非独子，该犯之母现年八十岁，别无次丁，周德章一犯着加恩改为缓决，准其留养。

结合本案探讨"存留养亲"制度的沿革、产生原因及其在清代的发展。

2. 杨乃武小白菜案①

案件史料：

忤作沈详率将病死发变尸身误报服毒，致入凌迟重罪，殊非寻常疏忽，可比合拟检验不实，失入死罪未决，照《律》递减四等，拟杖八十，徒二年。

已革余杭县知县刘锡彤，虽讯无挟仇索贿情事，惟始则任听忤作草率相验，继复捏报擦洗银针，涂改尸状，及刑逼葛毕氏等诬服，并嘱令章睿函致钱宝生诱勒具结，罗织成狱，仅依失于死罪未决本律拟徒殊觉轻纵，应请从重发往黑龙江效力赎罪，年逾七十，不准收赎。

杭州知府陈鲁，于所属州县相验错误毫无觉察，及解府督审，率凭刑讯混供具详定案，复不亲提钱宝生究明砒毒来历，实属草菅人命……"厥咎维均"，俱应依承审官草率定案，证据无凭，枉坐人罪例各拟以革职。

巡抚杨昌浚据详具题，不能查出冤情，京控复审，不能据实平反，意涉瞻徇；学政胡瑞澜，以特旨交审要案，所讯情节既有与原题不符之处，未能究诘致死根由，详加复验，草率奏结，几致二命惨罹重辟。惟均系大员，所有应得处分，恭候钦定。

杨乃武讯无与葛毕氏通奸确据，但就同食、教经而论，亦属不知远嫌，又复诬指何春芳在葛家顽笑，虽因图脱己罪，并非有心陷害，究系狱囚诬指平人，有违定制，律应杖一百；业已革去举人，免其再议。

试分析本案中涉及的清代的诉讼制度。

---

① 《刑部奏折·浙江民人葛品连身死案审明定拟由》。

第十一章　清末时期的变法改革

【重点提示】
清末预备立宪的历史背景、主要活动及其实质；
清末修订法律的主要活动及其评价；
《大清新刑律》的修订与礼法之争；
清末司法制度的变化与改革。

1840年鸦片战争以后，外国侵略者凭借不平等条约攫取了中国的政治、经济、司法大权，中国的领土完整和独立主权遭到了空前的破坏。中华民族和外国侵略者的矛盾已经成为当时最主要的矛盾，救亡图存成为中国人面临的历史重任。另外，建立在自然经济基础上的以礼为底蕴的、以专制主义体制为支撑的中华法系，面临着以民主、宪政、法治为特点的西方法律文化的挑战。

中国的先进人士为改变国家落后挨打的局面，提出了学习西方进行变法的种种主张，经过种种曲折，清朝统治者终于在1901年1月下诏宣布实行"新政"，并在1902年2月和4月相继发布了实行变法修律的诏书。诏书说"现在通商交涉事宜繁多，著派沈家本、伍廷芳将一切现行律例，按照交涉情形，参酌各国法律，悉心考订，妥为拟议，务期中外通行，有裨治理"。这道诏书确立了法律改革的宗旨，拉开了清末法律改革的序幕。

清末法律改革是中国法制近代化的开端，也是传统法制向近代法制转型的重要标志。为了贯彻清廷"务期中外通行"的旨意，修订法律馆大量翻译外国法律为制定新法提供参考，还派员出国考察，聘请外国法学专家作为顾问，力图使修律能够达到预期目的。由此，中华法系开始解体，中国法律史揭开了新的一页。

第十一章 清末时期的变法改革

第一节 清末变法的指导思想

一、社会国情的变化与传统法制的危机

中国的封建社会在历经两千多年的风风雨雨后，终于走向了衰亡。到清朝末期，封建王朝的腐朽颓败已经不可挽回。1840年，西方列强以坚船利炮打开了中国的大门，之后清政府被迫与西方帝国主义签订了种种丧权辱国的不平等条约，中国逐渐陷入了半殖民地半封建社会，清政府的统治危机日益加深。

政治上，国内各种社会矛盾不断激化，清政府的政治统治的离心倾向日益明显，地方督抚势力日益壮大，清廷内部腐败和统治集团内部的权利内耗也在不断加剧。国际上，清政府面临来自各国列强的外部压迫。自鸦片战争以来，中国已经成为西方各列强的财源之所地。列强环视，英国侵占了香港、德国划去的胶州湾在战败后转属日本、俄国侵领我国东三省等。

经济上，清廷财政压力的增加，一是战争赔款的压力。赔款总数在十亿两以上，这个数目相当于至少十二年的清廷中央财政总收入。二是国内工商业的艰难境况。与甲午战争前三年相比，进口额增加了一倍以上，出口额增加了86%。入超增加了二倍多。三是中央财税政策的不畅。各省的财政权完全控制在地方督抚的手中。

文化上，中西文化发生冲突与融合。一是国内民众的民主风气的成长，宪政、排满、革命、新学等思潮的相互激荡。当时立宪呼声紧随革命运动的进展而日趋高涨。康、梁策划的改良运动虽然失败了，但改良派力量仍在发展壮大，他们积极活动，广泛宣传，试图继续以和平方式实现君主立宪。另外，以孙中山为代表的资产阶级革命派正组织力量进行推翻清朝统治的武装斗争，以建立民主共和国。清政府已无法按旧的方式继续统治下去了，改革政体是其唯一的出路。二是日俄战争的结果又引发了国内上层民众对宪政的向往。1904年的日俄战争，那场战争，以小国日本打败大国沙俄而告终，日本的势力进而在中国东北地区迅速扩张，而清政府不会忘记几年前惨败的中日甲午战争。因此，清政府十分震惊，加剧了日本威胁的危机感，不能不认真反思。清廷接受了资产阶级立宪派鼓吹君主立宪的理论。懂得日本战胜大沙俄是先进制度对落后制度的胜利，是君主立宪政体对君主专制政体的胜利。通过一次又一次血的教训，清廷认识到了西方制度文明的巨大优越性。

清朝光绪年间（1898年），以慈禧太后为首的顽固统治集团，曾经以血腥

手段镇压了戊戌变法运动。时隔不久,在中国大地上爆发了一场爱国反帝的义和团运动,严重地动摇了清朝统治的基础。而八国联军进入北京,更使清朝这个天朝大国的尊严扫地殆尽。仓皇出逃的慈禧太后,深感无法照旧统治下去了。为了缓和人民群众的反抗,挽救濒临崩溃的清朝统治,她捡起了戊戌变法的旗帜,以新政变法作为自救的一条出路。光绪二十七年一月,流亡在西安的慈禧太后下诏变法,提出"世有万古不易之常经,无一成罔变之治法。大抵法久则弊,法弊则更","法令不更,锢习不破,欲求振作,须议更新"。光绪二十八年二月,清廷下诏:"中国律例,自汉唐以来,代有增改。我朝《大清律例》一书,折衷至当,备极精详。惟是为治之道,尤贵因时制宜,今昔情势不同,非参酌适中,不能推行尽善。况近来地利日兴,商务日广,如矿律、路律、商律等类,皆应妥议专条。"根据这道谕旨,袁世凯、刘坤一、张之洞举荐沈家本、伍廷芳主持修律馆"就目前新政宜改订者,择要译修"。清廷遂"派沈家本、伍廷芳将一切现行律例,按照交涉情形,参酌各国法律,悉心考订,妥为拟议,务期中外通行,有裨治理"。从此清末修律正式提上日程。清朝朝野上下,"争言变法",包括"预备立宪"、修订新律、改革官制、司法革新等内容的"新政"也次第展开。

二、清末变法修律的指导思想

"清末变法"是20世纪初清朝政府在各种压力下被迫推行的一次自上而下的重大法律变革。西方列强所施加的政治、军事压力,是迫使顽固保守的清朝政府推动法律变革的重要原因。迎合和满足西方列强的政治需要,成为变法修律的一个直接目标。但对清朝政府而言,其根本目的是借"变法"之名,敷衍国内的反对势力,缓和各种矛盾,进而挽救垂危的统治。所以清末变法修律的指导思想体现为"参考古今,博稽中外",并以"中国法律与各国参考互证"为修订法律的基本方法。但在实际上,重心仍然落在"三纲五常"等伦理观念及相应的伦理秩序上。"模范列强"仅是形式与手段,"固守传统"才是变法修律核心。

修订法律大臣沈家本认为欧美资本主义国家的法律,比中国封建旧律文明、进步,因此需要取人之长补己之短。他说:"彼法之善者,当取之,当取而不取,是之为愚。"沈家本引进西方法律时,反对完全抛弃中国传统的法律,中国的礼教风俗和欧美不同,因而治世的法律必须适应自己的国情。所以要兼采中西,博采众长,不可偏废。

清末变法修律的指导思想具体体现在三个方面,即:

第十一章 清末时期的变法改革

（一）西法与中法结合，务期中外通行

"务期中外通行"是晚清修律的宗旨和最基本的指导思想，它通过修订法律大臣沈家本等人的论证和修律实践，得到了具体贯彻。

（二）修律与研核法理结合

在沈家本主持修订法律馆期间，力求将修律与研核法理相结合。他提出："法之修也不可不审，不可不明。而欲法之审、法之明，不可不穷其理"。沈家本充分认识到法理学的昌明与法制建设的关系，并从变法修律的需要出发，探讨西方法理学，用以指导改革旧律，创建新章。

（三）修律与促进法制文明结合

清朝法律源于明律，但较之明律尤为严酷。沈家本力图通过修律改变清朝法律落后与野蛮的现状，促进法制文明。他上书朝廷，力陈"刑法之当改重为轻"，为"今日仁政之要务"，将死刑仅限于斩决、绞决，并减少死刑条款。清廷也认同刑律与立宪关系密切，新刑律尤为宪政重要之端，于是应允。

三、清末变法修律的主要特点与影响

（一）清末变法修律的主要特点

清末变法修律是清朝政府在内外各种压力之下被迫进行的一次重要的法律变革。在变法修律过程中，传统保守势力的反对与阻碍极为强烈。在这种特殊背景之下，清末变法修律体现出如下主要特点：

在立法指导思想上，修律自始至终贯穿着"仿效外国资本主义法律形式，固守中国封建法清末修律制传统"的方针。清政府迫于激变的时局，不得不"改弦更张"、"参酌各国法律"进行变法修律，但在根本问题上又坚持修律应"不戾乎中国数千年相传之礼教民情"。因此，借用西方近现代法律制度的形式，坚持中国固有的封建制度内容，即成为清朝统治者变法修律的基本宗旨。

在内容上，修律表现出封建、买办的专制主义传统和西方资本主义法学最新成果的混合。一方面，清末修律坚持君主专制及伦理纲常"不可率行改变"，在新修订的法律中继续保持肯定和维护专制统治的传统；另一方面，又标榜"吸收世界各国大同之良规、兼采近世最新之学说"，大量引入西方法律理论、原则、制度和法律术语，使得保守的封建内容与先进的近代法律形式同时显现于新订法律法规之中。

在法典编纂形式上，修律改变了中国传统的"诸法合体"的形式，明确了实体法之间、实体法与程序法之间的差别，分别制定、颁行或起草了有关宪法、刑法、民法、商法、诉讼法、法院组织法等方面的法典或法规，形成了近代法律体系的雏形。

第十一章　清末时期的变法改革

变法修律实质是为维护清王朝摇摇欲坠的统治。修律是在保持封建君主专制政体的前提下进行的，既不能反映人民群众的要求和愿望，也没有真正的民主形式。

修律主要以大陆法系为师，大陆法系的国家主义、民族主义观念在强调中央集权和国家统一行使立法权方面与中华法系的"大一统"观念有着极大的相似。正因如此，中国近代的变法者们对大陆法系法典以及其蕴含的国家主义和民族主义精神一见如故，很容易就作出师从大陆法系的决定。而且，更为重要的是，当时的中国面临着被西方列强瓜分、民族面临灭亡的紧急关头，人们渴望建立强大统一的民族国家。在这样一种爱国主义和民族主义极度高涨的年代，改革者们在确定法律发展道路时，更倾向于选择大陆法系的法典编纂模式，走自上而下的国家主导型道路。郝铁川先生曾经对此总结道："我们认为，法系是一种文化，因此要从文化背景上来研究中华法系和大陆法系的融合。中国与大陆法系国家的确有着许多相近或相同的文化背景，从政治上来说，两者都曾有过中央集权制和君主专制的历史，这是中华法系与大陆法系融合的最重要的原因。"

清末修律的真实目的也决定了其在判断西方法律模式时的价值选择。是效仿大陆法系的法典法，还是引入英美法系的判例法，这实质上涉及一个究竟是选择法国大革命模式的理性主义和国家主义，还是选择保守英美宪政革命模式的自由主义和个人主义的问题。西方两大法系的法律制度虽然都体现了平等、自由和民主的精神，但是英美判例法却饱含着更为强烈和深刻的个人主义、自由主义和地方自治因素，这与清王朝所崇尚的"大一统"的国家主义和"法自君出"的专制主义相去甚远。赖特勋爵曾说过："普通法将英语国家维系在一起，它被恰当地称之为自由民族的法律。"然而，中国从来就不是崇尚自由的民族，也就很自然地将英美判例法排除在外。

总之，清末变法修律是清朝统治者为维护其摇摇欲坠的反动统治，在保持君主专制政体的前提下进行的，因而既不能反映人民群众的要求和愿望，也没有真正的民主形式。

（二）清末变法修律的主要影响

清朝政府在20世纪初叶所进行的大规模变法、修律活动，虽然在主观上是一种被动的、被迫进行的法律改革，修律本身也极为明显地存在局限性。但此次变法，是中国历史上自商鞅变法以来最重要的一次法律变革，在客观上产生了显著的影响。

1. 清末变法修律引进和传播了西方近现代的法律学说和法律制度

清末变法修律在中国历史上第一次全面而系统地向国内介绍和传播了西方

第十一章 清末时期的变法改革

法律学说和资本主义法律制度，使得近现代法律知识在中国得到一定程度的普及，促进了部分中国人的现代法治观念的形成。

2. 清末变法修律直接导致了中华法系的解体

随着修律过程中一系列新的法典法规的出现，中国封建法律制度的传统格局开始被打破。不仅传统的"诸法合体"的形式已被抛弃，而且中华法系"依伦理而轻重其刑"的特点也受到了极大的冲击。清末修律标志着延续几千年的中华法系开始解体，中国传统的封建法制开始转变成在形式和内容上都有显著特点的半殖民地半封建法制。

3. 清末变法修律为中国法律近代化奠定了初步的基础

通过清末大规模的立法，参照西方资产阶级法律体系和法律原则建立起来的一整套法律制度和司法体制，对后世特别是北洋政府和南京国民党政府法律制度的形成与发展提供了条件。

第二节 清末变法的基本内容及主要特点

一、宪法性立法

(一)《钦定宪法大纲》

1. 预备立宪的背景

从国际环境来看，1900年的义和团运动粉碎了各帝国主义国家瓜分中国的美梦，迫使他们转而采取"保全"、扶植清朝傀儡政权，实行"以华治华"，从而维护其殖民利益的政策。从自身利益出发，他们要求清政府实行"宪政"。就国内形势而言，19世纪晚期，中国的资产阶级旧民主主义革命正在兴起，以孙中山为首的资产阶级革命派领导的反清民主革命蓬勃发展，而资产阶级改良派也希望通过立宪分得一些权力。为摆脱这场严重的政治危机，挽救濒临崩溃的统治，迎合西方列强的需要，敷衍国内的舆论与民情，以西太后为首的清朝廷也逐步认识到，只有进行"革新"，才可避免"全局糜烂"、"溃决难收"的局面。因此，清廷朝野上下争言变法，实行"新政"，对政治制度和法律制度进行了一系列的改革。

2. "预备立宪"的原则

清政府预备立宪的原则是"大权统于朝廷，庶政公诸舆论"，也即立宪的根本，在于巩固朝廷既有的一切统治大权，给予"舆论"即社会大众讨论的仅是"庶政"，清楚地表明了所谓的"预备仿行宪政"的真正目的，在于要求天下臣民"忠君爱国"，维护专制统治，钳制民意，而非行真宪政，以保护臣民权利。

（二）预备立宪的主要活动

1. 《钦定宪法大纲》

《钦定宪法大纲》是由"宪政编查馆"编订、由清政府于 1908 年 8 月 27 日颁布的宪法性文件。制定、公布"宪法大纲"是清朝政府"预备立宪"活动的一个重要步骤。《钦定宪法大纲》并不是正式的宪法，而是一个以确认君权为核心的钦定的制宪纲领。

《钦定宪法大纲》共 23 条，分正文"君上大权"与附录"臣民权利义务"两个部分。第一部分"君上大权"共 14 条，确定了皇帝拥有的广泛权力。实际上，《钦定宪法大纲》只是将封建皇帝已经具有的独裁权力加以规范化、法律化而已。

除正文外，《钦定宪法大纲》在"附录"部分列举了"臣民权利义务"共 9 条。

《钦定宪法大纲》无论在结构形式上还是在条文内容上，都充分体现了"大权统于朝廷"的精神。宪政编查馆解释说："首例大权事项，以明君为臣纲之义，次列臣民权利义务事项，以示民为邦本之义。虽君民上下同处于法律范围之内，而大权仍统于朝廷，虽兼采列邦之良规，而仍不悖本国之成宪。"① 大纲表明，君主拥有立法权、司法权、召集、开闭、停展及解散议会之权；设官制禄及罢黜百司之权；统率陆海军、宣战、议和、订立条约、派遣使节与任命使节；发布诏令及宣战戒严等，至于臣民权利和自由的规定，十分狭窄，所以《钦定宪法大纲》颁布以后，立即遭到社会各界的强烈批评和反对。不仅资产阶级革命派没有因此停止革命活动，就连统治集团内部的温和改良派也大感失望，清朝的统治陷入更深的危机之中。

2. 咨议局与资政院

清末的咨议局筹建于 1907 年，于 1908 年 7 月公布章程，作为"各省采取舆论之所"，是"预备立宪"过程中由清政府设立的地方咨询机构。依照《咨议局章程》和《咨议局议员选举章程》的规定，咨议局活动的宗旨是"钦尊谕旨为各省采取舆论之地，以指陈通省利病，筹计地方治安"。其权限包括讨论本省兴革事宜、预算决算、税收、公债以及选举资政院议员、申复资政院或本省督抚的咨询等。但是，咨议局并不具备资本主义制度下地方议会的性质，只不过是清政府玩弄"立宪"政治把戏的一个点缀品。

资政院作为清政府设立的中央"咨询机关"，同咨议局一样，其筹备工作

---

① 《光绪朝东华录》，第 5976 页。

第十一章 清末时期的变法改革

也始于 1907 年。1909 年 8 月 23 日，清政府公布了包含近 70 条条文的《资政院院章》。依其规定，该院可"议决"国家的年度预、决算，税法及公债，法典的修订、修改以及其余奉"特旨"交议事项。但是，它的一切决议，均须"请旨裁夺"；军机大臣或各部行政长官可要求复议，若资政院与行政官员意见不一，则要分别具奏，"恭候圣裁"；皇帝有权谕令资政院停会或者予以解散。所以，它在行使所谓"权力"方面，只不过是徒有其名的装饰品。

3.《宪法重大信条十九条》

1911 年 10 月 10 日（宣统三年八月九日），武昌起义爆发，全国响应。11 月 3 日，张绍曾、蓝天蔚、卢永祥等五位军官联名向清廷提出了类似最后通牒的《政纲十二条》，其主要内容是：立开国会，于本年内召集；改定宪法，由国会起草决议，以君主名义宣布，但君主不得否决；宪法改正提案权属于国会；陆海军由皇帝统率，但对内使用应由国会议决特别条件遵守，此外不得调遣军队；格杀勿论，就地正法等律，不得以命令行使；对于人民不得随意逮捕监禁；对于国事犯之党人一律特赦；组织责任内阁，总理大臣由国会公举；国务大臣由内阁总理推举，皇族永远不得充任内阁总理及国务大臣；国际条约由国会议决；预算决算由国会议决；议员由国民公选；现时规定宪法、国会选举法及解决国家一切重要问题，军人有参议之权。

不久，署山西巡抚吴禄贞与山西都督阎锡山等燕晋联军，联合滦州军进兵北京，举行兵谏。清廷在"纷纷告警，险象环生"[①] 之际，制定和通过了《宪法重大信条十九条》，并于 11 月 3 日正式公布。

《宪法重大信条十九条》产生于阶级力量对比急剧变化的历史条件下，因而表现出不同于《钦定宪法大纲》的一些特点。

（1）它采用英国式"虚君共和"的责任内阁制，对皇权作了较多的限制。明确规定："皇帝之权，以宪法所规定者为限"，"皇位继承顺序，于宪法规定之"。根据《宪法重大信条十九条》的规定，皇帝之权，仅限于颁布由国会起草、议决的宪法；任命国会公举的总理大臣和总理大臣推举的国务大臣。皇族不得为总理大臣及其他国务大臣和各省行政长官。经国会议决，得缔结国际条约、宣战、媾和、颁布国会之议决事项；皇帝统率海陆军，但对内使用时，应依国会议决之特别条件，此外不得调遣；皇帝不得以命令代法律；皇室大典不得与宪法相抵触，皇室经费之制定及增减，由国会议决；官制官规，以法律定之。按此规定，皇帝传统的内政外交、军备财政、赏罚黜陟等大权，分散转归国会、内阁和司法机关。

---

① 宣统三年 9 月 28 日兼署海军大臣谭学衡等奏折，见《辛亥革命》（四），第 101 页。

(2) 提高国会的地位，扩大了国会（资政院）的权力。它规定："宪法由资政院起草议决，由皇帝颁布之"；"宪法改正权属于国会"；皇帝对内动用陆海军时，"应依国会议决之特别条件，此外不得调遣"；"总理大臣由国会公举，皇帝任命。其他国务大臣，由总理大臣推举，皇帝任命。皇族不得为总理大臣及其他国务大臣并各省行政长官"；"国际条约，非经国会议决，不得缔结"；在国会闭会期间，对外媾和、宣战，事后须"由国会追认"；国会与内阁处于对等地位，"总理大臣受国会弹劾时，非国会解散，即内阁辞职。但一次内阁不得为两次国会之解散"。此外，国会还议决预算决算、皇室经费。

(3) 实行责任内阁制，扩大了内阁总理的权力。内阁总理由国会选举产生，有权推举国务大臣，组织内阁；在受到国会弹劾时，有权解散国会。

(4) 规定了皇权、立法权、司法权和行政权的制衡原则：国会有起草、修改、议决宪法权，但要以皇帝的名义颁布，有权选举内阁总理，但要由皇帝任命；有权议决条约、宣战、媾和诸事项，仍以皇帝名义施行；有权弹劾内阁总理，内阁总理亦有权解散国会；皇帝有权任命内阁总理及国务大臣，但由国会及内阁总理推举；皇帝有权统率军队，但对外宣战须由国会议决，对内使用须遵守国会议决之特别条件等。

综上所述，"十九信条"的制订和颁布，是清末预备立宪的最高成就。但它毕竟来得太晚了，不仅无法改变清末预备立宪的本质，而且也未能挽救清廷的统治。对此，我国台湾学者荆知仁评价说："所谓十九信条，初不过为未来制定宪法的原则，于今原无置论之必要。但就当时的情形言，以之与宪法大纲相较，二者之性质与作用虽无不同，然其内容表现，则大为径庭。盖宪法大纲之精神，与绝对君权相去几微，而十九信条，殆全为虚君责任内阁政体之拓本。像类似十九信条的措施，如着手于革命萌芽未萌之时，固可有安邦定国之功，然施之于革命运动已烈之后，则往往回天乏术，难收拨乱返治之效。此正专制政体之致命伤，非独清帝为然也。"这个评价发人深省。

二、行政法律

晚清政府除对原有的《大清会典》和则例以及监察法进行最后修订外，还根据新出现的行政关系进行新的立法。

(一)《大清会典》、则例与监察法的修订

1.《大清会典》的修订

作为清朝行政法总汇的《大清会典》，于康熙二十三年（1684年）开始制订。康熙朝以后，雍正、乾隆、嘉庆三朝陆续对会典进行修订，使得清朝160余年的典章制度首尾相衔。至光绪二十五年（1899年）完成续修会典的

第十一章 清末时期的变法改革

任务,光绪三十年公布《光绪会典》,共计典 100 卷,事例 1220 卷,图 270 卷。《光绪会典》上起嘉庆十八年(1813 年),下迄光绪二十二年。它以正款和事例的形式,规定了从总理衙门到各衙门的职官编制、行政职责、官员的办事规范与违法惩处,以及军事行政等内容,是迄今为止世界上最系统完备的一部封建行政法典。

2. 则例的增修

则例是清朝行政法律的重要形式,不仅数量多,而且调整的范围广泛。清末根据实际需要,修订《钦定礼部则例》,包括科举考试、教育、译馆事例、边关禁令等规定。道光二十七年修订公布的《理藩院则例》,是晚清关于民族工作的重要行政立法,《理落院则例》之后,还修订颁布了《回疆则例》,也是一部重要的民族工作的行政立法。道光二十九年修订《宗人府则例》,是宗人府处理宗室和皇族各种事件的规定及成例。道光三十年前后修订的则例有《太常寺则例》,是太常寺祭祀和行政编制的规定;《光禄寺则例》是有关光禄寺葬仪、宴飨、官制等方面的办事规则。

光绪十二年(1886 年)修订了处罚各级官员违制的《钦定吏部处分则例》。光绪后期修订的有《钦定官中现行则例》,是处理清代宫廷事务的法令、规定,包括礼仪、官规、处罚等内容。《太仆寺则例》,是有关太仆寺的组织机构、定员、官员职责和赏罚规则。

3. 监察法规的修订

《钦定台规》是清朝重要的监察法规,始订于乾隆朝,嘉庆、道光朝都进行了修订,至光绪朝最后完成。它是行政监察的基本纲要,类似监察法总则。其后修订颁布的《都察院则例》,类似监察法的分则。《钦定台规》规定了都察院的监察职能、六科、各道监察官的职责,以及实行行政监察、部院考绩、巡察等内容。《都察院则例》则包括封驳、陈奏、京察、大计,以及对财政、学校、农工、军政各科人员的考察、奖惩、升降与文件处理规则等内容。

(二)《钦定行政纲目》的制定

光绪三十二年(1906 年),清政府发布了《预备立宪先行厘定官制谕》,宣布官制改革的开始。为保证官制改革的进行和确认新官制,清政府陆续制订和颁布了涉及官制和对于职官考选、惩戒的法律,如《学部官制》、《民政部官制章程》、《度支部职掌员缺章程》、《礼部职掌员缺》、《陆军部官制》、《农工商部职掌员缺》、《理落部司员缺分定责任章程》、《邮传部职掌员缺章程》、《都察院整顿变通章程》、《警务局章程》、《内阁官制各省官制通则》、《各省学务官制》、《法官考试任用暂行章程施行细则》、《州县改选章程》、《切实考验外官章程》、《考核巡警官吏章程》等。这些行政法规在名称和内容上与传

第十一章 清末时期的变法改革

统的行政法律并没有根本的区别。

清末制定的与传统行政法律区别较大的是《钦定行政纲目》。《钦定行政纲目》序言明确规定君主立宪政体下实行立法、行政、司法三权分立的国家制度。《钦定行政纲目》将国家事务分为"国家事务"与"皇室事务"二种，并将这种区分称作是立宪政体的"第一要义"。

《钦定行政纲目》对政府的地位作了明确规定："所谓政府者，乃君主行使大权所设机关之一，决非以君主为政府之长。"同时，对政府职责作了明确的说明："所谓政府，又必先将政府事务分配明确，始知责任之何所属也。"行政纲目对各部诸司的职掌列表详叙，并加注案语，以期达到"分别部属，条分缕析之"的目的。《钦定行政纲目》根据"融会列国成规，按切我国情事"的原则，将国家行政机关分为四级隶属建制，即直接官治、间接官治、地方官治、地方自治。最终以中央集权为依归。

《钦定行政纲目》未及真正实施，清朝即覆亡，与现代意义的行政立法相比，仍然有很大距离，但它作为清末制定现代行政法的一种尝试，值得我们重视。

（三）有关印刷业的法律

1. 《大清印刷物专律》

戊戌变法以后，报纸杂志迅速勃兴，为此光绪三十二年制定了《大清印刷物专律》，共6章。《大清印刷物专律》的适用范围是"发行或销售于皇朝一统版图者，在律即有治理之权"。《大清印刷物专律》的目的是控制文字宣传而不是促进思想交流，强调无论承印何种文书图画的印刷人，均须至京师特设的印刷总局注册，否则即以违法论，处以150元以下罚款，或5个月以下监禁，或罚款监禁并科；凡贩卖或分送未印明印刷人之姓名及印刷所所在者，也以犯法论；在印刷物中，如有普通毁谤者，可提起民事诉讼；如有普通讪谤者，可依刑事诉讼审理；如有讪惑愚民，怨恨、侮慢或加暴行于皇帝，或违背典章国制者，不论军民人等，均应逮捕法办。①

2. 《大清报律》

光绪三十三年，针对各地纷纷设立报馆出版新闻报纸的现实，为了加强控制，由商部起草《大清报律》，于光绪三十三年12月下旨颁布，但各地报馆多不遵行。至宣统二年由民政部再加修改，交资政院议覆后，请旨颁布，但未及施行。《大清报律》共45条，它以日本报纸法为蓝本，颁行的目的在于压制舆论。如规定，报纸不得揭载禁止旁听的诉讼案件、未公开审判前的预审案件，以及未经公开的外交海陆军事件、请旨章奏以及诋毁官廷、扰乱政体、扰

---

① 《大清法规大全》。

— 329 —

第十一章 清末时期的变法改革

害公安、破坏风俗之语。否则处以罚金或监禁,并禁止该报发行。

三、刑事法律

中国古代法律向以刑法为重。在清末变法、修律过程中,刑律的修订是争议最大、影响最为广泛的一个环节。1902年,袁世凯、刘坤一与湖广总督张之洞联名会保刑部侍郎沈家本、出使美国大臣伍廷芳主持修订法律,以修订刑律为中心的清末修订法律的活动由此展开。沈家本认为"各法之中,尤以刑法为切要,乃先从事编辑"①,1904年,作为法律起草机关的修订法律馆正式办公,并在以后的时间里,先后翻译了德国、日本、俄国、法国等国的若干刑法、刑诉法和法院组织法,进行了旧法的修改工作。1907年,修订法律馆又加整顿,制定了"办事章程",规定该馆的职责,一是拟订奉旨交议的各项法律,二是拟订各项法典草案,三是删订旧律及编纂各项章程。

清末刑法的修订,大体上可以分为两个基本方面:一是删修旧律旧例,改订刑罚制度,废除一些残酷的刑种和明显不合潮流的制度。这方面以公布《大清现行刑律》为代表。二是制定新律,这方面的最终成果是公布了中国历史上第一部近代意义上的专门刑法典《大清新刑律》。

(一)修订旧律

清末修律的根本原因,是适应社会经济结构和阶级结构的变化,调整新出现的社会关系。同时,西方列强有条件放弃领事裁判权的虚假许诺,也是促成清廷决定修律的一个重要原因。

光绪二十八年(1902年),通商大臣张之洞与外国修订商约时,英、日、美、葡等国为了表示对已彻底投降帝国主义列强的清廷的支持,提出在清廷切实改良立法司法现状以后,将放弃领事裁判权。

清末修律的宗旨与目的,主要是通过清廷先后颁发的两道上谕反映出来的。光绪二十八年4月6日(1902年5月13日)上谕指出:"现在通商交涉事宜繁多,著派沈家本、伍廷芳将一切现行律例,按照交涉情形,参酌各国法律,悉心考订,妥为拟议,务期中外通行,有裨治理。"宣统元年正月27日(1909年2月17日)上谕又提出:"中国素重纲常,故于干犯名义之条,立法特为严重。良以三纲五常,阐自唐、虞,圣帝明王兢兢保守,实为数千年相传之国粹,立国之大本。今寰海大通,国际每多交涉,故不宜墨守故常,致失通变宜民之意,但只可采彼所长,益我所短。凡我旧律义关伦常诸条,不可率行变革,庶以维天理民彝于不敝。该大臣等务本此意,以为修改宗旨是为至

---

① 沈家本:《进呈刑律草案析》。

要。"从这两道上谕来看,清末修律确定的宗旨是既要"参酌各国法律","采彼所长,益我所短",又要维护中国"数千年相传"的"三纲五常","凡我旧律义关伦常诸条,不可率行变革",其目的是"务期中外通行,有裨治理"。

《大清现行刑律》是由沈家本等人根据《大清律例》删订而成的一部过渡性法典,共30门398条,宣统二年4月7日(1910年5月15日)颁布施行。《大清现行刑律》的刑名变化稍大,其余增删都属于局部和枝节,仍然是部封建性的刑法典。"与《大清律例》根本无甚出入,与今之《新刑律》亦并未衔接,实不足备新旧律过渡之用。"[①] 其主要内容特点是:

1. 改律名为"现行刑律"

改律名为"现行刑律",并突出"刑律"二字,以示与旧律之不同,并与新潮流相符。

2. 取消六律总目

取消了旧律按吏、户、礼、兵、刑、工六部名称而分的六律总目,除保留"名例"作为总则以外,将各条按其性质分隶30门,以示在体例上之改进。

3. 对律例条款进行调整、删节

基于需要对律例条款进行调整、删节。这种局部的调整,包括两个方面:一是"因时事推移及新章递嬗而删者",如《名例》中的"犯罪免发遣""军籍有犯"条,《户律》"户役"门之"丁夫差遣不平","婚姻"门之"同姓为婚""良贱为婚姻"条等与刑事无关之条款,被逐条摘出,予以删除;二是"缘政体及刑制迁变而改者",如将《户律》、《刑律》中涉及"奴婢"条款中的"奴婢"改为"雇工人"等。经过调整以后,律文的数目有所减少,一些关于婚姻、继承、析产、田宅、钱债等纯属民事性制裁的条款不再科刑,以示民事法与刑事法的区别。

4. 废除了一些残酷的刑罚方法

废除了一些残酷的刑罚方法,如删除了凌迟、枭首、戮尸、刺字等刑罚及缘坐制度,改笞杖为罚金、苦役,并停止刑讯,确立了以罚金、流刑、遣刑、死刑等为主要内容的新的刑罚体系。

5. 增加了一些新的罪名

增加了一些新的罪名,如"妨害国交"、"妨害选举"、"私铸银圆"、"破坏交通"等。

总之,《大清现行刑律》只是对《大清律例》进行了局部和形式上的改动,大部分条文仍沿用了《大清律例》的条款,对于《大清律例》的基本精

---

① 谢振民:《中华民国立法史》,第1079页。

第十一章 清末时期的变法改革

神、主要原则,并没有根本性的改变。

(二)《大清新刑律》

《大清新刑律》是清政府于1911年1月25日公布的一部专门刑法典,也是中国历史上第一部近代意义上的专门刑法典。该法参照西方最新刑法学说和日本法学家冈田朝太郎的意见,在内容上做出了重大改革。主要有:

1. 改变旧律体例

《大清新刑律》一改历代刑律体例,完全采用欧美及日本各国的刑法体例,分为总则与分则两编。总则中有刑法的效力范围;罪刑法定,刑事责任年龄,刑事能力,正当防卫和紧急避险等;未遂,累犯,主犯等;主刑和从刑;时效。分则将各种刑事违法行为概括为40多种罪名,列述罪状规定相应刑罚。新刑律内容的取舍体现了传统宗法伦理文化向现代法治文明转变的趋势。旧律名例中,议请减赎,官吏犯罪非经奏准不许传讯,以及以官当徒、罚俸、降级、赎罪及尊尊、亲亲和十恶不赦等制度和概念被当作陈迹抛弃。

2. 改革刑罚制度

《大清新刑律》抛弃了以摧残肉体为特征的笞杖刑,将身体刑排斥在刑罚对象范围之外,建立了一个以自由刑为中心,由死刑、无期徒刑、有期徒刑、罚金、拘役五种刑名组成的新体系,并有剥夺公权和没收两种从刑。在历史阶段上,意味着完成了从肉刑中心到自由刑为中心的过渡,实现了刑罚体系近代化的过程,反映了历史的发展。在死刑中废除了斩刑,一律改为绞刑,并从闹市执行改在监狱内执行。

3. 减少死刑条款,减轻刑罚

《大清律例》中死刑条款有400多条,《大清新刑律》保留了40条。对数罪俱发的量刑,实行限制加重主义;注意对罪犯实行感化教育,使其改过自新,为此,采用了"缓刑"与"假释"制度,对刑事责任规定了追诉和执行的时效,过了规定期限,可免予追诉或处罚。

4. 实行罪刑法定主义

中国历来"因律无正条,而任其比附轻重偏畸,转使审判不能统一"。新刑律实行罪刑法定主义,规定"法律无正条者,不问何种行为,不为罪"。

然而《大清新刑律》仅是一部草案,光绪三十三年(1907年)拟成,经"宪政编查馆"奏交各部院及各省核议,竟遭到了很多驳斥。宣统元年,沈家本等又汇集各说,复奏进修正案,但仍引起争议。当时资政院已开,在院内被称为礼教派的劳乃宣、陈宝琛等人与法理派的沈家本等人进行激烈的"礼法之争",结果在宣统二年通过了刑律"总则"部分,而"分则"部分议而未决,"逊位之诏下矣",所以这部修订了五六年的新刑律只通过了一半,根本也没有实行。

清末刑律的修订,不仅为中国的法律技术带来了新的活力,而且也给中国法律赋予了新的原则。清朝的灭亡并没有中止法律近代化的进程,新刑律成为民国政府法制改革的基础,具体从《大清新刑律》来看,它打破了中国几千年来诸法合体的体例,是一部单纯的刑法典,它取消了十恶,区分开礼教与刑法的关系,是中国历史上第一部近现代意义上的、新式的专门刑法典。

(三)修律中的争议

在《大清新刑律》起草与修改过程中,清末修律中的"礼法之争"达到了顶峰。所谓"礼法之争",是指以张之洞、劳乃宣为代表的"礼教派"与以沈家本为代表的"法理派"之间两种不同立法思想的交锋。由于沈家本在主持修律时,力图引进西方法律文化,因而遭到礼教派的激烈攻击。他们用传统的礼治来对抗资产阶阶法治。二者之间的争论体现在刑法、民法、刑诉、民诉等各个领域,但集中体现在《大清新刑律》上。

光绪三十三年(1907年)8月26日,沈家本奏进《刑事草案告成分期缮单呈览并陈修订大旨折》,并附《刑事总则清单案语》。同年11月26日,又呈《刑律分则草案折》,以及《刑律分则》全文。

光绪三十四年5月,担任军机大臣的张之洞借签注《大清新刑律》(草案)之机,攻击说:刑法内乱罪不处斩刑,有违君之臣纲之意;侵入太庙宫殿的大逆不道行为,仅科以百元罚款,显然是罪重法轻,不足以惩恶;杀伤杀害草长亲属的卑幼不处斩刑,也有违礼教父为子纲之意;妻妾犯殴夫杀夫之罪不予重惩,有违礼教夫为妻纲之意;对亲属相奸的乱伦行为,较平民处理无异,也有违礼教男女有别之意;对少年犯只强调"惩治教育"、以尽"明刑弼教"之意。[①] 各省疆吏亦随声附和。清廷遂颁布谕旨,强调纲常的重要性,并要求沈家本等进行修改。于是修订法律馆只得"于有关伦常各条,恪遵谕旨,加重一等"。此后,谕旨又在正文之后增列5条附录,规定对危害乘舆、内乱、资敌、杀害尊长等罪仍用斩刑;对发掘坟墓,尤其是发掘尊亲属坟墓以及强盗等罪可以加重处罚,直至处以死刑;无夫妇女与人和奸仍为犯罪;对尊亲属不得使用正当防卫等。

宣统二年年底,在核议《修正刑律草案》期间,提学使劳乃宣再次发起攻击,要求有关伦常各条统统直接修入新律正文。一时间,新律"几有根本推翻之势"。法理派遂起而反击。双方的焦点在最后集中于新刑律中"子孙违

---

① 修订法律大臣沈家本等奏进呈刑律分则草案析:《大清法规大全·法律部》卷一一。

第十一章 清末时期的变法改革

反教令"和"无夫奸"是否为罪的问题上。礼教派站在家族主义立场上,认为"法律不能与习惯相反",子孙违反教令和无夫奸不加罪不合礼俗。法理派则从国家主义立场上认为这两种行为属于风化及教育问题,不构成犯罪,不必编入刑律。二者你来我往,直至闭会亦未达成一致。之后,在礼教派的弹劾下,沈家本被迫辞去修订法律大臣及资政院副总裁的职务。

礼法之争说明了保守势力的强大,但也客观上传播了近代法律思想和理论,对后来的法制建设具有重要影响。

四、民商法律

从形式和技术上看,古代中国并没有独立的民事成文法,所以近代的民商立法不存在对旧法的"改造"问题,只是将"户婚田土钱债"等调整对象从刑法中独立出来,按照民事方法予以调整,并糅合进民商法这幢"新建筑"。

从精神层面看,民商法就是对个人权利和利益进行保护。但是古老帝国的社会意识与法律制度、政策没有给民商法的发展留下太大空间,因为传统文化宣扬"重义贱利"的价值观,尽管围绕着"义"与"利"传统文化中也曾展开过讨论,但"义利之辨"最终没能在法律和政策上给"利"以适当的地位。相反,与家庭财产权、"士农工商"的有序结构模式及社会法律地位形成了相依相偎之势。"商"在传统的价值体系、社会结构中地位极低,"民"也是如此。"民"作为"官"的对立面,被描述为迷茫、无知的一类人或一个群体,始终是被治理的对象,"法"、"律"则是治理之具。但到近代社会结构、社会意识整体而言发生了变化。

近代中国处于世界列强竞争之际,这是靠力量或物质文明而不是靠道义或礼仪文明赢得国际地位的时代。西方因重商而富强,中国因轻商而贫弱,西人入侵,中国不仅败于兵战,且败于商战。所以,除发展军事外,还要大力发展商业。首先就要对商"正名",打破"士农工商"等级结构模式,于是近代中国开始抛弃了传统的"贱商"或"末商"观念,在求强求富的目标下兴起一股"重商"、"以商务为体"、"以工商立国"的社会思潮。一时间,"商本论"和"士商平等论"等"重商主义"思潮兴起。

"重商主义"作为一种影响比较广泛的社会思潮,发轫于19世纪六七十年代,兴盛于80年代,影响远及20世纪初。"商本论"成了早期改良主义者如郑观应、王韬、马建忠、薛福成等发展民族工商业的理论基石;"商战论"则为洋务运动提供了可以利用的思想资料;"士商平等论"则是后期"民主"、"平等"思潮的端倪,与后期的维新、民主思潮形成了承继关系。1903年前后,"重商主义"思想对清朝国策发生了影响,使"农本"政策的地位发生了根本动摇。清朝中央基于"夫工商之业,为富国之本"的强烈呼声,成立了商部,并颁布一系列法规,制定新一系列奖励办法鼓励商业发展,《商人通例》、《公司律》、《破产律》、《商律草案》等渐次制定出来。同时,商人的主体意识开始觉醒。商人组织商会,成立商事裁判所,依民间商事习惯规范商务活动,以期实现自治,这在一定程度上也是得力于"重商主义"的推动。另外,西方列强也是推动商律制定的力量,西方列强在中国设立领事裁判权的理由是大清刑罚严酷、司法行政不分、狱政不文明、不足以保护在华之本国人。所以,商法也与"收回治外法权"之目的联系在一起。民法制定的社会环境大抵亦如此。

(一)《大清民律草案》的制订及基本内容

中国古代没有专门的民法典。光绪三十三年(1907年),在民政大臣善耆和"宪政编查馆"大臣奕劻的奏请下,清廷开始组织人力,同时聘请日本法学家起草民法典。宣统三年8月(1911年9月),《大清民律草案》完成。其体系主要参考1900年德国民法典,并结合中国传统法律的部分内容,包括总则、债权、物权、亲属、继承,共五编37章1569条。其中前三编委托日本法学家松田义正、志田钾太郎协助起草,后两编由修订法律馆会同礼学馆起草。草案曾经交到资政院审议,但至清朝灭亡也没能公布。不过,这是中国历史上第一部专门的民法典草案,在形式和内容上都有一定影响。

1. 总则

第一编总则共8章,分别是法例、人、法人、物、法律行为、期间及期日、时效、权利之行使和担保。它采取了西方资产阶级的一些民法原则,如私有财产所有权不可侵犯、契约自由、过失致人损害应予赔偿等;对根本概念和法律关系作了规定,如自然人的权利能力、行为能力、责任能力、住所、人格保护;法人的意义、成立要件、民事权利;意思表示、契约行为、代理、时效等。

(1) 关于基本原则

第一章所载法例就是指贯穿于整个民法的基本原则。其第1条规定:"民事本律所未规定者依其习惯法,无习惯者依法理。"这条规定反映了立法者对于第一次制订的民律草案的不完备性的应有认识,以及中西两种法律文化之间的差别的认识,但对习惯法的价值缺乏应有的分析。

第2条规定:"行使权利履行义务,依诚实及信用方法。"诚实信用原则是各国民法所采取的基本原则之一。民律草案没有规定平等原则,这不是偶然的,因为它公然确认了父子、夫妻、男女之间的不平等关系。

第十一章　清末时期的变法改革

(2) 关于权利能力

第二章第 4 条规定:"人于法令限制内得享受权利或承担义务。"在这里,第一次用法律的形式规定了人在法律范围内权利与义务的统一。第 5 条规定:"权利能力于出生完成时为始",体现了民事权利能力的形式平等。

(3) 关于行为能力

首先,明确地对行为能力进行了解释,第二章第 7 条规定:"有行为能力人始有因法律行为取得权利或担负义务之能力。"第 10 条规定:"满二十岁为成年人。"按中国传统"成丁"之年即为成年,具有完全行为能力。但成丁年龄各代不同,汉初 22 岁,晋 16 岁,唐初 21 岁,宋 20 岁,元 15 岁,明清 16 岁。民律草案明确规定满 20 岁者为成年人,较之参差不齐的丁年,无疑是进步的。

其次,规定以无行为能力人为禁治产人,"禁治产人应置监护人"。(第 20 条)

最后,妻为限制行为能力人。凡"不属于日常家事之行为须经夫允许"(第 27 条);"妻得夫允许独立为一种或数种营业者,前项允许夫得撤销或限制之"(第 28 条);"夫未成年时,对于其妻之行为,非经行亲权人或监护人之同意,不得擅行允许"(第 29 条)。以妻为限制行为能力人,充分表现了男女之间、夫妻之间的不平等。

(4) 关于责任能力

草案规定了过失责任原则,凡"因故意或过失而侵害他人之权利者,于侵权行为须负责任"。(第 37 条)但未满 7 岁,或虽满 7 岁但无识别能力者,不负侵权行为之责任。第 40 条规定:"在心神丧失中为侵权行为者不负责任,但其心神丧失因故意或过失而发者不在此限。"过失责任原则是古典资本主义民法三大原则之一,民律草案肯定这一原则,较之我国传统法律对幼年的恤刑原则无疑更加明确具体。

(5) 关于人格保护

人格的概念,首先由罗马法提出,罗马法称自然人的权利能力为人格。只有具备完全人格的人,才能取得完全的权利能力。其人格权由自由权、市民权和家长权组成。人格概念的提出为后世资产阶级民法理论奠定了基础。民律草案之人格权由权利能力、行为能力、自由权和姓名权组成,对于人格权的保护,第 49、50、55 条分别规定如下:"权利能力及行为能力不得抛弃";"自由不得抛弃";"姓名权受侵害者得请求屏除其侵害"。

(6) 关于法人制度

总则第三章对法人的性质、组织形式、设立与消灭、权利能力和行为能力、活动方式、目的等作了规定。其中第60条规定:"社团及财团得依本律及其他法律成为法人。"第61条规定:"法人于法令限制内享受权利担负义务之能力,但专属于人之权利义务不在此限。"这表明:法人是依法独立享有民事权利和承担民事义务的组织。

(7) 关于民法上的物的概念及范围

第四章第166条规定:"称物者谓有体物",即占有一定空间的物体。但民法上的"物"不仅指自然属性,还必须是能为人们所控制,具有经济、文化、科学价值的物,如土地、森林、河流、矿物、机器等。在清朝,奴婢被看作畜产一类的物,民律草案中的"物"已不包含奴婢在内。

(8) 关于时效

第七章第274条规定:"时效溯及起算日;生取得权利或消灭权利之效力。"第300条规定:"以所有之意思,于三十年间和平并公然占有他人未登记之不动产者,取得其所有权。"第304条规定:"债权之请求权因三十年间不行使而消灭。但法律所定时间较短者不在此限。"

2. 债权

第二编债权共8章,分别是通则、契约、广告、发行指示券、发行无记名证券、管理事务、不当得利和侵权行为。它规定了当事人的权利义务、债权的标的、效力、让与、承认、消灭、债的形式等。

(1) 债权保护

本编对债权人的权利作了详尽的规定,但对债务人的合法权益则没有任何保护性的条款。如第324条规定:"债权人得向债务人请求给付。"第335条规定:"债务人于开始强制执行前,不行使其选择权,则侵权人得就其选定之给付开始强制执行。"第355条规定,债务人不能给付时,"债权人得向债务人请求不履行之损害赔偿"。第369条规定:"债务人对于债权人须赔偿迟延之损害。"

(2) 契约自由

契约自由是商品交换的必然要求,是古典资本主义三大民法原则之一。只有当人们从身份的约束中解放出来,才有可能通过体现个人意志的契约进行经济交易和社会联系。因此,确立契约自由,无疑是一种社会进步的运动。民律草案第二章第513条规定:"依法律行为而债务关系发生或其内容变更消灭者,若法令无特别规定,须依利害关系人之契约。"

3. 物权

第三编物权共7章,分别是通则、所有权、地上权、永佃权、地役权、担保物权和占有,并规定了各种财产权特别是私有财产权的法律保护。

第十一章　清末时期的变法改革

(1) 私有财产的法律保护

保护所有权人的私有财产是西方国家宪法的基石，也是民法中的核心。民律草案关于所有权的条款，都是从日、德民法典中移植而来的。第二章第983条规定："所有人于法令之限制内得自由使用、收益、处分其所有物。"第984条规定："所有人于其所有物得排除他人之干涉。"第986条规定："所有人对于以不法保留所有物之占有或者侵夺所有物者，得回复之。"

(2) 土地所有人的权益问题

物权编不仅肯定了地主的土地所有权，而且对这种所有权的范围及其保护作了详细的规定。如第991条：土地所有权的范围"及于地上地下"。第1013条："土地所有人得禁止他人入其地内。"第1016条："水源地之所有人得自由使用泉水。"该编还规定了因土地所有权而产生的其他物权：地上权、永佃权、地役权、担保物权、抵押物权、不动产质权等。为了保护土地所有人的利益，第1080条规定："地上权人应向土地所有人支付定期地租。"第1082条规定："地上权人虽因不可抗力于使用土地有妨碍，不得请求免除地租或减少地租。"第1083条规定：地上权人继续三年怠于支付地租或受破产之宣告者，"土地所有权人得表示消灭其地上权之意思并得请求涂销其设定之登记"。

4. 亲属

第四编亲属共7章，分别是通则、家制、婚姻、亲子、监护、亲属会和扶养之义务。它规定了亲属关系的分类、家庭制度、婚姻制度、未成年人和成年人的监护、亲属间的扶养等内容，主要是维护封建婚姻家庭制度。如规定："结婚须由父母允许"、"家政统于家长"、"家长以一家中最长者为之"等。

(1) 关于宗法家长制度

在亲属法起草过程中，究竟采取家属主义还是取个人主义，曾经有过争议，最后采取家属主义。亲属法还采取宗法家长制原则，在第一章通则中规定：亲属分为宗亲、外亲、妻亲等关系以服制图来计算；第二章家制中规定：家长"以一家中之最尊长者为之"，"家政统于家长"。修订法律馆对此说明如下："家长既有统摄之权利，反之，则家属对于家长即生服从之义务。"

(2) 关于婚姻

《大清民律草案》援引《大清律例》中有关婚姻的内容。总体而言贯穿了礼的精神。第1333条规定："同宗者不得结婚。"第1338条规定："结婚须由父母允许。"[①] 法律馆解释的立法理由是"婚姻为男女终身大事，若任其自由结合，往往血气未定，不知计及将来，卒贻后悔，况家属制度，子妇于成婚

---

① 参见《中华民国民法制定史料汇编》，中国台湾地区出版。

后，仍多与父母同居，则姑媳间之感情，亦宜先行筹及"。

第1351条规定："关于同居之事务由夫决定。"第1355条规定："妻于寻常家事视为夫之代理人，前项妻之代理权夫得限制之。"第1358条规定："妻于成婚时所有之财产，及成婚后所及之财产为其持有财产，但就其财产夫有管理使用权及收益之权，夫管理妻之财产显有足有损害之虞者，审判厅因妻之请求得命其自行管理。"按法律馆解释："中国男率女，女从男，于夫妇财产向夫契约之说……本法定归之于其夫者，以吾国礼俗本应如是。"①

在离婚问题上宽于男而严于女，第1362条规定，妻如果与人通奸者，即行离婚；但夫因"奸非"罪被处刑者，妻才可以提起离婚。

(3) 关于亲权关系

亲权或监护权之设立，旨在保护子女的权益，立足于家长之权。第2274条沿袭大清律例之规定，父母于必要之范围内可亲自惩戒其子或呈请审判衙门送入惩戒所惩戒之。第1375条规定："子营职业须经行亲权之父或母允许。"第1376条规定："子之财产归行亲权之父或母管理之"。按法律馆解释："子妇无私货、无私蓄、无私器之义，似乎为人子者，不应私有财产。"

5. 继承

第五编继承共6章，分别是通则、继承、遗嘱、特留财产、无人承认之继承、债权人或受遗人之权利。它主要规定了自然继承的范围和顺序、遗嘱继承的办法和效力、没有确定继承人的遗产的处理办法、对债权人或受遗人的保护等内容。

在继承编中值得提出的是宗祧继承问题，这是中国古代继承法的核心。民律草案虽然没有明列宗祧继承的条款，但在一些具体规定中已经清楚地显示了宗祧继承与遗产继承的区分。譬如兼继承宗祧与财产者为继承人，仅承受遗产者为承受人。女儿有承受遗产权，无继承权。妻子只有在夫亡无子守志的情况下才可以承受其夫应继之份为继承人。这也是大清律例已有之规定。

从以上内容可以看出，《大清民律草案》前三编采取了西方西方民法的基本体系和主要原则，后两编则吸收了中国传统礼教民俗的部分内容。这也是立法过程中"礼法之争"的反映。

(二) 商事立法

自五口通商至20世纪初清政府立宪修律，外国资本主义工商企业在华发展迅速，国人商事组织亦打破传统简单合伙规模，民营新式工商企业步洋商之后累年增加，华、洋商人之间涉讼事件亦日益频繁。当时洋商企业依其本国法

---

① 参见《中华民国民法制定史料汇编》，中国台湾地区出版。

第十一章 清末时期的变法改革

在驻华使领馆注册登记，并有治外法权的保护，如有纠纷发生，皆能援法为断。而华商则因无相关的法律规定，唯任地方官吏的临时裁决，每遇华、洋交涉，往往得不到保护，对华商深为不利。而在近代"商战"方酣之际，满清朝野上下遂齐相呼吁制定商法，以保国权商利。

1. 《商人通例》、《公司律》和《破产律》

光绪二十九年3月（1903年4月），载振、伍廷芳、袁世凯奉命拟订商律。7月，清廷成立商部，以载振为尚书，伍廷芳为左侍郎，陆续制订了一些商事法律法规。1904年1月21日清政府颁布《钦定大清商律》，包括《商人通例》9条和《公司律》131条。这是中国法制史上第一部"现代意义上的法典"，可谓中国法律近代化的开篇之作。

《公司律》是中国第一部公司法，也是中国近代商事立法的重点。《公司律》共分11节，131条，规定了公司分类及创办呈报法；股份；股东权利各事宜；董事；查账人；董事会议；股东会议；账目；更改公司章程；停闭；罚则等内容。《公司律》虽然粗疏简陋，但对清末各种公司的建立起了推动的作用。

《破产律》由商部和修订法律馆共同起草，光绪三十二年4月（1906年5月）颁布，是中国历史上第一部破产法。它包括呈报破产、选举董事、债主会议、清算账目、处分财产、有心倒骗、清偿展限、呈请销案、附则，共9节69条，主要规定了破产的条件、呈报破产的程序、清偿债务的程序等。

但是，《钦定大清商律》乃伍廷芳等奉旨仓促而作，"草创之始，难语完备"，疏漏及不合国情之处颇多。《公司律》第131条亦云：此系初定之本，于保护商人、推广商务各事宜，未能详尽，仍当随时酌增。此后，清政府又颁布实施《商会简明章程》等商事法规。1906年4月25日颁布《破产律》，但因与实际国情不合，难于施行，旋于1907年12月2日宣布废除，未能发挥实际作用。但根据《商会简明章程》在全国各地发起成立的许多商会组织，却成了中国几千年商业史及立法史上具有划时代意义的新事物。

2. 《大清商律草案》

《大清商律草案》，由修订法律馆聘请日本法学家志田钾太郎起草，也叫《志田案》，光绪三十四年12月（1908年1月）完成，未颁布施行。它是中国第一部比较完备的商法典草案，内容包括总则、商行为、公司法、票据法、海船法五编，共计1008条。其中总则包括法例、商业、商业登记、商号、营业所、商业账簿、商业所用人、商业学徒、代办商9章103条；商行为包括通则、买卖、行铺营业、承揽运送业、运送营业、仓库营业、损害保险营业、生命保险营业8章236条；公司法根据《公司律》编纂而成，共分六编16章

312条；票据法根据海牙统一票据规则，并参酌德、日的票据法编纂而成，共三编15章94条；海船法分为总则、海船关系人、海员契约、海损、海难之救助、海船债权之担保六编11章263条。

但当时各商会以修订法律馆所编《大清商律》系直接采自日本商法，担心与国情不合，而商法关系国家利权，与商人利害攸关，乃于1907年7月由上海立宪公会发起商法起草委员会，决定实际访查商场习惯，参照各国最新立法例，自行编纂商法草案。1907年11月19～21日上海预备立宪公会、上海商务总会、上海商学公会在上海愚园组织召开了第一次全国商法讨论大会，与会代表来自全国各地及海外华人商会，计85个商会143名代表。会议期间，代表们对共同制定商法草案热情极高，并很快就许多重要而具体的问题达成一致意见。上海商务总会会长李云书在开会致词中明确了此次商法大会的宗旨："联合全国商人自造商法草案，要求政府施行。"大会决议，指定专人负责草拟各章，并具体作了部署。1909年12月召开第二次大会时已完成《商法总则》与《公司律草案》两编，经大会讨论通过，呈请清政府施行，并附《公司律调查案理由书》与《商法总则调查案理由书》。而农工商部以为，该草案系全国各商会等"专聘通晓商律之士，调查各埠习惯，参酌法理编纂而成，于实施之际不无裨益"，因而"逐条考核，参互研求，故其采择亦为独多"。遂将草案改订，定名为《大清商律》，共计367条，送"宪政编查馆"审核后呈送资政院审议。但资政院未及通过清政府即被推翻。该草案分总则和公司两编，前者包括商人、商人能力、商业注册、商号、商业账簿、商业使用人、代理商7章86条，后者包括总纲、无限公司、两合公司、股份有限公司、股份两合公司、罚例。这部草案成为1914年北洋政府制定《商人通例》和《公司条例》的范本。1914年实业家张謇任农商总长时期将上项两编加以修订，呈请总统公布施行，是为《商人通例》及《公司条例》。

（三）民商立法的评价

就社会发展趋势而言，20世纪初民商法的土壤似乎培育成熟。其实不然，不同的利益集团对制定民商法的实际心态、目的，对民商法的理解是有所差异乃至根本矛盾的。实际上，从民商法制度在中国被"建构"的时候，关于民商法的理念自始就是不统一的，这决定了民商法在中国大地扎根远非一部或几部法律就能解决。表现在民律草案上，人法与物法在价值取向上呈现出"两张皮"的现象。既要发展经济又要坚持传统的人伦道德，反映出国人的矛盾复杂心态。

在洋务派之主张制定商律、设立商部，是站在"禁讹诈、禁假冒、禁亏塌、准专利"，保护国内工商业的立场上，希望工商业为政府交更多的税，可

第十一章　清末时期的变法改革

以说他们是站在"官"和"管"的立场上；早期改良主义者对政府没有商律保护工商进行了批评，然而他们的立场和洋务派有所不同，比如对政府干预工商业就持反对意见，认为各种企业"一律准民间开设，无所禁止，或集股，或自办，悉听其便，全以商贾之道行之，绝不拘于官场系统"。用今日语言，也就是开放企业民营，由市场调节而官府不用行政手段干扰。对"商贾之道"虽未必有明确的认识，但知道其与"官场系统"不同，这应当说孕育着一种朦胧却又至关重要的"权利"、"权益"之类的主张，在和政府"叫板"。当然，就和他们的"士商平等论"还没有发展出抽象的"平等"理念一样，这种理念被后来的维新人士在"宪政"层面提出。在多方力量的互动下，终于有了清末修律，商法的制定是其开端，《钦定大清商律》是按照西方模式修订，以模仿列强的形式出现，脱离了中国的国情、商情，从而使中国第一部商法出台后，便遭致社会各界非议。之所以如此，是由于清立法者在制定商法时的出发点不过是为了借此机会，巩固其统治基础，增强其国力，同时也便于与列强交涉。因此，后来进行的商法草案讨论活动和商事习惯调查也就可以理解了。法律的制定从来就是各利益集团进行博弈的结果。西方商法的产生，经历了一个从通行的商业习惯、惯例到国家制定法的渐进的法典化历程。其间，商人阶层始终起着主动的推进作用，"商法最初的发展在很大程度上——虽不是全部——是由商人自身完成的"。在中国，商人阶层的力量没有达到如此程度，而且中国还面临传统、习惯、现实国情等问题。其实，每部法律的制定都面临这样的、至今尚未解决的难题。

第三节　清代的司法制度

鸦片战争以来，西方资本主义国家在中国取得领事裁判权。所谓领事裁判权，是指外国在中国的侨民成为民事或刑事诉讼的被告时，不受中国法律的调整，也不受中国法庭的管辖，只能由其本国领事按其本国法律裁判。因此，这项制度严重破坏了中国的司法主权，是清末司法制度半殖民地化的重要标志。道光二十三年6月25日（1843年7月22日）签订的中英《五口通商章程》规定：凡中国人和英国人在通商口岸"交涉诉讼"，"其英人如何科罪，由英国议定章程、法律，发给管事官（即领事）照办"。根据这一规定，英国首先在五个通商口岸取得了领事裁判权。同年8月15日签订的《虎门条约》又补充规定：英国人违背禁约，"擅到内地远游者"，也要交"英国管事官依情处罪"，中国人"不得擅自殴打伤害，致伤和好"。这样，又将领事裁判权的适用范围扩大到了内地。道光二十四年（1844年），中美《望厦条约》更把这

第十一章 清末时期的变法改革

项司法特权进一步推广到中国境内的各个地区,规定:美国人与美国人、美国人与其他外国人,如在中国境内发生法律纠纷时,中国官员均不得过问。此后,俄、法、日、德、比等资本主义国家纷纷效法英、美,先后在中国攫取了领事裁判权。

西方列强并不以此为满足,进一步设立了会审公廨。会审公廨是清廷在租界内设立的特殊审判机关,会审公廨制度是外国在华领事裁判权制度的延伸。第二次鸦片战争以后,英国驻上海领事巴夏礼向上海道提出,在租界内组织一个中国法庭,审理除享有领事裁判权国家侨民为被告人以外的一切案件;凡遇有关享受领事裁判权国家人民利益的案件,有关国家领事得派员陪审。上海道完全接受了这一建议,并报总理衙门审批通过。同治三年(1864年),上海道派人前往英国领事馆,会同英国领事组织法庭,称为"洋泾浜北首理事衙门",由中国地方官会同英国副领事审理以中国人为被告的各种案件。同治七年,上海道又与英、美领事颁行《上海洋泾浜设官会审章程》,正式确立会审公廨制度。根据这个章程,会审公廨由上海道派一名官员充任委员,主持各项事务;公廨所需人员由委员招募或雇佣,所需经费由委员赴上海道领取。公廨依中国法律管辖各国租界内以中国人或无约国人为被告的钱债、斗殴、窃盗、词讼等案件;其中中国人(不为外国人服务或受雇)之间的诉讼,由委员审判;中国人与外国人之间的诉讼,如有外国人出庭,由委员和外国领事会审;如有为外国人服务或受雇的中国人出庭,由委员审判,外国领事观审;如中国人反诉外国人,由委员审判,外国领事陪审;但如该外国人是享有领事裁判权国家的公民,公廨无权处理。从这些规定可以看出,这个由清政府出钱出人设立在租界内的审判机关,实际上是一个维护外国人诉讼权益的工具。继上海之后,不仅武汉、厦门等地也先后设立了会审公廨,而且外国领事还通过逐步扩大会审、观审、陪审权,最后完全把持了会审公廨的主审大权。因此,会审公廨制度是中国丧失司法主权的又一重要标志。

晚清政府在实行新政的过程中,也力图通过司法审判制度改革收回领事裁判权。在修订法律馆正式开馆后,沈家本等人便组织人员翻译了日本的《刑事诉讼法》、德国的《民事诉讼法》、《普鲁士司法制度》、《德意志旧民事诉讼制度》、《比利时监狱则》、《比利时刑事诉讼法》、《美国刑事诉讼法》等,作为起草程序法的依据。同时,还派遣董康等一行4人赴日本进行司法考察,并编译了《调查日本裁判监狱报告书》、《日本裁判所构成法》、《监狱访问录》、《日本裁判沿革大要》等重要资料。

光绪三十二年(1906年),在区分民刑诉讼、建立陪审制度和实行律师制度的原则指导下,起草了《刑事民事诉讼法》。对于这部诉讼法草案,"究竟

第十一章 清末时期的变法改革

于现在民情风格能否通行",清廷下谕:"著该将军督抚都统等体察情形,悉心研究,其中有无扞格之处,即行缕析条分据实具奏。"结果各地将军督抚都统群起反对。其中以湖广总督张之洞为代表,他在《遵旨核议新编刑事民事诉讼法折》中,反对沈家本以"契约自由"、"人权原则"为宗旨制订诉讼法。他说:"乃阅本法所纂,父子必异财,兄弟必析产,夫妇必分资;甚至妇人女子,责令到堂作证",是"袭西俗财产之制,怀中国名教之防,启男女平等之风,悖圣贤修齐之教"。他还认为:"西洋各国,皆先有刑法、民法,然后有刑事、民事诉讼法。"所以诉讼法先于实体法制定实行,与民情风俗不合。张之洞批评沈家本等人提出的通过司法改革,使列强国家放弃领事裁判权的观点是不合实际的幻想,指出西方国家"专视国家兵力之强弱,战守之成效以为从违"。由于张之洞的观点不无道理,这部草案遂被搁置,直到宣统二年12月24日(1911年1月24日)重新编成《刑事诉讼律草案》和《民事诉讼律草案》。这两部草案是中国历史上最早出现的具有近代意义的诉讼法。

一、《大清刑事诉讼律草案》

《大清刑事诉讼律草案》,修订法律馆聘请日本法学家岗田朝太郎起草,宣统二年12月24日(1911年1月24日)完成。该草案共六编15章515条。第一编总则,包括审判衙门、当事人、诉讼行为3章;第二编第一审,包括公诉、公判2章;第三编上诉,包括通则、控告、上告、抗告4章;第四编再理,分再诉、再审、非常上告3章;第五编特别诉讼程序,分大理院特别权限之诉讼程序和感化教育及监禁处分程序2章;第六编裁判之执行。这是我国第一部专门的刑事诉讼法草案,但未及审议颁行。

《刑事诉讼律草案》的基本内容包括:

(一)审判原则

根据《大清刑事诉讼律草案》对刑事案件的审判,实行公开原则、直接原则、不同断原则、一事不再理原则和不告不理原则。第257条还规定"公诉的效力不得及于检察官所指被告人以外之人"。

(二)诉讼管辖

刑事案件的审判管辖分级别管辖和地区管辖两种。级别管辖是指各级审判衙门对第一审案件的权限划分。清末实行四级三审制,地方审判厅、高等审判厅、大理院还要负责审理不服一审、二审判决的控诉、上告或抗告案件。地区管辖是指同一级审判衙门对具体案件的权限划分。如土地管辖以犯罪地或犯人所在地为准。数人共犯或一人犯数罪造成多处管辖的,应由其中一处审判厅合并管辖。管辖不清的案件,可以由检察官向上级审判衙门申请指定管辖。

（三）起诉

刑事案件立案后，由检察官负责侦查，并决定是否提起公诉，将被告人交付审判。对案犯的逮捕，也须由检察官亲自或指挥司法警察实施。

（四）证据

在刑事案件审判中，否定了流传中国数千年之久的刑讯逼供制度，采取据众证定罪。证据的种类，包括口供、检证笔录、证人证言、鉴定结论、文件证据、物证等，其证明力由法官自由判断。至于举证责任主要由负责起诉的检察官承担，审判官在必要时，也可以调查特定证据。

（五）被告人的辩护权

被告人有权对自己所受到的控诉进行辩护，并随时可以自己选任，或由法定代理人为其辩护人。辩护人可以由律师出任，也可由审判衙门允许的其他人担任。

（六）回避

承审官、检察官、书记员、鉴定人、翻译等人，与原被告或讼人、代理人之间有利害关系的，应陈请回避。回避，分为拒却（由当事人提出）和引避（由审判官和检察官等自行提出请求），要求申请回避应用书状。

（七）上诉

对一审判决不服的上诉，包括控告、上告、抗告三种形式。不服一审判决，于二审审判厅上诉为控告；审理的范围只局限于所控告的部分。不服二审判决，于终审审判厅上诉为上告。终审法院仅就上告部分进行书面审，其判决为终审判决。不服审判厅之决定或命令，于上级审判厅上诉为抗告，抗告必须在决定作出后即时提出。有权提出控告和上告的有检察官、被告人、辩护人或法定代理人。有权提出抗告的除上述诉讼当事人外，还包括鉴定人和其他非诉讼参与人。

（八）死刑执行

对于死刑案件由大理院审理或复判，再经法部核定。死刑的执行须于具奏后，由总检察厅或地方检察厅执行。在死刑复核程序中，皇帝仍握有最后决定权。

二、《大清民事诉讼律草案》

《大清民事诉讼律草案》，由修订法律馆聘请日本法学家松冈义正起草，与《大清刑事诉讼律草案》同时完成，共四编22章800条。第一编审判衙门，包括事物管辖、土地管辖、指定管辖、合意管辖、审判衙门职员之回避拒却及引避5章；第二编当事人，包括能力、多数当事人、诉讼代理人、诉讼辅

第十一章 清末时期的变法改革

佐人、诉讼费用、诉讼担保、诉讼救助7章；第三编普通诉讼程序，包括总则、地方审判厅之第一审诉讼程序、初级审判厅之诉讼程序、上诉程序、再审程序5章；第四编特别诉讼程序，包括督促程序、证书诉讼、保全诉讼、公示催告程序、人事诉讼5章。它是我国第一部专门的民事诉讼法草案，但也未及审议颁行。

其主要内容如下：

（一）审判衙门

审判衙门是在诉讼法规定的范围内行使司法权的官署。审判衙门对权限内的事件行使审判权，称为审判衙门之管辖权。如事务管辖是指就事务的性质所定的官署之职务权限。土地管辖是指就一定之地域所定的官署之职务权限。指定管辖是指因战争或传染病等事件断绝交通或不能辨别审判衙门之管辖权者，为了保护当事人的利益，指定的审判衙门。合意管辖是指除专属管辖及其他非财产权上请求之管辖外，若当事人就某种诉讼事件有管辖之合意，则其合意所定之审判衙门即有审判权限。凡无法定管辖权的审判衙门不得审判诉讼事件。

（二）当事人

当事人是指以自己的名义请求审判衙门要求保护权利之人。当事人在普通诉讼中称为原告、被告，在督促程序中称为债权人、债务人。由于民事诉讼情况复杂，有些案件涉及的原告、被告不止是一个人，因此草案规定了"多数当事人诉讼"，指有多数原告或被告之数宗诉讼关系据同一诉讼程序，而合并审理的诉讼。"参加诉讼"，指与当事人一方有法律上利害关系人之第三人为辅助，参加诉讼，以保护第三人的利益。诉讼代理人指局外人由当事人之委任，从事于其诉讼行为之人。但非律师而为代理人者，应得到审判衙门的许可。诉讼代理权虽本人亡故、破产或诉讼能力变更，仍不消灭。诉讼辅佐人指因当事人之委任，赴审判衙门辅佐当事人之人。辅佐人无诉讼代理权，无法律上之利害关系，故与代理人、参加人不同。

（三）普通诉讼程序

普通诉讼程序是适用于普通事件的诉讼程序，分为第一审诉讼程序、上级审诉讼程序和再审诉讼程序。普通诉讼程序的共有要件如下：

1. 书状

包括当事人姓名、身份、职业及住址；法人的名称及住址；代理人的姓名、身份、职业及住址；诉讼物；一定之声明的事实要领；对于相对人事实上主张之陈述和证据方法或声叙方法之陈述；附属文件及其件数；年月日；审判衙门；当事人签字等。

2. 送达

包括普通送达、嘱托送达和公示送达三种方式。

3. 日期

指审判衙门及诉讼关系人（当事人、证人等）以为诉讼行为之时间，如口头辩论日期。

4. 期间

指审判衙门或当事人单独而为诉讼行为之时间，如上诉期间等。

诉讼程序的停止：诉讼程序在通常情况下由判决、和解及撤回诉讼而终结。其中有法定原因停止者，为诉讼程序之中断。有法定原因以审判停止者，为诉讼程序之中止。因当事人之合意停止者，为诉讼程序之休止。

5. 言词辩论

包括当事人演述及行使发问权、审判长及审判衙门指挥诉讼、和解及笔录等。

6. 裁判

裁判分为判决、决定及命令三种。判决，指审判衙门就当事人实体上及重要诉讼上请求之当否，本于当事人言词辩论所作的裁判。决定，指审判衙门就简易诉讼上请求之当否或关于诉讼上指挥所作的裁判。命令，指审判长受命推事或受托推事就简易诉讼上请求之当否或关于诉讼上指挥所作的裁判。

7. 诉讼笔录

诉讼笔录指明示各诉讼事件始末的书状。包括诉状、声请书、准备书状、笔录或附具书状、审判原本及送达证书等。当事人得向审判衙门书记官申请阅览或誊录诉讼笔录。

（四）第一审诉讼程序

第一审诉讼程序包括地方审判厅诉讼程序和初级审判厅诉讼程序。地方审判厅第一审诉讼程序，是整个诉讼程序的基础。初级审、上诉审以及再审的诉讼程序，除法律特别规定外，准用地方审判厅第一审诉讼程序。具体如下：

1. 起诉

民事诉讼非起诉人起诉不能成立。审判衙门在接到原告诉状以后，由审判长规定言词辩论日期，令书记官将传票与诉状一并送达于被告。被告于第一审之言词辩论终结前，可向本诉所属之审判衙门提起反诉。

2. 言词辩论

除一般规定外，还有以下特别规定：声明应受判决事项，应朗读诉状或准备书状。其声明有未记入诉状或准备书状者，应朗读附于笔录之书状。

第十一章 清末时期的变法改革

3. 证据

包括人证、鉴定、书证、检证、证据保全等内容。关于立证责任，《大清民事诉讼律草案》规定：当事人应立证有利于自己之事实上主张，但于审判衙门事实显著及审判衙门于职权上已认知其事实者，不在此限。

4. 裁判

诉讼可以终结者，审判衙门应行终局判决或部分终局判决。诉讼未终结者，视情况得为中间判决。判决应就声明之事项为之，于言词辩论后7日内作出。判决书应具备法定内容，并按程序送达。如两造中之一造不到场时，适用缺席判决。

5. 和解

和解多用于初级审判厅审理的轻微事件，当事人两造届期到场和解调协者，审判衙门应记明于笔录。

（五）上诉程序

上诉有控告、上告、抗告三种。控告，是对第一审判决声明不服，控诉审判衙门由此而就事实之认定与法则之适用调查该判决之是否正当。上告，指对于未确定之第二审判衙门终局判决或可视作此种判决之判决声明不服，上告审判衙门由此而就法则之适用调查该判决是否正当。上告非以第二审判决违背法令为理由者不得为之。抗告，指对于下级审判衙门或其审判长所为之裁判声明不服。抗告审判衙门由此而就事实之认定与法则之适用，调查该裁判是否正当。

（六）再审程序

再审程序指对于确定判决声明不服的当事人，求其权利保护的方法。再审诉状应记明当事人声明不服之判决，及提起再审之诉的陈述等。

（七）特别诉讼程序

特别诉讼程序是依简易程序而为之裁判，以保护当事人利益的诉讼程序。包括督促程序、证书诉讼、保全诉讼、公示催告程序以及人事诉讼等。在特别诉讼程序中，若无特别规定时准用通常诉讼程序的规定。

可以看出，《大清民事诉讼律草案》实际上是简单照搬西方的。然而它标志着中国独立的民事诉讼立法的开端，确立和展示了全新的民事诉讼制度的模式，体现了对于私权的保护。它同《民律草案》互相配合，力图取得以程序法之"用"，辅助实体法之"体"的效果。但由于《大清民事诉讼律草案》上奏以后，辛亥革命即已爆发，对草案的核议无法进行，更谈不上执行。清末《大清民事诉讼律草案》的制订，有助于人们新的司法观念的形成，并为中华民国时期民事诉讼法的修订和民事诉讼制度的建立，奠定了重要的基础。

三、清末审判制度的变化

(一) 确立了以控审分离的现代刑事诉讼程序

中国古代的刑事诉讼程序,原则上实行纠问式的诉讼方式,起诉和审判主要由审判官承担,没有独立的起诉部门。清末的刑事诉讼制度改革,确立了以检察官为原告官,法官为审判官的诉讼程序。以此为基础,以审判职能、控诉职能和辩护职能相分离的审判结构被确定下来,以侦查、起诉、审判、执行相递进的诉讼阶段也被确定下来。这就奠定了现代刑事诉讼程序的基础。

(二) 审级制度的建立

晚清审判制度改革引进了西方的审级制度,这在《大理院审判编制法》、《各级审判厅试办章程》中均有明确规定,而关于此点最详细、最完备之规定可见于《法院编制法》。根据这些法规,审级制度仿大陆法系,采四级三审制。四级分别为初级审判厅、地方审判厅、高等审判厅和大理院,每一级都有其相应的管辖范围。初级审判厅为最基层的审判衙门,一般设于乡、镇一级,位于城市的叫城谳局,乡下的叫乡谳局,依《法院编制法》第16条,管辖范围为"管辖第一审民事、刑事诉讼案件,并登记其他非诉讼之权"。地方审判厅依前法第19条,管辖范围为"第一审:不属初级审判厅权限及大理院特别权限内之案件;第二审:一是不服初级审判厅判决而控诉之案件,二是不服初级审判厅之决定和其命令,按照法令而抗告之案件"。高等审判厅依据《法院编制法》第27条,管辖范围为"一是不服地方审判厅第一审判决而控诉之案件,二是不服地方审判厅第二审判决而上告之案件,三是不服地方审判厅之决定或命令,按照法令而抗告之案件,四是不属大理院之宗室觉罗第一审案件"。大理院的管辖范围依据《法院编制法》第36条为"第一,终审:一是不服高等审判厅第二审判决而上告之案件。二是不服高等审判厅之决定或其命令,按照法令而抗告之案件。第二,第一审并终审依法令属于大理院特别权限之案件"。

审级制度不同于中国传统的复审制度。复审制度是指下级审判机关对一些重大案件无权定判执行,必须在拟定判决以后向上级审判机关申报复审定判。它虽然涉及不同级别的审判机关,但与审级制度却有本质的不同。首先,复审制中虽然有不同级别审判机关管辖范围的规定,但其主要是依靠案件审判结果的轻重,或对当事人量刑的严重程度为划分依据。上级审判机关有无管辖权在案件审理前是不确定的,而审级制度则依据案件性质及影响力在审判前即有明确的级别管辖划分。其次,复审制中的下级审判机关一般对复审案件无独立的裁判权。最后,复审制中的复审行为是审判机关的主动行为,而审级制度中的

第十一章 清末时期的变法改革

二审、三审等上诉审理只能由当事人提出。因此,审级制度在中国本土法律制度中是不存在的,它是吸收西方文明审判的重要成果。

(三) 新型审判组织的建立

清末引进西方两种主要审判组织形式,即独任制与合议制,最早见于光绪二十三年的《大理院审判编制法》。该法第7条:"大理院、京师高等审判庭、城内外地方审判庭,均为合议审判,以数人审判官充之。至城谳局,不妨以单独一人审判官充之"。另外,《大理院审判编制法》第23、24、30、38、40条详细规定了不同审级采用不同的审判组织形式及运行方式,如大理院、京师高等审判庭采用五人合议庭制,公推一人为"问官长",对会审事宜有"总司其成之权";地方审判庭采用三人合议庭制;城谳局一般是独任审判制。后光绪三十三年《各级审判庭试办章程》又规定全国各级审判庭均采用独任制与合议制两种审判组织形式,该法第28条规定:"单独制以审判官一人开庭,合议制以审判官三人开庭",至于合议庭评议之具体事宜则参照同年的法院编制法草案第十四章的规定。而宣统元年颁布的《法院编制法》对审判组织形式的规定最为详备科学,可操作性较强,有关规定主要体现在编制法第4、6、7、8条,审判组织形式仍由独任制与合议制两种形式构成,初级审判庭采取独任制,由推事一员行使审判权;地方审判庭则根据不同情况采用更为灵活的方式:"一、诉讼案件系第一审者,以推事一员独任行之;二、诉讼案件系二审者,以推事三员之合议庭行之;三、诉讼案件第一审而繁杂者,经当事人之请求,或以审判庭之职权,亦以推事三员之合议庭行之";高等审判庭则采用推事3人合议庭制,大理院采用推事5员合议庭制。并且规定"合议审判以庭长为审判长,庭长有事故时,以庭员中资深者充之。独任审判,即以该推事行审判长之职"。

清末引进的西方这两种审判组织形式中,最具有改革意义且对后世影响深远的当属合议制。曾有学者认为这种民主的审判组织形式在中国古代也存在,最显著的就是会审制度。然而,合议制纯属清末审判制度改革的产物,从审判精神和存在价值上来看,合议制与中国传统的会审制度具有根本性的差别。首先,合议制的主体全部是专业审判人员,会审制是行政人员与司法人员共同行使审判权,属行政干预司法。其次,合议制有完善的议事程序设置,基本采取民主议案程序,"判断之决议,以过半数之意见定之"。另外,为了防止某些个人意见对案件最终裁判结果的不良影响,如《法院编制法》第7条还规定:"评议判断时,其陈述意见之次序,以官资较浅者为开始,资同以年少者为始,以审判长为终",有效地保证了个体意见的真实性和充分发挥。中国传统会审制度却并无明确的民主式的程序性规定。最后,合议制是民主政治制度

第十一章 清末时期的变法改革

下,现代审判制度中特有的一种审判组织形式,其追求的最终价值目标乃是民主与公平。而会审制则是专制制度下的特殊产物,是为了防止司法权力的独立与膨胀,避免其对皇权的威胁,而由其他部门的权力加以干涉和牵制。

（四）审判程序、审判方式的文明化

转型后的审判制度在许多审判环节上都体现了专业、文明、注重当事人权利保护的现代审判精神,大大突破了传统审判制度忽视审判程序,追求国家主义的旧有模式。

1. 庭前传唤当事人的传唤程序

详细规定了以下三个方面：（1）传唤当事人要有传票。光绪三十三年《各级审判庭试办章程》第14、15条规定形式审判庭有三种不同情况的厅票："一、传票。传讯原告及其他诉讼关系人等用之；二、拘票。拘至犯徒罪以上之被告及抗传不到或逃匿者用之；三、搜查票。搜查罪人及证据用之。"（2）厅票只能由特定的人颁发和执行。该法第16、17条规定："凡审判官皆有发厅票之权","刑事厅票由检察官或预审推事指挥司法警察执行之。民事审票由承发吏执行之"。（3）注意庭前对被传唤人权利的保护。"被传人实有不得已之事由,限于未满期限前,呈明审判厅,经审判官查无虚伪时,酌量展限。""凡因案传到者,应即日讯问之。其拘到而未能即时审讯,或一讯而不得保释者,用收签付看审所管之。其提出时则用提签。"之后,光绪三十四年颁布《大理院稽查票传人证出入章程》对传呼当事人程序有了更为明确、具体的规定。

2. 庭审阶段

这一阶段改革措施颇多：（1）废除了传统审判制度中无视当事人权利的野蛮审讯方式。如《各级审判厅试办章程》第33条规定："凡审判方法,有审判官相机为之,不加限制,但不得非法凌辱。"（2）将审判庭分为民、刑两庭,分别以相应的审判程序和法律加以限制。民事案件是"因诉讼而审定理之曲直者"；刑事案件是"因诉讼而定罪之有无者"。（3）引进律师制度,允许被告一方有辩护的权利。《法院编制法》第64条规定："律师在法庭代理诉讼或辩护案件……若非律师而为诉讼代理人或辩护人者,亦同。"（4）实行公审公判制度。《法院编制法》第55条规定："诉讼之辩论及判断之宣告,均公开法庭行之"；《各级审判庭试办章程》第28条规定："凡诉讼案件,经检察官或预审官送由本厅长官分配后,审判官得公判之。"（5）实行回避制度。《各级审判庭试用章程》第三节专节规定了回避制度,审判官有下列情形时应回避审判："一、审判官自为原告或被告者；二、审判官与诉讼人为家族或姻亲者；三、审判官对于承审案件现在或将来有利害关系者；四、审判官于该案

— 351 —

第十一章 清末时期的变法改革

曾为证人鉴定人者;五、审判官于该案曾为前审官而被诉讼人呈明不服者。"

清末在审判程序与方式上的一系列改革措施,使中国审判制度在形式上更进一步走向现代化。但旧有的一些理念仍在顽固地影响着改革的彻底性,为改革成果画了不协调的一笔,如在审判程序中对妇女的歧视及对官吏特殊身份的保护。光绪三十三年《各级审判厅试办章程》第52条规定:"职官、妇女、老幼、废疾为原告时,得委任他人代诉。"第53条又规定:"下列人等不得充任代诉人:一、妇女。二、未成年……四、积惯讼棍。"甚至时隔4年的《法院编制法》也有类似规定,第60条规定:"审判长得命旁听之妇孺及服装不当者退出法庭,并应详记其事于谳牍。"

（五）建立律师制度

强调律师辩护,重视发挥律师在审判中的作用,是中国近代有识之士抨击传统审判方式的弊端时提出的一项重要主张。严复曾主张摒弃中国传统的刑讯逼供等审判方式,代之以西方近代先进的审判方式,其中就包括运用律师辩护制度。"夫泰西之所以能无刑讯而情得者,非徒司法折狱之有术,而无情者不得尽其辞也,有辩护律师,有公听之助理,抵瑕蹈隙,曲证旁搜,盖数听之余,其狱之情,靡不得者。"光绪三十二年（1906年）,沈家本、伍廷芳在上奏《大清刑事民事诉讼法草案》的奏折中,也极力主张建立律师与辩护制度。他们认为:"盖人因讼对簿公庭,惶悚之下,言词每多失措,故用律师代理一切质问、对诘、复问各事宜。""中国近来通商各埠,已准外国律师辩案,甚至公署间亦引诸顾问之列。夫以华人讼案,借外人辩护,已觉扞格不通,即使遇有交涉事件,请其申诉,亦断无助他人而抑其同类之理,且领事治外之权因之更形滋蔓,后患何堪设想。"因此,中国必须尽快施行律师制度。为此,《大清刑事民事诉讼法草案》规定了律师辩护制度。如第54、58条规定,原告、被告都可聘用律师出庭,"承审官应准被告或所延聘,得向原告当堂对诘";"被告或所延律师,均准向原告各证人对诘"。第199条规定,双方律师都可以在庭审中依法行使辩护权,"凡律师俱准在各公堂为人辩案"。第204条还规定了双方律师进行辩护的程序,"被告或其律师向堂上伸辩后,原告律师可将被告或其律师所伸辩之理由,详细向堂上解释辩驳"。这是中国法律对律师及辩护制度的首次规定,但由于守旧势力的反对,该草案未能施行。1907年,沈家本主持制定《法院编制法》,再次规定了这一制度。如第64条规定:"律师在法庭代理诉讼或辩护案件,其言语举动如有不当,审判长得禁止其代理辩护;其非律师而为诉讼代理人或辩护人者亦同。"第68条规定,律师出庭时,"应服一定服制"。

第十一章 清末时期的变法改革

本章习题

一、选择题

1. 下列有关清末变法修律和司法体制变革的表述错误的是（　　）

A. 清末修律在法典编纂形式上改变了传统的"诸法合体"形式，明确了实体法之间、实体法与程序法之间的差别

B. 清末修律使延续了几千年的中华法系开始解体，同时也为中国法律的近代化奠定了初步基础

C. 在司法机关改革方面，清末将大理寺改为大理院，作为全国最高审判机关；改刑部为法部，掌管全国检察和司法行政事务，实行审检分立

D. 清末初步规定了法官及检察官考试任用制度

2. 我国历史上的第一个宪法性文件是（　　）

A.《法经》　　　　　　　　B.《钦定宪法大纲》

C.《十九信条》　　　　　　D.《中华民国临时约法》

3. 关于清末预备立宪，下列可以成立的是（　　）

A. 1908年颁布的《钦定宪法大纲》作为中国历史上第一部宪法性文件，确立了资产阶级民主共和国的国家制度

B.《十九信条》取消了皇权至上，大大缩小了皇帝的权力，扩大了国会与内阁总理的权力

C. 清末成立的资政院是中国近代第一届国家议会

D. 清末各省成立了谘议局作为地方督抚的咨询机关，权限包括讨论本省兴革事宜、预决算等

4. 下列哪个宪法性文件对人民的权利只字不提（　　）

A.《钦定宪法大纲》　　　　B.《十九信条》

C.《中华民国临时约法》　　D. 1947年《中华民国宪法》

5. 中国近代历史上第一部专门的刑法典是（　　）

A.《大清现行刑律》　　　　B.《大清律例》

C.《大清新刑律》　　　　　D.《暂行刑律》

6.《重大信条十九条》公布于（　　）

A. 1908年　　B. 1909年　　C. 1910年　　D. 1911年

7. 鸦片战争后，中国司法主权一点点地丧失，1876年的《中英烟台条

— 353 —

第十一章 清末时期的变法改革

约》和1880年的《中美续约》附款，又确立了（　　）
A. 陪审　　B. 领事裁判权　　C. 观审　　D. 会审公廨

8. 清末"预备立宪"过程中清政府设立的地方咨询机构是（　　）
A. 资政院　　B. 谘议局　　C. 宪政编查馆　　D. 考察政治馆

9. 旧中国起草的第一部半殖民地半封建的民法典是（　　）
A. 《大清现行刑律》　　　　B. 《大清律例》
C. 《大清新刑律》　　　　　D. 《大清民律草案》

10. 中国历史上第一部民法典是（　　）
A. 《大清现行刑律》　　　　B. 《大清商律草案》
C. 《大清新刑律》　　　　　D. 《大清民律草案》

11. 《钦定宪法大纲》是在"预备立宪"活动中由"宪政编查馆"编订，清政府于1908年8月27日颁布的一个宪法性文件，其基本特点是（　　）
A. 实行宪政　　　　　　　B. 保护人民利益
C. 皇帝专权，人民无权　　D. 推行预备立宪

12. 清末变法修律过程中，颁布的一部过渡性的刑法是（　　）
A. 《大清律例》　　　　　B. 《大清新刑律》
C. 《大清现行刑律》　　　D. 《暂行新刑律》

二、多项选择题

1. 关于清末变法修律，叙述正确的是（　　）
A. 自始至终贯穿着"仿效外国资本主义法律形式，固守中国封建法制传统"的方针
B. 修订的法律表现出封建专制主义传统与西方资本主义法学最新成果的奇怪混合
C. 形成了近代法律的雏形
D. 反映了资产阶级的要求和愿望，具有一定的民主形式

2. 下列哪些属于清末预备立宪的主要活动（　　）
A. 发布"预备立宪谕"　　　　B. 颁布《钦定宪法大纲》
C. 发布《十九信条》　　　　　D. 颁布《大清新刑律》

3. 清末，甲国在中国享有领事裁判权，乙国在中国不享有领事裁判权。在领事裁判权制度下，下列哪些案件仍由中国管辖（　　）
A. 甲国公民之间在中国发生的案件
B. 乙国公民之间在中国发生的案件
C. 在中国，甲国公民起诉乙国公民的案件
D. 在中国，乙国公民起诉甲国公民的案件

4. 清末，下列哪些制度，属于对中国司法主权的侵犯（　　）
   A. 领事裁判权制度　　　　　B. 观审制度
   C. 会审公廨制度　　　　　　D. 外交人员的特权与豁免制度

5. 清末外国在华领事裁判权制度中设有一种特殊的审判机构，即"会审公廨"。下列关于这一机构的表述哪些是正确的（　　）
   A. 会审公廨是1864年清廷与欧洲列强协议建立的
   B. 在会审公廨中，凡涉及外国人案件，必须有领事官员参加会审
   C. 在会审公廨中，凡中国人与外国人间诉讼案，由本国领事裁判或陪审
   D. 会审公廨设在租界内

6. 《大清新刑律》的特点有（　　）
   A. 是一部诸法合体的法典
   B. 采用西方刑法典的结构
   C. 确立新的刑罚制度及西方刑法原则
   D. 抛弃了以往的传统旧律

7. 下列关于《钦定宪法大纲》的表述正确的是（　　）
   A. 其结构分正文"君上大权"和附录"臣民权利义务"两部分
   B. 其特点是皇帝专权，人民无权
   C. 其实质是给封建君主专制制度披上"宪法"的外衣，以法律的形式确认君主的绝对权力
   D. 体现了满洲贵族维护专制统治的意志及愿望。

8. 清末大规模变法、修律活动，虽然在主观上看是一种被动的，被迫进行的法律改革，修律本身也极为明显地存在局限性。但在中国法制发展史上占有重要地位，其历史意义包括（　　）
   A. 清末变法修律直接导致了中华法系的解体
   B. 清末变法修律为中国法律的近代化奠定了初步的基础
   C. 清末变法修律活动在客观上促进了西方近、现代法律思想、法律观念的引进和传播
   D. 清末变法修律打破了"诸法合体"的法典编撰体例

9. 下列关于领事裁判权的内容表述正确的是（　　）
   A. 中国人与享有领事裁判权国家的侨民间的诉讼依被告主义原则
   B. 享有领事裁判权国家的侨民之间的诉讼由所属国审理
   C. 不同国家的侨民之间的争讼适用被告主义原则
   D. 享有领事裁判权国家的侨民与非享有领事裁判权国家的侨民之间的争讼，前者是被告则适用被告主义原则，后者是被告，则由中国法院管辖

第十一章 清末时期的变法改革

10. 谘议局的权限有（ ）
A. 讨论本省兴革事宜　　　　　B. 决算预算
C. 选举资政院议员　　　　　　D. 申复资政院或本省督抚的咨询

11. 下列关于清末修律的法典编纂形式表述正确的有（ ）
A. 清末修律改变了传统的"诸法合体"形式
B. 明确了实体法之间、实体法与程序法之间的差别
C. 分别制定、颁行或起草了宪法、刑法、民法、商法、诉讼法、法院组织等方面的法典或法规
D. 形成了近代法律体系的雏形

三、简答题

1. 简述清末修律的指导思想。
2. 什么是"会审公廨"？
3. 什么是领事裁判权？
4. 清朝刑部最终定案的是哪种案件？
5. 简述清末的诉讼法律与法院编制法。
6. 观审制度的主要内容有哪些？
7. 外国在华领事裁判权的基本内容有哪些？
8. 资政院主要内容有哪些？
9. 简述清末司法机关的变化。
10. 简述实行四级三审制的意义。

四、论述题

1. 论述清末《大清刑律》的刑法原则。
2. 清末法制变革表现在哪些方面？
3. 论述清末修律的主要特点。
4. 论述清末变法修律的主要影响。
5. 论述比较《大清现行刑律》与《大清新刑律》。

五、案例分析

苏报案[①]

《苏报》于 1896 年创建于上海，创办人胡璋（1848～1899）是安徽桐城人，近代著名画家。《苏报》在日本驻沪总领事馆注册，主笔邹弢。《苏报》

[①] 本案例根据张篁溪的《苏报案实录》、戈公振的《中国报学史》、周佳荣的《苏报及苏报案——1903 年上海新闻事件》等书籍整理。

第十一章 清末时期的变法改革

"初立主变法,颇为读者欢迎,嗣复中于康、梁学说,高唱保皇立宪之论,时人多以康党目之。"光绪二十八年(1902年),"学界风潮"出现,《苏报》敏感地捕捉到了这点,及时增辟"学界风潮"专栏,在言论上加以同情和支持,无形中成为鼓动学潮的旗手。从此《苏报》的言论转趋激烈,行文中更逐渐流露出民族感情和仇满思想。次年四月十七日,在《敬告守旧诸君》一文中,《苏报》首次出现正式倡导革命的言论,称"居今日而欲救吾同胞,舍革命外无它术,非革命不足以破坏,非破坏不足以建设,故革命实救中国之不二法门也。"同年五月,邹容《革命军》、章炳麟《驳康有为书》出版,《苏报》为文披介。为《革命军》的介绍有如下的评论:"其宗旨专在驱除满族,光复中国,笔极犀利……若能以此书普及四万万人之脑海,中国当兴也勃焉。"

清廷对此极为恼火,认为"此书逆乱,从古所无","务令逆徒授首,不使死灰复燃"。于是政府决定对《苏报》采取行动,"复有《苏报》刊布谬说,而邹容所作《革命军》一书,章炳麟为之序,尤肆无忌惮",所以政府饬令查禁密拿。

因华官在租界内拘提中国犯人,其拘票须经领事副署,并由捕房协拿,因此在江督魏光焘的命令下,江苏巡抚恩寿同候补道俞明震赴上海,会同上海道袁树勋向领事团交涉副署拘票。起初各国领事以案犯为国事性质,坚持不允,后达成协议:"所拘之人,须在会审公堂由中外官会审,如果有罪,亦在租界之内办理。"

光绪二十九年(1903年)闰五月五日,"苏报案"起。会审公廨交请巡捕房执行,中西警探多人到《苏报》馆拘拿案犯,章炳麟、邹容等七人相继被捕。巡捕房按往例将案犯章炳麟等送至会审公廨,闰五月二十一日,由谳员知府孙士鑨和陪审员英领署翻译迪理斯(B. Giles)会同审讯,清廷的律师是古柏(A. S. P. White-Copper)和哈华托,章、邹等请律师博易(Harold-Browett)和琼斯(Loftus E. P. Jones)为其出庭辩护,使清吏甚为惊异。

先由古柏提出控诉《苏报》馆条款,谓《苏报》"故意诬蔑今上,挑诋政府,大逆不道,欲使国民仇视今上,痛恨政府,心怀叵测,谋为不轨。"引用的《苏报》所登的文字证据有:"贼满人"、"杀满杀满之声已腾众口"、"今有二百六十年四万万同胞不共戴天之大仇敌,公等皆熟视而无睹乎"、"革命之宣告殆已为全国所公认,如铁案之不可移"等。此外,又指责《苏报》捏造上谕。至于邹容《革命军》第一、二章,古柏认为文中多为污辱朝廷词句,大逆不道。

6日后续审。原告律师以"另有交涉事机"为由,要求政府将交涉事机议妥后,再定期会审。谳员和陪审员都同意,于是章、邹等人仍还押候讯(清

— 357 —

第十一章　清末时期的变法改革

廷交涉事机其实是"章、邹必应永远监禁……能在华界监禁最好"。后因领事团不允，便退而求其次在会审公廨设"额外公堂"重新审理。其间传言，上海道曾设伏劫持未果，外务部亦动用20万贿银未成，以沪宁路权交易亦未成。

当年十月十五～十九日，所谓"额外公堂"开庭四次，主审者是上海县（知县）汪懋琨，会审者是谳员邓文堉和英领署翻译迪理斯。上海县宣判邹容、章炳麟科以永久监禁之罪。领事团对此产生异议，相持不能解决，而被告方面以"久系囹圄，在法律及人道均属不合"，要求立将控案撤销。北京外务部方面深恐此案劳而无功，遂允予采纳英使意见，从宽办结。

光绪三十年（1904年）四月初七，会审公廨复讯。上海县汪懋琨赴会审公廨，会同谳员和英副领事德为门（Twymen）复讯，当庭改判：章炳麟监禁三年，邹容二年，罚作苦工，自上年到案之日起算，期满驱逐出境，不准逗留租界。

光绪三十一年（1905年）二月二十九日，邹容病40日后死于狱中，距出狱仅余70天。同年，清廷宣布废止科举。光绪三十二年（1906年）五月初八，章炳麟出狱，后赴日本任中国同盟会机关报《民报》编辑。

请从本案分析会审公廨的产生、发展及其法律影响。

第十二章 中华民国临时政府时期的法律制度

【重点提示】

《中华民国临时约法》的产生、性质、内容及特点；

"天坛宪草"的制定过程及主要内容；

中华民国南京国民政府的法律体系与《六法全书》；

《中华民国宪法》的制定背景、主要内容及特点。

1911年10月10日，中国民族资产阶级革命党人发动武昌起义，把孙中山先生领导的资产阶级民主革命推向了高潮。辛亥革命推翻了统治中国260多年的清政府，结束了在我国延续了两千多年的封建君主专制制度，于1912年1月1日在南京成立了资产阶级民主共和制的中华民国临时政府，孙中山先生当选为临时大总统。在他的主持和领导下，南京临时政府在短短的3个多月里颁布了一系列重要法令，开创了资产阶级民主法制建设的先河，在中国法制史上具有划时代的意义。

北京政府是由北洋军阀袁世凯篡夺辛亥革命成果以后建立起来的，其间，北洋军阀头子袁世凯、段祺瑞、曹锟和张作霖为首，先后把持设在北京的中华民国政府，是北洋军阀实际统治时期，通称北京政府，亦被称作"北洋政府"。从1912年4月1日孙中山正式宣布解除临时大总统职务起，到1928年6月奉系军阀张作霖从北京退回关外止，这16年中各派系军阀在各帝国主义国家势力操纵下，均以"中华民国"为名，较之清末更进一步投靠帝国主义列强，出卖国家主权和民族利益，因而其法制具有明显的封建性与买办性。

1927年4月12日，以蒋介石为首的国民党右派发动"四一二"反革命事变，同年4月18日建立了南京国民政府。从1927年到1949年的22年间，为南京国民政府统治时期，从法制史的角度看，南京国民政府的法制比北洋军阀统治时期的法制要完备得多。宪法、刑法、民法、商法、诉讼法等重要法典陆续颁行，形成一个完整的法律体系。但是，与国民党政权的阶级本质相适应，其法律是地主、买办、官僚资产阶级意志的集中表现，是维护半殖民地半封建

第十二章 中华民国临时政府时期的法律制度

的经济制度,实行国民党蒋介石法西斯统治的重要工具。

第一节 南京临时政府法制建设的成就

一、孙中山的主要立法思想

(一)"三民主义"的立法指导思想

"三民主义"是随着孙中山思想的不断发展而逐步充实和完善起来的,并经历了由旧三民主义到新三民主义的巨大转变。它不但是孙中山政治、经济主张的理论基础,而且是孙中山法律思想的指导原则。

民族主义是三民主义中的第一个主义。在旧三民主义中,民族主义的基本内容就是"驱除鞑虏,恢复中华"。"驱除鞑虏"指推翻满族统治的清政府,"满政府穷凶极恶,今已贯盈。义师所指覆彼政府,还我主权"。[①] "恢复中华"指光复汉民族的国家,"视满族为异类"。这种民族主义包含以汉族为本位的大汉族主义思想是显而易见的。但是,由于当时清王朝已成为封建主义和帝国主义互相勾结压迫中国人民的代表,并在其统治中国的二百余年中实行民族压迫政策,所以要求推翻把持国家政权的满族贵族的统治,显然是具有革命意义的。孙中山一再强调,民族革命的对象主要是残酷统治中国的清皇帝和贵族,应既反对民族压迫,也反对民族复仇。后因帝国主义列强日益瓜分中华民族,他的民族主义越来越朝向反对帝国主义的方向前进,主张取消列强在华特权,废除领事裁判权,恢复关税自主,收回租界和失地等。这些对民族主义的诠释,体现了孙中山在处理国内民族关系和对待帝国主义问题上认识的飞跃。

民权主义是三民主义的核心,它的基本内容就是推翻腐朽的封建君主专制制度,建立民国。孙中山的旧民权主义基本上未超出西方的"天赋人权"的范畴,即人人平等,同为一族,绝不能以少数人压迫多数人;人人有天赋之人权,不能以君主而奴隶臣民。在新三民主义时期,孙中山的民权主义已具有不同于西方的一些特点,侧重突出反帝、反封建的革命性,并鲜明地指出西方资产阶级民权制度的虚伪性,这在近代宪政史上是前所未有的创见。"五权宪法"也就是在保障民权的思想指导下出台并践行的,体现出当时宪政法制的民主性、科学性与前瞻性。

民生主义是孙中山三民主义中最具有特色的部分。他从民生主义出发,把

[①] 孙中山:《中国同盟会革命方略》,载《孙中山全集》第1卷,中华书局1981年版,第296~297页。

着眼点放在占中国人口绝大多数的农民生活问题上,这与当时对农民革命采取敌对态度,根本漠视农民的资产阶级改良派、立宪派完全不同。他把土地问题的解决列为资产阶级民主革命的中心问题,认为只要通过土地问题的解决便可以直接实行社会主义,"预防"资本主义的祸害。孙中山的旧三民主义用来解决"资本"问题的具体办法,是实行一种所谓"集体社会主义"的国家资本主义,并幻想能有一种没有资本家的资本主义。这充分显示出他看到了资本主义的许多弊端,但又低估了封建主义对社会的严重束缚,其理论带有一定的空想性。

在旧三民主义时期,孙中山曾将他"三民主义"的一贯精神概括为"自由、平等、博爱"。具体说来,"民族主义"意味着自由;"民权主义"意味着平等;"民生主义"意味着博爱。孙中山这一时期的法律观也就是旧三民主义的法律观,亦即以"自由、平等、博爱"为指导的法律观。在为中国革命奋斗的过程中,他对清政府封建专制法律的批判和对中华民国法律的制定都灌输着这种精神。孙中山在反对清政府推行的民族压迫政策和法律的斗争中,曾多次提出"大小讼务,仿欧美之法,立陪审之员,许律师代理,务为平允。不以残刑致死,不以拷打取供","人民有集会、结社、言论、出版、居住、信仰之完全自由权",① 身体力行地倡导公民权利平等观念;要求法院审理要充分重视证据,强调人道主义,批判腰斩、枭首、凌迟等酷刑;主张治理国家依靠法治,以"自由、平等、博爱"精神之法指导执法机关的活动。

在重视法律的同时,孙中山也很重视作为立法机关的国会的重要性及其独立性。他曾反复指出:共和之根本在法律,而法律之根本在国会。他这种过高估计法律与国会作用的观点,在北洋军阀统治的现实中,在他向新三民主义发展的过程中,终于发生了很大的转变。在其晚年的法律思想中,他还明确提出了废除帝国主义强加给中国的各种不平等条约,体现了他为追求平等互尊主权而奋斗不息的民族自爱精神。

(二)"五权宪法"与"权能分治"理论

"五权宪法"是孙中山法律思想的重要组成部分,是他在研究各国宪法的基础上,结合中国的历史与国情加以融合的产物。他一贯认为,宪法的好坏对于治理国家至为重要:"我们要有良好的宪法,才能建立一个真正的共和国。"② 同时他认为三权分立的学说在西方资产阶级革命时期曾经起过很大的

---

① 《孙中山选集》(下卷),人民出版社 1981 年版,第 530 页。
② 孙中山:《五权宪法》,载《孙中山选集》(下卷),人民出版社 1981 年版,第 575 页。

第十二章　中华民国临时政府时期的法律制度

作用,但是现在已经不适用了。因此中华民国的宪法要创造一种新主义,即五权分立以弥补三权分立的不足。

孙中山的所谓"五权",就是在行政权、立法权、司法权之外,再加上考试权和监察权。以"五权分立"为基础内容的宪法就叫"五权宪法"。根据"五权宪法"设立行政、立法、司法、考试、监察五院,就叫五院制。他认为,只有用"五权宪法"所组织的政府,才是完全政府,才是完全的政府机关。按照他的设想,结构如下:以五院为中央政府,一曰行政院、二曰立法院、三曰司法院、四曰考试院、五曰监察院。宪法内容制定后,由各县人民投票选举总统以组织行政院。选举代议士以组织立法院。其余三院之院长,由总统得立法院之同意而委任之,但不对总统、立法院负责。而五院都对国民大会负责。各院人员失职,由监察院向国民大会弹劾之;而监察院人员失职,由国民大会自行弹劾,罢黜之。国民大会之职权,专司宪法之修改,及裁判公仆之失职。国民大会及五院职员,与全国大小官吏,其资格皆由考试院定之。此"五权宪法"也。

孙中山认为,监察与考试独立是中国固有的东西。他论证说,中国自唐虞起,就左史记言,右史记事,及至后世,全国都有御史、谏议大夫等官独掌监察权。他们虽然官小位薄,但上至君相,下至微臣,皆儆觊惶恐,不敢犯法。因而,中国应发扬自己的传统,将监察独立。中国历代考试制度不但合乎平民政治,且实过现代之民主政治,平民通过严格的考试可以得第为官,以致国家人才辈出。所以"将来中华民国宪法必要设立机关,专掌考选权。大小官吏必须考试,定了他们的资格。无论那官吏是由选举的抑或由委任的,必须合格之人,方得有效"。这就可防止滥选和徇私。孙中山的五权分立学说本身是他体察中国民情国史而独创出的宪法思想,或多或少地也带有牵强的色彩。但是他主观是努力克服西方代议制在运作中的缺点,纠正选举制度的弊端,更重要的是他为人民描绘了一幅"世界上最完美、最良善、民有、民治、民享"的国家蓝图。

"权能分治"理论是孙中山民权思想的最完整体现。孙中山的"五权宪法"是以人民掌握政权,政府实施治权的权能分治的学说为依据的,是建立在人民主权基础之上的。他把政治权力分为政权与治权两种:"政是众人之事,集合众人之事的大力量,便叫做政权,政权就可以说是民权。治是管理众人之事,集合管理众人之事的大力量,便叫做治权,治权就可以说是政府权。所以政治之中包含两种力量,一个是管理政府的力量,另一个是政府自身的力量。"他认为,"要把中国改造成新中国,必须把权和能分开。政权完全交到人民手内,要人民有充分的政权,可以直接去管理国事";治权则"完全交到政府的机关之内，要政府有很大的力量，治理全国事务"。中国应该建设"全民政治"的国家，若想实现"全民政治"国家的理想，他认为人民真正应掌握有的权利应含选举权、创制权、复决权及罢免权这四权。同时这四权又可分为两类。一类是人民管理政府的官吏即选举权与罢免权。他主张"人民要有直接民权的选举权"，全国实行分县自治，人民直接选举官吏，直接选举代表参加国民大会，组成最高权力机关。但人民只有直接选举权还不能管理官吏，还必须有罢免权。另一类是管理法律的权力，即创制权与复决权。也就是人民有公意创订一种法律或根据需要废止一种法律抑或修改一种法律。孙中山强调说，真正的中华民国必须保障人民有此四种权，人民有了四个权，才算是充分的民权，才能真有直接管理政府之权。

二、南京临时政府主要立法活动及内容

（一）《中华民国临时政府组织大纲》

《中华民国临时政府组织大纲》（以下简称《临时政府组织大纲》）是辛亥革命胜利后各省都督府代表会议通过的关于筹建中华民国临时政府的纲领性文件，于1911年12月3日通过，1912年1月2日修订，共4章21条。它第一次以法律形式宣告废除封建帝制，以美国的国家制度为蓝本，确立了总统制共和政体，规定实行三权分立原则。这个大纲成为以后制定《中华民国临时约法》的基础。

1.《临时政府组织大纲》的制定

在1911年10月10日武昌起义爆发后。中国南方各省纷纷宣布独立，成立都督府。为了尽快组织一个统一的中央政府，各省派出代表于1911年11月15日召开了"各省都督府代表联合会"，议决先制定《临时政府组织大纲》。该组织大纲于1911年12月3日经会议议决通过，由到会全体代表签名公布，会议并议决"如袁世凯反正，当公举为临时大总统"。1912年1月2日，为了便于安置黎元洪和各派头脑人物，各省都督府代表联合会修订了组织大纲，增设临时副总统，并把原来的五个部增加为九个部。并且规定《临时政府组织大纲》的施行期限到中华民国宪法产生之日为止。

2.《临时政府组织大纲》的主要内容

《临时政府组织大纲》作为筹建中华民国临时政府的纲领性文件，以美国的国家制度为模式，规定了中华民国的基本政治体制。（1）按组织大纲的规定，临时政府为总统制下的共和政府，总统为国家元首和政府首脑，统率军队并行使行政权力。（2）立法权由参议院行使，参议院由各省都督府委派3名参议员组成。在参议院成立以前，暂时由各省都督府代表会议代行其职权。

第十二章 中华民国临时政府时期的法律制度

(3) 临时中央审判所作为行使最高司法权的机关，由临时大总统取得参议院同意后设立。

3. 性质与历史意义

《临时政府组织大纲》具有某种临时宪法的性质。但从内容上看，实际上是一个政府组织法。其历史意义在于：首先，用法律的形式肯定了辛亥革命的成果；其次，为以孙中山为首的中华民国南京临时政府的成立提供了法律依据。《临时政府组织大纲》第一次以法律的形式确认共和政体的诞生，宣告了封建专制制度的灭亡，因而具有进步意义。但是该组织大纲对于人民的民主权利没有任何反映，显示出《临时政府组织大纲》及依据《临时政府组织大纲》产生的中华民国的资产阶级性质。

(二)《中华民国临时约法》

《中华民国临时约法》（以下简称《临时约法》）是南京临时政府于1912年3月11日公布的一部重要的宪法文件，共7章，56条。它规定了中华民国为民主共和国，规定了资产阶级民主共和的政治制度和人民的权利义务。《临时约法》的制定和公布施行，是南京临时政府法制建设的重要成就，也是中国宪法史上的一件大事。

1.《临时约法》的产生

《临时约法》是在辛亥革命后南北议和过程中制定的。1912年1月下旬，各省都督府代表会议召开第一次起草会议。1月28日，临时参议院成立，召开了第二次起草会议。这两次起草会议所定草案中，关于中央政体均采用总统制。至2月上旬，南北议和即将告成，孙中山依前议要辞去临时大总统职位，而由袁世凯接任。为了以法律手段防止袁世凯擅权，临时参议院在2月9日审议约法草案时，决定将原来的总统制改为责任内阁制。2月15日，参议院选举袁世凯为临时大总统，革命政权落入军阀之手已属必然，以孙中山为首的革命党人更希望制定一部约法来制约袁世凯，因而在孙中山主持下加快了制定步伐。至3月8日，《临时约法》在参议院三读通过，并于袁世凯在北京就任临时大总统的次日——3月11日，由孙中山正式公布。

2.《临时约法》的性质及主要内容

《临时约法》具有中华民国临时宪法的性质，在正式宪法实施以前，具有与宪法相等的效力。《临时约法》作为一部资产阶级民主共和国性质的宪法文件。从主流上说，它体现了资产阶级的意志，代表了资产阶级的利益，具有革命性、民主性。

(1)《临时约法》是辛亥革命的直接产物，它以孙中山的民权主义学说为指导思想。民权主义是孙中山整个国家学说的核心，其基本内容就是推翻帝制，建立民国，实现资产阶级专政的民主共和制度。《临时约法》使民权主义所确立的政治方案和原则通过法律的形式进一步具体化。

（2）《临时约法》确立了资产阶级民主共和国的国家制度。它以根本法的形式宣判了封建君主专制制度的死刑，确认了中华民国的合法性。它规定了国家的资产阶级共和国性质，肯定了辛亥革命的积极成果，更广泛地宣传了资产阶级共和国的思想。

（3）《临时约法》肯定了资产阶级民主共和国的政治体制和组织原则。依照资产阶级三权分立原则，《临时约法》采用责任内阁制规定临时大总统、副总统和国务院行使行政权力，参议院是立法机关，法院是司法机关，并规定了其他相应的组织与制度。

（4）《临时约法》体现了资产阶级宪法中一般民主自由原则，规定人民享有人身、财产、居住、迁徙、言论、出版、集会、结社、通信、信教等项自由和选举、被选举、考试、请愿、诉讼等权利。这些规定反映了辛亥革命的积极成果，表现了资产阶级革命派标榜的民主精神。

（5）《临时约法》确认了保护私有财产的原则。它以法律的形式破除了清王朝束缚私人资本主义发展的各种桎梏，破坏了封建国家所有制，在客观上有利于资本主义的发展。但同时也清楚地表现了《临时约法》的资产阶级性质。

3.《临时约法》的主要特点

《临时约法》的主要特点就是从各方面设定条款，对袁世凯加以限制和防范。在《临时约法》制定过程中，各种政治势力之间围绕政权问题展开了错综复杂的斗争，因此《临时约法》字里行间都反映了当时的斗争形势和力量对比关系，反映了资产阶级革命党人在即将交权让位之际企图利用《临时约法》限制制约袁世凯、保卫民国的苦心和努力。主要表现在：

（1）在国家政权体制问题上，改总统制为责任内阁制以限制袁世凯的权力。

（2）在权力关系的规定上，扩大参议院的权力以抗衡袁世凯。《临时约法》规定参议院除了拥有立法权外，还有对总统决定重大事件的同意权和对总统、副总统的弹劾权。此外还规定，临时大总统对参议院议决事项复议时，如有 2/3 的参议员仍坚持原议，大总统必须公布施行。

（3）在《临时约法》的程序性条款上，规定特别修改程序以制约袁世凯。《临时约法》规定，约法的增删修改，须由参议院议员 2/3 以上或临时大总统之提议，经参议员 4/5 以上之出席，出席议员 3/4 以上之赞成方可进行，以防止袁世凯擅自修改变更约法。

第十二章 中华民国临时政府时期的法律制度

4.《临时约法》的历史意义

《临时约法》作为中国历史上第一部资产阶级共和国性质的宪法文件，其制定与颁布的历史意义在于，它肯定了辛亥革命的成果，彻底否定了中国数千年来的封建君主专制制度，肯定了资产阶级民主共和制度和资产阶级民主自由原则，在全国人民面前树立起"民主"、"共和"的形象。它所反映的资产阶级的愿望和意志，在当时条件下是符合中国社会发展趋势的，也在一定程度上反映了广大人民群众的民主要求。

5.《临时约法》的局限性

《临时约法》尽管体现了历史进步性，但是其局限性也是非常明显的。它是中国民族资产阶级所制定的，其内容只能是保护资产阶级的利益，建立和巩固资产阶级的统治。此外，它的局限性还在于关系到中国民族资产阶级的重大原则问题没有写进去，或者说是阐述不明确。其局限性主要表现在：

第一，在近代中国，若要实现民族独立，建立资产阶级民主共和国，则必须反对西方列强的侵略，废除一切不平等条约，收回全部国家主权。《临时约法》恰恰只是高谈民族独立，空讲民主共和，对于反帝的重大问题则避而不谈，没有明确表达。其初衷是以此来换取西方列强对中华民国的承认与支持，其结果是可想而知的。

第二，近代中国是一个农业大国，解决土地所有制问题是资产阶级民主革命的重要任务之一。资本主义经济的发展离开了农村，便失去了坚实的国内市场与原料产地。资产阶级革命离开了农民，便不可能取得最后的胜利。应当说，资产阶级革命党人最初对此是有充分认识的，中国同盟会的纲领上就写着"平均地权"。然而，在建立政权后，却没有将其付诸实践，根本没有对封建土地制度进行任何改革。正是土地制度条款的缺失，致使绝大多数的国民所关心的重大原则问题被回避掉了，这是《临时约法》最大的局限性。

（三）其他法律法规

南京临时政府除了制定大纲、临时约法等宪法性文件外，还制定了关于发展经济的法令、保障民权的法令、文化教育方面的法令、社会改革方面的法令等。

1. 保护和发展资本主义的法令

南京临时政府认为："实业为民国将来生存之命脉"，"一政之成，非财不办，欲立根本之国，宜先注重实业。"[①] 1912年2月3日，南京临时政府颁布《内务部通饬保护人民财产令》，该法令共五条，规定：（1）凡在民国势力范

---

① 中国史学会编：《辛亥革命资料》，上海人民出版社1957年版，第148页。

围之人民,所有一切私产,均应归人民享有;(2)原为清政府所有的财产,只要在民国势力范围之内的,均归民国政府所有;(3)凡在民国势力范围之内的前清政府官吏的个人财产,只要该官吏没有确实反对民国的证据,属其个人私有并受民国政府的保护;(4)凡在民国势力范围之内的现清政府官吏的个人财产,只要该官吏没有确实反对民国的证据,民国政府也应予保护,一俟该官吏投归民国时,民国政府将把其财产交还该官吏;(5)凡在民国势力范围之内的现清政府官吏的个人财产,但该官吏为清政府出力反对民国政府,虐杀民国人民,则一律查抄,由民国政府没收。这一法令对于安定人心、巩固新生政权、分化敌人有着十分重要的作用。

接着,南京临时政府还颁布了一些保护人民营业权利和振兴实业的法令和规章,鼓励兴办实业,奖励农垦,勉励华侨向国内投资,开办工商企业。这些举措反映了民族资产阶级发展民族工商业的迫切要求,在实践中促进了资本主义工商业的发展,受到了民族工商业实业家的热烈拥护和响应,在政治上是进步的。

2. 加强军队维护治安作用的法令

为了保护人民生命财产安全,维护社会治安,南京临时政府颁布了一些重要的法令整饬军队纪律,发挥军队在维护社会治安方面的重要作用。1912年1月30日,南京临时政府针对南京地区的治安恶化的状况,以南京卫戍总督名义发布公示,规定凡遇暴力犯罪者,人人得而逮之,如有拒捕者,即行格杀。2月4日,又以陆军部名义颁行《维持地方治安临时军律及文谕》,该军律共12条,规定了规定了军队官兵的日常行为纪律,以及对军人的各种违纪及侵犯人民生命财产的犯罪行为予以处罚。此外,还颁布了《禁止私自招兵募饷》等军事法令,对于当时局势的稳定起到了积极作用。

3. 保障人权的法令

临时政府据"天赋人权,胥属平等"的资产阶级民主原则和"自由、博爱"精神,颁布了一系列保障人权,废除封建等级特权的法令。

解除贱民身份,实行法律上的人人平等。清朝时名列贱籍的,除各种服务于家庭的家奴、优娼、隶卒外,还有闽粤之疍户、浙之惰民、豫之丐户、晋之乐户等。贱人在法律上的权利远低于良人。1912年3月,孙中山发布《大总统通令开放疍户、惰民等许其一体享有公权私权文》,宣布解放"贱民",申令他们应与平民一样,规定:"对于国家社会之一切权利,公权若选举、参政等,私权若居住、言论、出版、集会、信教之自由等,均许一体享有,毋稍歧异,以重人权而彰公理。"

禁止买卖人口。近代以来,很多中国劳工被掠卖到海外,沦为奴隶,被蔑

第十二章 中华民国临时政府时期的法律制度

称为"猪仔"。为了保障人权，保护华工，1912年3月2日，孙中山发布了《大总统令内务部禁止买卖人口文》，明令废除一切卖身契约，不得再有主奴之分，原契约双方为雇主与雇人关系，并要求内务部迅速编定暂行条例，禁止人口买卖。3月19日，孙中山发布《大总统令外交部妥筹禁绝贩卖猪仔及保护华侨办法文》，严禁沿海各省拐贩"猪仔"，并饬令外交部制定杜绝贩卖及保护海外华侨办法，尤其严令广东都督严行禁止，以重人道，并维护中国的尊严。

革除有碍平等的称呼。前清官员，视官等高低，有大人、老爷之称，成为特殊阶级。1912年3月2日，孙中山发布《大总统令内务部通知各官署革除前清官厅称呼文》，要求中央与各地方官厅一律以官职相称，非官员则以先生或君相称，以维护人际平等与人格尊严。

4. 社会改革的法令

中国封建社会存在很多陋习，如吸食鸦片、男子蓄辫、女子缠足等。为了振奋民族精神，强健人民身体，南京临时政府发布了一系列革除社会陋习的法令，这些法令的主要内容有：

禁止吸食鸦片烟。1912年3月2日和6日，孙中山先后发布《大总统令禁烟文》、《大总统令内务部通饬禁烟文》。此两项法令要求内务部清理前清各禁烟法令，择其可施行者，即转咨各省施行；其有应加改良及未尽事宜，由内务部拟定暂行条例。

限期剪辫。1912年3月5日，孙中山发布《大总统令内务部晓示人民一律剪辫文》，要求令到三十日以内，一律剪除净尽，否则以违法论。

劝禁缠足。1912年3月11日，孙中山发布《大总统令内务部通饬各省劝禁缠足文》；3月22日，内务部发布《内务部咨各省都督禁止缠足文》，禁止妇女缠足。

5. 改革刑罚与司法的法令

1912年3月2日和11日，孙中山先后发布了《大总统令内务司法两部通饬所属禁止刑讯文》与《大总统令内务司法部通饬所属禁止体罚文》；3月8日，司法部发布《司法部咨各省都督停止刑讯文》；要求行政与司法官署在审理案件时一律不准使用刑讯；焚毁从前一切不法刑具；凡拟判处笞、杖、枷等刑罚者，悉改为罚金与拘留；审理民刑案件应注重证据，不宜偏重口供；如查实仍使用刑讯者，除褫夺官职外，并交付有关机关治罪。

6. 改革教育法令

清末对中国传统教育初步进行过改革，但仍保留有浓厚的封建性。1912年1月19日，临时政府教育部公布《普通教育暂行办法》。该办法规定，初

第十二章　中华民国临时政府时期的法律制度

等小学可以男女同校；小学读经科一律废止；清学部颁行之教科书一律禁用；凡民间之教科书，须合共和民国之宗旨；其中如有尊崇清朝廷及旧时官制、军制等课，并避讳抬头字样，应由各书局修改，呈送样本于教育部及本省民政司教育总会备案。3月2日，教育部又发布《禁用前清各书通告全省电文》，要求各省高等学校一律禁用《大清会典》、《大清律例》、《皇朝掌故》、《国朝事实》等有碍民国精神的科目及前清御批书等。

（四）援用前清旧法令

南京临时政府成立后，为使司法有所依据，1912年3月，司法总长伍廷芳向临时大总统孙中山提出暂时适用清末制定的诸法及法律草案的呈文。3月21日，孙中山将此呈文咨请参议院审议。4月3日，参议院议决同意援用清末颁布的新刑律、法院编制法、刑事诉讼律草案、民事诉讼律草案、商律、违警律、禁烟条例、国籍条例等法律法规；"惟民律草案，前清时并未宣布，无从援用，嗣后凡关民事案件，应仍照前清现行律中规定各条办理。"对须援用的前清各项法律，"由政府饬法制局将各种法律中与民主国体相抵触各条，签注或签改后，交由本院议决公布施行。"① 由于此时孙中山已经解除了临时大总统之职，4月下旬内阁及参议院又先后迁往北京，南京临时政府尚未完成这一程序就结束了。

南京临时政府的法律制度，体现了以孙中山为首的民主主义革命党人崇高的政治与法律理想，但也表现出他们对法律、对中国国情认识的天真与幼稚。因而尽管它具有鲜明的革命性，但随着南京临时政府在政治上的失败也就很快失去了效力。

三、司法制度

（一）中央司法机关

辛亥革命后，南京临时政府分别设立了司法行政机关和审判机关。最高司法行政机关为司法部，设总长一人，次长一人。其职责是管理"关于民事刑事诉讼事件、户籍、监狱、保护出狱人事务，并其他一切司法行政事务，监督法官"。最高审判机关为临时中央审判所，或最高法院。按《临时政府组织大纲》的规定而设临时中央审判所，后则依《临时约法》的规定设最高法院。

当时各地审判机关正在创建，体制极不统一。湖北军政府司法部于1911年11月9日发布文告，规定暂设江夏临时审判所和临时上诉审判所，分别负

---

① 《参议院议决案汇编》甲部第一册，第119页。

第十二章 中华民国临时政府时期的法律制度

责审理第一、二审民刑案件。上海县开始设立"司法署",不久根据江苏都督的训令,设立地方审判检察厅和初级审判检察厅。

（二）律师制度

辛亥革命后,苏、沪、杭等地区纷纷成立律师组织,出庭辩护,并向政府申请领证注册,时任司法总长的伍廷芳曾在具体的案件审判中,试行过辩护制度。1912年3月《内务部警务局长孙润宇建议施行律师制度呈孙大总统文》,强调制定律师法、实行辩护制的重要意义,当时还拟定了《律师法草案》,呈报临时大总统。孙中山在《令法制局审核呈复律师法草案文》中指出："查律师制度与司法独立相辅为用,夙为文明各国所通行。现各处既纷纷设立律师公会,尤应亟定法律,俾资依据。"特将该草案发交法制局审核呈复,以便咨送参议院议决。

（三）司法改革主要内容

1. 司法独立的原则

《临时约法》第51条规定："法官独立审判,不受上级官厅之干涉。"为了保证法官独立行使审判权,第52条又专门规定："法官在任中不得减俸或转职,非依法律受刑罚宣告,或应免职之惩戒处分,不得解职。"

2. 公开审判原则

《临时约法》第50条规定："法院之审判,须公开之;但有认为妨害安宁秩序者,得秘密之。"湖北军政府《临时上诉审判所暂行条例》也规定："诉令之辩论及判断之宣告,均公开法庭行之。但有特别事件,可宣示理由,停止公开。"

第二节 中华民国北京政府的法律制度

一、立法活动与主要宪法文件

（一）立法活动

北京政府在其存续的大部分时间里,为维持表面上的"民主共和"体制,同时为应付国内民主势力的要求与压力,也进行了一系列的立法活动。从总体上看,大致体现在两个方面：

1. 援用、删修清末法律

由于清末时期,法律制度已开始了近代转型,所以北京政府的立法活动,首先表现为援用、删修清末新法律。1912年3月10日,袁世凯在北京宣誓就任中华民国临时大总统时,即发布《暂准援用前清法律及新刑律令》："现在民国法律未经定议定颁布,所有从前施行之法律及新刑律,除与民国国体抵触

第十二章　中华民国临时政府时期的法律制度

各条,应失效力外,余均暂行援用,以资遵守。"① 4 月 3 日,临时参议会又通过了《议决暂时适用前清之法律咨请政府查照办理文》,指出:"所有前清时规定之法院编制法、商律、违警律及宣统三年颁布之新刑律、刑事民事诉讼律草案,并先后颁布之禁烟条例、国籍条例等,除与民主国体抵触之处,应行废止外,其余均准暂时适用。惟民律草案,前清时并未宣布,无从援用,嗣后凡关民事案件,应仍照前清现行律中各条规定办理,惟一面仍须由政府饬下法制局,将各种法律中与民主国体抵触各条,签注或签改后,交由本院议决公布施行。"②

2. 制定新法规

在援用、删修清末法律的同时,北京政府还根据统治的需要,着手进行新法规的制定工作。1912 年北京政府成立后,就设立了专门的法律编纂机构"法典编纂会",由法制局长兼任会长,从事民法、商法、民刑事诉讼法的起草修订工作。1914 年 2 月,政府裁撤"法典编纂会",设立"法律编查会",隶属于司法部,由司长总长兼任会长。1918 年 7 月,又改称"修订法律馆",任用一些留学归国的法律人才,并聘请若干外国专家做顾问,继续开展制定、修改法律法规的工作。

(二) 主要宪法性文件

在北京政府统治期间,先后进行过 5 次制宪活动。产生了 4 个宪法文件,具体是:(1) 1913 年 10 月 31 日完成的《中华民国宪法草案》,即"天坛宪草";(2) 1914 年 5 月 1 日袁世凯公布的《中华民国约法》,即"袁记约法";(3) 1916 年至 1920 年段祺瑞任国务院总理期间进行的"天坛宪草续议";(4) 1923 年 10 月 1 日曹锟、吴佩孚政府公布的《中华民国宪法》,即"贿选宪法";(5) 1925 年段祺瑞执政府完成的《中华民国宪法草案》,即"段记宪草"。其中较著名的是"天坛宪草"、"袁记约法"、"贿选宪法"。

1. "天坛宪草"

(1) "天坛宪草"的制定过程

袁世凯就任临时大总统之初,尚受《中华民国临时约法》的束缚。约法规定:"本约法施行后,限十个月内由临时大总统召集国会,其国会之组织及选举法,由参议院定之。"据此规定,北京临时参议院相继制定了《中华民国国会组织法》、《参议院议员选举法》和《众议院议员选举法》,并于 1912 年 8 月 10 日由袁世凯公布施行。其中,《中华民国国会组织法》共 22 条,规定

---

① 北京《临时公报》,1912 年 3 月 11 日。

② 张知本:《中华民国立法史》,正中书局 1937 年版,第 59 页。

第十二章 中华民国临时政府时期的法律制度

国会由参议院和众议院组成。同时详细规定了两院的产生、议员任期及职权和会议制度等。该法意在以议会政治限制袁氏专横，确保民主共和国体。

1913年4月8日，民国首届国会正式召开。之后按《国会组织法》规定，由参、众两院各选出委员30名，组成"宪法起草委员会"，开始宪法起草工作。其时，袁氏一面打击国民党势力，一面以争取国际承认民国为由，提出先选举总统后制定宪法，并策动19省区都督通电同意。国会迫于袁氏压力，改变先制定宪法，后选举总统的程序，决定先行议决宪法中关于选举总统的部分。10月4日，参众两院通过并宣布了《大总统选举法》，10月10日在袁世凯的武力威胁下，国会未等制定宪法，就把他选为正式大总统。

在此之后，为了限制袁世凯的权力，国会中的革命派议员拟定了宪法草案，10月31日国会"宪法起草委员会"三读通过了《中华民国宪法草案》。因宪法起草委员会设在北京天坛祈年殿，故又称"天坛宪草"。

（2）"天坛宪草"的主要内容

"天坛宪草"在结构为上分为国体、国土、国民、国会、国会委员会、大总统、国务院、法院、法律、会计、宪法之修正及解释，共11章113条。其主要内容为：

第一，规定孔子之道是国民教育的修身大本。该规定反映了在制宪过程中各派政治势力的斗争和妥协。

第二，规定三权分立的原则。"天坛宪草"规定：中华民国的立法权属国会，国会由参议院和众议院构成；行政权由大总统以国务员之赞襄行使；司法权由法院行之。这些规定体现了三权分立的原则，目的是保证共和民主制的实行，防止大总统集权。

第三，规定国会的权力。"天坛宪草"规定：国会拥有立法权、弹劾、审判大总统、副总统和国务员的权力。还规定：在每年国会常会闭会前，由参、众两院于议员中各选出20名委员组成国会委员会，在国会闭会期间除行使一般职权外，还得受理请愿并建议及质问。

第四，采用责任内阁制。"天坛宪草"规定：国务总理的任命，须得到众议院的同意；国务员赞襄大总统，对众议院负责；大总统发布的命令及其他关系国务的文书，非经国务员的副署，不生效力。同时，又迫于袁世凯的压力，规定在特定情况下不能召集国会时，大总统有发布紧急命令权，政府有财政紧急处分权。

综上，"天坛宪草"采用了资产阶级宪法的形式和原则，肯定了中华民国为资产阶级共和国。这个宪法草案虽有很大的妥协性，但仍赋予国会较大权力，采责任内阁制，以能够限制袁世凯的权力。这被袁世凯认为是束缚了他的手脚,对此深为不满,于是施展种种手段,使国会达不到法定人数,无法继续开会,并且在1914年1月10日下令解散国会。这样,"天坛宪草"未及公布便成了废纸。

2.《中华民国约法》

北京政府于1914年5月1日公布的《中华民国约法》,因系袁世凯一手操纵、炮制出来的,故又称"袁记约法",共10章68条。它是军阀专制全面确立的标志。

《中华民国约法》与《临时约法》有着根本性的差别,主要表现在:

(1)《中华民国约法》是对《临时约法》的反动。它以根本法的形式彻底否定了《临时约法》所确立的民主共和制度,而代之以袁世凯的个人独裁。它的颁布使辛亥革命的成果丧失殆尽,成为军阀专制全面确立的标志。

(2)《中华民国约法》完全否定和取消了《临时约法》所规定的责任内阁制,实行总统独裁的政治体制,并赋予总统形同封建帝王一样的至高无上的地位和巨大权力。

(3)《中华民国约法》取消了《临时约法》规定的国会制。规定设立有名无实的立法院。在立法院成立前,由纯属总统咨询机关的参政院代行立法院职权,设立国务卿协助总统掌握行政,为袁世凯复辟帝制做准备。

(4)为限制、否定《临时约法》所规定的人民的基本权利提供宪法根据。

3.《中华民国宪法》

北京政府于1923年10月1日公布的《中华民国宪法》,因系曹锟为掩盖"贿选总统"丑名,继续维持军阀专政而授意炮制,故俗称"贿选宪法",是中国近代史上公布的第一部正式的"宪法"。

《中华民国宪法》的特点主要表现在:

(1)企图用漂亮的词藻和虚伪的民主形式掩盖实行军阀专制的本质。如为标榜反对帝制复辟、赞成共和而规定"中华民国永远为统一民主国"、"中华民国主权属于全体国民";在政治体制上,表面上仍肯定内阁制和议会制。但是,在这一切的背后,却是军阀独裁制度的法律化。

(2)为了平衡各派军阀和大小军阀之间的关系,巩固中央大权,对"国权"和"地方制度"作了专门规定。

二、司法制度

(一)司法机构

1.审判机关

民国北京政府的审判机关分为四级。中央设大理院,是最高审判机关。设

— 373 —

院长一人，总理全院事务。下设民事庭和刑事庭，各设庭长一人，推事若干人。审判案件时，由推事五人组成合议庭，以庭长为审判长。

省设高等审判厅，设厅长一人，下亦设民事庭和刑事庭，由推事三人组成合议庭。城市设地方审判厅，受理二审案件或重要的一审案件。属于第一审者，由推事一人独任审理；属于第二审者，采用合议制。

县一级设初级审判厅或县知事兼理司法。初级审判厅审理第一审的轻微刑事案件及一般民事案件。实际上当时初级审判厅未及建立，仍是由县知事兼理司法审判。

2. 检察机关

设置总检察厅、高等检察厅、地方检察厅、初级检察厅。皆设于各该级审判厅官署内，由检察长、检察官组成，独立行使检察职权。

（二）诉讼审判制度

民国北京政府建立之初，于1912年5月核准暂行援用清末的民事刑事诉讼律草案的某些条文。1914年公布了《县知事审理诉讼暂行章程》，以后又修订了《民事诉讼条例》和《刑事诉讼条例》，分别规定了有关管辖制度以及第一审、上诉审和执行等各环节的具体程序。

民国北京政府的诉讼制度，原则上实行三级终审制，并在形式上标榜所谓审判独立、公开审判、辩护原则、上诉制度以及检察官独立行使职权等，但军阀独裁专制的政治本质，决定了上述原则或制度并不可能真正贯彻落实。

第三节 中华民国南京国民政府的法律制度

一、法律体系与《六法全书》

长期以来，人们在习惯上把国民党政权的法律制度简称为"六法全书"或"六法"。在实际上，国民党政权的法律体系的基本框架也是由"六法"即六大类基本法典所构成的。虽然在学术界关于"六法"的具体分类组合不尽相同，但最后大体上统一到宪法、民法、民事诉讼法、刑法、刑事诉讼法、行政法六大类。以这些大类法规中的基本法典（行政法除外）为中心，尚各有一整套的关系法规，即低位阶的法律、条例、通则、规程、规则、细则、办法、纲要、标准、准则以及判例、解释例等不同层次和性质的法规，组成一个严密的层次分明的法规系统。

从规范上来说，"六法"体系包括以下三个层次：

（一）基本法典

构成"六法"体系的核心的是宪法、民法、刑法和程序法等基本法典。

第十二章 中华民国临时政府时期的法律制度

在"六法"体系中，宪法、民法、民诉法、刑法、刑诉法都有基本法典，在这些基本法典之下，形成各自的"关系法规"（唯一例外的是行政法，因为没有制定大而全的专门行政法典，故在"六法"体系中行政法仅以内政、地政、经济、财政、教育、人事等分类集合，构成行政法规系统）。这些基本法典构成了国民党政权法律体系的骨架。

（二）关系法规

所谓"关系法规"，是指围绕基本法典而制定的低位阶法规，如条例、细则、办法等。这些关系法规，作为一种补充，与各自的基本法典一起构成了一个完整的法律部门。

（三）判例、解释例

构成"六法"体系的另一重要层次的是最高法院依照法定程序做成的判例和司法院大法官会议作出的解释例和决议。国民党政权法律制度属于大陆法系，以成文法作为基本法律渊源。依照宪法、法院组织法、司法院大法官会议法及其他相关法规的规定，最高法院的判决例，经"采为判例，纳入判例要旨"，并报司法院核定者，具有法律效力。若最高法院各庭之间就某一判例有争议，则由司法院之"变更判例会议"作出决定。司法院大法官会议则拥有解释宪法、法律的权力，其作出的解释例或决议，具有与宪法或法律同等的效力。从历史上看，国民党政权法律体系中，司法院大法官会议作出的解释例在修补法律漏洞方面所起的作用是很大的。

二、主要法律内容

（一）宪法性文件与宪法

1.《训政纲领》

《训政纲领》于1928年10月由国民党中央常务会议通过，是国民党政权进入"训政"时期以后的纲领性文件，规定在"训政时期"，由中国国民党全国代表大会代表国民大会，领导国民行使"政权"。在国民党全国代表大会闭会期间，则由国民党中央执行委员会行使政权。

《训政纲领》的特点是，确认国民党为最高"训政"者，把国民党全国代表大会及国民党中央执行委员会规定为国家最高权力机关，把国民党中央政治会议变为政府直接领导机关，从而建立了国民党一党专政、实质为蒋介石个人独裁的政治制度。

2.《中华民国训政时期约法》

《中华民国训政时期约法》于1931年5月5日由蒋介石集团包办的"国民会议"制定，同年6月1日由南京国民政府公布施行，共8章，89条。主

第十二章 中华民国临时政府时期的法律制度

要内容是：(1) 确立国民党一党专政的国家制度；(2) 规定"五院制"的政府组织形式；(3) 罗列一系列公民"权利"与"自由"；(4) 利用国家的名义，发展官僚资本。

从其内容可以看出，《中华民国训政时期约法》是蒋介石集团为巩固其独裁统治的需要而制定的。用根本法的形式确立国民党一党专制和蒋介石个人独裁的政治制度，乃是该约法的突出特点。

3．"五五宪草"

1936年5月5日，经国民党中央审查和蒋介石批准，由政府公布《中华民国宪法草案》，即"五五宪草"。该宪草共8章148条，因时局变化未付诸议决，但却成为《中华民国宪法》的蓝本。

4．《中华民国宪法》

1946年11月，蒋介石撕毁"双十协定"和政协决议，非法召开国民大会，于12月25日通过《中华民国宪法》，定于1947年1月1日公布，12月25日施行。该法共14章，依次是总纲、人民之权利义务、国民大会、总统、行政、立法、司法、考试、监察、中央与地方之权限、地方制度、选举、罢免、创制、复决、基本国策和宪法之施行及修改，共175条。基本精神与《训政时期约法》和"五五宪草"一脉相承，但碍于政协通过的"宪法修改原则"十二条（即实行国会制、内阁制、省自治、司法独立、保护人民权利等）的重大影响，又不得不在具体条文上有所变动。

《中华民国宪法》的主要特点：

第一，表面上的"民有、民治、民享"和实际上的个人独裁。即人民无权，独夫集权。1948年5月10日颁布的《动员戡乱时期临时条款》使这一特点更加具体和法律化。

第二，政权体制不伦不类。既非国会制、内阁制，又非总统制。实际上是用不完全责任内阁制与实质上的总统制的矛盾条文，掩盖总统即蒋介石的个人专制统治的本质。

第三，罗列人民各项民主自由权利，比以往任何宪法文件都充分。但依据《中华民国宪法》第23条颁布的《维持社会秩序临时办法》、《戒严法》、《紧急治罪法》等，把宪法抽象的民主自由条款加以具体切实的否定。

第四，以"平均地权"、"节制资本"之名，行保持封建剥削、加强官僚垄断经济之实。

（二）刑事立法

1．《中华民国刑法》

1927年，国民党政府以北洋政府《暂行新刑律》和改定的第二次刑法草

第十二章 中华民国临时政府时期的法律制度

案为基础，于1928年3月公布了第一部《中华民国刑法》，通称"旧刑法"。

1935年1月1日公布修订第二部《中华民国刑法》，通称"新刑法"。与旧刑法相比，其不同点是：由"客观主义"改为"侧重于主观主义"，强调犯罪性质而非客观后果；由"报应主义"，改为"侧重于防卫社会主义"，强调"保全与教育机能"，从而引进保安处分制度。

新刑法结构分总则、分则两编，共357条。总则12章是法例、刑事责任、未遂犯、共犯、刑、累犯、数罪并罚、刑之酌科及加减、缓刑、假释、时效、保安处分。分则35章规定各种罪名及刑罚。主要罪名有内乱罪、外患罪、妨害国交罪、妨害公务罪、妨害秩序罪、公共危险罪、妨害风化罪、妨害婚姻及家庭罪、杀人罪、堕胎罪、窃盗罪、侵占罪、赃物罪等。

从具体内容来看，新刑法的内容与1928年的《刑法》基本上是一脉相承的。

第一，维护南京国民政府的稳定，并对"首谋者"从重打击。新刑法分则第一章首先规定所谓"内乱罪"："意图破坏国体、窃据国土或以非法之方法变更国宪、颠覆政府，而着手实行者，处七年以上有期徒刑，首谋者，处死刑或无期徒刑。"也就是说，一切反对国民党统治的政治集团，尤其是工农群众的革命行为都要被判刑坐牢直至杀头。

第二，关于维护"国交"方面的条款。"妨害国交罪"规定："私与外国战斗者，除三年以上十年以下有期徒刑"；"对于友邦元首犯故意杀人罪者，处死刑，本条之未遂罪罚之。"此外，还规定："对于友邦元首犯故意伤害罪、妨害罪及妨害名誉罪者，加重本刑1/3。"新刑法的这些规定主要指的是对外国元首的"故意伤害"以及"伤害"等罪，但由于国民党政府的对外妥协，因此，即使是反帝爱国的思想，也成为新刑法所禁止的"犯罪行为"。

第三，关于保护私有财产权和统治秩序的条款。保护私有财产权和整个统治秩序，是这部刑法典的重要任务之一。新刑法分则对危害私人财产权的有关经济犯罪的规定就有12章，占分则全部35章的1/3以上，它涉及社会经济秩序的各个方面。这些有关经济"犯罪"中列举的被"侵犯"的客体，在国民党统治时期，最主要的是指官僚买办资产阶级和地主阶级的财产，然后才是一般人民群众的财产。

第四，继承封建主义的法律传统。继承封建的法律原则，主要表现在：其一，维护家庭的等级尊卑关系，巩固以父权为中心的封建家庭统治；其二，保护男尊女卑的封建婚姻制度，新刑法甚至对强奸妇女和幼女的犯罪行为，也采取"不告不理"的原则。

第五，确立"保安处分"原则。南京国民政府为了彻底消灭共产党人和

— 377 —

第十二章 中华民国临时政府时期的法律制度

革命志士，在新刑法中仿效 1930 年意大利刑法典，列有"保安处分"专章，详细规定保安处分的适用原则，保安处分的宣告、执行以及保安处分的种类。在保安处分的适用上，只要国民党政府认为谁是有"犯罪之虞"的所谓"思想犯"、"阴谋犯"等，就可以不分青红皂白将其送进劳动场、集中营，对他们进行肉体的、精神的摧残和折磨。

第六，"罪刑法定主义"原则。1928 年《刑法》第 1 条就规定："行为时之法律，无明文科以刑罚者，其行为不为罪。"在其"修正理由"中说道："本条为刑罚之根本主义，不许批附援引，即学者所谓罪刑法定主义。凡行为受法律科处者为罪，否则不为罪是也。"1935 年又把它修改为："行为之处罚，以行为时法律有明文规定者为限。"这个原则本来是资产阶级革命时期资产阶级思想家同封建司法专横制度作斗争时提出来的，具有一定的进步性。国民党刑法抄袭资产阶级刑法原则，只是为了显示"宽大"、"调和"，实际上是法外有法，刑外有刑。

新刑法的主要特点：（1）原则体例均效法西方刑法。（2）把"罪刑法定"原则同封建刑法的落后性和法西斯主义刑法的恐怖性融为一体。（3）在时间效力上取"从新从轻主义"，但保安处分取"从新主义"和裁判后的"附条件从新主义"。（4）在空间效力上以属地主义为主，属人主义为辅，兼取特定犯罪的保护主义和世界主义。（5）刑罚分主刑、从刑，另有保安处分。主刑为死刑、无期徒刑、有期徒刑；从刑为褫夺公权、没收。富有弹性的保安处分是新刑法典中的专门一章，适用对象是未成年的少年犯及有犯罪或妨碍社会秩序嫌疑之人。有拘禁（拘于一定场所"感化教育"）和非拘禁（监视、限制活动自由）两种方式。作为刑罚的补充，实施保安处分无须有犯罪事实、无须经诉讼程序和判决，因此成为迫害共产党人及革命人民的主要方式之一。（6）设定多种罪名镇压共产党及民众的反抗行为。（7）维护封建夫权和家庭伦理关系，从定罪和处刑不同角度维护尊卑等级制度。

2. 刑事特别法

在国民党统治时期，国民党政权根据不同时期的需要，制定了一系列刑事特别法，并赋予高于刑法典的效力，大多是锋芒指向共产党和革命人民。主要有 1927 年 11 月颁布的《惩治盗匪暂行条例》；1928 年 3 月颁布的《暂行反革命治罪法》和《危害民国紧急治罪法》；1939 年秘密发布的《共产党问题处置办法》。

1947 年 12 月颁布《戡乱时期危害国家紧急治罪条例》，次年 4 月又加以修正，其要点是：加重"内乱罪"处罚，改 7 年以上有期徒刑为死刑或无期徒刑；凡率部起义、"煽惑军人"、帮助解放军及"意图妨害戡乱"者，处死刑、无期徒刑或10年以上有期徒刑；违犯该条例所定之罪，军人由军法审判，非军人由特种刑事法庭审判。

（三）民事立法

1. "民商合一"的立法体系

1929年国民党中央政治会议通过"民商合一"制定原则。其根据是民、商法间并无确定界限。除公司、票据、海商、保险、商业登记等不宜编入民法，实行单行立法外，通常属商法总则及商行为等均编入民法债编。这是与法国、日本民商法体制及清末制定的商法典的显著区别。

2. 《中华民国民法》的制定与颁行

《中华民国民法》是分编草拟分期公布的。总则编于1929年5月公布；债及物权两编于同年11月公布；亲属和继承两编于1930年12月公布。

沿袭《大清民律草案》和北洋政府《民法草案》，《中华民国民法》采德国民法编制体例结构。第一编总则分法例、人、物、法律行为、期日及期间、消灭时效、权利之行使，共七章；第二编债分通则、各种之债，共二章；第三编物权分通则、所有权、地上权、永佃权、地役权、抵押权、质权、典权、留置权、占有，共十章；第四编亲属分通则、婚姻、父母子女、监护、扶养、家、亲属会议，共七章；第五编继承分遗产继承人、遗产之继承、遗嘱，共三章。法典由五编29章1225条组成，是中国历史上第一部正式颁行的民法典。

该法典主要内容和特点有四个方面：（1）采用"国家本位"的立法原则。强调个人利益不违背国家利益时，始予保护。对民事法律行为有严格限制，反映了地主、官僚资产阶级的需要。（2）以旧民律草案为基础作了大量修正。参照苏联、德国、日本、瑞士等国民法，表现出新的历史条件下继受法与固有法结合的特点。（3）重在维护私有财产所有权及地主土地经营权。尤以物权编规定最详，占法典全部29章中的10章，即1/3强。对所有权的取得、保护，土地所有权及经营权均详细规定。主旨在保护地主官僚买办资产阶级的权益。（4）婚姻家庭制度体现出该法的浓厚封建色彩。首先是肯定包办买卖婚姻及封建习惯；其次是维护夫妻间不平等；最后是维护封建家长制。如夫妻财产由夫管理，子女从父姓，家置家长，双方合意的买卖婚姻有效等。

综括而言，前三编引进了德国、日本、瑞士民法的大量条文，后两编带有较多的封建色彩。

3. 商事法规的制定

从1929年10月起，南京国民政府陆续颁布施行了《票据法》、《公司法》、《海商法》等几十个商事法规。这样，除民法债编中的商事法规内容外，单行商事法规系统也基本确立。

第十二章 中华民国临时政府时期的法律制度

(1)《票据法》

此法于1929年10月30日公布施行,共5章,146条。票据是发票人委托他人代为支付或自己支付一定的金额,并易于转移的有价证券。按内容划分有五种:第一,有价证券;第二,债权证券;第三,金钱证券;第四,流通证券;第五,呈示证券。《票据法》依照英美法例,将票据按用途分为汇票、本票、支票三种。汇票与本票是发票人委托他人代为支付一定金额的票据。支票是发票人约定自己支付金额的票据。

(2)《公司法》

1929年12月26日公布《公司法》,1931年2月21日公布《公司施行法》。1946年又将修订的《公司法》公布施行,全文共9章,449条。《公司法》规定:公司是以营利为目的,依公司法组织、登记成立的社团法人。与自然人同享权利、承担义务。此法将公司分为无限公司、两合公司、股份有限公司、股份两合公司四种,并规定了四种公司的组织。该法第71条规定了公司遇有法定七种情形之一,公司必须解散;公司解散时,须选任清算人,除破产外,须向官署为解散登记。

(3)《保险法》

1929年12月30日公布《保险法》,共3章,82条。1937年1月11日修正公布,共6章,178条。保险是当事人经过约定一方交付保险费于他方,他方因不可预料或不可抗力的事故导致一方损害时,赔偿财物的行为。保险有两种:损害赔偿和人身保险。保险当事人的义务是:保人按约定的时间给付保险费;保险人应赔偿由不可抗力造成的损害或履行人道义务。保险契约应以保险单后临时保险书为之。保险单应注明四项事宜:第一,双方当事人义务;第二,存续时间;第三,除人寿保险须记明被保险人姓名外,其余可采用记名式、指示式或无记名式;第四,不得有利于被保险人的记载。

(4)《海商法》

1929年12月30日公布《海商法》,全文分为总则、船舶、海员、运送契约、船舶碰撞、救助及捞救、共同海损、海上保险8章,共174条。南京国民政府后又于1930年11月25日公布了《海商法施行法》,共9条。《海商法》规定的船舶,是要在海上航行及在海上相通,能提供海船行驶的水上航行船舶。海员可分为两种:船长和船员。海上运送分为货物运送与旅客运送。海上保险是保险人对保险标的物因海上一切事变及灾害所产生的毁损灭失及费用,负赔偿责任。海上保险有三种:第一,船舶保险;第二,货物保险;第三,运费保险。投保人或被保险人,自接到货物之日起,一个月内不将货物所受损害通知保险人及其代理人时,视为无损害。

三、司法制度

（一）普通法院系统

国民党政府的普通法院分地方法院、高等法院、最高法院三级。一般县市设地方法院，依管辖审理民事、刑事第一审案件及非诉事件。省、特别区和直辖市设高等法院，审理一审上诉和抗告案件，以及"内乱"、"外患"、"妨害国交"等罪的第一审案件。最高法院设于首都，审理不服高等法院一审二审判决、裁定的上诉、抗告案件。

实行三级三审制，第三审为"法律审"。

实行审检合署制，检察机关置于法院内。检察官职权包括侦查、起诉、担当自诉、指挥刑事裁判的执行及其他法定职责。

（二）特种刑事法庭

始设于1927年，是受理特种刑事审判程序案件的法庭。分中央特种刑事法庭和地方高等特种刑事法庭，分别设于南京和司法行政部指定的地方，对其裁判不得上诉或抗告。设立特种刑事法庭为屠杀共产党人和爱国进步人士提供了组织及程序保障。

本章习题

一、选择题

1. 第一次以法律的形式宣告废除封建帝制确立总统制共和国的法律是（　　）

   A.《中华民国临时约法》　　　B.《中华民国临时政府组织大纲》
   C.《中华民国宪法》　　　　　D.《宪法大纲》

2. 南京国民政府的宪政立法不包括（　　）

   A."天坛宪草"　　　　　　　B.《中华民国训政时期约法》
   C.《五五宪草》　　　　　　　D.《中华民国宪法》

3. 下列刑法典中，规定有"保卫处分"的是（　　）

   A.《大清新刑律》　　　　　　B.《暂行新刑律》
   C. 南京国民政府旧刑法　　　　D. 南京国民政府新刑法

4. 《中华民国临时政府组织大纲》中规定，临时政府的最高审判机关是（　　）

第十二章 中华民国临时政府时期的法律制度

A. 大理院　　　B. 司法部　　　C. 最高法院　　　D. 中央裁判所

5. 中国近代史上确立"民商合一"的民法典编体例的政权是（　　）

A. 清末政府　　　　　　　　B. 中华民国南京临时政府
C. 中华民国北京政府　　　　D. 中华民国南京国民政府

6. 蒋介石集团为巩固其独裁统治的需要用根本法的形式确立了国名党一党专政和蒋介石个人独裁的宪法或宪法性法律文件是（　　）

A. 五五宪草　　　　　　　　B. 《中华民国训政时期约法》
C. 《中华民国宪法》　　　　D. 贿选宪法

二、思考题

1. 《中华民国临时约法》是在什么样的历史背景下制定出来的？其主要内容与特点是什么？历史意义何在？
2. 简述"天坛宪草"的制定背景、主要内容并对其进行评价。
3. 何谓"六法全书"？
4. 简述南京国民政府《中华民国宪法》的制定背景、主要内容并对其进行评价。

三、案例分析

甲有田产五亩，耕管多年无异。后甲死而子尚幼，不知此五亩田之契在于何处，亦不知经过何种手续。而此五亩之田遂落于乙之手内，管理者凡五六十年。迨至甲之孙丙，忽将此五亩田之契执出，向乙索还此田。乙已管理多年不肯交还，竟致起诉。争执点在于：丙虽持有田契，但已丧失主权五六十年，乙虽无田契，但已行使主权五六十年以上。若丙所持之契约为真，是否仍依物权因抛弃而消灭之规定。如未能证明甲或其子生前有抛弃之意思表示，是否能适用民法物权之有关规定。[①]

请结合本案例理解《中华民国民法》物权编相关制度。

---

① 摘自《司法院判例解释例》第一册，第376号，1930年12月23日。

第十三章 新民主主义时期人民民主政权的法律制度

【重点提示】
《中华苏维埃共和国宪法大纲》的制定过程、主要内容及其重要意义；
新民主主义时期人民民主政权土地立法的变迁；
"五四指示"和《中国土地法大纲》的主要内容；
马锡五审判方式与人民调解制度的主要内容。

新民主主义时期人民民主政权的法律制度是共产党领导的，以工农联盟为基础的，对人民实行民主，对帝国主义、封建主义和官僚资本主义实行专政的政治法律制度。革命根据地的法制建设主要包括萌芽阶段（1921~1927年）、发展阶段（1927~1937年）、形成阶段（1937~1945年）和完善阶段（1945~1949年）四个阶段，法制建设也呈现出相应的时代特点和阶段性。确立了以马列主义、毛泽东思想为法制建设的指导方针，以确保革命法制建设的胜利发展。总体而言，基本建立了以宪法性法规、刑事法规、土地劳动法规、民事婚姻法规和司法制度为主要内容的新民主主义的法律体系。新民主主义的法律制度，是中国共产党领导人民长期艰苦奋斗的结果，优良的革命传统、丰富的经验以及深刻的历史教训，对建设具有中国特色的社会主义法制具有重大意义。

第一节 新民主主义时期人民民主政权法制概况

1921年中国共产党成立，1924年共产党与以孙中山为首的国民党合作，而后举行旨在推翻北洋军阀政府的北伐战争。1927年以蒋介石为首的国民党右派实行反共政策，国共合作破裂。1927~1930年中国共产党创建了多个农村根据地，以江西瑞金为中心的中央革命根据地面积达5万多平方公里，人口250万，县城21座。同年11月7日在瑞金宣告成立中华苏维埃共和国，建立了工农民主政权。

1936年后为团结抗日、国共两党再次合作的时期，以陕甘宁边区政府为

第十三章　新民主主义时期人民民主政权的法律制度

中心，各根据地政权转变为抗日民主政权。至1945年中国共产党领导的各抗日根据地分布在全国19个省的一部或大部，下辖行政公署22个，专员公署90个，县政府635个，人口9550万，军队91万，民兵220万。

1946年国民党南京国民政府发动内战，至1949年4月21日共产党领导的中国人民解放军占领南京，南京国民党政府被推翻。1949年10月1日成立新中国成立，定都北京。

新民主主义时期人民民主政权的法律制度是共产党领导的，以工农联盟为基础的，对人民实行民主，对帝国主义、封建主义和官僚资本主义实行专政的政治法律制度。人民民主法制建设主要包括萌芽阶段（1921~1927年）、发展阶段（1927~1937年）、形成阶段（1937~1945年）和完善阶段（1945~1949年）四个阶段，法制建设也呈现出相应的时代特点和阶段性。确立了以马列主义、毛泽东思想为法制建设的指导方针，以确保革命法制建设的胜利发展。总体而言，基本建立了以宪法性法规、刑事法规、土地劳动法规、民事婚姻法规和司法制度为主要内容的新民主主义的法律体系。新民主主义的法律制度，是中国共产党领导人民长期艰苦奋斗的结果，优良的革命传统、丰富的经验以及深刻的历史教训，对建设具有中国特色的社会主义法制具有重大意义。

一、人民民主法制的发展阶段

我国人民民主法制的历史，经历了以下四个发展阶段：

（一）人民民主法制的萌芽阶段（1921~1927）

中国共产党成立后，提出了反帝反封建的口号和创建"真正民主共和国"的政纲。为了实现这一纲领，在领导工农运动中，建立了各种形式的革命组织，制定了若干具有新民主主义性质的革命法规。如1922年8月的《劳动法案大纲》，1925年被称作"工人政府的雏形"的《邓中夏同志省港罢工报告》，1926年4月29日的省港罢工委员会制定的一系列对内对外法规，1927年3月上海第三次工人武装起义中建立的上海市民政府制定的革命政纲；同时在农民运动中也制定了许多有关惩治土豪劣绅和减租减息的条例禁令。上述革命法规，虽然后来由于大革命的失败而夭折，但它却成为新民主主义革命法制最早出现的珍贵萌芽。

（二）人民民主法制的发展阶段（1927~1937）

第二次国内革命战争时期，中国共产党领导人民在武装起义的基础上，创建了若干农村革命根据地，建立了各级工农民主政权（苏维埃）。1931年11月成立了中华苏维埃共和国，陆续制定了宪法大纲、政权组织法、刑事条例、土地法、劳动法、婚姻法以及经济法规和诉讼法规。这些革命法规，为后来革命根据地的法制建设奠定了初步的基础。但是,在这一时期内,王明"左"倾机会主义的错误路线,给工农民主政权和革命法制的发展带来很大损失,使革命遭受了严重挫折。

(三)人民民主法制的形成阶段(1937~1945)

1937年七七事变,全国人民奋起抗战。为了同国民党建立抗日民族统一战线,中国共产党于1937年9月将中华苏维埃共和国中央临时政府西北办事处,改组为陕甘宁边区政府,以后又在敌后开辟了18个抗日根据地。各地区的抗日民主政府先后制定了施政纲领以及政权组织、惩治汉奸、减租减息、劳动保护、婚姻继承、财政经济、司法审判等方面的革命法规。这个时期的法制建设,不仅纠正了各种错误倾向,而且成绩突出,经验丰富,得到比较全面的发展,标志着我国人民民主法制已经进入形成和巩固的新阶段。

(四)人民民主法制的完善阶段(1945~1949)

第三次国内革命战争时期,我国的新民主主义革命已经进入武装夺取全国政权的阶段,各根据地由小到大形成了几个大的解放区。各解放区人民政府根据新形势发展的需要,制定或修订了各种法律条令,使之更加充实和完善,这便为中华人民共和国的成立创造了极为有利的条件。

二、人民民主法制的性质与地位

我国人民民主法制在中国法制史上居于特殊的地位。它与历史上各种剥削阶级类型的法律,具有根本的区别。它是反映广大人民的意志,维护人民基本权益,推动社会发展的新型的、革命的法律。它同现行的社会主义法制属于同一类型,并处于直接历史渊源的地位。

革命根据地的法制建设,为社会主义法律各学科奠定了坚实的历史基础。我国社会主义的政治法律制度,追根溯源,基本上是从革命根据地时期发展起来的,是长期实践经验的总结。革命根据地的法制建设,范围很广,包括宪法大纲和施政纲领、政权组织法、选举法、行政法、刑法、法院组织、诉讼制度、监所制度、土地法、劳动法、婚姻法、经济法以及军事法规等。其所确定的许多重要制度、指导原则、方针政策以及正确的思想路线和工作方法,至今仍有现实指导意义。

三、人民民主法制的基本特征

人民民主法制具有以下基本特征:

(一)人民民主法制是在中国共产党领导下创建的

坚持中国共产党的领导,是革命法制健康发展的基本保证。党的政策是法

第十三章 新民主主义时期人民民主政权的法律制度

律的指针和灵魂,法律是政策的具体化、条文化,两者是相辅相成不可割离的。根据地的司法工作原则是:有法律规定的,从规定;无法律规定的,从新民主主义政策。历史经验证明:没有共产党就没有根据地的革命政权,就没有新中国。同样,没有共产党,也就没有人民民主法制。

(二)人民民主法制以马克思列宁主义、毛泽东思想为指导方针

历史经验证明,马克思主义普遍真理必须与中国的革命具体实践相结合,任何偏离马克思列宁主义、毛泽东思想的"左"的或右的倾向,都会给革命事业和法制建设带来严重危害。因此,必须坚持以马克思主义的立场、观点、方法认真总结实践经验,才能制定出正确的符合客观规律的革命法律。

(三)人民民主法制以反帝反封建作为根本任务,对国内外的敌人必须坚决实行专政

新民主主义革命法制是在同国内外敌人进行殊死斗争中发展起来的,因此,各种法律都必须紧紧服务于反帝反封建的战略总目标,其斗争锋芒主要是针对国内外敌人的一切破坏活动,保卫革命的胜利成果。历史经验证明,坚持人民民主专政是革命的传家宝,治国的传家宝。正确估计阶级斗争形势,正确区分两类不同性质的矛盾,是正确实现人民民主专政任务的重要前提。

(四)人民民主法制反映人民大众的根本利益和要求,确保广大人民的广泛的民主权利

历史经验证明:新民主主义法制的创制和执行,都必须认真贯彻群众路线,紧紧依靠群众,调动一切积极因素。因此,坚持人民民主,确保人民当家做主的权力,是革命法制建设胜利发展的基本条件。

除此之外,革命根据地的法制建设工作,除中华苏维埃共和国成立后的一段时期外,长期没有全国性的革命政权,而是在党中央的政策方针指导下,由各根据地的革命政权,分别制定各种法律、法规。因此,革命根据地的立法工作,就不能不带有地区性、临时性和单行法规的特点,并且根据形势发展的需要,经常加以补充和修订,而不可能产生全国统一的、比较系统稳定的各种基本法典。

第二节 工农民主政权的法律制度

一、立法活动

(一)《中华苏维埃共和国宪法大纲》

1.《中华苏维埃共和国宪法大纲》的制定经过

早在井冈山时期,毛泽东倡议由党中央制定"一个整个民权革命的政

纲","使各地有所遵循"。1930年7月党中央成立"中国工农兵苏维埃第一次全国代表大会中央准备委员会",负责草拟宪法。1931年11月7日第一次全国工农兵代表大会在江西瑞金召开,通过了该宪法大纲。1934年1月的第二次代表大会作了某些修改,最主要的是在第一条内增加"同中农巩固的联合"条文。这是毛泽东代表的正确路线同王明"左"倾路线斗争的积极成果。

2. 《中华苏维埃共和国宪法大纲》的主要内容

《中华苏维埃共和国宪法大纲》遵循党中央提出的"制宪七大原则",规定苏维埃政权的性质、政治制度、公民权利义务、外交政策等内容,共17条。主要内容是:

(1) 规定了苏维埃国家性质"是工人和农民的民主专政国家"。所谓专政,一是将地主资产阶级(军阀、官僚、地主、资本家、豪绅、僧侣及一切剥削者)拒绝于政权之外,二是剥夺他们的言论、出版、集会、结社等自由,三是使用革命武力和法庭镇压一切反革命复辟活动。

(2) 规定了苏维埃国家政治制度是工农兵代表大会。它保证工农大众参加国家管理,便于工人阶级及其政党的领导,实行民主集中制和议行合一原则。它是根据革命实践及苏联经验建立的新式民主制度。

(3) 规定了苏维埃国家公民的权利和义务。包括政治、经济、文化等各方面。工农兵及一切劳苦民众享有广泛的民主权利。各级政府采取切实有效的措施,提供力所能及的物质保障条件。

(4) 规定了苏维埃国家的外交政策。宣布中华民族完全自由独立,不承认帝国主义在中国的特权及不平等条约。与世界无产阶级和被压迫民族站在一起,苏联是巩固的同盟者。对受迫害的世界革命者给予保护。对居住在苏区从事劳动的外国人给予法定的政治权利。

3. 《中华苏维埃共和国宪法大纲》的意义

(1) 它是第一部由劳动人民制定、确保人民民主制度的根本大法,是共产党领导人民反帝反封建的工农民主专政的伟大纲领。

(2) 它同资产阶级的约法以及旧中国反动政府制定的宪法有本质的区别。

(3) 它肯定了革命胜利成果,提出了斗争的方向。尽管受到"左"的影响,仍是划时代的宪法性文件。

(4) 它的颁行调动了苏区人民的积极性,为以后制定民主宪法提供了宝贵经验。

(二) 土地立法

1. 《井冈山土地法》

工农民主政权土地立法前期,以1928年12月《井冈山土地法》为代表。

第十三章 新民主主义时期人民民主政权的法律制度

该土地法规定,"没收一切土地归苏维埃政府所有",以人口或劳动力为标准,男女老幼平均分配。但是,由于缺乏经验,"这个土地法有几个错误:(1)没收一切土地而不是只没收地主土地;(2)土地所有权属政府而不是属农民,农民只有使用权;(3)禁止土地买卖。这些都是原则错误"。

2. 《兴国土地法》

工农民主政权土地立法中期,以1929年4月《兴国土地法》为代表。内容有一点重要的变更,就是把"没收一切土地"改为"没收一切公共土地及地主阶级的土地",这是一个原则的改正。但其余各点均未改变,这些到了1930年才改变。1930年9月中共六届三中全会指出:目前革命阶段中,尚未到整个取消私有制度时,不禁止土地买卖和苏维埃法律内的佃租制度。

3. 《中华苏维埃共和国土地法》

工农民主政权土地立法后期,以1931年11月《中华苏维埃共和国土地法》为代表。该法于1931年11月由中华工农兵苏维埃第一次全国代表大会通过,1931年12月1日公布实施。这是土地革命后期影响最大、实施地区最广、适用时间最长的土地法,其主要内容包括以下三个方面:

(1)废除封建土地剥削制度,规定了没收土地财产的对象和范围,宣布废除一切高利贷债务。

(2)规定了对于没收的土地财产的分配办法。

(3)规定了土地所有权问题。该土地法规定现阶段不禁止土地出租与转让,但同时规定在条件具备的时候实行土地国有制。

由于受"左"倾思想的干扰,这部土地法的一些规定也体现了"左"倾倾向,如在土地分配上,规定实行"地主不分田、富农分坏田"的政策。这些"左"倾错误在后来陆续得到纠正。

(三)刑事立法——《中华苏维埃共和国惩治反革命条例》

1934年4月颁行的《中华苏维埃共和国惩治反革命条例》既是这一时期立法司法经验的结晶,也是代表性法规。

该立法的主要原则是:分清首要和附和,区别对待;对自首、自新者实行减免刑罚;罪刑法定主义与类推原则相结合;废止肉刑,实行革命的人道主义;实行按阶级成分及功绩定罪量刑。

1. 犯罪种类

(1)反革命罪。确立了两个构成要件:第一,危害的客体须是苏维埃政府及革命利益;第二,犯罪主要目的须是意图保持或恢复地主资产阶级反动统治。凡具备二要件者,不论以何种方式,依反革命罪论处。

(2)一般刑事犯罪,值得一提的是浪费罪。1932年12月中央执行委员会

《关于惩治贪污浪费行为第 26 号训令》规定，凡工作人员玩忽职守而浪费公款，致使国家受到重大损失者，即构成浪费罪。这是一项应予肯定的经验。

2. 刑罚制度

散见于各地和中央刑事法规中的刑罚条款，主要包括以下七类：

（1）死刑。适用较多，一般情况下须经苏区政府批准，一律枪决执行。

（2）监禁。即有期徒刑。最高 10 年，最低 3 个月。

（3）拘役及强迫劳动。拘役一般是"一月未满一日以上"；强迫劳动有 3 日、半年，长不过 1 年。

（4）褫夺公权。一般指剥夺参加政权、群众组织选举和充当红军的资格、权利。适用于监禁刑以上的罪犯。多为附加刑，亦可作独立刑种施用。

（5）没收财产。第一，没收犯罪所用之物；第二，没收犯罪者本人财产一部分或全部。

（6）驱逐出境。将反革命分子赶出苏区。

（7）罚金。对犯罪分子科处罚金，多作为独立刑施用。

上述刑事法规在同反革命和刑事犯罪的斗争中起过重大作用，积累了丰富经验，但也发生过扩大化错误。

二、司法制度

（一）司法体制

工农民主政权在局部地区打碎国民党反动国家机器的基础上，总结各地司法经验，颁布了裁判条例、司法程序训令，形成了初具规模的司法机关。

新的司法体制否定了资产阶级三权分立的原则，实行各级司法机构受同级政府领导的体制。这种政审合一的体制适于战争需要，利于政府政策法令的执行及对司法的领导。实行"审检合一"，检察机关附设于审判机关内。审判权和司法行政权在中央采"分立制"，在地方采"合一制"。依上述原则，所设立的司法机关主要有：

1. 中央设临时最高法庭

地方为省、县、区各级裁判部。由部长、裁判员、书记员组成。省、县裁判部设裁判委员会。各级裁判部设刑庭和民庭。省、县裁判部有权判决警告、罚款、没收财产、强迫劳动、监禁、枪决等刑事处罚和民事案件。区裁判部审理不重要的案件，判处强迫劳动或监禁的期限在半年以内。

2. 检察机关附设于同级司法机关内

最高法庭设检察长一人，副检察长一人，检察员若干人。省、县裁判部各设检察员。区裁判部无检察员编制。各级检察员受同级裁判机关负责人领导，其职责是进行预审、起诉等工作。

（二）审判原则

司法机关统一行使审判权。其他机关无司法权。

废止肉刑，重视证据，依靠群众审判反革命分子。

（三）实行四级二审终审制

1. 实行四级二审终审制

在特殊地区及紧急情况下，对反革命、豪绅、地主犯罪，剥夺上诉权，一审终审。

2. 审判公开

涉及秘密的可用秘密方式，但宣判仍应公开。有助于群众监督和法制教育。

3. 人民陪审

无选举权者不得充当陪审员。主审与陪审员意见分歧，以主审为准。陪审员不脱产，选举产生。

4. 巡回审判

这是一种崭新的审判方式。由各级裁判部在案发地点就地调查，在群众参与旁听下就地解决案件。多为具有重大意义的典型案件或群众性的刑事案件。

5. 死刑复核

不论被告是否上诉，一律报请上级审判机关复核批准。须上诉期满，被告、原告未上诉与抗诉，上级审判机关批准，原死刑判决方生效。

6. 合议制度和辩护制度

（四）劳动感化院

重视犯人的教育改造。1932年8月颁布《劳动感化院暂行章程》，规定了狱政的指导思想及管理制度，是新民主主义狱政制度的雏形。

第三节　抗日民主政权的法律制度

一、主要立法活动

（一）《陕甘宁边区施政纲领》

1.《施政纲领》的制定

抗日民主政权以1937年8月25日公布的《抗日救国十大纲领》为准绳，继承发扬苏区法制传统，建立起切合国情的抗日民主法制。标志着新民主主义法制的形成和重大发展。

第十三章 新民主主义时期人民民主政权的法律制度

继 1938 年《晋察冀边区军政民代表大会宣言》之后，陕甘宁边区政府于 1939 年 1 月公布了陕甘宁边区抗战时期《施政纲领》。前期，纲领规定了"三民主义"的内容，具有革命民主主义的特色，奠定了边区民主政治初步基础，为其他根据地树立了榜样。后期，由于日寇对抗日根据地的大扫荡，加上国民党对边区的包围封锁，使抗日军民面临极端严重的物质困难。中国人民的抗日战争进入了最艰难的时期。为了适应这种新的情况，最大限度地调动抗日军民的积极性，巩固各抗日阶级、各党派和各民族的团结，争取时局好转，粉碎日寇扫荡和国民党积极反共封锁边区，赢得抗日战争的胜利，各抗日根据地制定了新的《施政纲领》。主要有 1940 年的《晋冀鲁豫边区政府施政纲领》、《晋察冀边区目前施政纲领》，1941 年的《陕甘宁边区施政纲领》，1942 年的《对巩固和建设晋西北的施政纲领》，1944 年的《山东省战时施政纲领》。这些《施政纲领》以 1941 年的《陕甘宁边区施政纲领》为代表，均有保障抗战，加强团结，健全民主，发展经济，普及文化教育的规定。《陕甘宁边区施政纲领》增加了"三三制"政权组织形式和保障人权等崭新内容。

2. 《施政纲领》的主要内容

（1）关于保障抗战的规定。团结边区内各阶级、党派，发动一切人力、物力、财力抗战。严厉镇压汉奸及反共分子。

（2）关于加强团结的规定。坚持抗日民族统一战线方针，团结边区内各抗日阶级、工人、农民、地主、资本家。主要措施是：调节各阶级的关系，地主减租息，农民交租息；改善工作生活，资本家有利可图；一致对外，共同抗日。

（3）关于健全民主制度的规定。将其提到保证全国人民团结的高度。规定七项重大措施：第一，普遍、直接、平等、无记名投票的选举制度。第二，保障一切抗日人民的选举权与被选举权。第三，"三三制"政权组织原则。第四，保障一切抗日党派、团体、人民的人权、财权及各项自由。第五，人民享有用任何方式控告任何公务人员非法行为的权利。第六，男女平等。提高妇女地位，保护其特殊利益。第七，反对民族歧视，实行民族平等、自治，尊重宗教信仰、风俗习惯。

（4）关于发展经济的规定。从"发展经济，保障供给"总方针出发，发展农业、林业、牧业、手工业和工业，奖励扶助私人企业，保障经营自由。实施外贸统治。贯彻统筹统支的财政制度。征收统一累进税，维护法币，巩固边币。

（5）关于普及文化教育的规定。举办各类学校，普及免费义务教育。尊重知识分子，提高边区人民政治文化水平。

第十三章 新民主主义时期人民民主政权的法律制度

3.《施政纲领》的意义

以反对日本帝国主义,保护抗日人民,调节各抗日阶级利益,改善工农生活,镇压汉奸反动派为基本出发点。全面系统反映了抗日民族统一战线的要求和抗战时期的宪政主张,是实践经验的科学概括与总结。

(二) 土地立法

陕甘宁边区从1937年4月开始土地立法。1937年8月颁布的《抗日救国十大纲领》确立了"减租减息"的原则。各根据地以此为指导制定本地区的土地法规。陕甘宁边区土地立法最有代表性。

1940年以前,重点在保护农民既得利益,确认农民分得地主土地的所有权。1939年的《陕甘宁边区土地条例》是这一时期的重大成果。1940年7月以后,重点转为减租减息、保障佃权和低利借贷上。先后制定有1942年的《陕甘宁边区土地租佃条例草案》及1944年的《陕甘宁边区地权条例》。上述土地立法的主要内容是:

1. 土地所有权

一是公有土地所有权归边区政府,二是私有土地所有权人在法定范围内可自由使用、收益、处分(买卖、典当、抵押、赠与、继承)。不论公、私土地所有权均受法律保护,强调保护农民土地所有权。

2. 减租交租

陕甘宁边区地租有四种,即定租、活租、伙种、按庄稼。按原租额减10%至12%。收租人不得多收、预收、收取押租及欠租作息;承租人不得短少租额。

3. 保障佃权

减租条例定有四项收回租地的条件。除此条件外出租人不得随意收回租地。

4. 减租减息,低利借贷

现存债务减息。付息过本一倍,停利还本;过本两倍,本利停付,借贷关系视为消灭。

土地立法的意义在于减轻了封建剥削,激发了农民的抗日积极性,调整了农村阶级关系,加强了各革命阶级团结,为民族解放战争奠定了基础。在团结地主富农抗日方面,也发挥了极为重要的作用。

(三) 刑事立法

运用刑罚手段,惩治汉奸反动派,是保卫边区和抗战的一项重要任务。陕甘宁边区制定的刑事法规主要有1939年的《抗战时期惩治汉奸条例》、《抗战时期惩治盗匪条例》、《惩治贪污条例》、《禁烟禁毒条例》,1941年的《破坏金融法令惩罚条例》等。

1. 刑法原则的发展

边区政权创造性地发展了新民主主义刑法原则。其主要原则有三条：

（1）镇压与宽大相结合的原则。对汉奸分子除不愿悔改者外，不问过去行为如何，一律实行宽大政策，在政治上、生活上给予出路。对绝对不愿改悔者，依法严办绝不放任。在实施中区分首要与胁从，惩办主要施于首要分子，宽大主要施于胁从分子。

（2）贯彻保障人权原则。不放过一个敌探奸细，不错办冤枉一个好人。

（3）反对威吓报复，实行感化教育原则。特点是以无产阶级思想克服和改造罪犯地主资产阶级腐朽没落思想。反对惩办主义，用说服方法帮助其认识错误；反对报复主义，减少罪犯痛苦，以利于其安心守法、彻底改造。实践证明这样做效果显著。

2. 主要犯罪种类的变化

各个边区刑事立法确定的主要罪名有：

（1）汉奸罪。凡以破坏抗战为目的的行为均构成汉奸罪，立法中有明确规定。

（2）盗匪罪。凡以抢劫为目的的各种法律规定的犯罪行为，均构成盗匪罪。

（3）破坏边区罪。凡以破坏边区为目的的各种法律规定的犯罪行为，均构成该罪。

（4）破坏坚壁财物罪。这是敌后根据地特有罪名。坚壁财物也叫空室清野财物。该财物指因防止日寇汉奸破坏与掠夺而藏于地窖、山沟等隐蔽场所的一切公私财物及土石堵塞的建筑物。凡勾结敌伪挖掘上述财物，或毁损、窃盗上述财物等行为，均构成该罪。打击这类犯罪对保护边区财物，防止敌伪破坏，克服物质困难，保证反扫荡胜利起到重要作用。

除上述重大刑事犯罪，还有破坏经济秩序、妨害社会秩序、侵害人身权利民主权利、侵犯财产、妨害婚姻家庭等方面的普通刑事犯罪。

3. 趋于完善的刑罚制度

各根据地刑罚措施主要有以下几种：

（1）死刑。只对汉奸、盗匪、敌特及破坏边区的反革命首要分子判处死刑。宣判死刑，要向群众公布，行刑有检察员临场监验。一律枪决。

（2）无期徒刑。各边区规定不一。实际上未适用，有的边区则予以废止。

（3）有期徒刑。初期为最高5年，最低6个月。1942年3月后最高为10年或15年，实践中多为10年。

第十三章 新民主主义时期人民民主政权的法律制度

（4）拘役（又称劳役或苦役）。凡判处2个月以下、1日以上，或3个月以下的罪犯，不由监所拘押，而是实行劳动改造，称拘役。多用于轻微刑事犯罪。

（5）教育释放。多适用于轻微犯罪。经一定时间关押教育，多则1个月，少则几天，不再判劳役，即行释放。

（6）当庭训诫。对犯极轻微罪行者在法庭上予以训诫，讲明道理指明错误，使其不再犯。

除上述主刑外，从刑有：

（1）褫夺公权。多数边区有此刑罚。指剥夺犯罪分子选举权与被选举权、担任公职及公职候选人之权。主要适用于汉奸、敌特、反动分子。从性质上来讲是较重刑罚。刑期1年至5年，自徒刑完毕日起算。1年以上徒刑才附加褫夺公权。

（2）没收财产。主要适用于汉奸、盗匪。对象是动产与不动产。违禁品、犯罪所用之物及非法所得也予没收。

（3）罚金。司法机关强制罪犯向边区政府交纳一定金钱的从刑，分并科、选科、易科、专科四种形式，主要用于以谋财为动机的犯罪。

4. 刑事立法群众化及主要经验

发动群众，制定"锄奸公约"，在锄奸剿匪斗争中正确执行不放过一个特务、不错办一个好人的政策，保证这一斗争健康发展。

二、司法制度

（一）司法机关及其职权

1. 边区高等法院

边区最高司法机关，负责全区审判及司法行政工作。下设刑庭、民庭，各庭长、推事负责审判，必要时组织巡回法庭。还设有检察处、书记室、看守所、监狱。

2. 高等法院分庭

1943年为便利诉讼，加强对县司法领导而设置的，是高等法院派出机关。审理所辖分区县司法处一审上诉案件，是二审机关，由分庭庭长（专员兼任）、推事、书记员组成。

3. 县司法处

初期只有一个裁判员主持审判业务。1940年成立由县委书记、县长、裁判员、保安科长、保安大队长组成的裁判委员会。1941年执行"三三制"原则被取消。重大案件交县政府委员会或政务会议决定。

4. 边区政府审判委员会

1942年8月设立。职权是解释法令，审理高等法院一审及二审刑事上诉案和一审民事诉讼案及行政诉讼案、婚姻案、死刑复核案。1944年9月因精兵简政而撤销。

5. 检察机关

高等法院设检察员，在院长领导下独立行使检察权。一度设高等检察处，1942年精兵简政撤销。实行审检合一制。职权是侦查、起诉、监督判决执行。

此时期诉讼原则的发展主要表现在以下三方面：

（1）调查研究、实事求是的原则。毛泽东等边区领导人以身作则贯彻这一原则，为司法干部做出了典范。这一原则写进了边区民事诉讼法草案。

（2）相信依靠群众的原则。创造了许多依靠群众的诉讼组织形式。一是群众公审。主要针对汉奸、反革命、敌特、盗匪等政治性案件和人命案。二是就地审判。指初审机关采用的审判方式。具体做法是审判员携卷下乡，亲赴出事地点，深入群众调查研究，在有威望、有能力的群众参与下，将舆论、法律融为一体，就地判决。这种方式结案迅速，当事人省钱省时，有利于生产。三是巡回审判，是高等法院及其分庭运用的审判方式。一般是携卷到出事地点，结合调查研究进行审判。同时受理新的上诉案，检查所属司法处审判及监管工作。

（3）法律面前人人平等的原则。1941年11月边区第二届参议会宣布：边区"法律保护各个革命阶级的利益，纠正资本主义国家各个阶级在法律面前的虚伪平等，而代之以真正的实质的平等"①。从而揭开了法律面前人人平等的新篇章。各根据地宪法性文件规定，凡赞成抗日民主的地主、富农、资本家与工人、农民在人权、财权、参政权和民主自由权各方面，平等地受法律保护。犯法，则适用同一法律定罪量刑。法律还规定，不论党员或群众，首长或公务员或民众，指挥员或战士，不论其资格、功劳、地位，任何人犯法均依法处理。为真正贯彻这一原则，边区《施政纲领》规定了党员犯法从重治罪，体现了无产阶级政党严于律己的精神。

6. 主要的审判制度

（1）上诉制度。民事案件上诉期15天，刑事案件上诉期10天。

（2）审级制度。基本是二级终审制。县司法处一审（初审），高等法院及分庭二审（终审）。1942年以边区政府审判委员会为第三审，一度实行三级终

---

① 《中国新民主主义革命时期根据地法制文献选编》。

第十三章 新民主主义时期人民民主政权的法律制度

审制，但1944年又恢复二级终审制①。

（3）人民陪审制度。是审判工作民主化的标志，也是群众监督司法工作的组织形式。

（4）审判公开和辩护制度。除法律另有规定，一律公开审判。当事人可请有法律知识的人或亲属充当刑事辩护人或民事代理人。

（5）复核和审判监督制度。少数死刑案判决书须高等法院复核核准，始得宣判；宣判后不论被告是否上诉，须再呈边区政府复核，经主席批准才能行刑。战时不在此限。1942年5月将复核权交专署代行。审判监督制度分两种，一是上级对下级监督，主要是审核案件，解决疑难；二是群众监督，指司法机关向同级参议会报告工作，听取意见，执行参议会决议案。

（二）马锡五审判方式

这是把群众路线的工作方法，创造性地运用到审判工作中去的司法民主的崭新形式。

1. 马锡五审判方式的特点

（1）深入农村，调查研究，实事求是地了解案情。

（2）依靠群众，教育群众，尊重群众意见。

（3）方便群众诉讼，手续简便，不拘形式。

2. 马锡五审判方式的产生和意义

（1）整风运动为其产生奠定了思想基础，群众智慧是其产生的力量源泉。这一方式是在巡回审判基础上成长起来的，是司法工作的一面旗帜。

（2）其意义在于它的出现和推广，培养了大批优秀司法干部，解决了积年疑难案件，减少争讼，促进团结，利于生产，保证抗日，使新民主主义司法制度落到实处。

（三）人民调解制度

1. 调解的原则

（1）调解须双方自愿。不得强迫命令或威胁。

（2）调解须以法律为准绳，照顾善良风俗。不是无原则无条件地息事宁人。违背法令不利抗战的，政府有权宣布撤销。

（3）调解不是诉讼必经程序。任何个人、机关不得剥夺当事人的起诉权。司法机关不得以未经调解而拒绝受理。

2. 调解制度的内容和意义

（1）调解范围。初期仅限于某些民事案件，后来甚至命案也调解。总结

---

① 《中国新民主主义革命时期根据地法制文献选编》。

经验后确定民事纠纷除法律另有规定外,均可调解;轻微刑事案件也可调解;社会危害性较大的刑事案件不属调解范围。

(2) 调解主要有四种,依主持调解的个人或单位不同,分为:

第一,民间调解。是群众自己解决纠纷的好形式。由当事人双方各自邀请地邻、亲友、劳动英雄、有威信和公正的人士参加,评议曲直提出调解方案,劝导双方止争。它机动灵活,不拘形式,省钱省时,有利于生产团结。边区政府号召最好百分之百的争执在乡村中自己解决。有的村成为几年无人打官司的模范村。

第二,群众团体调解。有的专设调解委员会。

第三,政府调解。在基层政权组织下调解纠纷。

第四,司法调解。是司法机关处理案件的形式之一。达成的调解协议,对双方有强制效力,须无条件执行。

(3) 调解处理方式。一般有赔礼道歉、认错、赔偿损失或抚慰金以及其他善良习惯。

(4) 调解和解书。一般包括双方争执简要事由,调解成立方式,和解的原则,以及调解人姓名、签字、盖章等。对促成和巩固调解成果有重要作用。

(5) 调解纪律。主要规定调解人须奉公守法,不受贿舞弊,尊重当事人人权,不乱打乱罚等。目的在于保证公正,取得民众信赖,维护调解声誉。

调解的意义特别重大。它解决矛盾,增强民间和睦团结,有利于抗日民族解放事业;增强民众法制观念,减少纷争;有利于司法机关集中精力处理重大刑事案件,提高办案质量;为解放战争时期和新中国人民调解工作提供了丰富的历史经验;是人民司法的一大特色和补充。

第四节 中华民国解放区人民民主政权的法律制度

一、主要立法活动

(一) 宪法性文件

主要来自解放区各人民政权的施政纲领,中国人民解放军宣言、布告。包括 1946 年 4 月的《陕甘宁边区宪法原则》,1948 年 8 月的《华北人民政府施政方针》,1947 年 10 月的《中国人民解放军宣言》,1949 年 4 月的《中国人民解放军布告》等。

1. 《陕甘宁边区宪法原则》的主要内容

1946 年 4 月边区第三届参议会通过。分为"政权组织"、"人民权利"、

第十三章 新民主主义时期人民民主政权的法律制度

"司法"、"经济"、"文化"五部分,分别作了许多新的规定。其主要内容包括:

(1) 确立边区、县、乡人民代表会议为管理政权机关,各级权力机关开始由抗日时的参议会过渡为人民代表会议制度。为新中国基本政治制度奠定了初步基础。

(2) 规定人民政治上行使的各项自由权利。受政府指导与物质帮助。边区人民不分民族一律平等。

(3) 规定除司法机关、公安机关依法执行职务外,任何机关、团体不得有逮捕审讯行为。人民有权以任何方式控告失职的任何公务员。司法独立不受任何干涉。

(4) 经济上采取公营、合作、私营三种方式,组织一切人力、财力促进经济繁荣,为消灭贫穷而斗争。做到劳动者有职业,企业者有发展机会。普遍提高人民文化水平。确立耕者有其田的原则。

2. 《中国人民解放军宣言》

1947年10月10日解放军发布的政治宣言。提出了"打倒蒋介石,解放全中国"的政治任务,制定了实现这一政治任务的基本政策:(1) 打倒蒋介石反动政府,逮捕和惩办内战罪犯。铲除国民党统治的腐败制度,肃清贪官污吏。否认蒋介石政府的一切卖国外交,废除一切卖国条约。否认蒋介石政府所借一切外债。(2) 没收蒋介石、宋子文、孔祥熙、陈立夫兄弟四大家族和其他首要战犯的财产,同时废除封建土地剥削制度,彻底摧毁国民党政权赖以存在的经济基础。(3) 联合工农兵学商各被压迫阶级,各人民团体,各民主党派,各少数民族,各地华侨和其他爱国分子,组成民族统一战线,建立民主联合政府,从而敲响了国民党南京国民政府的丧钟。

3. 《华北人民政府施政方针》

1948年8月华北临时人民代表大会通过。规定了人民政府基本任务及有关各项政策,是当时具有宪法性质的代表性文件。其主要内容有:

(1) 规定华北人民政府基本任务是继续进攻敌人,支援前线,争取全国胜利;有计划、有步骤地进行建设和恢复发展生产;继续建设为战争和生产服务的民主政治;培养干部,吸收人才,奠定新中国的基础。

(2) 规定了实现基本任务的方针政策。政治方面健全人民代表大会制度;保障人民民主权利及自由与安全;破除迷信;保护守法的外国人及合法的文化活动。经济方面发展农业,颁发土地证确认地权;建立农民生产合作互助;进城乡经济交流;发展工商业,贯彻公私兼顾、劳资两利方针。文化方正规教育制度,提高大众文化水平;建立广泛的文化统一战线,

第十三章 新民主主义时期人民民主政权的法律制度

团结知识分子为建设事业服务。

（二）土地立法

1. "五四指示"的制定

抗战胜利之初，解放区仍实行减租减息政策。内战再起，地主与农民矛盾日益尖锐。为发动农民准备自卫战争，1946年5月4日党中央发布《关于土地问题的指示》，因其发布日期，又叫"五四指示"。决定改减租减息为没收地主土地的政策，拉开了解放区土地立法的序幕。

2. 《中国土地法大纲》的主要内容

1947年10月10日，党中央召开全国土地会议，制定公布了该大纲，共16条。其主要内容是：

（1）规定土改的基本任务是废除封建、半封建性剥削的土地制度，实行耕者有其田制度。

（2）规定土改须遵守的原则是依靠贫雇农，团结中农，保护工商者，正确对待地主富农。

（3）规定保护土改的司法措施。对一切对抗或破坏土地法大纲规定的罪犯，组织人民法庭予以审判和处分。

该大纲总结了中国共产党20多年土地革命基本经验教训，是一个正确的土地纲领，体现了土地改革的总路线。调动了农民革命与生产的积极性，为保证战争胜利起到了决定性的作用。

（三）刑事立法

1. 犯罪种类

（1）战争罪。《惩处战争罪犯命令》规定：罪大恶极的内战祸首及战犯务必抓获归案，依法严办。又提出凡能真心悔改、确有表现者，不论何人。给予宽大待遇。

（2）反革命罪。主要指下述几类重点打击对象：

第一，反动党团及特务组织。是进行反革命活动的骨干力量。分别情况严加惩处和管制。

第二，土匪是国民党残余势力，对罪大恶极的匪首依法严厉镇压。惩治贪污盗窃等犯罪。

第三，恶霸分子是地主阶级中最反动的分子，是封建势力政治代表和国民党反动统治在乡村的基础，须集中力量打击。

第四，反动会道门首要分子利用封建迷信进行反革命活动。须解散其组织，停止其活动，惩办其首要分子。被胁迫、诱骗参加者，一经退出停止活动，一律不予追究。

第十三章　新民主主义时期人民民主政权的法律制度

2. 刑事立法的主要任务及原则

主要任务是打击反动阶级的破坏活动。为此各边区、大行政区、各地军管会及人民政府先后制定了刑事法规。

刑法原则的重大发展是明确规定"首恶必办，胁从者不问，立功者受奖"的方针。这一方针极大地丰富和发展了新民主主义刑事立法原则。

3. 刑罚制度的变化

与抗日战争时期相比相同点是都规定了死刑、有期徒刑、劳役、罚金及褫夺公权、没收财产。不同点是某些刑罚及执行上的变化。主要有两点：

（1）创造了新的刑种"管制"。解放区民主政权总结经验，适应处理、改造大批反革命分子的需要，把将某些反动或破坏分子交由群众监督改造的做法加以制度化，定名为"管制"。"管制"指反动分子向政府登记后，将其交当地政府及群众监督改造，每日或每周须向指定机关报告其行动，限制其自由。它是发动群众对敌专政、改造罪犯的好形式。

（2）调整某些刑罚执行制度。主要是取消了抗日战争时期一度实行的交乡执行刑罚的制度。一般规定案情较重者收监执行，刑期不长者教育释放，不再执行。随着形势的发展，广泛应用缓刑、假释制度势在必行。

二、司法制度

（一）人民法院体制的完善

摧毁国民党政府司法制度，建立各级人民法院和保证土改的人民法庭。各解放区均设立了大行政区、省、县三级司法机关，一律改称人民法院。沿用抗日时期各项制度。

为保证土改顺利进行，建立人民法庭。人民法庭不同于地方法院，是县以下基层农会以贫雇农为骨干，并有政府代表参加的群众性临时审判机关，专门审判一切违抗、破坏土地法的案件。一般由县政府委派审判员和农民代表会选举的审判员2~4人组成，互推一人为主任审判员，主持审判。可判决罪犯当众坦白、赔偿、罚款、劳役、褫夺公权。判处徒刑、死刑须经上级政府批准。它是农民打击反动地富分子的有力武器，是避免乱打乱杀的重要措施。

（二）实施新的法制原则

1. 实行人民民主法制原则

严禁乱打乱杀使用肉刑，坚持有反必肃、有错必纠的方针。简化诉讼手续，执行群众路线的审判方式。放宽上诉制度，一般刑事上诉期是7天至10天，民事的则为20天。严格复核制度，由过去的两级终审普遍改为三级终审，加强下级司法机关的检查监督。同时规定了各级法院受理案件的权限

第十三章 新民主主义时期人民民主政权的法律制度

3. 简述马锡五审判方式的主要内容。
4. 简述《中国土地法大纲》的主要内容。

三、案例分析

闻名全国的"刘巧儿"故事,来自马锡五的一个真实案例。陇东华池县城壕张邦塬的农民封彦贵,有个女儿叫封捧儿,还未出生时就与张金财家指腹为婚,4岁的时候(1928年)被父亲许配给华池上堡子张湾村农民张金财的次子张柏,定下了娃娃亲,但尚未过门。1942年,待女儿成大姑娘时,封彦贵后悔当初订婚时没有收财礼,于是教唆女儿以"婚姻自主"为借口,提出与张柏解除婚约。同时,暗自把女儿许配给城壕南塬的张宪芝之子,得了法币2400元,银元48块。张金财家得知此事,遂向华池县政府告发。娃娃亲、买卖婚姻,都是当时边区政府禁止的封建婚姻。于是,县司法处判处撤销后一个婚约。1943年2月,封捧儿到一亲戚家吃喜酒,与张柏第一次见面,封捧儿当面表示愿意与张柏结婚。而封彦贵又把女儿许配给庆阳玄马湾贾山根底的地主朱寿昌,得了法币8000元,银元20块,还有4匹哔叽。封捧儿不愿屈从父命,暗中将此情况告知张家。于是,张金财纠集20多人,趁封彦贵赶庙会的机会,登门抢亲,连夜成婚。第二天,封彦贵就把张家告到县里。县司法处认为张家搞封建婚姻派警卫队把张金财和抢亲的人抓到县里,未经详细调查,就判处张金财徒刑6个月,还宣布张柏同封捧儿的婚姻无效,一桩美满婚姻就这样被拆散了,群众议论纷纷。而封捧儿更是痛心欲绝,适逢马锡五到华池县巡视工作,便向马专员口头上诉。马锡五在审明案情,听取意见之后,召集当地群众进行公开审判,除询问各当事人的要求和理由外,还广泛征询群众的意见,代表法庭当场宣判:(1)封彦贵违反边区婚姻法,屡卖女儿,所得财礼全部予以没收,并科以劳役半年,以示警戒;(2)黑夜聚众抢亲,惊扰四邻,有碍社会秩序,判处为首者张金财徒刑半年,其他附和者给予严厉批评教育,以明法制;(3)封捧儿和张柏基于自由恋爱而自愿结婚,按照边区婚姻法规定,其婚姻有效。①

请结合本案理解新民主主义时期人民民主政权的婚姻法律制度。

---

① 选自赵昆坡、俞建平:《中国革命根据地案例选》,张希坡:《中国婚姻立法史》。

第十三章 新民主主义时期人民民主政权的法律制度

范围。

2. 废除国民党政府法统和《六法全书》，确立解放区司法原则

即有法律、命令、条例、决议者，服从其规定；无前述规定者，服从新民主主义政策。以此来审理各种案件。

新民主主义时期人民民主政权法制，是中国共产党领导人民长期艰苦奋斗的结果。优良的革命传统、丰富的经验以及深刻的历史教训，对加强建设具有中国特色的社会主义法制，均有重大意义。

本章习题

一、选择题

1. 中共中央《关于废除国民党的〈六法全书〉与确定解放区的司法原则的指示》发布的时期是（　　）
  A. 抗日人民民主政权　　　　　B. 工农人民民主政权
  C. 解放区人民民主政权　　　　D. 新中国成立后
2. 中共领导的各抗日根据地刑罚措施中不包括（　　）
  A. 管制　　B. 有期徒刑　　C. 当庭训诫　　D. 教育释放
3. 1934年1月的第二次代表大会对《中华苏维埃共和国宪法大纲》作了某些修改，最重要的是在第一条内增加的条款（　　）
  A. 同中农巩固的联合条款　　　B. 经济制度条款
  C. 公民权利义务条款　　　　　D. 外交政策条款
4. 中国宪政运动史上劳动人民制定的第一部宪法性文件是（　　）
  A. 《陕甘宁边区施政纲领》　　B. 《中华苏维埃共和国宪法大纲》
  C. 《陕甘宁边区宪法原则》　　D. 《抗日救国十大纲领》
5. 下列各项选项中，属于工农民主政权时期的土地立法的是（　　）
  A. 《中国土地法大纲》　　　　B. 《五四指示》
  C. 《兴国土地法》　　　　　　D. 《陕甘宁边区土地条例》
6. 以破坏抗战为目的的犯罪称（　　）
  A. 卖国罪　　B. 汉奸罪　　C. 破坏边区罪　　D. 盗匪罪

二、思考题

1. 简述《中华苏维埃共和国宪法大纲》的制定过程、主要内容及其意义。
2. 简述《陕甘宁边区施政纲领》的主要内容及其意义。